Deodendron

Árboles y arbustos de jardín en clima templado

Deodendron
Árboles y arbustos de jardín en clima templado

Nueva edición revisada, actualizada y ampliada

RAFAEL CHANES

Dibujos de Pedro Castaño y Rafael Chanes

Título original:
Deodendron

A todos los que aman a Dios
en la Naturaleza.

Y con especial agradecimiento
a aquellos que me van enseñando
a descubrirlo.

**Revisión científica y técnica, actualización y ampliación
de la nueva edición en lengua española:**
Teresa Casasayas Fornell
Doctora en Ciencias Biológicas.
Especialista en Botánica.
Profesora de la Escuela de Jardinería «Rubió i Tudurí», Barcelona.
Profesora del Máster en Arquitectura del Paisaje,
Escuela de Arquitectura, Universidad Politécnica de Catalunya.

Coordinación de la nueva edición revisada y ampliada:
Cristina Rodríguez Fischer
M.ª Dolores Campoy Blanco

© 2000 Naturart, S.A. Editado por BLUME
Av. Mare de Déu de Lorda, 20
08034 Barcelona
Tel. 93 205 40 00 Fax 93 205 14 41
E-mail: info@blume.net

I.S.B.N.: 84-8076-368-X
Depósito legal: B.15.417-2000
Impreso en Romanyà Valls, S.A., Capellades

Todos los derechos reservados. Queda prohibida
la reproducción total o parcial de esta obra,
sea por medios mecánicos o electrónicos,
sin la debida autorización por escrito del editor.

CONSULTE EL CATÁLOGO DE PUBLICACIONES *ON LINE*
INTERNET: HTTP:/WWW.BLUME.NET

Nota a la presente edición:
Toda la nomenclatura se ha actualizado siguiendo la obra de: Griffiths, Mark,
Index of Garden Plants.

Contenido

PRESENTACIÓN DE LA NUEVA EDICIÓN	7
PRÓLOGO JUNTO AL MEDITERRÁNEO (de la primera edición)	9
PRÓLOGO JUNTO AL MEDITERRÁNEO (de la segunda edición)	11
PRÓLOGO A LA SEGUNDA EDICIÓN	13
PRÓLOGO DEL AUTOR A LA SEGUNDA EDICIÓN	15
AGRADECIMIENTOS	16
INTRODUCCIÓN	17

PRIMERA PARTE. Estructura y uso del libro ... 19

Cuadros explicativos de la simbología:
1. Colores de follaje de árboles y arbustos ... 25
2. Formas de árboles y arbustos ... 27
3. Ambiente de crecimiento de árboles y arbustos ... 29
4. Sombra y densidad ... 29
5. Épocas de foliación, floración y fructificación de árboles y arbustos ... 31

SEGUNDA PARTE. Fichas descriptivas y gráficas ... 33

1. Fichas de árboles ... 35
2. Fichas de arbustos ... 267

TERCERA PARTE. Lista de características semejantes ... 483

1. Árboles ... 485
2. Arbustos ... 500

CUARTA PARTE. Apéndice ... 518

1. Glosario de términos botánicos ... 519
2. Significado y origen de los nombres botánicos ... 521
3. Bibliografía ... 528

ÍNDICES ... 531

Índice de nombres botánicos ... 531
Índice de nombres comunes en castellano ... 534
Índice de nombres comunes en catalán ... 538
Índice de nombres comunes en euskera ... 541
Índice de nombres comunes en inglés ... 542
Índice de nombres comunes en alemán ... 545
Índice de nombres comunes en francés ... 547
Índice de listas de características semejantes ... 551
Cuadros de selección rápida ... 552

Presentación de la nueva edición

La primera edición de esta obra (1969) fue un éxito inmediato y se agotó rápidamente, al igual que su reimpresión. También se agotaron la segunda edición (1979) y sus reimpresiones.

«El Deodendron» tal como se le conoce entre sus usuarios es, y ha sido desde su aparición, una obra importantísima, muy útil para el reconocimiento y uso de un número considerable de árboles y arbustos idóneos para los distintos ambientes existentes en zonas de clima templado.

Primero los árboles y después los arbustos, alfabéticamente ordenados, Rafael Chanes nos presenta un amplio catálogo de especies en donde escoger. La selección de la información de cada especie, clara y concisa, además de una representación gráfica con referencia a la escala humana y un cuadro-resumen de sus características fundamentales, permiten empezar a conocer y reconocer las especies vegetales cultivadas y cultivables en los parques, jardines, calles y otros espacios potencialmente ajardinables.

Justamente el éxito de este libro se basa en el hecho de que cumple plenamente el objetivo que se marcó Rafael Chanes: una introducción fácil al conocimiento de las especies arbóreas y arbustivas cultivadas, las cuales son las que determinan el carácter de un espacio ajardinado. Con el *Deodendron* es fácil ir conociendo especies, y no pocas, porque como ya se ha mencionado antes, el catálogo presentado es muy amplio. Es por este motivo que es un libro muy buscado y utilizado, pero no sólo por arquitectos, sino también por ingenieros agrícolas, técnicos jardineros, biólogos, paisajistas y estudiantes.

Existen otros libros que son guías de árboles y/o arbustos, pero tienen una filosofía distinta. No son tan fáciles de usar como éste. Tienen otro objetivo. Sirven para otra cosa. Del nivel del *Deodendron* no hay otro. De ahí su importancia: la simplicidad no está reñida con el conocimiento.

Han pasado ya más de veinte años desde la última edición de esta obra y también de la prematura e infeliz desaparición de su autor: Rafael Chanes Espinosa. Y es con la idea de que el *Deodendron* continúe cumpliendo su función que se publica esta tercera edición, totalmente actualizada desde el punto de vista de la nomenclatura.

Todas las especies vegetales, al igual que el resto de los seres vivos, tienen un nombre científico en latín, que es universal. Por el contrario, no todas las especies tienen un nombre popular, que en caso de existir, a veces puede ser ambiguo.

Los nombres científicos no son fijos, sino que el nombre correcto de una especie, de un género, de una familia, etc., puede variar con el tiempo. Resistirse al cambio de los nombres científicos de las plantas es algo muy natural. Nombres bien conocidos y utilizados durante años quedan sustituidos por otros nuevos, totalmente desconocidos. No obstante, estos cambios no se producen arbitrariamente. De hecho hay tres razones fundamentales que determinan estos cambios en los nombres: errores en la identificación de las especies, revisiones taxonómicas y errores de nomenclatura.

A veces se introduce una especie para ser cultivada en los jardines con un nombre y al cabo de un tiempo se descubre que no se trata de esta especie sino de otra, que evidentemente tiene otro nombre. De manera que el nombre que se usaba hasta ahora tiene que cambiar por el nombre correcto. Es, por ejemplo, el caso de *Casuarina cunninghamiana* antes confundida con *Casuarina equisetifolia*, nombre que corresponde a otra especie.

Cada vez se tiene más información taxonómica, de manera que la clasificación va cambiando. Las revisiones taxonómicas implican a menudo cambios en la categoría taxonómica. Por ejemplo cambios de subespecie a especie, o bien cambios de género. Es el caso de *Prunus dulcis*, anteriormente conocido como *Amygdalus communis*.

Otras veces hay cambios de nombre debidos a errores de nomenclatura porque se encuentra un nombre válido más antiguo que el que se utiliza actualmente, o bien porque se descubre que el nombre utilizado no es válido, etc. Por ejemplo: *Elaeagnus* en lugar de *Eleagnus*, *Pinus wallichiana* en lugar de *Pinus excelsa*, etc.

Además de los cambios nomenclaturales, esta tercera edición del *Deodendron* incluye para cada especie una selección de las nuevas variedades de cultivo —o cultivares— introducidas en jardinería. También se han añadido nombres populares en catalán, vasco y alemán. El resto del texto se ha mantenido intacto.

He aquí pues la tercera edición de este «libro de cabecera» que esperamos satisfaga las expectativas de los usuarios.

Teresa Casasayas Fornell
Doctora en Ciencias Biológicas.
Especialista en Botánica.
Profesora de la Escuela de Jardinería «Rubió i Tudurí», Barcelona.
Profesora del Máster en Arquitectura del Paisaje,
Escuela de Arquitectura, Universidad Politécnica de Catalunya.

Prólogo junto al Mediterráneo
(de la primera edición)

Una misión específica del Colegio de Arquitectos es facilitar a los profesionales los elementos de consulta y orientación que la forzosa vastedad del campo arquitectónico exige.

La jardinería y la conservación del paisaje vegetal, como primordial fundamento del espacio externo de los edificios, han contribuido al auge de la arquitectura moderna, basada en un uso más racional del medio y del hábitat humano.

Era preciso facilitar al arquitecto un texto en el que encontrar debidamente ordenadas, con mentalidad arquitectónica, las especies vegetales adecuadas a nuestro clima.

Esta necesidad vendrá, de ahora en adelante, cubierta por el libro de Rafael Chanes Espinosa, que ha estudiado con tino y paciencia las especies vegetales de uso y cultivo aconsejables.

A este estudio ha unido Rafael Chanes el don inapreciable de su sensibilidad como proyectista de jardines.

He tenido ocasión de colaborar profesionalmente con él y me he percatado, con delicia, de que las soluciones que propone son hijas de un espontáneo buen gusto, aderezado con sabiduría y amplio conocimiento del tema.

Este libro pretende ser un catálogo ordenado, una lista útil; pero debajo de la fría labor de archivo se esconde toda la experiencia y sabio entender de un verdadero arquitecto enamorado de su profesión que, con modestia de sabio, ofrece el fruto sazonado de su cultura, talento y sensibilidad.

Juan Bassegoda Nonell
Catedrático de Jardinería y Paisaje
de la Escuela Técnica Superior
de Arquitectura de Barcelona

Prólogo junto al Mediterráneo
(de la segunda edición)

En 1969 le cupo la satisfacción, a quien esto escribe, de redactar un breve prólogo de presentación para el libro de Rafael Chanes, por dos claras razones.

Una, la titularidad de la cátedra de Jardinería y Paisaje de la Escuela de Arquitectura y, otra, haber tenido la oportunidad, como miembro de la Junta de Gobierno del Colegio de Arquitectos, presidida entonces por el gran maestro y profesor don Pedro Cendoya Oscoz, de pedir a Rafael Chanes que accediera a publicar su libro en Barcelona.

Desde que este texto se imprimió ha sido pieza obligada en las librerías de todos los arquitectos y, de este modo, la edición se agotó prestamente.

Mientras, Chanes siguió colaborando con el Colegio de Arquitectos y suyos son varios artículos en «Cuadernos de Arquitectura», colaboración que luego extendió a la Escuela de Arquitectura con magistrales conferencias en los Cursos de Conservación y Restauración de Monumentos y Ambientes que tiene a su cargo la cátedra Gaudí de Historia de Arquitectura, Jardinería y Paisaje.

La actividad de Chanes en Madrid y la publicación de su interesantísimo estudio sobre «La arquitectura popular de La Vera» (1973), en colaboración con su esposa Ximena Vicente, acreditan la tenacidad y los cada día más amplios y maduros conocimientos de este autor sobre ecología y arquitectura.

La segunda edición de *DEODENDRON* era una necesidad sentida por los profesionales arquitectos y especialistas en jardinería y construcción.

Es, además, un premio y un homenaje a su ilustre autor.

Barcelona, 15 de julio de 1978

Juan Bassegoda Nonell
Titular de la cátedra Gaudí
de Historia de la Arquitectura,
Jardinería y Paisaje de la
Universidad Politécnica

Prólogo a la segunda edición

De un tiempo a esta parte se observa que el hombre de nuestra era tecnológica y mecanizada siente cada vez más la necesidad vital de acercarse a la naturaleza, no ya como orgulloso dominador y explotador de sus recursos que estimó inagotables, sino con el espíritu humilde de saberse él mismo parte de esta naturaleza en la que vive inmerso y a la que deberá respetar, cuidar y preservar, si quiere subsistir en la plenitud de su desarrollo espiritual y físico.

De ahí la significación e importancia que tiene en la actualidad, para el hombre en general y para el agobiado ciudadano de las grandes urbes en particular, la búsqueda de un ponderado equilibrio con el medio físico y ambiental que le condiciona y conforma. Equilibrio que sólo podrá obtenerse mediante un planeamiento que contemple en profundidad la problemática ecológica y paisajística, así como de las zonas verdes y los espacios libres.

Es en este planeamiento y en la consiguiente ordenación de espacios abiertos conformados por la vegetación —zonas verdes, parques y jardines— donde el arquitecto o técnico proyectista necesita poseer conocimientos del «material vegetal» que deberá emplear. Este material por ser vivo, dinámico y mutable y no inerte e inmutable como el material arquitectónico, necesita ser estudiado y captado no sólo con criterios meramente estilísticos, sino también en sus condicionantes físicos y biológicos, cara al logro de una acertada selección de las especies más idóneas y de su adecuada agrupación sobre el terreno, para crear y equipar espacios, ambientes y escenas, socialmente útiles y estéticamente bellas.

Este libro de Rafael Chanes nos acerca a este conocimiento. De entre este «material vegetal» —que podría parecer a primera vista profuso, masivo e informe— nos va desvelando y destacando la individualidad e identidad de cada uno de sus componentes.

Pienso que algo parecido nos ocurre a nosotros, respecto a nuestros semejantes. Vamos por la calle y, de repente, de entre la multitud que circula, surge «alguien» que, por su figura, porte, fisonomía, se nos singulariza y destaca del resto. Ya no es uno más de la masa. Tiene un nombre, una personalidad, es un conocido, quizá nuestro amigo.

Éste es el milagro que obra en nosotros el presente libro. El de dar a conocer las plantas —conocer es ya una forma de amar— y para ello nos ofrece, a modo de cumplida presentación, su carta de identidad: origen, porte o crecimiento, exigencias físicas y biológicas, forma, color, ambiente, foliación, floración, fructificación, etc. También, al final del libro, figuran unas útiles relaciones de especies vegetales agrupadas o asociadas en razón a alguna particularidad o afinidad común.

Con todos estos datos, el proyectista contará con elementos suficientes para poder escoger de entre las plantas aquella que, asegurada obviamente su pervivencia y normal desarrollo —el jardín no ha de ser un hospital y menos un cementerio—, convengan más a los fines que la ordenación y composición jardinera pretendan alcanzar.

El atento estudio de las principales características que de las plantas de clima templado aporta el presente libro, y su hábil empleo y aplicación, posibilita la ordenación de los espacios verdes basada en armonías o contrastes; contrapunto de masas horizontales y verticales; adecuado equilibrio entre plantas de hoja persistente o caduca; en el juego de volúmenes, formas y colores mutables en el tiempo y el espacio...

Este proyectar en cuatro dimensiones —tres del espacio y una en el tiempo— confiere a la ordenación paisajística y jardinera su mayor belleza y expresividad.

DEODENDRON, de Rafael Chanes, es, por tanto, un libro de consulta y una útil herramienta de trabajo para todos aquellos profesionales o meramente aficionados que se interesan por el paisajismo o simplemente por la jardinería. En sus páginas alienta el alma sensible de un arquitecto enamorado de las plantas, él mismo fino proyectista de jardines y parques, así como de arquitectura plenamente integrada al paisaje.

Sus libros, estudios y publicaciones nos dan la medida de su sabiduría, de su amor a la Naturaleza y del entusiasmo que le mueve a hacernos vibrar por su mismo afán.

No es de extrañar, pues, el éxito alcanzado por *DEODENDRON* en su primera edición. A esta segunda auguramos asimismo una aceptación tanto mayor cuanto, gracias a libros como el presente, va en aumento la sensibilización en tan apasionante temática.

Joaquin M.ª Casamor de Espona
Dr. Arquitecto
Director Técnico del Servicio
Municipal de Parques y Jardines
de Barcelona

Prólogo del autor a la segunda edición

Nueve años han pasado desde la primera edición de *Deodendron,* agotada ahora a pesar de haberse hecho ya una reimpresión de ella.

En este espacio de tiempo son muchos los interesados por el paisajismo —técnicos y aficionados— que han valorado y utilizado esta guía introductoria al conocimiento de los árboles y arbustos de jardín para climas templados. Muchos, también, los que han tenido la amabilidad de corregir sus errores o sugerirnos datos complementarios.

Todo ello nos ha animado, en los últimos años, a dedicarnos a superar estas deficiencias.

Al emprender esta tarea, nos encontramos con el dilema de hasta dónde convenía hacer más «científica», «técnica» o «exacta» esta obra, dado que su interés precisamente había radicado en la sencillez, claridad y directa objetividad en transmitir la información.

Conscientes de que la misión de este libro debía ser la de ayudar en la selección de las especies de la manera más fácil posible, renunciamos a la «tentación de la perfección» en pro de la conservación de su carácter primitivo.

Hemos corregido y ampliado tanto el material gráfico como el descriptivo; hemos agregado cuadros y modificado la diagramación en búsqueda de una mayor facilidad de consulta; pero intentando siempre la conservación de la estructura inicial.

En atención al abundante número de interesados que nuestra obra ha tenido en Cataluña, agregamos un índice especial de nombres comunes en lengua catalana.

Rafael Chanes

Agradecimientos

Este estudio no habría sido posible sin la ayuda de un gran número de personas que directa o indirectamente han facilitado la tarea.

A todos mi gratitud, nuevamente, en esta segunda edición.

Al ingeniero agrónomo chileno D. Raúl Silva Vargas y a su señora Annette Nuyens de Silva, que me dieron el primer impulso.

Al Sr. D. Ildefonso Miró Segret y a D. Luis Riudor Carol, quienes me dieron toda clase de facilidades para mi trabajo.

Al ingeniero agrónomo D. José Carrillo de Albornoz.

A D. Juan Pañella Bonastre.

A todos los profesores, empleados y alumnos de la Escuela de Jardinería de Barcelona.

A los arquitectos Damián Ribas Barangé (Q.E.P.D.), Francisco Ribas, José Luis Cía y Juan Bassegoda Nonell, que me alentaron con su amistad y afecto.

A D. Luis Riudor Carol, arquitecto, que, con sus sabios consejos, ha enriquecido esta nueva edición.

Introducción

Es mucho más difícil explicar una obra que crearla. Pero los catálogos no necesitan explicación; y esto no pretende ser sino eso, un catálogo. Cuanto más, una notación ordenada de las características de los árboles y arbustos más utilizados en los climas templados, para facilitar su reconocimiento y selección a todo aquel que intente diseñar un jardín.

Existen muchos incentivos para escribir un libro. Éste nació de una necesidad personal y luego del deseo de comunicar hallazgos.

Hace ya diez años había comenzado a diseñar jardines poseyendo muy pocos conocimientos del material vegetal. Y buscaba afanosamente libros que pudieran ayudarme, sin lograr encontrarlos; entonces decidí comenzar a hacer mis propias anotaciones y, en 1960, ya tenía un esbozo de clasificación.

En 1962 tuve la oportunidad de dedicar seis meses a su ordenación y complementación con material gráfico, como parte de una tesis para optar al título de arquitecto en la Universidad de Chile. Y, desde entonces, este trabajo ha sido usado con gran provecho tanto por mí, como por mis colaboradores y asociados, convirtiéndose por otra parte en uno de los estudios más consultados en las bibliotecas de arquitectura que lo poseen.

Todo este interés y el hecho de que numerosas personas (entre ellas arquitectos, paisajistas, decoradores e ingenieros agrónomos) me han sugerido repetidamente el interés que tendría la publicación de estas fichas, me decidieron a trabajar en su desarrollo.

Pero hube de esperar hasta 1967 en que encontré la comprensión del Colegio Oficial de Arquitectos de Cataluña y Baleares para materializar mi intento. Decidida la edición, fue necesario aún un año más de trabajo para rehacer todos los dibujos y corregir y adaptar el manuscrito primitivo.

Y Blume emprende, ahora, esta segunda edición.

Se tratan aquí solamente especies autóctonas o cultivadas en los climas templados (tanto secos como húmedos). Estos climas son los que se establecen en dos franjas anulares en torno a la Tierra, a ambos lados de los trópicos hasta unos 35-40° de latitud norte o sur, y en zonas especiales como pueden ser, entre otras, el Mediterráneo, el centro de Chile o la costa occidental de California, con características más particulares (clima mediterráneo).

Además de estas tres zonas típicas, poseen clima templado el sur oriental de Estados Unidos, el norte de Argentina, Uruguay y Paraguay, los extremos norte y sur de África, Japón, Corea, la parte sudoriental de China y algunas regiones de la India, Irán, Turquía y Australia.

Muy en general se puede definir el clima templado como aquel que posee temperaturas máximas medias de verano entre 25 y 30 °C, y mínimas medias de invierno entre 0 y –4 °C.

Intencionadamente, he pretendido utilizar un lenguaje casi vulgar para que su comprensión no exigiera conocimientos previos. El nombre de «Deodendron», nacido del latín *Deo* («dios») y del griego *dendrón* («árbol»), pareció apropiado para expresar mi intención: fijar el *espíritu* del mundo vegetal, sus leyes, sus ritmos, sus relaciones estructurales, sus proporciones de formas y colores; en suma..., facilitar la aprehensión de lo que hay de Dios en la naturaleza.

DEODENDRON no es un libro de jardinería, no habla de cultivo ni de multiplicaciones. Es sólo el apunte escueto de aquellas «sonrisas», de aquellos aspectos de cada especie que mejor definen su «personalidad» y sirven más precisamente a la tarea del diseño paisajístico. Tampoco es un libro para botánicos. Si sabes botánica, no te sirve; no es para ti, te parecerá una herejía...

DEODENDRON es para aquellos que por primera vez se acercan al conocimiento de las plantas; una guía desprovista de todo aquello que puede amedrentar al no iniciado.

Este estudio está lleno de limitaciones. La naturaleza es algo demasiado maravilloso para sentirse cómoda dentro de las clasificaciones que proponemos. Toda tentativa de encasillar la vida es imperfecta, porque cada planta, cada ser vivo es un pensamiento único al que debemos aceptar con respeto.

Si simplificamos, si hacemos cuadros imaginando que existen especies de rasgos exactamente iguales, es sólo para comprender mejor, para ayudarnos en nuestra tarea.

Cuando comiences a encontrar los defectos que esta obra contiene, comenzaré yo a sentirme satisfecho, porque habrás aprendido algo.

DEODENDRON es sólo un comienzo. Habrán de venir otros proponiendo nuevas ordenaciones, nuevas maneras de entender el material vegetal para el uso paisajístico...

¡Que seas tú uno de ellos!
Ésa es mi esperanza.

Rafael Chanes
Arquitecto y paisajista

PRIMERA PARTE
Estructura y uso del libro

En esta obra tratamos solamente de árboles y arbustos, debido a que creemos que son ellos, junto con los elementos, por otro lado imprescindibles de la arquitectura, los que tienen la responsabilidad mayor en lo que respecta a la definición del espacio exterior.

Todo aquel que comience a acercarse al mundo vegetal o a planear un jardín debe primero preocuparse de los vegetales mayores; y comprender que los de menor tamaño poseen, en la gran mayoría de los casos, una importancia secundaria. Si en un caso dado, nos encontramos con un diseño que es deficiente en la elección de los árboles y arbustos, difícilmente lo podremos componer agregándole únicamente hermosos vegetales menores.

Hemos dividido este estudio en cuatro partes, de las cuales la segunda y la tercera son la base, mientras que las otras dos sólo sirven de explicación o ampliación de los datos consignados.

La **PRIMERA PARTE** es este capítulo de orientación en el uso de las fichas y listas de características comunes. Al final de éste se agregan los cuadros de forma, color, densidad y sombra, ambiente y épocas de foliación, floración y fructificación, de consulta indispensable para la comprensión del orden y de la simbología de las fichas de la obra.

La **SEGUNDA PARTE** contiene las fichas de árboles y arbustos. Cada especie (ejemplo: *Araucaria heterophylla*) o grupo de especies (ejemplo: *Cistus*, especies) está presentado en dos páginas contiguas.

1. **La página de la izquierda** contiene una definición descriptiva con datos de diverso orden denominados por el nombre común en castellano, catalán y euskera. Y para facilitar la confrontación con obras extranjeras incluimos, además, los nombres más comunes en inglés, francés y alemán. Además, está denominada por el nombre de la familia (agrupación de géneros) a la que pertenece la planta, y su **nombre botánico** situado en el extremo superior izquierdo, lo que permite la consulta de las fichas al modo de un diccionario. Los aspectos aquí anotados para los diferentes especímenes que se tratan en la obra, tanto para los árboles como para los arbustos, son los siguientes:

Origen: que se refiere al lugar geográfico de donde procede la especie o el género tratado.

Exigencias: que indica las necesidades de tierra, agua, temperatura y asoleamiento de la especie a la que hacen referencia estas páginas; aspectos que, aunque tratados sin detalle, resultan de vital utilidad para la elección y la ubicación de la planta.

Crecimiento: se refiere al tiempo que tarda la planta en alcanzar su desarrollo máximo. Se clasificó en tres tipos:

Para los árboles:

> **Rápido**: máximo desarrollo entre 5 y 15 años.
> **Medio**: pleno desarrollo entre 15 y 25 años.
> **Lento**: desarrollo total más de los 25 años.

Para los arbustos:

> **Rápido**: desarrollo total antes de los 5 años.
> **Medio**: entre los 5 y los 10 años.
> **Lento**: desarrollo total pasados los 10 años.

Características: anota aspectos formales o relacionados con su uso.

Corteza, hojas, flores y frutos: son descripciones meramente visuales en las que tratamos de suprimir al máximo toda nomenclatura complicada; cuando esto no nos fue posible, empleamos el término botánico preciso, que consignamos en el «Glosario de términos botánicos».

En el apartado **Hojas** se indica con las letras **P** y **C** la cualidad de persistente o caduca (y en algunos casos *semipersistente*); cualidad variable con los microclimas.

Variedades: indica otros individuos de la misma especie.
Cultivares: indica variedades de cultivo de la misma especie.
Especies: anota otras especies menos usuales dentro del mismo género.
Géneros: géneros muy próximos.

2. **La página de la derecha** comprende una representación gráfica y un cuadro resumen de los datos fundamentales, ordenados para una información rápida. Aparecen aquí dibujados la hoja, la flor o el fruto y un alzado del árbol (porte), con una relación al tamaño del hombre y la indicación de su altura y diámetro (*h* y *d* a su izquierda).

En los cuadros inferiores se consignan los aspectos siguientes: la forma, el color, la sombra (para los árboles) y la densidad (para los arbustos); los períodos de foliación (para las especies de hoja caduca) y los de floración y fructificación.

Forma: proponemos diez formas generales dentro de las cuales hemos intentado simplificar aproximadamente todas las especies tratadas. (Véase cuadro «Formas de árboles y arbustos», al final de esta primera parte.)

Color: está indicado por un número que se refiere al color que aparece en el cuadro «Colores de follaje de árboles y arbustos» (al final de este capítulo). Los números simples corresponden exactamente al color de la tabla; los números compuestos (ejemplo: 3-6) indican colores intermedios; las cifras «7 y 2», «7 y 11», etc., indican colores de las dos caras de las hojas, predominando el primero como color general de la especie; las cifras «4→13», «6→14», etc., se refieren a las variaciones otoñales. (Véase nota de la página siguiente.)

Sombra (sólo en los árboles): se distinguen tres tipos de sombra proporcionados por los árboles durante su foliación máxima, y que naturalmente se relacionan con la densidad de su follaje. (Véase cuadro.)

Densidad (sólo en los arbustos): se distinguen tres tipos, que influyen fundamentalmente en el rol definidor de recintos que poseen los arbustos. (Véase cuadro.)

Ambiente: se refiere al tipo de asoleamiento requerido por la planta. (Véase cuadro al final de esta primera parte.)

Foliación, floración y **fructificación**: estos tres últimos datos se anotan sólo cuando interesan en la especie, y se han fijado como períodos aproximados de «principio», «mediados» y «final» de cada estación, para ambos hemisferios. (Véase cuadro «Épocas de foliación, floración y fructificación de árboles y arbustos».) Existen grandes variaciones de acuerdo a los microclimas.

La **TERCERA PARTE** la componen las listas de especies agrupadas de acuerdo a características semejantes; cuando se aprenden a consultar rápidamente, ellas son la clave para la ubicación de la planta más adecuada a nuestros propósitos. Así, por ejemplo, si deseamos un tipo de árbol que nos dé sombra en verano y nos deje pasar el sol en invierno, buscaremos en la lista número 1 de árboles («Árboles de hoja caduca») y determinaremos cuáles serían las especies posibles según la altura que nos interesa. Supongamos que necesitamos un árbol entre 6 y 10 m; se nos ofrecen 15 posibilidades. A continuación podemos consultar la lista número 6 y ver cuáles de estos árboles nos proporcionan la sombra que más nos conviene.

Si queremos, por ejemplo, una sombra ligera, sólo tendremos *Albizia julibrissin*. Si por el contrario, buscamos una sombra densa, encontraremos siete posibilidades. Entre estas siete podemos continuar limitando el número de ellas, exigiéndole al árbol que buscamos nuevas características, tales como color de follaje, rapidez de crecimiento, etc. Y para esto, podemos ayudarnos de las otras listas o de las fichas individuales de las especies preseleccionadas.

La **CUARTA PARTE** contiene:

1. **Glosario de términos botánicos** para explicar algunas palabras poco usuales de las que no supimos prescindir en la parte descriptiva de las fichas.

2. **Significado de los nombres botánicos**: intento de explicar el origen del nombre de las plantas, dato siempre útil para la memorización de su origen y características.

3. **Bibliografía**, que incluye algunos libros consultados para este trabajo, de interés para los que deseen profundizar el estudio.

NOTA:

En 1966 la Royal Horticultural Society de Londres redactó una nueva carta de colores, que pretendía mejorar la propuesta por Robert F. Wilson en 1939, y que nos da base para realizar el cuadro de la página siguiente.

Esta carta de 1966, más científica que la anterior, elimina el nombre de los colores, individualizándolos, en cambio, por una numeración de 1 a 202.

Habiendo intentado adaptar esta nueva catalogación para el uso del diseño paisajístico, nos encontramos con que se perdía en claridad y simplicidad.

Por lo que en esta 3.ª edición insistimos en la primitiva.

COLORES DE FOLLAJE DE ÁRBOLES Y ARBUSTOS

○	ESFÉRICA	
◯	OVOIDAL	
♦	COLUMNAR	(Cilindrocónica)
△	CÓNICA	
⌒	EXTENDIDA	(Casquete esférico)
⌂	PENDULAR	(Semiovoide)
⚘	IRREGULAR	(Compuesta de semiovoides, esferas, cilindros, conos invertidos)
⊤	DE PARASOL	(Semiesfera)
▽	ABANICO	(Cónica invertida)
⊂⊃	HORIZONTAL	(Poliedro de bases irregulares y caras gausas)

FORMAS DE ÁRBOLES Y ARBUSTOS

○ Denomina el **pleno sol** y significa que el árbol o el arbusto requiere una situación asoleada durante todo el día.

◐ Denomina la **media sombra** y significa que el árbol o el arbusto soporta la sombra media de otros árboles o de edificios al mediodía.

● Denomina la **sombra total** y significa que el árbol o el arbusto puede vivir bajo árboles de sombra densa o a la sombra de edificios.

AMBIENTE DE CRECIMIENTO DE ÁRBOLES Y ARBUSTOS

SOMBRA
(árboles)

DENSIDAD
(arbustos)

Ligera   **Débil** = follaje transparente

Media   **Media** = follaje semitransparente

Densa   **Fuerte** = follaje que impide el paso de la vista

SOMBRA Y DENSIDAD

29

		Hemisferio norte	Hemisferio sur
PRIMAVERA	Principio	21 marzo-20 abril	21 septiembre-20 octubre
	Mediados	21 abril-20 mayo	21 octubre-20 noviembre
	Final	21 mayo-20 junio	21 noviembre-20 diciembre
VERANO	Principio	21 junio-20 julio	21 diciembre-20 enero
	Mediados	21 julio-20 agosto	21 enero-20 febrero
	Final	21 agosto-20 septiembre	21 febrero-20 marzo
OTOÑO	Principio	21 septiembre-20 octubre	21 marzo-20 abril
	Mediados	21 octubre-20 noviembre	21 abril-20 mayo
	Final	21 noviembre-20 diciembre	21 mayo-20 junio
INVIERNO	Principio	21 diciembre-20 enero	21 junio-20 julio
	Mediados	21 enero-20 febrero	21 julio-20 agosto
	Final	21 febrero-20 marzo	21 agosto-20 septiembre

ÉPOCAS DE FOLIACIÓN, FLORACIÓN Y FRUCTIFICACIÓN DE ÁRBOLES Y ARBUSTOS

SEGUNDA PARTE
Fichas descriptivas y gráficas

Árboles

ABIES ALBA (= *A. pectinata*) (Pináceas)
ABETO BLANCO

C Avet **E** Izai
I Silver fir **F** Sapin pectiné **A** Weisstanne

Origen	Sur y centro de Europa.
Exigencias	Puede vivir a la sombra. No soporta los fríos muy intensos ni las atmósferas de polvo o gases tóxicos. Requiere suelos profundos, fértiles y de mediana compacidad, aunque de cualquier composición química.
Crecimiento	Lento.
Características	Forma cónica de follaje denso, ramas horizontales. Silvestre en España.
Corteza	Lisa, gris cenicienta, con fisuras más tarde.
Hojas	P, planas y angostas, vértice redondeado, de 2 a 3 cm de longitud, de color verde oscuro con líneas blancas en la cara inferior.
Flores	Sin interés.
Frutos	Conos erectos de 3 a 5 cm de diámetro y 10 a 15 cm de largo.
Cultivares	*Abies alba* «**Pyramidalis**», de 8-10 m de alto y hábito columnar. *Abies alba* «**Pendula**», de porte llorón.

h: 20-30 m
d: 4-5 m

forma	color	sombra	ambiente	foliación	floración	fructificación
△	10	■	○◐●			

37

ABIES CEPHALONICA   (Pináceas)

ABETO DE GRECIA

C Avet grec
I Greek fir **F** Sapin de Céphalonie **A** Griechische Tanne

Origen	Grecia.
Exigencias	Sensible a las heladas, pero muy resistente a la sequía. Soporta suelos calcáreos.
Crecimiento	Lento.
Características	Forma cónica, de ramas extendidas, algo péndulas.
Corteza	Marrón grisácea, fisurada con los años.
Hojas	**P**, de 2 a 3 cm de longitud, verde oscuras y grises por la cara inferior; picantes; alrededor de toda la ramilla.
Flores	Sin interés.
Frutos	Conos resinosos erectos, de brácteas salientes; de 3 a 5 cm de diámetro y 15 a 20 cm de longitud; color marrón rojizo.

h: 20-25 m
d: 6-8 m

forma	color	sombra	ambiente	foliación	floración	fructificación
△	8	■	○◐			

39

ABIES PINSAPO   (Pináceas)

ABETO DE ESPAÑA, abeto de Ronda, pinsapo, pino pinsapo

C Pinsap
I Spanish fir **F** Sapin d'Espagne **A** Spanische Tanne

Origen	España (Sierra de Ronda).
Exigencias	Muy resistente a la sequedad del ambiente; prospera en toda clase de terrenos, prefiriendo los calcáreos.
Crecimiento	Lento.
Características	Forma cónica irregular; tronco nudoso.
Corteza	Gris oscura, fisurada con los años.
Hojas	P, de 1 a 1,5 cm de longitud, verde grisáceas con líneas blancas por la cara inferior; picantes; alrededor de toda la ramilla.
Flores	Sin interés.
Frutos	Conos cilíndricos erectos, de 10 a 12 cm de longitud y unos 5 cm de diámetro, color marrón-purpúreo.
Cultivares	*Abies pinsapo* «**Glauca**», de hojas azuladas. *Abies pinsapo* «**Pendula**», de porte llorón. *Abies pinsapo* «**Argentea**», de hojas azul-gris plateadas.

h: 15-25 m
d: 10-12 m

forma	color	sombra	ambiente	foliación	floración	fructificación
△	8	■	○			

ACACIA DEALBATA   (Mimosáceas-Leguminosas)

MIMOSA COMÚN

C Mimosa **E** Askasi
I Silver wattle **F** Mimosa **A** Mimose

Origen	Australia.
Exigencias	Soporta bien los suelos pobres, pero prefiere los silícicos, libres de cal. Sensible a las heladas.
Crecimiento	Rápido.
Características	Forma esférica irregular, de follaje delicado. Es muy apreciado por sus flores de invierno. Ramas débiles; resiste la poda.
Corteza	Lisa, verde grisácea.
Hojas	P, compuestas, de 30 a 40 folíolos pequeños de color verde glauco.
Flores	Bolitas amarillas de 3 mm de diámetro, agrupadas en racimos al extremo de las ramillas.
Frutos	Sin interés.
Especies	*Acacia baileyana*, muy semejante al descrito con flores en racimos más pequeños.

h: 10-12 m
d: 5-8 m

forma	color	sombra	ambiente	foliación	floración	fructificación
♀	3-6	▥	○		m. invierno f. invierno	

ACACIA MELANOXYLON   (Mimosáceas-Leguminosas)
MIMOSA AUSTRALIANA

I Blackwood **F** Acacia d'Australie

Origen	Australia.
Exigencias	Es muy rústico, adaptándose a cualquier tipo de suelo.
Crecimiento	Rápido.
Características	Forma ovoidal. Es la única mimosa que forma un árbol fuerte y duradero, con el inconveniente de que sus raíces superficiales desecan mucho la tierra.
Corteza	Lisa, gris verdosa.
Hojas	**P**, lanceoladas de 5 a 10 cm de largo; de color verde oscuro. Dimorfismo foliar en hojas pequeñas compuestas, que nacen de las hojas grandes.
Flores	Bolitas blanco amarillentas; escasas pero aromáticas, en espigas.
Frutos	Sin interés.
Especies	*Acacia longifolia*, semejante al descrito; flores en racimos cortos. *Acacia saligna* (= *Acacia cyanophylla*), hojas de 10-32 × 1-3 cm. Resistente a la salinidad.

h: 10-15 m
d: 6-8 m

forma	color	sombra	ambiente	foliación	floración	fructificación
	9-10				p. primavera	

45

ACACIA RETINOIDES (= *A. semperflorens*) (Mimosáceas-Leguminosas)

MIMOSA DE LAS CUATRO ESTACIONES

C Mimosa de quatre estacions
I Wirilda **F** Mimosa des quatre saisons

Origen	Australia.
Exigencias	Rústico, pero requiere cierta cantidad de fosfatos en el suelo para florecer todo el año. Sensible a las heladas.
Crecimiento	Rápido.
Características	Forma irregular muy desordenada. Ramas débiles, se quiebran fácilmente. Por la calidad de su sombra es muy útil para sombrear plantas sensibles al sol.
Corteza	Lisa, verde glauca.
Hojas	**P**, alternas estrechas, lanceoladas, de 10 a 12 cm de largo; de color verde medio.
Flores	Bolitas de 5 mm de diámetro, de color amarillo pálido, fragantes, agrupadas en racimos al extremo de las ramillas. Aparecen todo el año, pero distribuidas, nunca en floración total.
Frutos	Sin interés.

h: 4-6 m
d: 5-6 m

forma	color	sombra	ambiente	foliación	floración	fructificación
(forma icon)	6	(sombra icon)	◯◐		todo el año	

ACER CAMPESTRE (Aceráceas)

ARCE MENOR

C Auró blanc **E** Azcarro, astigar
I Field maple, hedge maple **F** Érable châmpetre **A** Feldahorn   G. Ahorn

Origen	Europa, Asia.
Exigencias	Rústico, prefiriendo los suelos calcáreos.
Crecimiento	Lento.
Características	Forma esférica, irregular; tronco corto muy ramificado en ramas un poco leñosas, pubescentes.
Corteza	Marrón oscura, amarillenta; arrugada en las ramas.
Hojas	C, palmadas, de 3 a 5 lóbulos y 5 a 10 cm de largo; color verde opaco por la cara superior y pubescentes por la inferior, tornándose amarillas en otoño.
Flores	Pequeñas, verdosas, en corimbos erectos.
Frutos	Sámara alada en grupos de a dos.

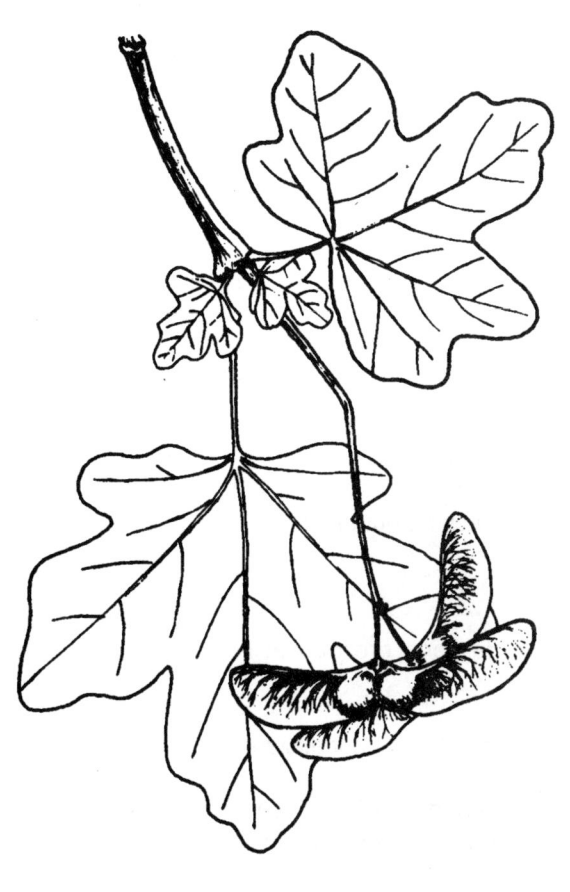

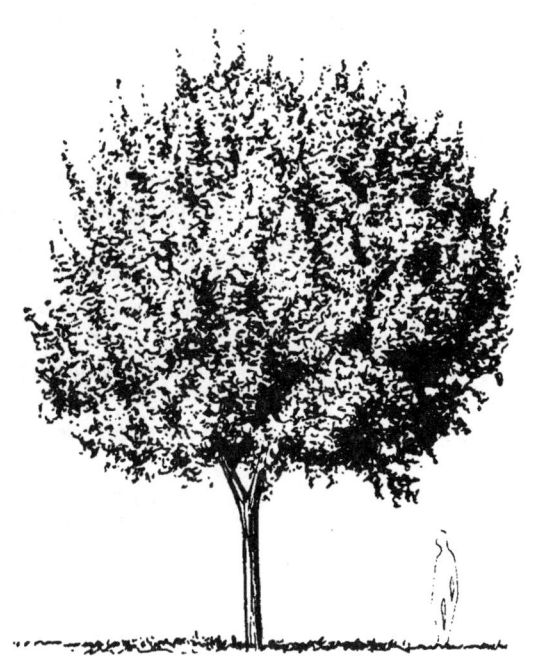

h: 8-12 m
d: 6-10 m

forma	color	sombra	ambiente	foliación	floración	fructificación
○	5-6	■	○◐	m. primavera / m. otoño	m. primavera	

ACER NEGUNDO   (Aceráceas)

ARCE NEGUNDO

C Negundo **E** Itsas-axtigar
I Ash-leaved maple **F** Érable negundo **A** Eschenahorn

Origen	Norteamérica, México.
Exigencias	Es muy rústico pero requiere cierta humedad.
Crecimiento	Rápido. Vive hasta los 80 años.
Características	Forma esférica irregular, de porte erecto, con el tronco a veces algo inclinado.
Corteza	Delgada, marrón grisácea, con fisuras entrelazadas.
Hojas	C, compuestas de 3 a 5 folíolos de 5 a 10 cm de largo, de color verde claro; de bordes aserrados irregularmente.
Flores	Pequeñas, blanco amarillentas en racimos colgantes, con sexos en árboles separados.
Frutos	Sámara alada en grupos de a dos.
Cultivares	*Acer negundo* «**Elegans**», hojas bordeadas de amarillo brillante. *Acer negundo* «**Flamingo**», hojas jóvenes rosadas. *Acer negundo* «**Variegatum**», hojas bordeadas de verde claro y crema.

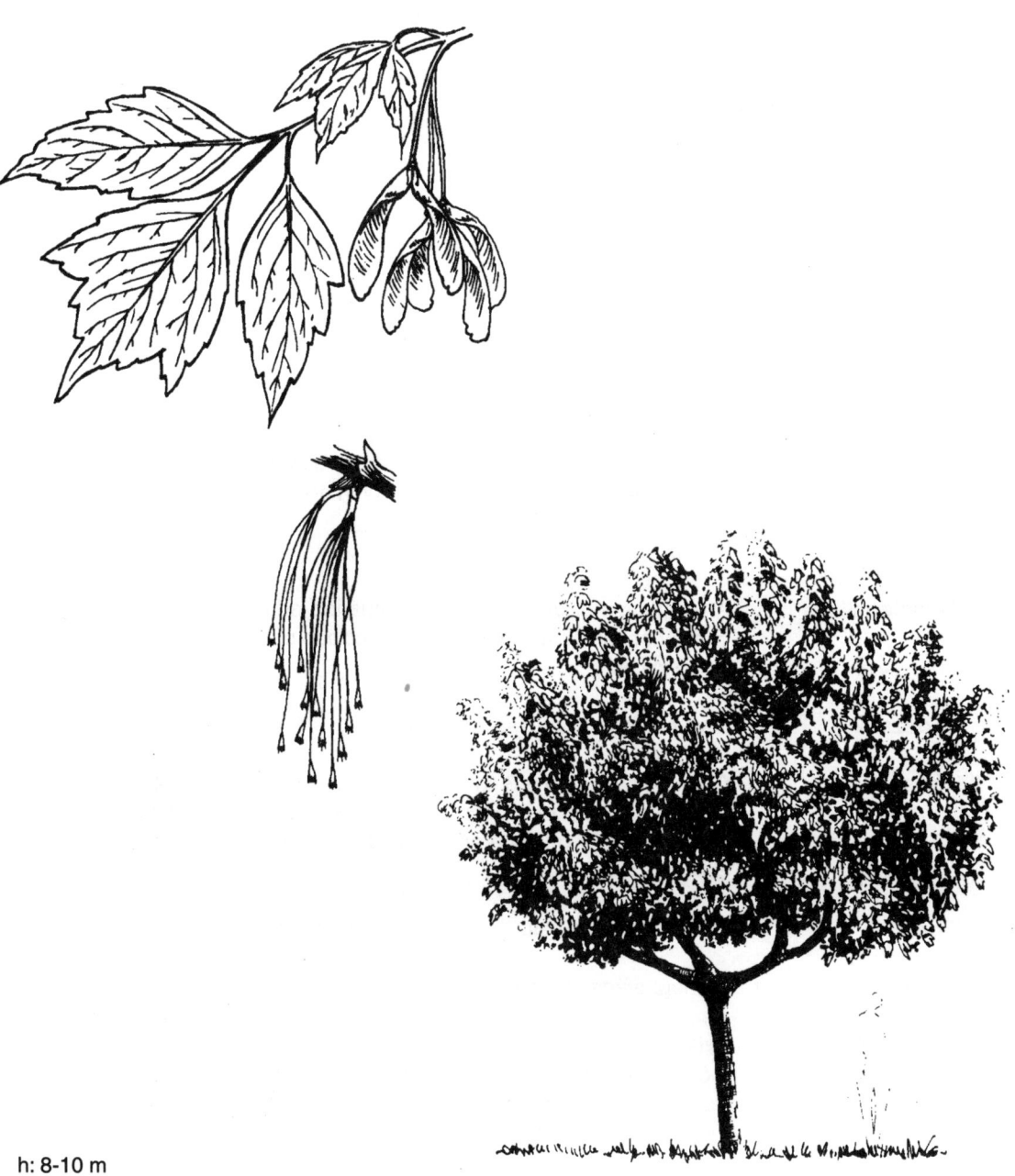

h: 8-10 m
d: 5-6 m

forma	color	sombra	ambiente	foliación	floración	fructificación
○	3-4	|||||	◐	f. invierno f. otoño	f. invierno	

ACER PALMATUM   (Aceráceas)

ARCE JAPONÉS

C Auró japonès
I Japanese maple **F** Érable du Japon **A** Japanisher Ahorn

Origen	Corea y Japón.
Exigencias	Sensible a las heladas y al sol intenso, que quema la punta de las hojas. Requiere suelos muy bien drenados.
Crecimiento	Medio.
Características	Árbol pequeño, de forma ovoidal cuando adulto; a menudo con varias ramas desde la base. Apreciado por la fina textura de su follaje.
Corteza	Lisa, color marrón grisáceo.
Hojas	**C**, palmadas, de 5 a 8 cm de largo, parecidas a las del *Acer sacharinum* pero más pequeñas. De color verde claro, se tornan de un rojo brillante en el otoño, algún tiempo antes de caer.
Flores	Pequeñas, púrpuras, en corimbos. Sin interés.
Frutos	Sámara alada en grupos de a dos.
Cultivares	Existen muchos cultivares con los lóbulos de las hojas más o menos anchos y más o menos divididos, y con hojas de colores uniformes o matizadas. Grupos: Palmatum, Dissectum, Elegans, Variegatum, etc.

h: 3-4 m
d: 2,5-3 m

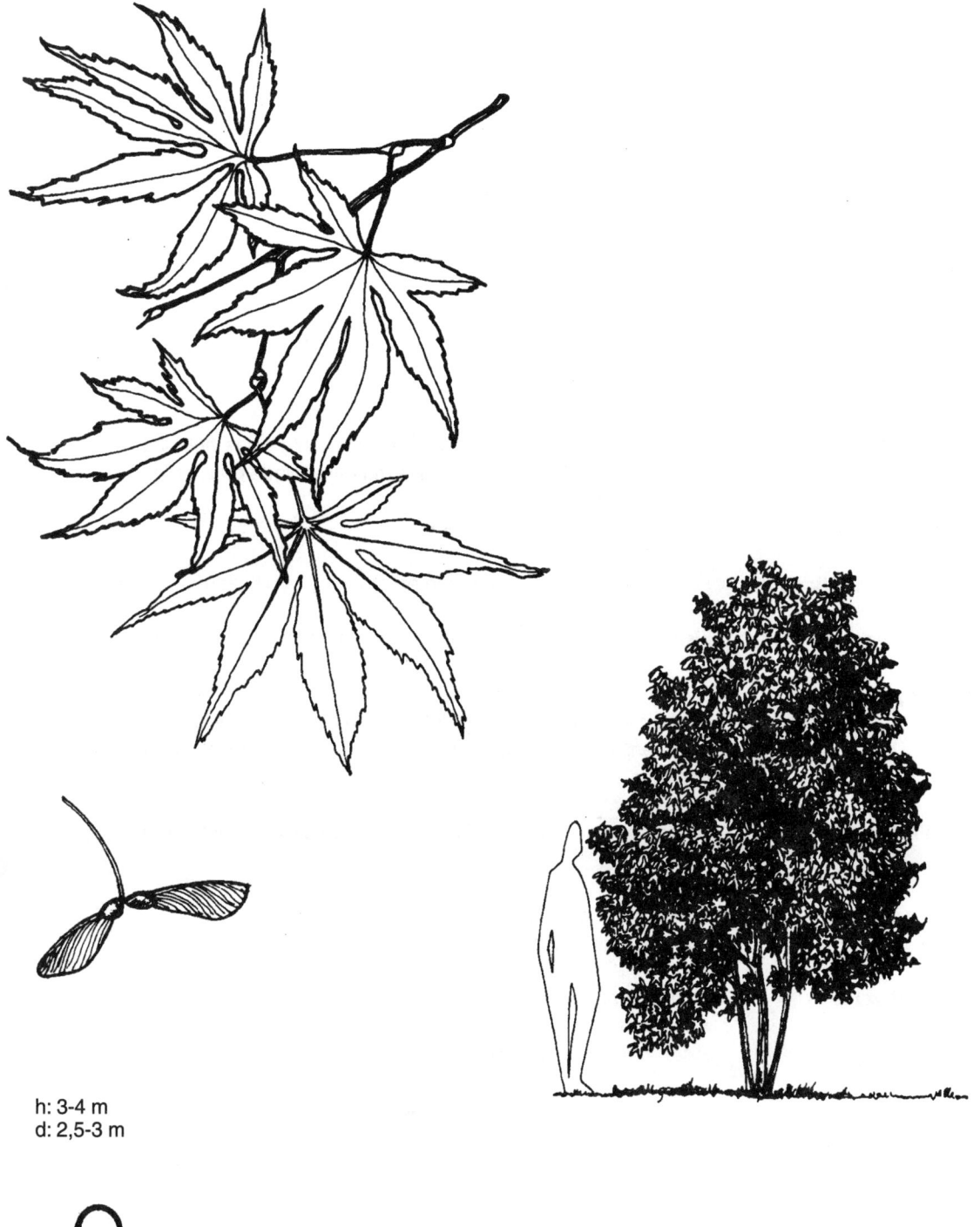

forma	color	sombra	ambiente	foliación	floración	fructificación
	5-6			m. invierno m. otoño		

ACER PLATANOIDES   (Aceráceas)

ARCE REAL

C Erable
I Norway maple **F** Érable plane **A** Spitzahorn

Origen	Europa, Cáucaso.
Exigencias	Acepta cualquier tipo de suelo; es resistente a las heladas, el humo y el polvo, lo que lo hace muy apropiado para calles.
Crecimiento	Rápido. Vive hasta los 100 años.
Características	Forma esférica regular, tronco erecto, muy ramificado.
Corteza	Lisa, marrón grisácea, se rompe en laminillas al envejecer.
Hojas	C, forma acorazonada en su base, de 12 a 15 cm de largo de 5 lóbulos; semejante a las del *Platanus*. Color verde oscuro, grisáceas por la cara inferior; expelen un jugo lechoso al romperse.
Flores	Amarillo verdosas en corimbos erectos; aparecen antes que las hojas.
Frutos	Sámaras en grupos de a dos; de 4 a 5 cm de largo (mayores que en otras especies de *Acer*).
Cultivares	*Acer platanoides* «**Crimson King**». *Acer platanoides* «**Globosum**». *Acer platanoides* «**Rubrum**», con inflorescencias verdes.

h: 20-25 m
d: 6-8 m

forma	color	sombra	ambiente	foliación	floración	fructificación
○	6	■	○	p. primavera m. otoño	p. primavera	

55

ACER PSEUDOPLATANUS   (Aceráceas)

FALSO PLÁTANO, sicomoro

C Plàtan fals **E** Ostartx
I Sycamore **F** Érable sycomôre **A** Bergahorn

Origen	Sur de Europa.
Exigencias	Es rústico, muy usado en calles. Resiste bien la sombra de otros árboles.
Crecimiento	Rápido. Vive hasta los 150 años.
Características	Forma esférica regular, tronco derecho, copa muy densa.
Corteza	Lisa; al envejecer se parte en trozos color marrón y deja ver corteza nueva color ocre pálido.
Hojas	C, forma de corazón en la base, 5 lóbulos claramente divididos; de 10 a 12 cm de largo; color verde oscuro, grisáceas y pubescentes por la cara inferior; amarillo ocre en otoño.
Flores	Amarillo verdosas en racimos colgantes de 8 a 12 cm de largo; aparecen junto con las hojas.
Frutos	Sámara alada doble de 3 a 5 cm de largo, en grupos.
Cultivares	*Acer pseudoplatanus* «**Purpureum**», de follaje púrpura.

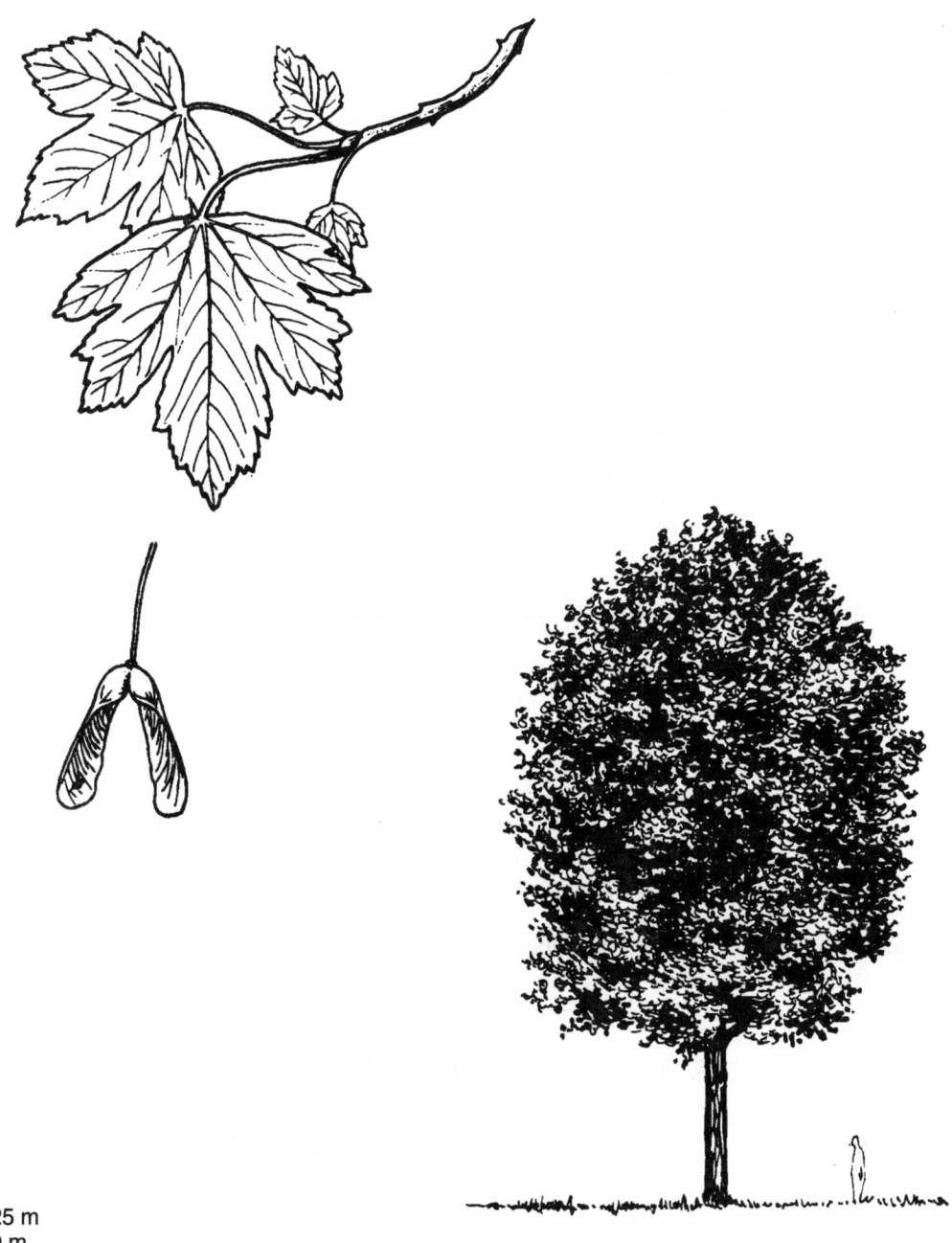

h: 20-25 m
d: 8-10 m

				p. primavera f. otoño	p. primavera	
forma	7	sombra	ambiente	foliación	floración	fructificación

57

AESCULUS HIPPOCASTANUM   (Hipocastanáceas)

CASTAÑO DE INDIAS

C Castanyer bord **E** Indigaztain
I Horse-chestnut **F** Marronnier **A** Gemeine Rosskastanie

Origen	Grecia, Balcanes.
Exigencias	Rústico, requiere suelo fértil y fresco; resistente al frío. En suelos áridos o muy húmedos es atacado por hongos. No resiste el calor reflejado por pavimentos.
Crecimiento	Medio. Vive hasta los 200 años.
Características	Forma ovoidal, de porte erecto. Por su sombra densa, no permite el crecimiento de otras plantas debajo.
Corteza	Lisa, marrón grisácea; con los años se parte en trozos.
Hojas	**C**, compuestas de 5 a 7 folíolos ovales, y 20 a 30 cm de largo; aserradas, de color verde oscuro por encima y más claro por debajo, se tornan ocre-amarillentas en otoño.
Flores	Blanco-rosáceas, en racimos erectos, muy fragantes.
Frutos	Castaña de gran tamaño, no comestible.
Cultivares	*Aesculus hippocastanum* «**Baumannii**», de flores blancas, dobles, estériles.
Especies	*Aesculus* × *carnea*, de flores rojas, 15 días después del *Aesculus* común.

h: 20-25 m
d: 8-12 m

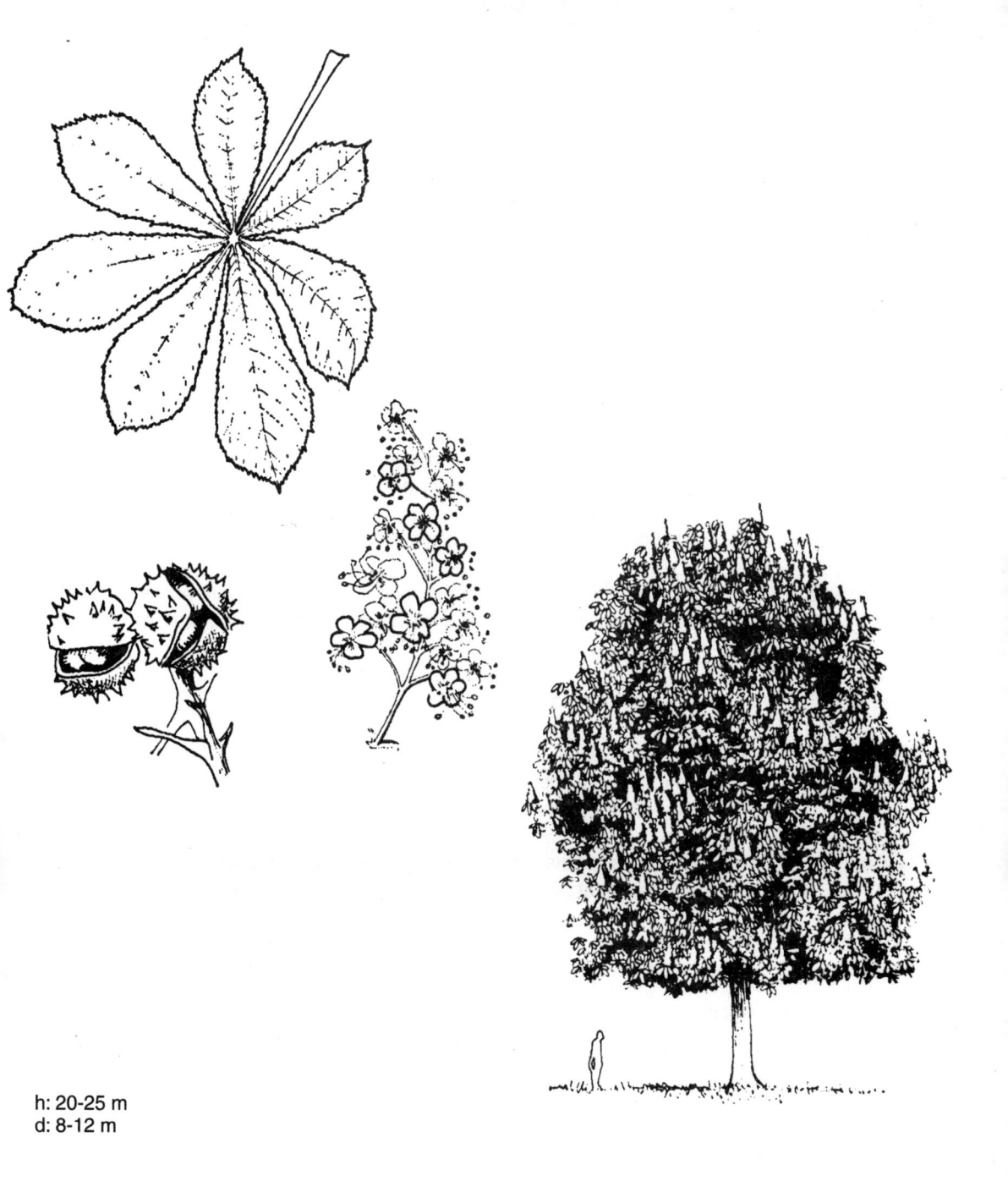

forma	color	sombra	ambiente	foliación	floración	fructificación
O	9 → 13	■	O	p. primavera m. otoño	m. primavera	

AILANTHUS ALTISSIMA   (= *A. glandulosa*)   (Simarubáceas)

AILANTO, barniz del Japón

C Ailant
I Tree of Heaven **F** Vernis du Japon **A** Götterbaum

Origen	China, Japón.
Exigencias	Muy rústico, se adapta a cualquier tipo de suelo y a condiciones adversas; prefiere las tierras ligeras, algo húmedas.
Crecimiento	Rápido.
Características	Forma esférica regular. Se propaga muy rápidamente por retoños de las raíces, lo que resulta a veces un inconveniente en los jardines.
Corteza	Lisa, color amarillo-ocre.
Hojas	C, compuestas, de 30 a 80 cm de largo, con 6 a 12 pares de folíolos, uno diferente en el extremo. Color verde oscuro brillante por encima y opaco por debajo, de olor desagradable.
Flores	Pequeñas, amarillo-verdosas en racimos colgantes de 20 a 30 cm de largo.
Frutos	Sámara de 3 a 4 cm de largo, en grandes racimos de color rosado.

h: 15-20 m
d: 8-10 m

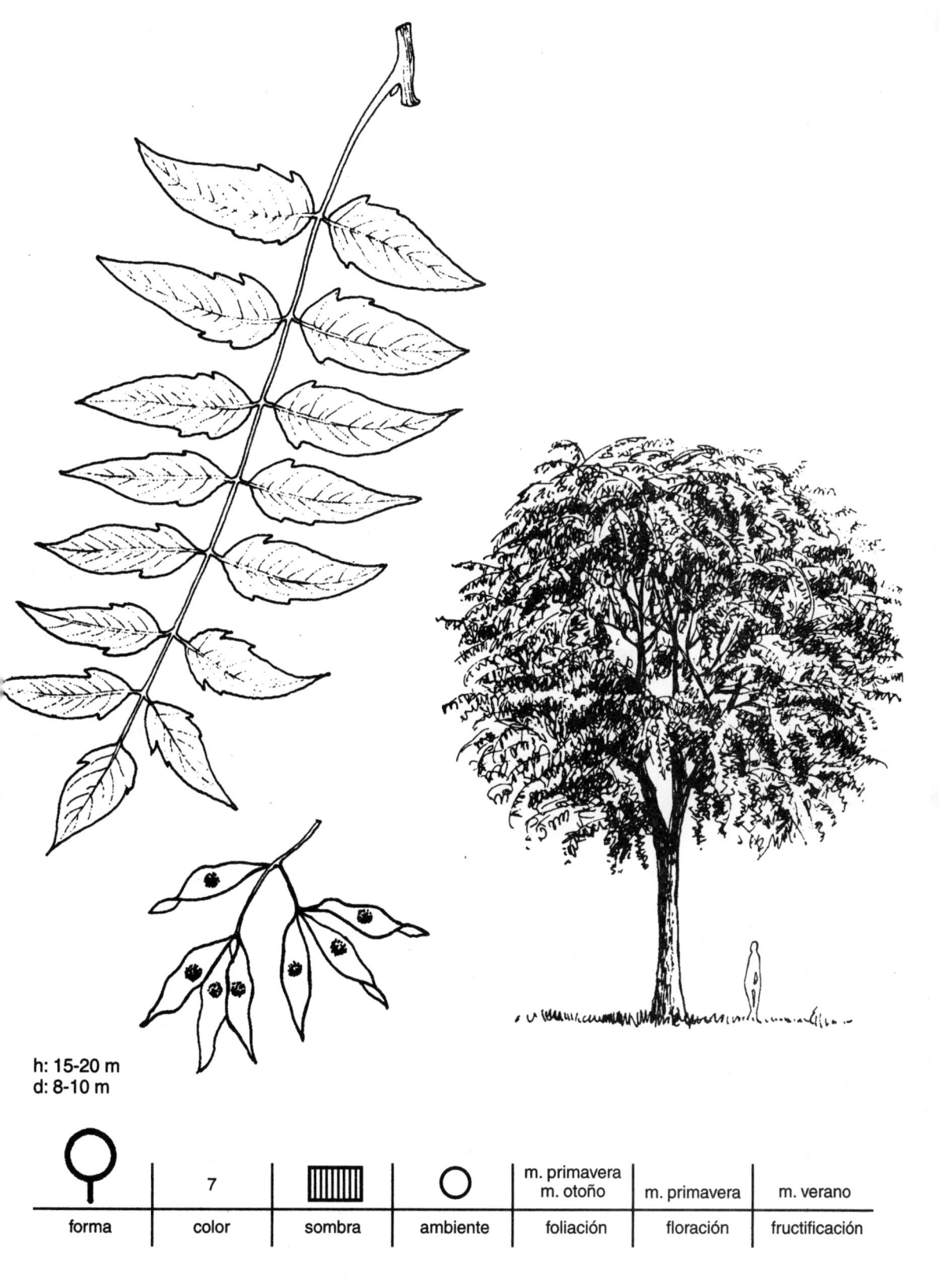

forma	color	sombra	ambiente	foliación	floración	fructificación
○	7	▦	○	m. primavera m. otoño	m. primavera	m. verano

ALBIZIA JULIBRISSIN   (Mimosáceas-Leguminosas)

ALBIZIA, árbol de las sedas

C Arbre de les sedes
I Silk tree **F** Julibrissin

Origen	Asia.
Exigencias	Vive en cualquier tipo de suelo, incluso en los pobres y arenosos, con excepción de los calcáreos. Sensible a las heladas.
Crecimiento	Medio.
Características	Forma esférica irregular; copa semitransparente; follaje de fina textura. Se le confunde con las mimosas.
Corteza	Lisa, gris.
Hojas	**C**, doblemente compuestas, de 20 a 30 cm de largo, formadas por 20 a 25 divisiones las que a su vez se componen de 40 a 60 folíolos pequeños (4-6 mm); color verde, sin coloración otoñal.
Flores	Color rosa pálido reunidas en bolas.
Frutos	Vaina colgante de 10 a 15 cm de largo.
Variedades	*Albizia julibrissin* **var.** *rosea*, más rústico, de menor tamaño y flores de un rosa más intenso.
Especies	*Albizia lophanta*, semejante al descrito, de flores blanco amarillentas.

h: 6-8 m
d: 4-6 m

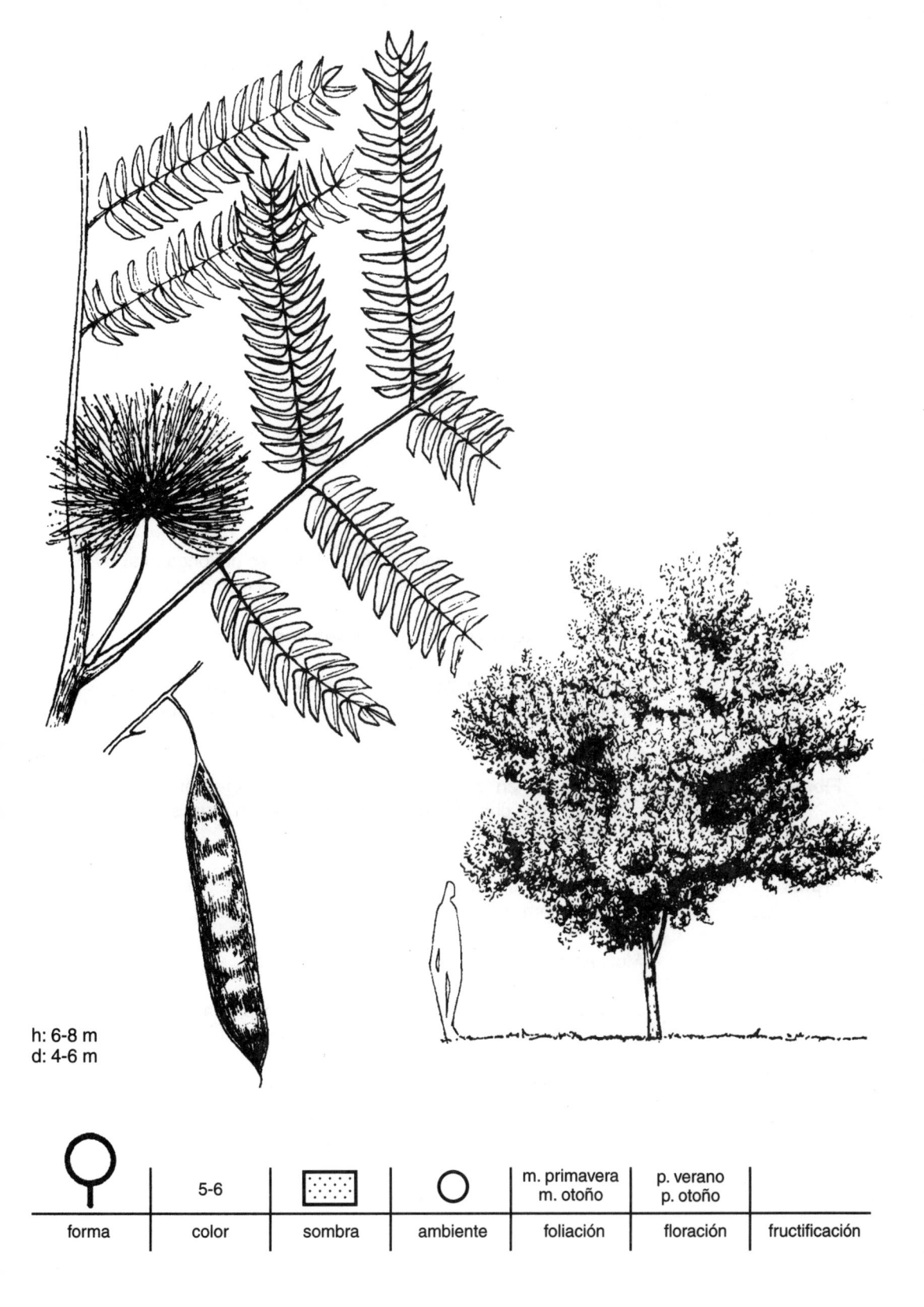

forma	color	sombra	ambiente	foliación	floración	fructificación
○	5-6	▨	○	m. primavera m. otoño	p. verano p. otoño	

ALNUS GLUTINOSA   (Betuláceas)

ALISO

C Vern **E** Txori-egur
I Common alder **F** Aune commun **A** Schwarzerle

Origen	Norte de África, Europa.
Exigencias	Puede vivir en cualquier suelo pero prefiere los terrenos húmedos y hasta pantanosos (más de 800 m).
Crecimiento	Rápido. Vive hasta los 100 años.
Características	Forma cónica regular; tronco recto, cónico, se prolonga hasta lo alto de la copa. Muy usado como protección del viento.
Corteza	Marrón oscura, se descascara en pequeños trozos.
Hojas	C, redondeadas u ovaladas, de unos 10 cm de largo, burdamente aserradas, lisas, brillantes, color verde oscuro, pegajosas por la cara inferior.
Flores	Unisexuadas en grupos sésiles; las masculinas en cilindros colgantes color marrón y las femeninas en grupos ovoides de color rojo.
Frutos	Conos leñosos, largamente pedunculados, se mantienen todo el invierno; color negro.
Cultivares	Muchas hortícolas, según tipo y color de hojas.
Especies	*Alnus cordata*, resiste bien en terrenos secos, usándose incluso como árbol de sombra, de 20 a 25 m de alto (aliso de Italia). *Alnus incana*, de porte arbustivo, posee variedades silvestres de formas diversas de hoja.

h: 15-30 m
d: 6-8 m

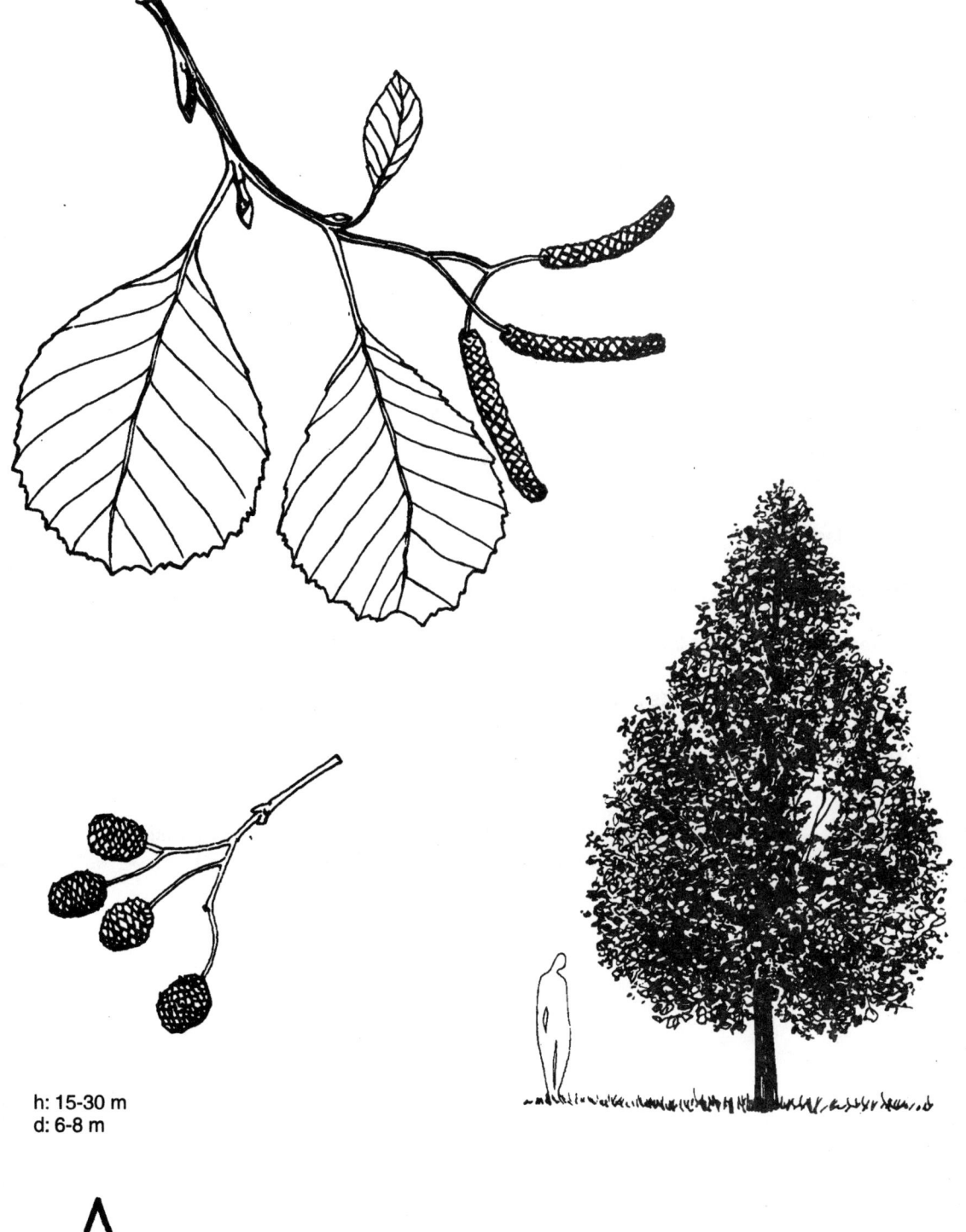

forma	color	sombra	ambiente	foliación	floración	fructificación
△	7	▥	○◐●	p. primavera f. otoño	m. invierno	m. otoño

65

ARAUCARIA ANGUSTIFOLIA (= *A. brasiliensis*) (Araucariáceas)
ARAUCARIA DEL BRASIL

C Araucària del Brasil
I Parana pine **F** Araucaria du Brazil **A** Brasilianische Araukarie

Origen	Brasil.
Exigencias	Acepta todo tipo de suelo, excepto los calcáreos. Requiere ambiente húmedo.
Crecimiento	Lento.
Características	Forma ovoidal que, al envejecer, se transforma en parasol.
Corteza	Marrón oscuro, rugosa, hendida.
Hojas	**P**, de 2 a 3 cm de largo, coriáceas, agudas, imbricadas, color verde oscuro.
Flores	Sin interés.
Frutos	Cono con semillas (piñones) comestibles de mayor tamaño que los de la *Araucaria araucana* (15 cm de diámetro).

h: 20-30 m
d: 8-10 m

forma	color	sombra	ambiente	foliación	floración	fructificación
⬭	11	▦	○			

ARAUCARIA ARAUCANA   (= *A. imbricata*)   (Araucariáceas)

ARAUCARIA CHILENA, pino araucano

C Araucària de Xile
I Monkey puzzle **F** Araucaria du Chili **A** Chilenische Araukarie

Origen	Chile.
Exigencias	Se desarrolla en todo tipo de suelo, excepto en los calcáreos; requiere alta humedad atmosférica y soporta mal los calores fuertes.
Crecimiento	Lento.
Características	Forma cónica regular; con los años se transforma en forma de parasol al perder las ramas inferiores. En su ambiente alcanza los 40 m.
Corteza	Gruesa, color marrón rojizo oscuro, agrietada, escamosa al envejecer.
Hojas	P, ovales o lanceoladas, de 3 a 5 cm de largo y 2 cm de ancho, coriáceas, picantes, color verde oscuro brillante. Se ubican en forma de espiral alrededor de toda la ramilla, ocultándola completamente.
Flores	Masculinas en conos sin interés.
Frutos	Conos solitarios de unos 10 cm de diámetro, con semillas (piñones) comestibles.

h: 15-20 m
d: 6-10 m

forma	color	sombra	ambiente	foliación	floración	fructificación
△	11	|||||	○◐●			

ARAUCARIA BIDWILLII (Araucariáceas)
ARAUCARIA AUSTRALIANA

I Bunya-bunya

Origen	Australia.
Exigencias	Prefiere clima marítimo y humedad atmosférica; cualquier tipo de suelo, excepto los calcáreos; puede vivir a la sombra de otros árboles.
Crecimiento	Lento.
Características	Forma cónica: conserva sus ramas inferiores, las que se desarrollan en un solo plano.
Corteza	Color marrón oscuro, rugosa, fisurada.
Hojas	P, de 5 cm de largo y 1 a 2 cm de ancho, lanceoladas, agudas; color verde oscuro brillante.
Flores	Sin interés.
Frutos	Conos oblongos, de tamaño mayor al de la cabeza de un hombre; contiene granos.

h: 15-20 m
d: 6-10 m

forma	color	sombra	ambiente	foliación	floración	fructificación
△	10-11	▥	◯◐			

71

ARAUCARIA HETEROPHYLLA   (= *A. excelsa*)   (Araucariáceas)
PINO DE NORFOLK

C Araucària de Norfolk
I Norfolk Island pine **F** Araucaria de Norfolk

Origen	Isla Norfolk (Australia).
Exigencias	Rústico, exigiendo cierta humedad en el ambiente; prefiere clima marítimo. Es muy apto para ser cultivado en macetas como planta de interior, ya que necesita temperaturas templadas.
Crecimiento	Rápido.
Características	Forma cónica; de ramas horizontales, dispuestas en un solo plano alrededor del tronco, en forma de estrella.
Corteza	Rugosa, hendida, color marrón oscuro.
Hojas	P, color verde medio, gruesas, agudas, de 1 a 1,5 cm de largo, curvadas en la punta.
Flores	Sin interés.
Frutos	Conos pequeños, semilla no comestible; no fructifica en cultivos.

h: 20-25 m
d: 8-10 m

forma	color	sombra	ambiente	foliación	floración	fructificación
△	6-7	▦	◯◐			

BAUHINIA FORFICATA (Cesalpiniáceas-Leguminosas)
(= *B. grandiflora, B. candicans*)

BAUHINIA, pata de vaca

C Pota de vaca
I Orchid tree **F** Bauhinia **A** Unachte Senna

Origen	Brasil.
Exigencias	Es rústico en cuanto a suelos, prefiriendo los bien drenados. Sensible a las heladas, debe ubicarse en situaciones protegidas pero soleadas. Los vientos fuertes marchitan rápidamente sus flores.
Crecimiento	Lento.
Características	Forma esférica irregular, de follaje distribuido y ramillas espinosas. A menudo se le cultiva como arbusto para lograr proximidad a sus flores.
Corteza	Marrón grisácea, fisurada.
Hojas	**C**, alternas, simples, bilobuladas, de 5 a 12 cm de largo, color verde medio, más claro por debajo.
Flores	Blancas, de 5 pétalos largos, de 8 a 12 cm de ancho, semejantes a una orquídea; en grupos axilares de 2 y 3.
Frutos	Legumbre.
Especies	*Bauhinia variegata*, de India y China, 3-6 m de alto: flores color lavanda o púrpura; fruto de unos 25 cm de largo. *Bauhinia variegata* «**Candida**», de flores grandes y blancas.

h: 4-6 m
d: 4-6 m

| | | | | | p. verano | |
					m. verano	
forma	color	sombra	ambiente	foliación	floración	fructificación

forma	color	sombra	ambiente	foliación	floración	fructificación
○	6	▦	○		p. verano / m. verano	

BETULA PENDULA   (= B. verrucosa)   (Betuláceas)
ABEDUL BLANCO

C Bedoll **E** Urki
I Silver birch **F** Bouleau commun **A** Gemeine Birke

Origen	Europa.
Exigencias	Gran resistencia al calor y a los fríos intensos; adaptable a suelos poco profundos por sus raíces superficiales; muy útil para sostener terrenos en erosión. Cultivable en macetas.
Crecimiento	Rápido.
Características	Forma pendular, porte erecto. Ramas «verrugosas». Apropiado para arboledas.
Corteza	Lisa, de color blanco-grisáceo; se desprenden láminas delgadas que dejan ver tronco marrón oscuro.
Hojas	C, simples, romboidales, de 5 a 7 cm de largo, color verde claro amarillento, se tornan amarillo anaranjado antes de caer.
Flores	Unisexuales en cilindros colgantes, permanecen durante el invierno.
Frutos	Conos pequeños, péndulos; hermosos en otoño.
Cultivares	*Betula pendula* **«Purpurea»**, de hojas nuevas rojizas.
Especies	*Betula papyrifera*, de tronco muy blanco.

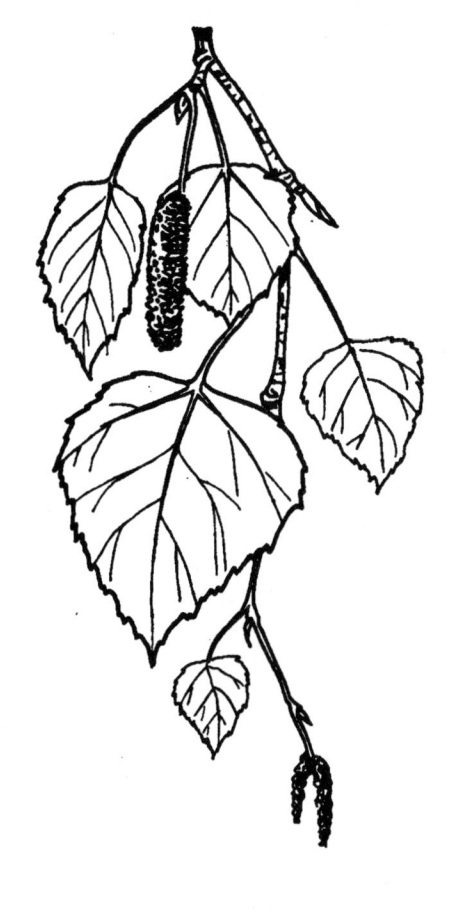

h: 15-25 m
d: 8-10 m

forma	color	sombra	ambiente	foliación	floración	fructificación
	4 → 1		○◐	p. primavera m. otoño	f. invierno p. primavera	

BRACHYCHITON POPULNEUS (= *Sterculia diversifolia*) **(Esterculiáceas)**

BRAQUIQUITON, árbol botella

C Braquiquíton
I Kurrajong **F** Brachychiton

Origen	Australia.
Exigencias	Apto para climas calurosos, poco resistente al frío; requiere suelos sueltos y profundos. Puede vivir a la sombra de otros árboles.
Crecimiento	Medio.
Características	Forma cónica, de tronco recto en forma de cono.
Corteza	Lisa, verde oscura.
Hojas	P, muy variables de forma ovalacuminadas o lobuladas, pecioladas, de 5 a 7 cm de largo, color verde medio brillante. (El dibujo corresponde al tipo oval acuminado.)
Flores	Blanco-amarillentas, rojas en el interior, inflorescencia al extremo de las ramillas. Sin interés.
Frutos	Cápsula negra de 5 a 8 cm de largo.
Especies	*Brachychiton acerifolius*, de flores rojas y hojas más grandes que el *B. populneus*. *Brachychiton discolor*, de flores rosadas.

h: 10-15 m
d: 6-8 m

forma	color	sombra	ambiente	foliación	floración	fructificación
△	6	|||||	◐			

BROUSSONETIA PAPYRIFERA (= *Morus papyrifera*) **(Moráceas)**
MORERA DEL JAPÓN

C Morera del paper
I Paper mulberry **F** Mûrier à papier **A** Papiermaulbeerbaum

Origen	China, Japón.
Exigencias	Rústico en la región mediterránea; se adapta a cualquier tipo de suelo y resiste el aire viciado de las ciudades.
Crecimiento	Rápido, pero envejece muy deprisa.
Características	Forma irregular, copa densa. Retoña por las raíces e invade el terreno, como el ailanto y las robinias, por lo que es útil para retención de tierras. En Oriente se cultiva para la obtención del papel.
Corteza	Marrón grisácea, fisurada.
Hojas	**C**, muy grandes (8-20 cm), de forma variada (enteras o lobuladas), color verde gris oscuro, pubescentes por ambas caras.
Flores	En árboles separados. Sin interés.
Frutos	Sólo en ejemplares femeninos. Esféricos, rojos, de unos 2 cm de diámetro; sin interés.

h: 8-10 m
d: 6-8 m

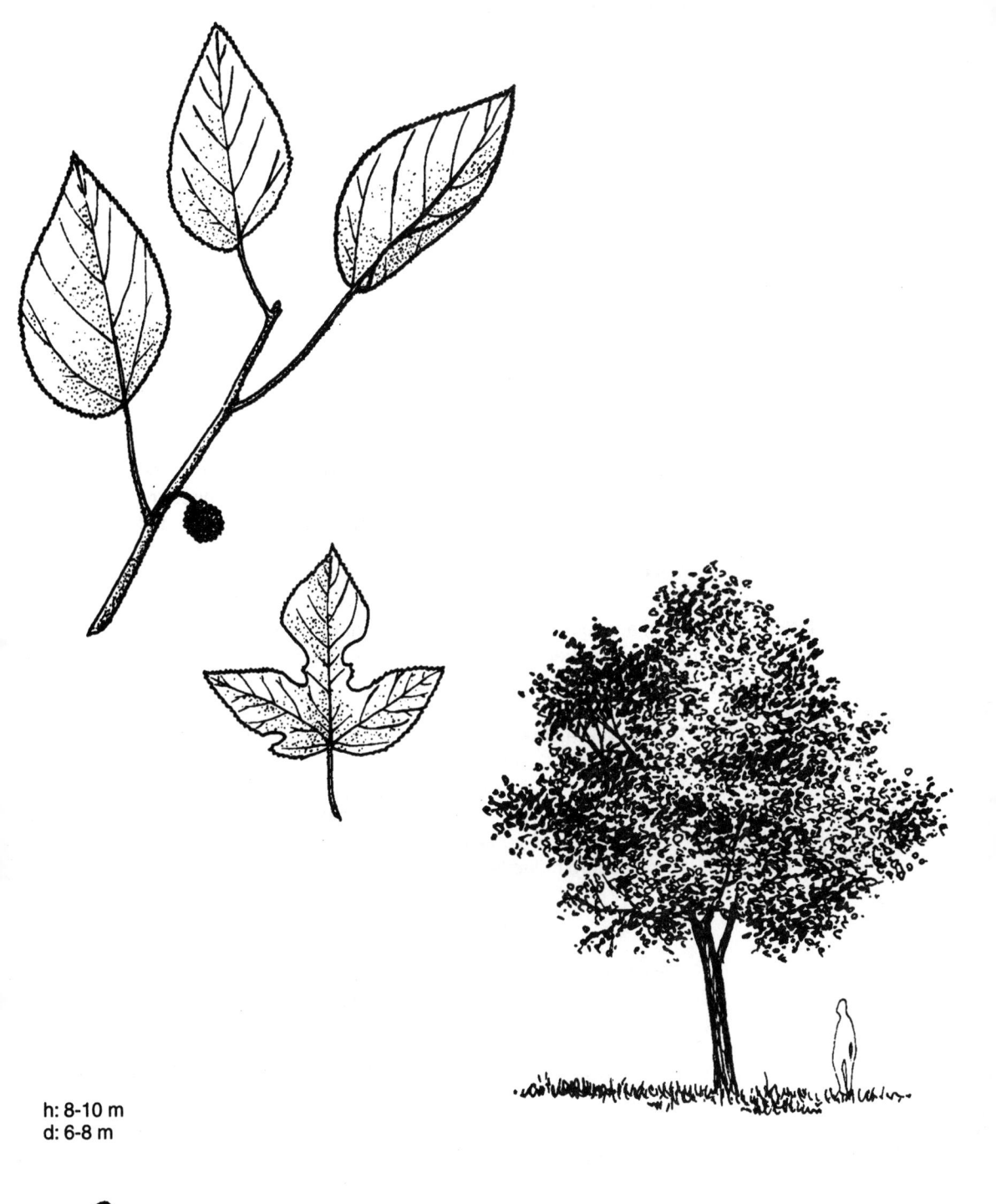

forma	color	sombra	ambiente	foliación	floración	fructificación
	9	■	○	p. primavera f. otoño	f. primavera	

CALOCEDRUS DECURRENS (= *L. decurrens*) (Cupresáceas)

TUYA GIGANTEA, libocedro

C Calocedre
I Incense cedar **F** Libocèdre **A** Kalifornischer Flusszeder

Origen	Norteamérica (norte de California).
Exigencias	Crece en cualquier tipo de suelo que sea fresco y profundo. Resistente a la sequía, necesita cierta humedad del aire. Prefiere espacios abiertos, protegidos del viento en su juventud.
Crecimiento	Medio.
Características	Forma columnar, desordenándose al envejecer. Ramas planas que recuerdan las de la *Thuja* y *Thujopsis*. Madera liviana, perfumada.
Corteza	Marrón rojiza, lisa; al envejecer se fisura y desprende en largas láminas.
Hojas	P, opuestas; en forma de escamas oblongas cubriendo toda la ramilla, con el vértice separado; de 3 mm de largo, color verde oscuro brillante.
Flores	Sin interés.
Frutos	Conos oblongos colgantes, de 2 a 2,5 cm de largo, color marrón rojizo pálido; compuesto por 6 escamas; semillas oblongas aladas de 8 a 12 mm de largo.
Cultivares	*Calocedrus decurrens* «**Aureovariegata**», de hojas manchadas de amarillo. *Calocedrus decurrens* «**Columnaris**», de porte columnar. *Calocedrus decurrens* «**Depressa**», de porte bajo y globoso, hojas de color bronce en invierno. *Calocedrus decurrens* «**Glauca**», de hojas azuladas.
Género	***Austrocedrus chilensis*** (= *Libocedrus chinensis*), alerce, de Chile; alcanza los 20 m de altura, de hojas pequeñas, opacas con una línea blanca por debajo.

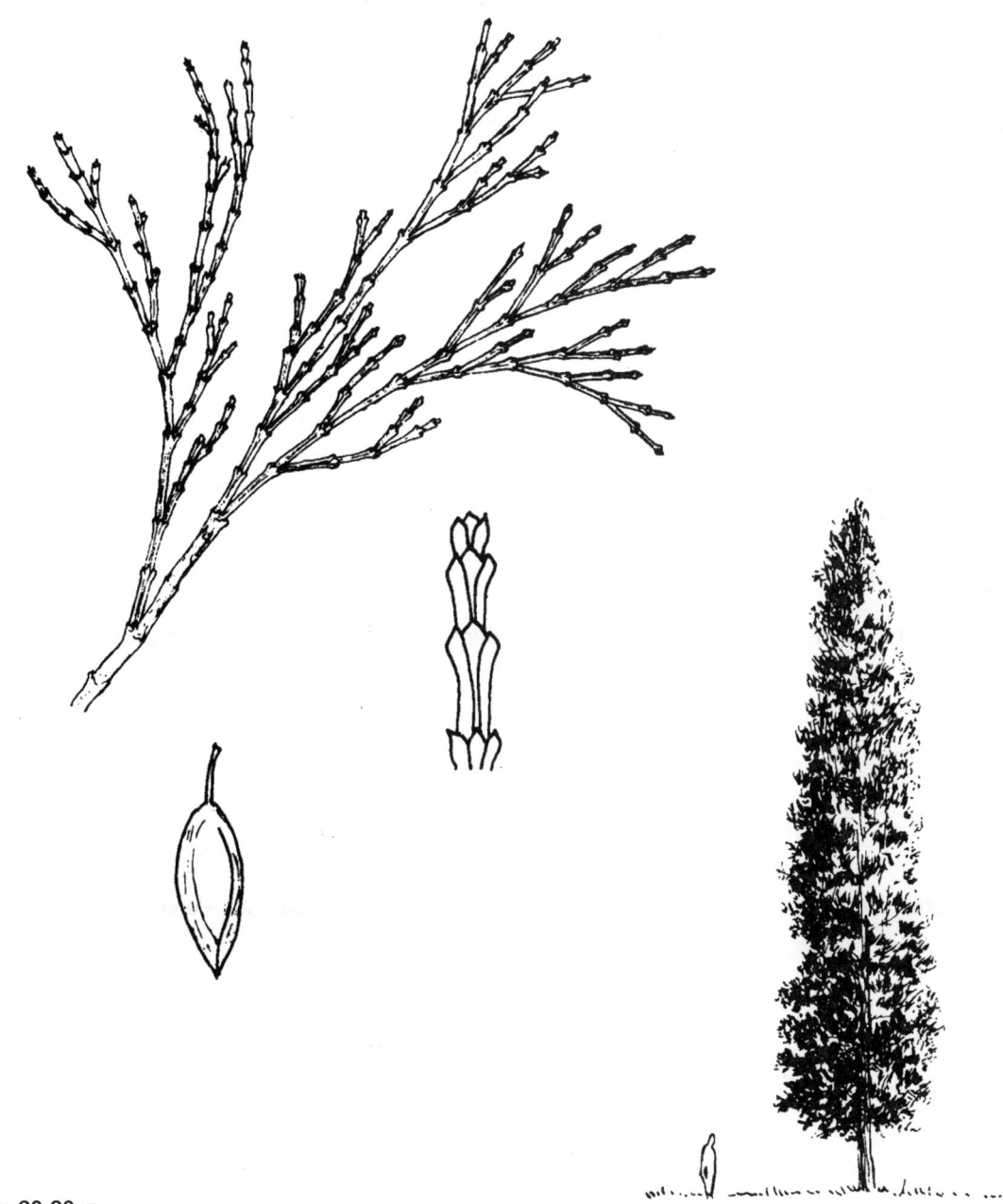

h: 20-30 m
d: 4-5 m

forma	color	sombra	ambiente	foliación	floración	fructificación
▲	7	■	○			

CARPINUS BETULUS   (Betuláceas)

CARPE

C Càrpinus **E** Bejigar
I European hornbeam **F** Charme commun **A** Weissbuche

Origen	Europa, Asia.
Exigencias	Vive en cualquier tipo de suelo siempre que sea fresco y profundo; muy resistente al frío y a la sequía.
Crecimiento	Lento.
Características	Forma irregular, copa densa; muchas veces con ramificaciones desde el suelo; soporta la poda y es muy apto como cortavientos.
Corteza	Lisa, grisácea.
Hojas	C, alternas, ovalacuminadas, muy dentadas, de 7 a 10 cm de largo, nervadura marcada, color verde medio.
Flores	Masculinas y femeninas en racimos separados dentro del mismo árbol.
Frutos	Grano del tamaño de una arveja, dentro de una bráctea trilobulada, que toma un color amarillento en otoño.
Especies	*Carpinus caroliniana*, de Norteamérica. *Carpinus cordata*. *Carpinus japonica*, de Japón.

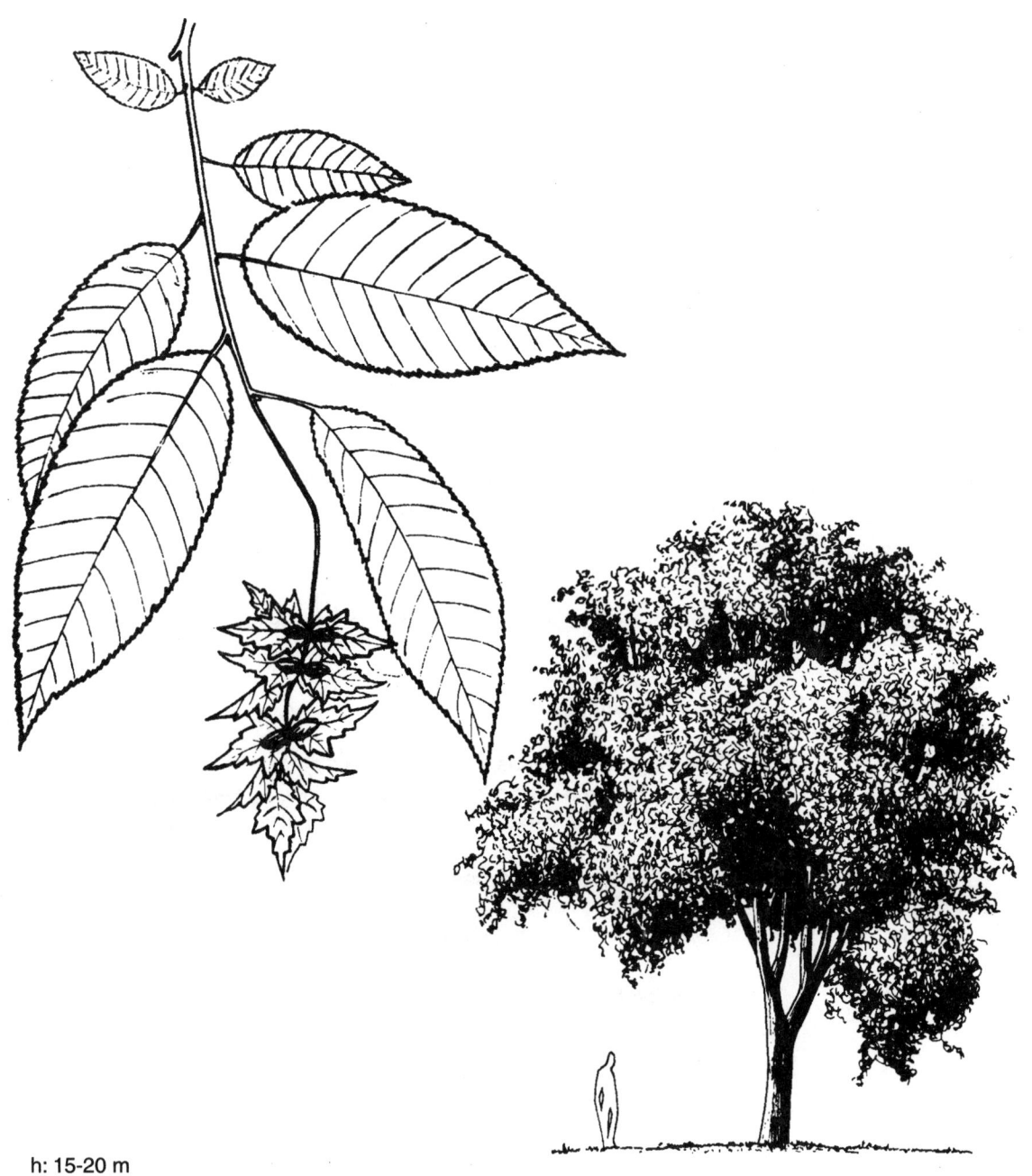

h: 15-20 m
d: 12-15 m

forma	color	sombra	ambiente	foliación	floración	fructificación
	5-6	■	○◐	p. primavera	p. primavera	m. otoño

CASTANEA SATIVA   (Fagáceas)
CASTAÑO COMÚN

C Castanyer **E** Gaztainondo
I Sweet chestnut **F** Châtaignier **A** Edelkastanie

Origen	Asia Menor.
Exigencias	Prefiere suelos silícicos, graníticos, nunca calcáreos. Vive mejor bajo temperaturas moderadas.
Crecimiento	Lento.
Características	Forma extendida esférica, de tronco grueso. Se cultiva por su sombra y su fruto.
Corteza	Marrón oscura, fisurada.
Hojas	C, oblongo-lanceoladas, dentadas, con dientes muy agudos, de 10 a 20 cm de largo; pubescentes cuando nuevas, luego lisas; color verde oscuro por encima, más pálido por debajo.
Flores	Blanco verdosas en racimos, sin interés.
Frutos	Castañas de 2 a 3 cm de diámetro.
Cultivares	*Castanea sativa* «**Holtii**», de forma cónica columnar. *Castanea sativa* «**Purpurea**», de hojas moradas.

h: 20-30 m
d: 15-20 m

forma	color	sombra	ambiente	foliación	floración	fructificación
⌒	7 y 6	■	○	m. primavera m. otoño	f. primavera	m. otoño

87

CASUARINA CUNNINGHAMIANA   (Casuarináceas)

CASUARINA, pino australiano

C Casuarina
I Australian pine **F** Pin d'Australie **A** Kanguruhbaum

Origen	Australia.
Exigencias	Es rústico, aunque requiere suelos profundos y frescos, y el frío lo perjudica. Muy resistente al viento, adecuado para cortinas de reparo.
Crecimiento	Medio.
Características	Forma irregular, copa transparente; de ramas y ramillas colgantes que se mueven mucho con el viento. Por su aspecto parece conífera y puede usarse como tal. Resiste la poda y retoña con facilidad.
Corteza	Marrón oscura, hendida.
Hojas	**P**, aparentemente filiformes, de color verde oscuro, semejante a las de los pinos; en realidad las hojas son escamas diminutas que cubren ramillas.
Flores	Muy simples. Con sexos en árboles separados. Sin interés.
Frutos	En ejemplares femeninos. Leñosos con aspecto de pequeñas piñas de 1,4 × 1 cm.
Especies	*Casuarina verticillata*, de sólo unos 10 m de alto, copa compacta y regular.

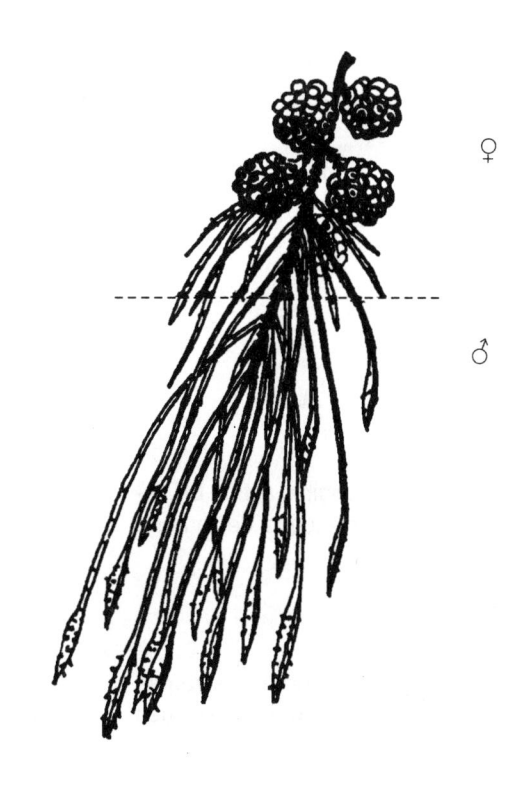

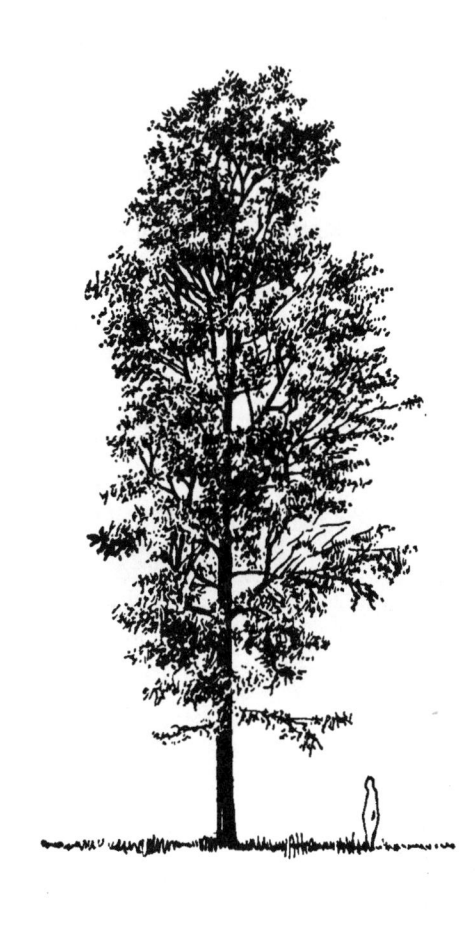

h: 20-35 m
d: 4-6 m

forma	color	sombra	ambiente	foliación	floración	fructificación
	8		○			

CATALPA BIGNONIOIDES (= *C. syringifolia, C. catalpa*) (Bignoniáceas)
CATALPA

C Catalpa
I Common catalpa, Indian bean F Catalpa A Trompetenbaum

Origen	Norteamérica.
Exigencias	Rústica, sin exigencias de terreno pero sensible al frío. En tierras demasiado fértiles puede morir por exceso de materia orgánica.
Crecimiento	Rápido.
Características	Forma esférica irregular. Soporta la poda, pero sus ramas son sensibles al maltrato; se debilitan rápidamente después de alcanzada la madurez.
Corteza	Pardo oscura, levemente hendida.
Hojas	C, acorazonadas, hasta de 25 cm de largo, simples, en verticilos de a tres; color verde claro, olor desagradable al romperlas.
Flores	Blancas, con rayas amarillas y manchas púrpura-marrón en el interior, de 3 a 4 cm de largo, en racimos piramidales de 15 a 25 cm de largo; perfumadas.
Frutos	Cápsula de 25 a 30 cm de largo.
Cultivares	*Catalpa bignonioides* «**Nana**» (*Catalpa bungei*), de tamaño enano. No florece.
Especies	*Catalpa ovata*, de menos de 9 m de alto, flores blanco-amarillentas, con rayas naranjas y manchas violeta en el interior. *Catalpa speciosa*, de forma cónica, sobre los 18 m de alto (Norteamérica).

h: 9-12 m
d: 5-8 m

forma	color	sombra	ambiente	foliación	floración	fructificación
○	4	▥	○◐	p. primavera m. otoño	f. primavera p. verano	p. verano

CEDRUS DEODARA (Pináceas)

CEDRO LLORÓN, cedro del Himalaya

C Cedre de l'Himàlaia
I Himalayan cedar **F** Cèdre de l'Himalaya **A** Himalajazeder

Origen	Himalaya.
Exigencias	Requiere suelos profundos, fértiles, frescos, sin importarle la composición química. Pierde parte de sus hojas durante los inviernos muy fríos.
Crecimiento	Rápido.
Características	Forma cónica; de tronco levemente oblicuo y ramas decumbentes, conservando las inferiores muy extendidas.
Corteza	Lisa, gris; al envejecer, oscura y partida en escamas de 5 a 25 cm de largo.
Hojas	P, aciculares, color verde claro, de 3-5 cm de largo, agrupadas en haces.
Flores	Sin interés.
Frutos	Conos de 7 a 12 cm de largo, color marrón rojizo; sin interés.
Cultivares	(Hortícolas.) *Cedrus deodara* «**Nivea**», de hojas largas, azul plateado. *Cedrus deodara* «**Aurea**», de hojas amarillas. *Cedrus deodara* «**Pendula**», de porte llorón.

h: 20-25 m
d: 10-20 m

forma	color	sombra	ambiente	foliación	floración	fructificación
△	4-6	■	○			

CEDRUS LIBANI ssp. ATLANTICA   (= *C. atlantica*)   (Pináceas)
CEDRO DEL ATLAS

C Cedre de l'Atlas **E** Izai
I Atlas cedar **F** Cèdre de l'Atlas **A** Atlaszeder

Origen	Norte de África (montañas del Atlas).
Exigencias	Requiere espacios abiertos, buena tierra y no demasiada humedad; muy resistente al frío; sufre con los vientos fuertes al desgajarse sus ramas.
Crecimiento	Lento; vive más de 500 años.
Características	Forma cónica irregular, de follaje distribuido. Al principio regular, semejante al abeto. Alcanza los 40 m en su ambiente natural.
Corteza	Lisa, gris; al envejecer, oscura y escamosa.
Hojas	P, forma de agujas rígidas, de pecíolo corto, agrupadas en haces; de 2,5 cm de largo, color verde azulado.
Flores	Unisexuadas, masculinas y femeninas en el mismo árbol, sin interés.
Frutos	Conos color marrón claro violáceo, de 3 a 8 cm de largo.
Cultivares	Existen algunos de hojas plateadas y ramas péndulas: *Cedrus libani* ssp. *atlantica* «Albospica», ramas jóvenes blancas. *Cedrus libani* ssp. *atlantica* «Glauca», muy azulado. Es el más cultivado. *Cedrus libani* ssp. *atlantica* «Pendula».
Subespecies	*Cedrus libani* ssp. *libani* (cedro del Líbano), de 25 a 35 m, muy parecido al *C. libani* ssp. *atlantica*; a veces con una rama desde el suelo semejando otro tronco; color verde oscuro.

h: 12-30 m
d: 10-20 m

forma	color	sombra	ambiente	foliación	floración	fructificación
△	3	▦	○			

CELTIS AUSTRALIS   (Ulmáceas)

ALMEZ

C Lledoner **E** Basaka
A Nesselbaum

Origen	Región mediterránea.
Exigencias	Es rústico. Soporta el frío intenso y la sequía.
Crecimiento	Medio.
Características	Forma esférica irregular, tronco erecto y corto; ramas delgadas colgantes, follaje denso. Semejante al olmo, pero menos atractivo.
Corteza	Lisa, cenicienta.
Hojas	C, oval-lanceoladas, de 10 a 15 cm de largo, muy dentadas, color verde oscuro; rugosas por encima y más pálidas y pubescentes por debajo.
Flores	Amarillentas, sin interés.
Frutos	Drupa redondeada de 0,5 cm de diámetro, verde; se torna negra al madurar.
Especies	(Muy semejantes entre sí.) ***Celtis occidentalis***, de Estados Unidos, muy rústico, de hojas más pequeñas y fruto color verde anaranjado; de más de 30 m de alto. ***Celtis laevigata***, de 15 a 45 m de alto, hojas de borde entero.

h: 10-15 m
d: 10-15 m

forma	color	sombra	ambiente	foliación	floración	fructificación
♀	8	■	○	p. primavera m. otoño		m. verano p. otoño

97

CERATONIA SILIQUA   (Cesalpiniáceas-Leguminosas)

ALGARROBO

C Garrofer **E** Marikoltze
I Carob **F** Caroubier **A** Karobenbaum

Origen	Región mediterránea oriental.
Exigencias	Requiere suelos bien aireados y profundos, y clima mediterráneo templado. Situaciones asoleadas.
Crecimiento	Lento.
Características	Forma esférica irregular, copa densa. A menudo de aspecto arbustivo. En los ejemplares viejos las ramas se inclinan al suelo, dejando un espacio muy protegido. Las ramas nuevas crecen sin engrosar lo que se utiliza para dirigirlas en un techo vegetal controlado.
Corteza	Lisa, cenicienta.
Hojas	**P**, color verde oscuro grisáceo, alternas, coriáceas, lustrosas, compuestas de folíolos anchos, ovalados, de 5 a 10 cm de largo.
Flores	Rojizas, a veces amarillentas, en racimos de hasta 10 cm de largo; apétalas, unisexuadas.
Frutos	Legumbre de 10 a 30 cm de largo, levemente aplastada; entre las semillas hay una pulpa dulce y nutritiva, con la que se hace leche para lactantes, sucedáneo de chocolate y pienso para ganado; se producen al año siguiente de las flores.

h: 5-10 m
d: 4-8 m

forma	color	sombra	ambiente	foliación	floración	fructificación
○	9-10	■	○		f. verano	m. verano

CERCIS SILIQUASTRUM   (Cesalpiniáceas-Leguminosas)

ÁRBOL DE JUDEA, árbol del amor

C Arbre de l'amor
I Judas tree **F** Arbre de Judée **A** Judasbaum

Origen	Región mediterránea.
Exigencias	Rústico a cualquier tipo de suelo, aunque prefiere los blandos y calcáreos; resiste el frío pero vive mejor en ambientes cálidos. No le perjudica la sequía.
Crecimiento	Medio.
Características	Forma irregular, copa transparente (follaje distribuido); tronco inclinado, ramillas de color púrpura oscuro.
Corteza	Marrón casi negro; lisa, con pequeñas grietas.
Hojas	C, simples, lisas, redondas o acorazonadas, de 7 a 12 cm, color verde oscuro.
Flores	Pequeñas, color lila rosado, en grupos reducidos; aparecen antes de las hojas en gran cantidad, cubriendo casi por completo las ramillas; luego se secan y permanecen en el árbol de 3 a 4 meses.
Frutos	Legumbre tableada de 7 a 10 cm de largo, color marrón oscuro; permanece durante el invierno.
Cultivares	*Cercis siliquastrum* «**Alba**», de flores blancas.
Especies	*Cercis canadensis*, de hojas acuminadas, flor más pequeña, pero más rústico que el anterior. *Cercis chinensis*, de tipo más arbustivo, flor rosado fuerte a principios de primavera. Es más delicado.

h: 5-8 m
d: 5-6 m

forma	color	sombra	ambiente	foliación	floración	fructificación
	6-8		◯◐	p. primavera p. otoño	p. primavera m. primavera	p. otoño

CHAMAECYPARIS LAWSONIANA   (Cupresáceas)
CIPRÉS DE LAWSON

C Xiprer de Lawson
I Lawson's cypress **F** Faux cyprès de Lawson **A** Scheinzypresse

Origen	Norteamérica (California).
Exigencias	Es rústico en suelos, aceptando incluso los calcáreos; se da mejor en suelos ácidos y en ambientes cercanos al mar, pero húmedos o sombríos.
Crecimiento	Medio.
Características	Forma cónica, muy ramificado en la base; se parece a los cipreses, de los que difiere botánicamente por tener 4 a 5 semillas en cada una de las escamas del fruto (otros *Chamaecyparis* sólo 2 o 3), mientras los primeros tienen más.
Corteza	Lisa, marrón rojiza; al envejecer, fisurada.
Hojas	P, imbricadas, cuneiformes, planas; color verde claro o verde gris, con bandas blancas por la cara inferior; muy olorosas.
Flores	Sin interés.
Frutos	Cono gris azulado de 1,5 cm de diámetro, formado por escamas sobrepuestas; al madurar se torna marrón.
Cultivares	Más de cien cultivares, con portes y tonos de follaje distintos: desde arbustos enanos hasta árboles columnares, distintos tonos de verde, azul, gris, amarillo, etc. *Ch. lawsoniana* «**Allumi**», de forma columnar y follaje glauco. *Ch. lawsoniana* «**Argentea**», de follaje plateado. *Ch. lawsoniana* «**Erecta**», columnar, de follaje verde brillante. *Ch. lawsoniana* «**Glauca**», de follaje gris azulado. *Ch. lawsoniana* «**Lutea**», de follaje amarillo pálido.
Especies	***Ch. nootkatensis*, *Ch. obtusa*, *Ch. pisifera*, *Ch. thyoides***: delicadas al calor fuerte y la sequía.

h: 10-20 m
d: 3-7 m

forma	color	sombra	ambiente	foliación	floración	fructificación
△	3-5	■	○			

103

CINNAMOMUM CAMPHORA   (Lauráceas)

ALCANFORERO

C Camforer
I Camphor tree **F** Camphrier **A** Kampferbaum

Origen	China, Japón.
Exigencias	Es rústico en suelos, aunque se da mejor en los arenosos; resiste muy bien las variaciones de agua (humedad o sequía). Sus raíces no dejan crecer otras plantas debajo.
Crecimiento	Lento.
Características	Forma esférica regular, de follaje compacto. Tronco recto y corto. De su madera se extrae el alcanfor. Poco usado en España.
Corteza	Rugosa, color marrón grisáceo.
Hojas	**P**, ovaladas, acuminadas, de 5 a 10 cm de largo; color verde claro brillante, más pálido por debajo, se tornan rojizas en primavera.
Flores	Amarillas, apétalas, en pequeños racimos; sin interés.
Frutos	Baya sin interés.
Especies	*Cinnamomum aromaticum*, de hojas más grandes, oblongas. Muy cultivado en Extremo Oriente como adulterante del alcanfor.

h: 8-12 m
d: 8-10 m

forma	color	sombra	ambiente	foliación	floración	fructificación
○	5-6	■	○◐			

CITRUS AURANTIUM (= *C. aurantium* var. *amara*) **(Rutáceas)**
NARANJO AMARGO

C Taronger amarg **E** Larango
I Bitter orange tree **A** Warzenpomeranzenbaum

Origen	Asia tropical (China, Cochinchina).
Exigencias	Sensible al frío; requiere suelos de mediana compacidad, frescos, sin importarle su naturaleza. (Los *Citrus* se han extendido por todo el mundo.)
Crecimiento	Medio.
Características	Forma esférica regular, de follaje compacto, tronco recto y corto. Ramillas de color verde claro. Espinas largas, pero no agudas.
Corteza	Lisa, color verde grisáceo.
Hojas	P, ovaladas u oblongas, de 7 a 10 cm de largo; pecíolo con «alas» muy anchas; color verde medio opaco.
Flores	Blancas, serosas, de 2 cm de ancho, solitarias o en pequeños racimos; muy fragantes.
Frutos	Naranja ácida, de forma globosa aplastada, de unos 8 cm de diámetro.
Especies	*Citrus maxima* (pomelo), de hasta 10 m de altura, muy sensible al frío. *Citrus limetta* (lima), de fruto agridulce. *Citrus limon* (limonero), frutos muy decorativos. *Citrus nobilis* (mandarino), más pequeño que el naranjo, de climas más fríos. *Citrus sinensis* (naranjo dulce común), de 4 a 7 m de alto, sus flores no tan fragantes como el naranjo amargo.
Género	*Poncirus trifoliata* (= *Citrus trifoliata*; ponciro), de hoja caduca y muy resistente; junto con el ***C. aurantium*** es buen pie de injertos.

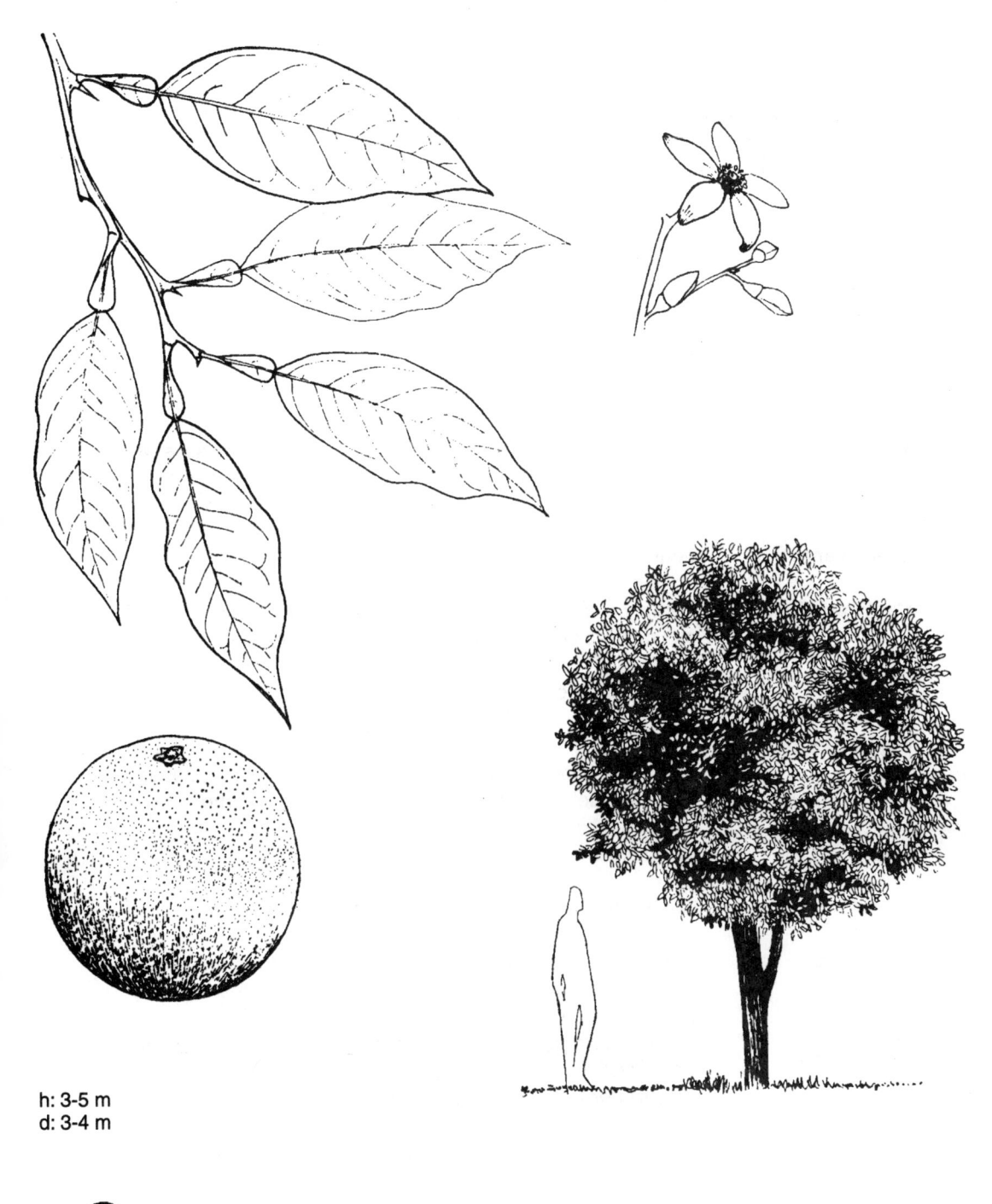

h: 3-5 m
d: 3-4 m

forma	color	sombra	ambiente	foliación	floración	fructificación
♀	6	■	◯◐		m. primavera	todo el año

107

CRYPTOMERIA JAPONICA   (Cupresáceas)

CRIPTOMERIA

C Criptomèria
I Japanese red cedar **F** Criptomérie du Japon **A** Sugi, Japanische Zypresse

Origen	Japón.
Exigencias	Requiere suelos profundos y fértiles; sensible al frío, a los calores extremos y al viento; prefiere ambientes húmedos. Puede vivir en la sombra.
Crecimiento	Lento.
Características	Forma columnar; tronco derecho, ramas cortas con numerosas ramillas pendientes y débiles. Copa de textura fina.
Corteza	Marrón rojiza oscura, fisurada.
Hojas	**P**, cortas, en forma de garras de 1 a 2 cm, cubriendo totalmente las ramillas; de color verde claro en la primera edad, luego se vuelven más oscuras y moradas en invierno.
Flores	Sin interés.
Frutos	Cono esférico de 2 a 3 cm de diámetro, escamoso.
Cultivares	Centenares de cultivares con follaje variegado, ramas aplanadas o torcidas, formas cristadas, portes globosos, cónicos, entre otros. *Cryptomeria japonica* «**Compacta**», de forma cónica compacta y follaje verde azulado. *Cryptomeria japonica* «**Elegans**», de forma arbustiva, muy ramificada, de vida corta. *Cryptomeria japonica* «**Lobbii Nana**», muy semejante al tipo, pero más resistente.

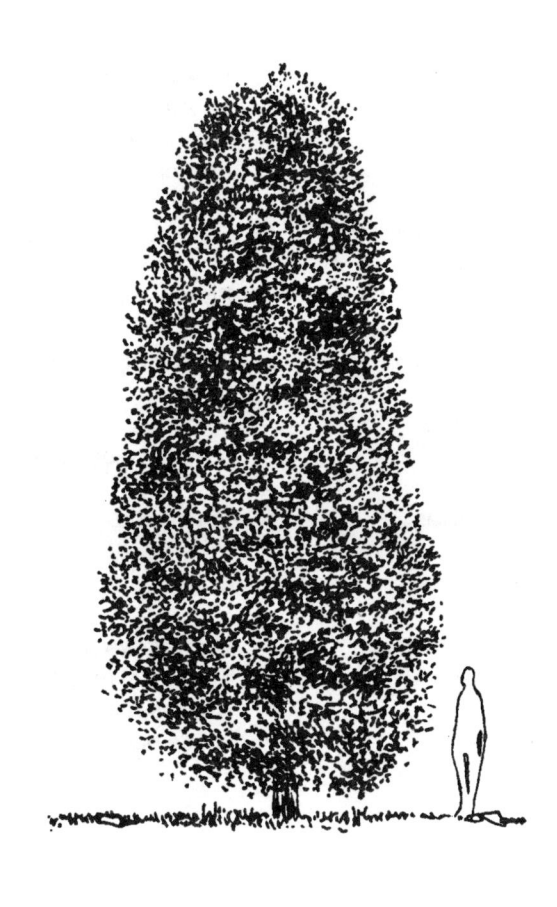

h: 10-15 m
d: 3-4 m

forma	color	sombra	ambiente	foliación	floración	fructificación
▲	8 → 12	■	○◐●			

109

CUPRESSUS ARIZONICA var. GLABRA (= *C. glabra*) (Cupresáceas)
CIPRÉS DE ARIZONA

C Xiprer d'Arizona, xiprer blau
I Smooth Arizona cypress **F** Cyprès d'Arizona **A** Knale Arizona-Zypresse

Origen	Norteamérica.
Exigencias	Es el más rústico de los cipreses: acepta cualquier condición de suelo, y los terrenos calcáreos, superficiales o secos. Prefiere temperaturas medias, pero resiste el frío. Útil para quebravientos.
Crecimiento	Rápido.
Características	Forma cónica, de copa más o menos densa, tronco recto.
Corteza	Marrón rojiza oscura.
Hojas	**P**, cortas, gruesas, agudas, imbricadas, resinosas; aromáticas, de color verde azulado oscuro.
Flores	Sin interés.
Frutos	Conos esféricos de 2 a 3 cm de diámetro, verde azulado.
Cultivares	*Cupressus arizonica* var. *glabra* «**Glauca**», de follaje muy azul. Es el más cultivado. *Cupressus arizonica* var. *glabra* «**Compacta**», más pequeño, de porte globoso a cónico.

h: 12-15 m
d: 4-5 m

forma	color	sombra	ambiente	foliación	floración	fructificación
△	8	■	○◐●			

CUPRESSUS SEMPERVIRENS   (Cupresáceas)
CIPRÉS

C Xiprer **E** Alzifre
I Italian cypress **F** Cyprès d'Italie **A** Gemeine Zypresse

Origen	Región mediterránea.
Exigencias	Es rústico para todo tipo de suelos; soporta las atmósferas de las ciudades y la sombra. Se adapta a la poda (setos).
Crecimiento	Rápido en los primeros años.
Características	Forma columnar, ramas levantadas («fastigiadas») en todas direcciones. Cultivado desde la antigüedad por los griegos.
Corteza	Marrón grisácea, algo escamosa.
Hojas	**P**, pequeñas, romboidales, imbricadas, color verde oscuro.
Flores	Sin interés.
Frutos	Conos esféricos de 3 a 4 cm de diámetro, formado por escamas, color grisáceo.
Cultivares	*Cupressus sempervirens* **«Glauca»**, estrechamente columnar, hojas azuladas. *Cupressus sempervirens* **«Stricta»**, de ramas muy fastigiadas, copa estrecha y compacta.
Especies	*Cupressus funebris*, natural de China, de hasta 15 m de largo, follaje claro, muy plantado en los cementerios del Mediterráneo. *Cupressus macrocarpa*, oriundo de Norteamérica, crece hasta los 20 m, cónico en la juventud e irregular al envejecer; follaje verde oscuro. *Cupressus lusitanica*, naturalizado en Portugal, con los extremos de las ramas muy caídos.

h: 10-20 m
d: 2-3 m

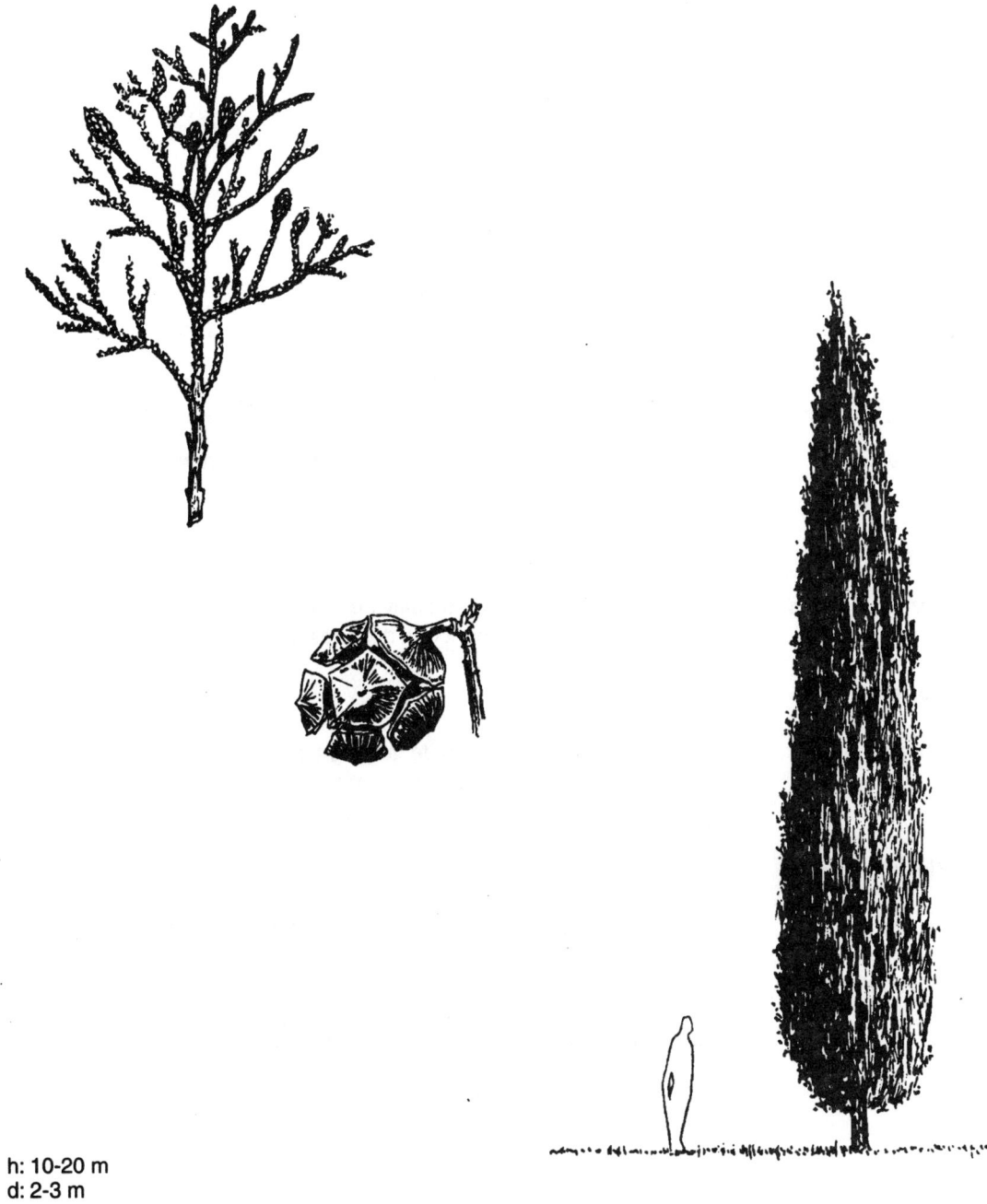

forma	color	sombra	ambiente	foliación	floración	fructificación
▲	10	■	○◐●			

DIOSPYROS KAKI   (Ebenáceas)

PALO SANTO

C Caqui **E** Kaki
I Persimmon **F** Kaki **A** Kakipflaume

Origen	China, Japón.
Exigencias	Es rústico a las variedades de suelo y de temperatura, pero para madurar sus frutos requiere climas cálidos.
Crecimiento	Lento.
Características	Forma ovoidal irregular, se cultiva en jardines por la belleza de sus frutos, que permanecen después de caídas las hojas.
Corteza	Lisa, marrón oscura.
Hojas	**C**, ovaladas, de 10 a 15 cm de largo, gruesas, lisas verde oscuras, brillantes por la cara superior y algo pubescentes por debajo.
Flores	Amarillentas, sin interés.
Frutos	Esférico, de 5 a 7 cm de diámetro, color naranja comestible.
Especies	*Diospyros lotus*, de hojas pequeñas y frutos de 2 cm de diámetro, amarillos o purpúreos. Más rústico que el kaki. *Diospyros virginiana*, muy rústico, de mayor altura; frutos de 2,5 cm de diámetro.

h: 6-8 m
d: 3-4 m

forma	color	sombra	ambiente	foliación	floración	fructificación
○	7	▦	○	p. primavera m. otoño		m. otoño

ELAEAGNUS ANGUSTIFOLIA   (Eleagnáceas)

OLIVO DE BOHEMIA, cinamomo, árbol del paraíso

C Arbre del paradís
I Oleaster, Russian olive **F** Olivier de Bohème **A** Ölweide

Origen	Asia templada, sur de Europa.
Exigencias	Rústico; resistente al frío, a la sequía y a los terrenos salobres junto al mar.
Crecimiento	Rápido.
Características	Forma esférica irregular; copa transparente; tallos espinosos; ramas angulosas de gran belleza en invierno.
Corteza	Marrón oscura, fisurada.
Hojas	C (semipersistentes en climas cálidos), estrechas, lanceoladas, de 2 a 4 cm de largo; color verde ceniciento, plateado por la cara inferior.
Flores	Pequeñas, estrelladas, color blanco amarillento, muy perfumadas; solas y en grupos de a tres.
Frutos	No comestibles; ovalados, de 2 cm de largo, sobre pedúnculos largos; rojos o amarillos.
Especies	*Elaeagnus multiflora*, de fruto amarillo o rojo, comestible. *Elaeagnus* «**Quicksilver**» o de Norteamérica, es el de hojas más plateadas.

h: 6-8 m
d: 5-6 m

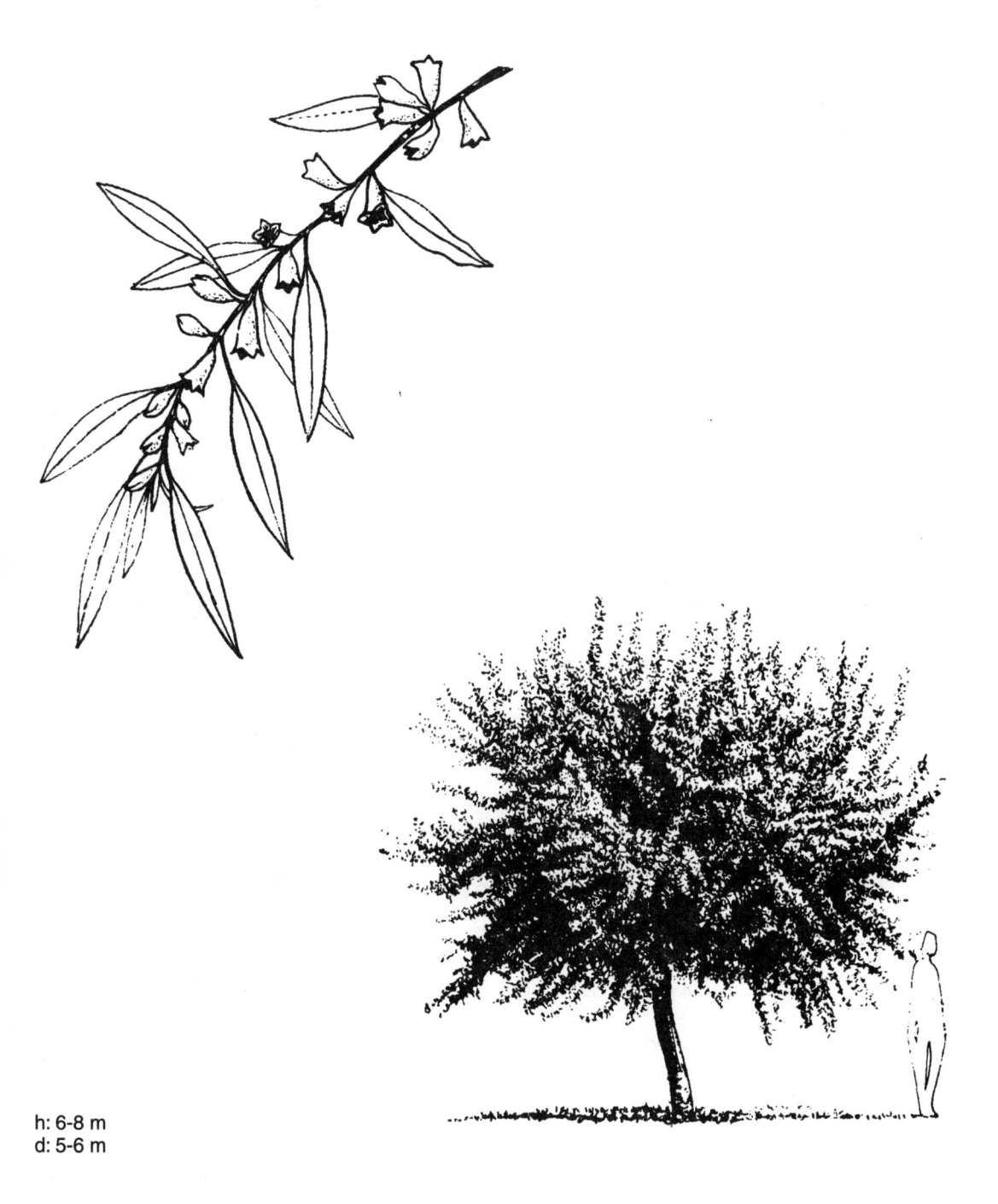

forma	color	sombra	ambiente	foliación	floración	fructificación
○	2-3	▦	◐◐	p. primavera / f. otoño	m. primavera	m. otoño

ERIOBOTRYA JAPONICA   (Rosáceas)
NÍSPERO DEL JAPÓN

C Nesprer del Japó
I Loquat **F** Néflier **A** Japan Mispelbaum

Origen	Japón.
Exigencias	No tiene exigencias en cuanto a terreno y soporta temperaturas muy bajas; aunque para fructificar requiere clima templado.
Crecimiento	Medio.
Características	De forma esférica compacta y tronco derecho, es, junto con los *Citrus,* un frutal de hoja persistente. Es corriente su cultivo injertado sobre *Crataegus, Cydonia* y *Sorbus*.
Corteza	Lisa, marrón verdosa; se pela dejando ver manchas anaranjadas.
Hojas	**P**, de 25 a 30 cm de largo, sin pedúnculo, duras, coriáceas; verde oscuras, grisáceas y pubescentes por la cara inferior.
Flores	Blancas, de 3 cm de ancho, fragantes, en racimos velludos de unos 15 cm de largo.
Frutos	Carnoso (níspero), de color amarillo-naranja, de 3 a 5 cm de diámetro. Comestible.
Cultivares	*Eriobotrya japonica* «**Variegata**», con hojas variegadas de blanco.

h: 5-6 m
d: 2-3 m

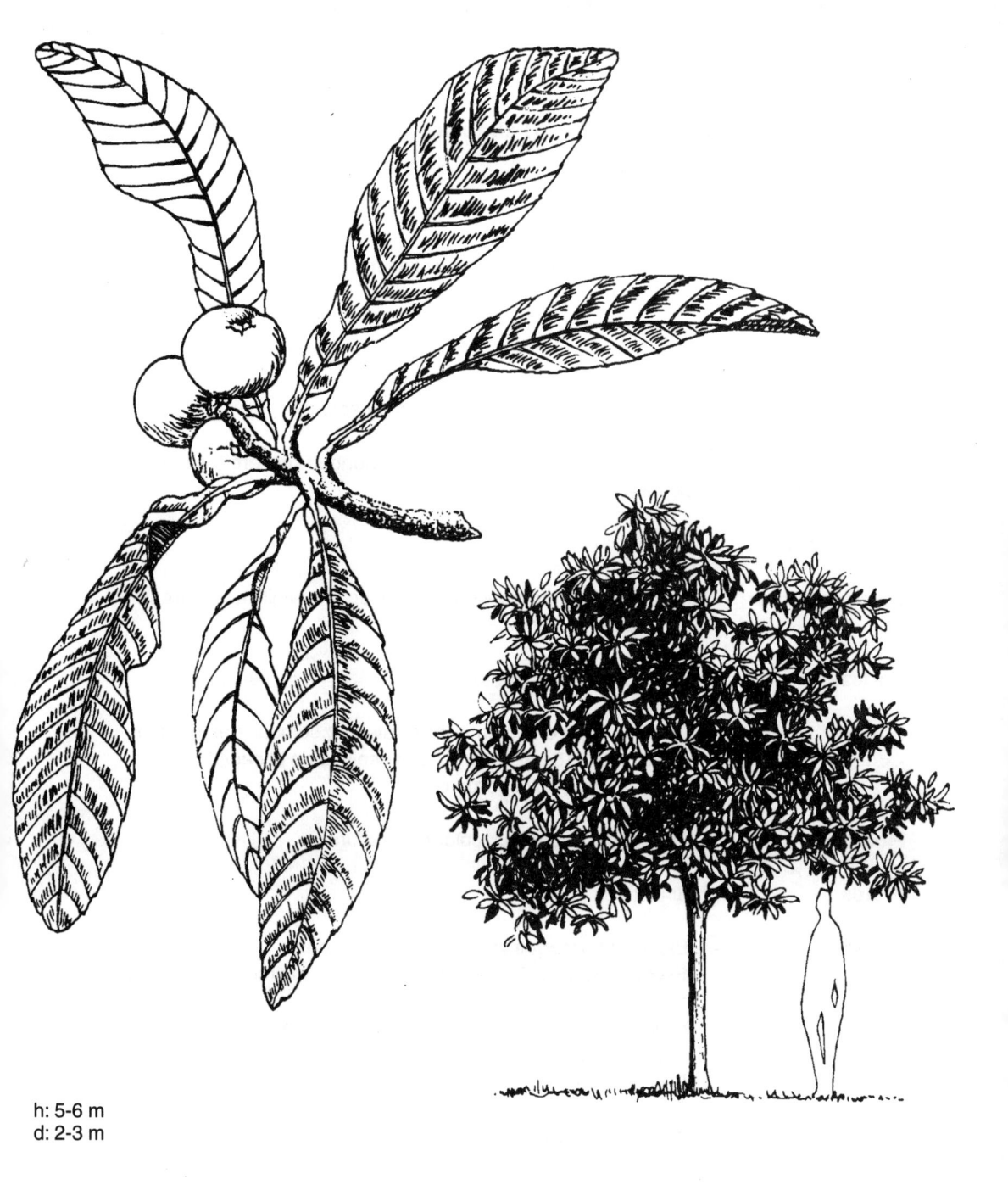

forma	color	sombra	ambiente	foliación	floración	fructificación
○	7 y 2	■	◯◐		f. invierno	m. primavera

ERYTHRINA CRISTA-GALLI   (Fabáceas-Leguminosas)

CEIBO, árbol del coral

C Arbre del corall, eritrina
I Common coral tree **F** Érythrine crête de coq **A** Hahnenkammkorallenbaum

Origen	Brasil, Argentina (de la que es flor nacional).
Exigencias	Rústico a cualquier tipo de suelo, aunque prefiere los húmedos; requiere clima cálido.
Crecimiento	Rápido.
Características	Forma extendida, tronco poco leñoso, de ramificación irregular levemente péndula.
Corteza	Rugosa, color marrón grisáceo.
Hojas	C (semipersistentes en climas cálidos), compuestas de 3 folíolos de 5 a 10 cm de largo, con espinas en el pecíolo o en la cara superior; color verde claro.
Flores	En grupos; pequeñas, color rojo oscuro.
Frutos	Sin interés.
Especies	*Erythrina americana*, de hojas romboidales. *Erythrina caffra*, flores rojo escarlata en racimos cortos. Sur de África. *Erythrina falcata*, parece *E. crista-galli*, pero con flores en inflorescencias laterales sin hojas. Sudamérica. *Erythrina herbacea*, arbusto leñoso. *Erythrina lysistemon*, flores rojo escarlata pálido en racimos compactos de hasta 20 cm. Sur de África.

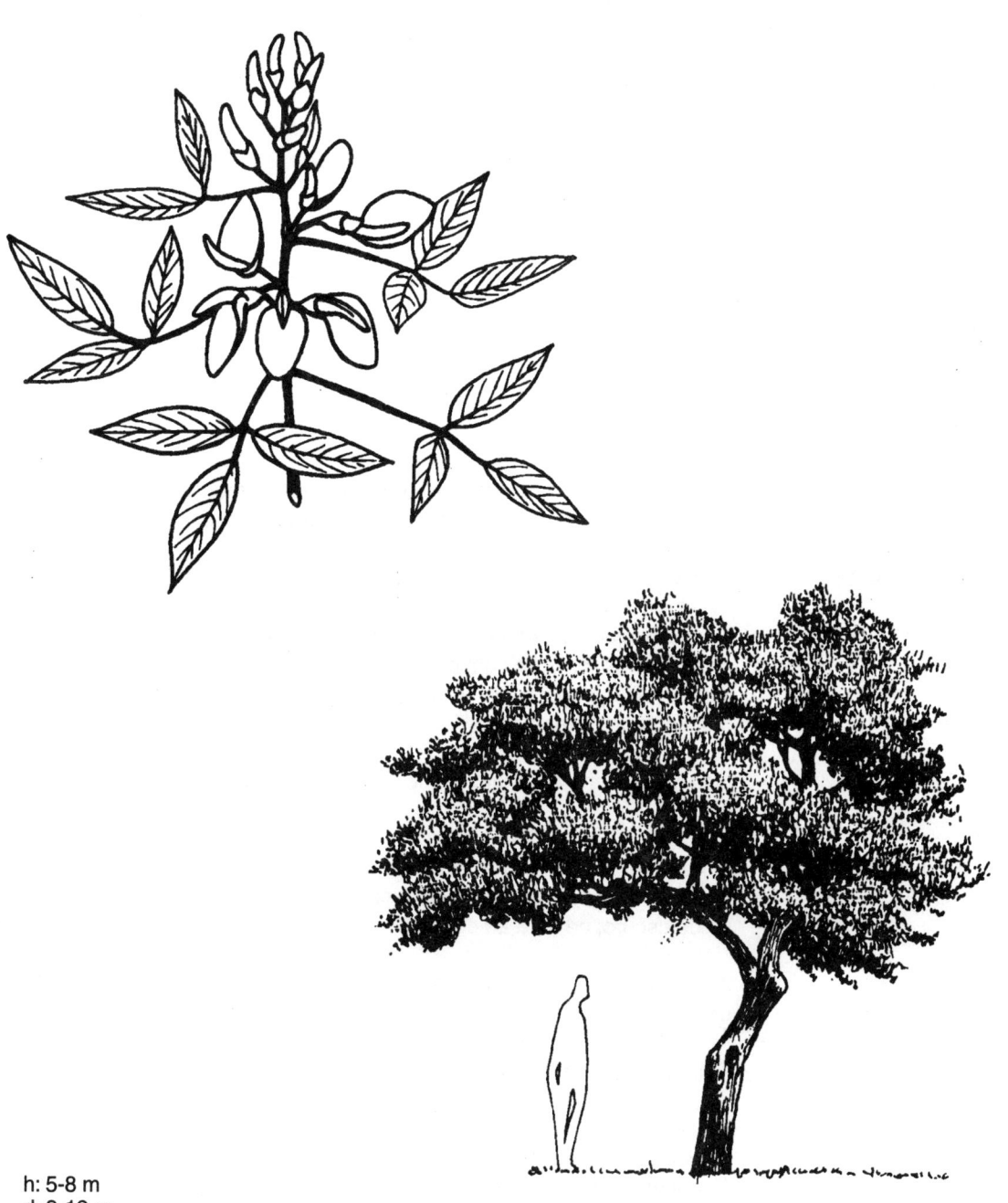

h: 5-8 m
d: 8-12 m

forma	color	sombra	ambiente	foliación	floración	fructificación
⌒	4-5	▦	○	p. primavera m. otoño	m. primavera p. otoño	

EUCALYPTUS GLOBULUS   (Mirtáceas)

EUCALIPTO

C Eucaliptus E Eukalypto
I Tasmanian blue gum F Gommier bleu A Blaue Eukalyptus

Origen	Australia.
Exigencias	Requiere suelos compactos y medianamente húmedos. Resiste al frío y se da bien en tierras bajas, junto al mar.
Crecimiento	Rápido.
Características	Forma irregular columnar de tronco derecho. Se usa para formar cortavientos y, en cantidad, para secar terrenos muy húmedos. Desprende hojas secas, flores y frutos que ensucian mucho. Aromatiza el aire.
Corteza	Lisa, verde cenicienta, aromática. Se desprende en largas láminas.
Hojas	P, las nuevas son anchas y azuladas, flexibles; al crecer se tornan más duras, de forma lanceolada y acuminada y color verde oscuro, de 15 a 20 cm de largo.
Flores	Amarillentas, de unos 3 cm de ancho, en los extremos de las ramas.
Frutos	Cápsula de 3 cm de ancho, aromática.
Especies	Hay más de 70 cultivadas. Las más conocidas: *Eucalyptus amygdalina*, con follaje de olor a menta. *Eucalyptus camaldulensis*, de hojas estrechamente lanceoladas. Muy frecuentemente cultivado. *Eucalyptus citriodora*, con follaje de olor a limón. *Eucalyptus ficifolia*, de flores rojas y no más de 10 m de alto. *Eucalyptus viminalis*, de hojas muy lanceoladas.

h: 30-40 m
d: 4-7 m

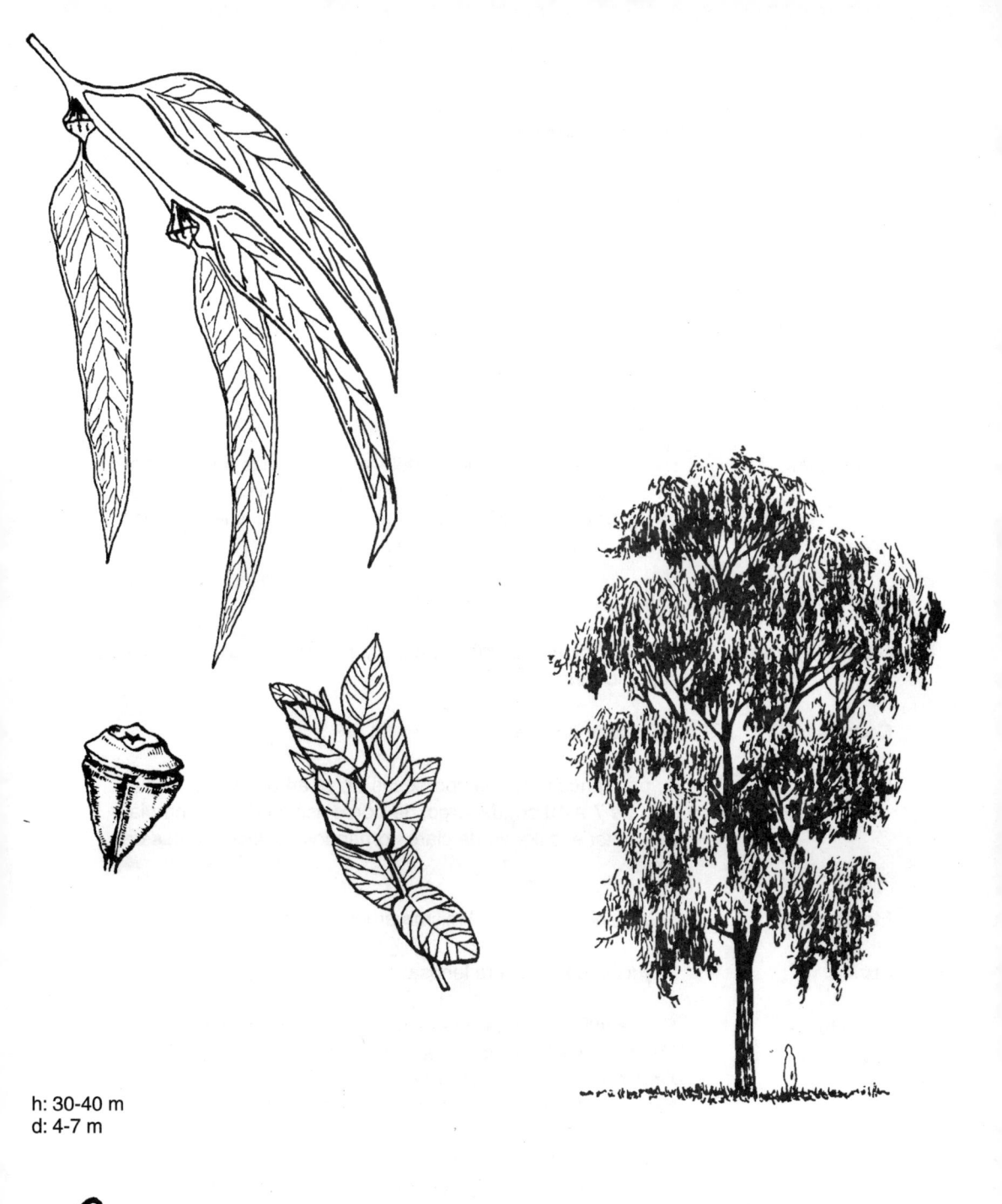

forma	color	sombra	ambiente	foliación	floración	fructificación
	3 y 9		○			

123

FAGUS SYLVATICA   (Fagáceas)

HAYA

C Faig **E** Bacua
I Beech **F** Hêtre **A** Buche

G. Buche

Origen	Europa.
Exigencias	Es muy rústico, no importándole las diferencias de temperatura o humedad; vive desde el nivel del mar (en zonas húmedas) hasta los 2.000 m de altura. Es sensible a las heladas tardías y a la sequía persistente.
Crecimiento	Medio.
Características	Forma ovoidal, de tronco erecto y ramas extendidas; raíces superficiales.
Corteza	Lisa, color gris claro.
Hojas	C, permanecen un tiempo secas en el árbol; oval-lanceoladas, de 7 a 10 cm de largo, de borde liso, ondulado, nerviación notoria; color verde claro, tornándose cobrizas antes de caer.
Flores	Sexos separados en el mismo árbol, sin interés.
Frutos	Hayucos, de envoltura leñosa, sin interés.
Formas	*Fagus sylvatica* f. *laciniata*, con hojas muy divididas. *Fagus sylvatica* f. *pendula*, porte llorón. *Fagus sylvatica* f. *purpurea*, follaje púrpura. *Fagus sylvatica* f. *tortuosa*, ramas helicoidales.
Especies	*Fagus grandifolia*, haya americana o haya roja; de hoja grande (10-18 cm) muy dentada, verde azulada por encima y verde claro por debajo.

h: 15-20 m
d: 5-10 m

forma	color	sombra	ambiente	foliación	floración	fructificación
	5 → 13		○◐	f. invierno m. otoño		

125

FICUS CARICA   (Moráceas)

HIGUERA

C Figuera **E** Bicondo
I Common fig tree **F** Figuier **A** Feigenbaum

Origen	Región mediterránea.
Exigencias	Rústico pero no resiste temperaturas inferiores a −10 °C; prefiere el clima templado mediterráneo y puede alcanzar los 500 m de altura. Soporta sequías, la humedad y los terrenos calcáreos.
Crecimiento	Rápido.
Características	Forma esférica, de copa densa, muy ramificada. A veces en forma arbustiva. Su madera echa raíces con mucha fuerza, por lo que se reproduce fácilmente por estacas. Algunas higueras cultivadas fructifican dos veces al año: en primavera (brevas, de mayor tamaño) y en otoño (higos).
Corteza	Lisa, grisácea.
Hojas	**C**, alternas, de formas variadas, en general tri- o pentalobuladas, de 10 a 20 cm de largo, rugosas y verde oscuras por encima, blanquecinas por debajo.
Flores	Unisexuales muy pequeñas situadas en el interior de un receptáculo globoso (higo). Sin interés.
Frutos	«Higo» o «breva» comestible, de color azulado o verde y tamaño variable de 5 a 10 cm.

h: 6-8 m
d: 6-8 m

forma	color	sombra	ambiente	foliación	floración	fructificación
♀	7	■	○	p. primavera f. otoño		m. verano f. verano

127

FICUS ELASTICA   (Moráceas)

GOMERO, árbol del caucho

C Cautx
I Rubber plant **F** Caoutchouc **A** Gummibaum

Origen	India, Malasia.
Exigencias	Requiere suelos bien drenados, sueltos; crece bien en climas marítimos; muy sensible a las heladas.
Crecimiento	Medio.
Características	Forma esférica muy perfecta, de tronco derecho, bien ramificado; las últimas ramillas de primavera aparecen rojizas en el verano. Muy usado como planta de maceta en interiores; fue durante bastante tiempo la principal fuente del caucho.
Corteza	Lisa, cenicienta.
Hojas	P, oblongas, de 15 a 25 cm de largo, duras, verde oscuras, lustrosas por encima y opacas por el revés, nervio central prominente y laterales paralelos. Las jóvenes están envueltas en una vaina color rolo fuerte que cae al crecer la hoja.
Flores	Sin interés.
Frutos	Esféricos, de 3 cm de diámetro; sin interés.
Cultivares	*Ficus elastica* «**Burgundi Knight**», hojas de color vino oscuro. *Ficus elastica* «**Decora**», de hojas más grandes. *Ficus elastica* «**Doescheri**», de hojas variegadas de gris, crema o blanco. *Ficus elastica* «**Rubra**», hojas jóvenes rojizas.
Especies	*Ficus benjamina*, hojas más pequeñas y ramas péndulas. Muy cultivado como planta de interior. *Ficus macrophylla*, hojas de 30 cm de largo. *Ficus microcarpa*, «laurel de la India». *Ficus rubiginosa*, hojas con el haz rojizo y con pelos rojizos en el envés.

h: 6-10 m
d: 5-6 m

	7	■	◐			
forma	color	sombra	ambiente	foliación	floración	fructificación

FIRMIANA SIMPLEX (= *F. platanifolia, Sterculia platanifolia*) **(Esterculiáceas)**

FIRMIANA, parasol de la China

C Firmiana
I Chinese parasol tree **F** Sterculia

Origen	China.
Exigencias	Por su origen tropical, es apto para los climas calurosos, pero no resiste el frío; requiere suelos frescos y profundos.
Crecimiento	Medio.
Características	Forma ovoidal, de follaje denso y tronco en forma de cono.
Corteza	Lisa, verde grisácea.
Hojas	**C**, parecidas a las del *Platanus*, de 16 a 20 cm de largo, acorazonadas o redondeadas, de 3 a 5 lóbulos de punta aguda, pecíolo largo; color verde medio.
Flores	Verde amarillentas, en racimos terminales de 25 a 50 cm de largo.
Frutos	4-5 frutos reunidos, de 3 a 10 cm de largo, con semillas semejantes a un guisante.
Cultivares	*Firmiana simplex* «**Variegata**», de hojas manchadas de blanco cremoso.
Género	*Sterculia foetida*, de hojas y frutos de olor desagradable; flores rojas.

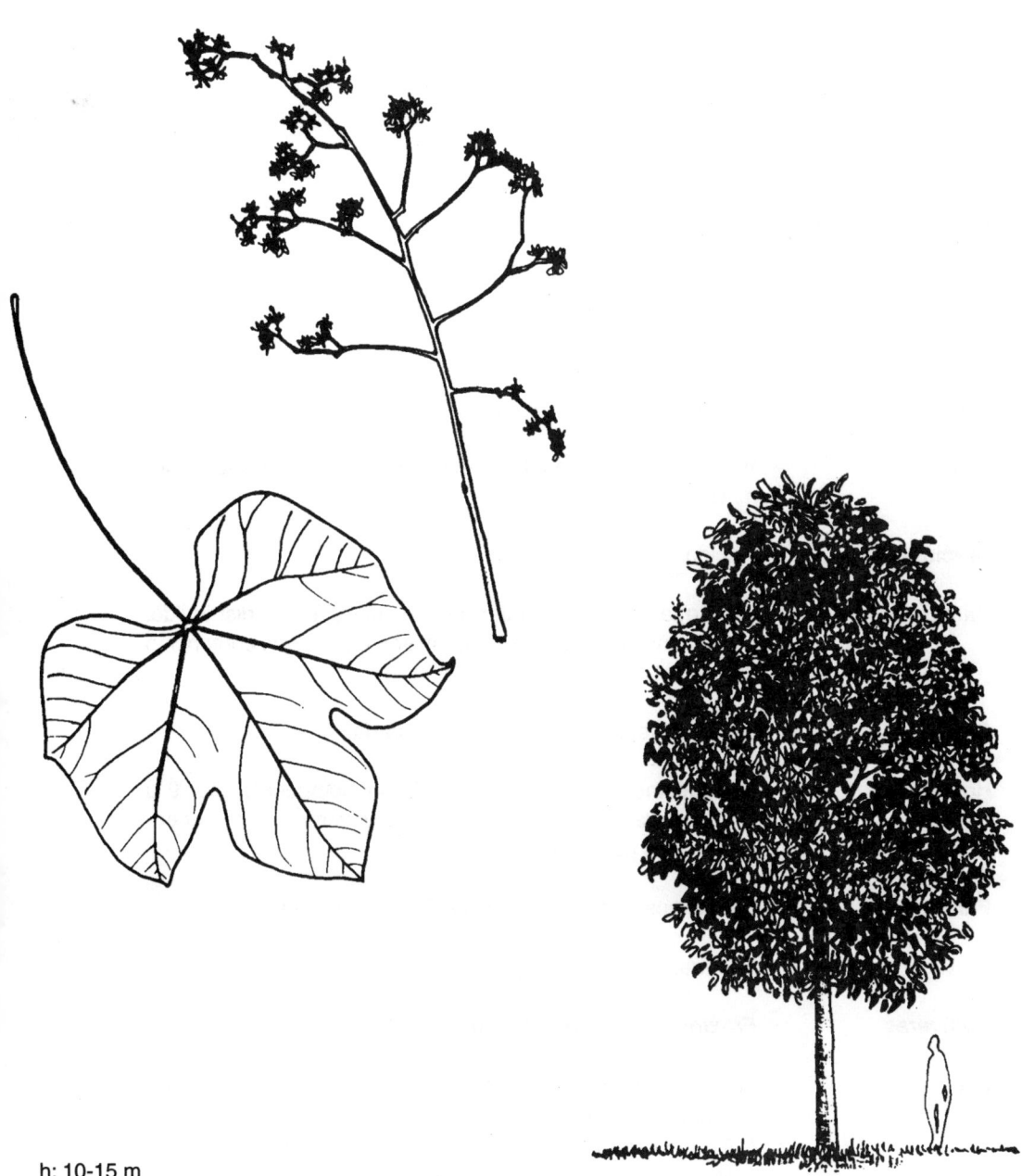

h: 10-15 m
d: 6-8 m

forma	color	sombra	ambiente	foliación	floración	fructificación
⬭	6	■	◯◐	m. primavera m. otoño	f. primavera	

FRAXINUS EXCELSIOR   (Oleáceas)
FRESNO COMÚN

C Freixe de fulla gran **E** Eizar
I Ash **F** Frêne commun **A** Gemeine Esche

Origen	Sur de Europa.
Exigencias	Vive en cualquier tipo de terreno aunque necesita algo de humedad.
Crecimiento	Rápido.
Características	De forma ovoidal irregular, tronco recto, follaje distribuido. Madera muy dura; utilizado por su sombra y como contención de taludes.
Corteza	Lisa, gris verdosa; al envejecer, fisurada.
Hojas	**C**, opuestas, de 20 a 25 cm de largo, compuestas por 9 u 11 folíolos lanceolados, aserrados; color verde oscuro por encima y más pálido por debajo.
Flores	En racimos cortos, antes de las hojas; sin interés.
Frutos	Sámara, en racimos.
Cultivares	*Fraxinus excelsior* «**Pendula**», de hábito pendular.
Especies	*Fraxinus americana*, de menor tamaño que el *F. excelsior*. Del este de Norteamérica (fresno blanco). *Fraxinus angustifolia*, de hojas más pequeñas que el *F. excelsior*. *Fraxinus nigra* (fresno negro), de hojas y corteza oscuras. *Fraxinus pennsylvanica* (fresno rojo), de hojas semipersistentes y corteza color verde oscuro.

h: 20-30 m
d: 6-10 m

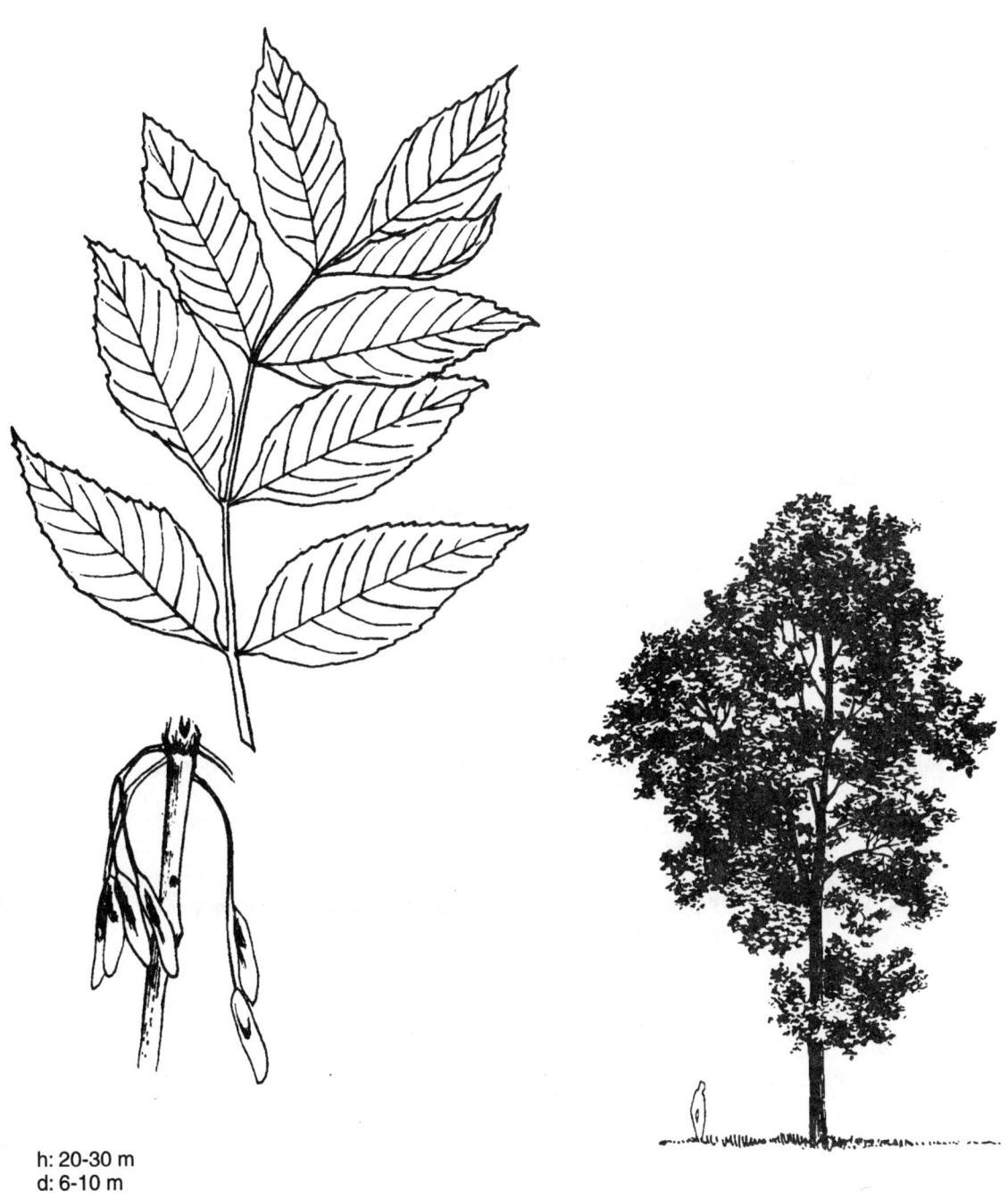

forma	color	sombra	ambiente	foliación	floración	fructificación
◯	7 y 6	▦	◯◐●	p. primavera m. otoño	p. primavera	

FRAXINUS ORNUS   (Oleáceas)

FRESNO DE FLOR, orno

C Freixe de flor
I Flowering ash **F** Frêne à fleurs **A** Manna Esche

Origen	Sur de Europa, Persia.
Exigencias	Muy resistente al frío, habita también en lugares calurosos y secos. Requiere suelos sueltos y silíceos.
Crecimiento	Medio.
Características	Forma esférica muy regular y copa densa. Es el fresno más cultivado, por su hermosa floración.
Corteza	Lisa, grisácea.
Hojas	**C**, opuestas, de 15 a 25 cm de largo, compuestas generalmente por 7 folíolos oval-lanceolados, dentados, de 7 a 9 cm de largo; lisas, color verde oscuro, tornándose amarillas y púrpuras en otoño.
Flores	Blanco-verdosas, fragantes; en racimos terminales muy compactos de 7 a 12 cm de largo.
Frutos	Sámara, de 2 a 2,5 cm de largo, truncada en el ápice.
Variedades y cultivares	*Fraxinus ornus* «**Pendula**», de porte llorón. *Fraxinus ornus* **var.** *rotundifolia*, de folíolos elípticos u ovalados.

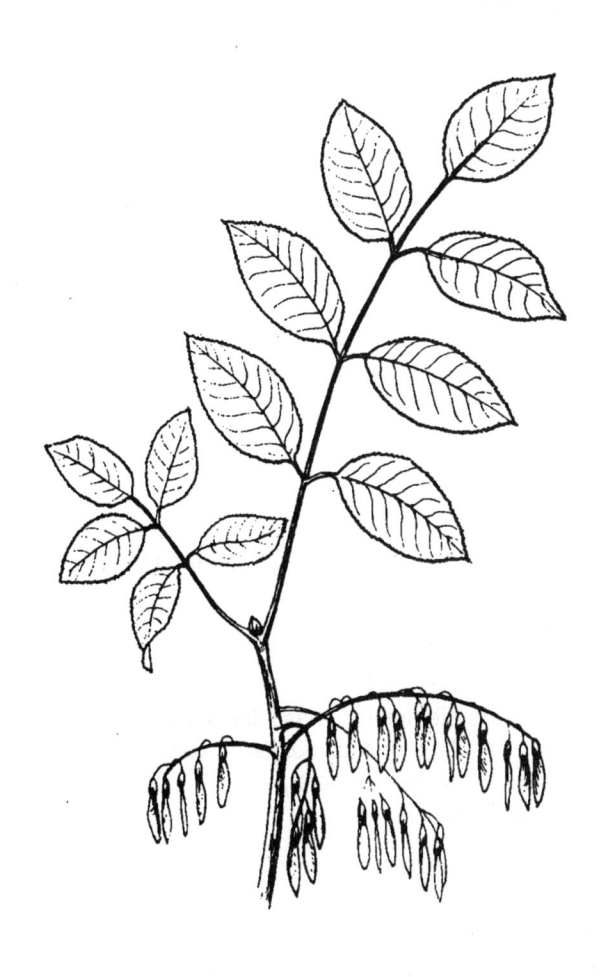

h: 8-10 m
d: 6-8 m

forma	color	sombra	ambiente	foliación	floración	fructificación
○	7 → 1 y 12	■	◯◐	p. primavera f. otoño		m. primavera

GINKGO BILOBA   (Ginkgoáceas)
GINGO

C Ginkgo
I Maidenhair tree **F** Arbre aux 40 écus **A** Ginkgobaum

Origen	China, Japón.
Exigencias	Es rústico; requiere suelos sueltos y profundos, soportando los calcáreos.
Crecimiento	Lento.
Características	Forma irregular: erecta en los ejemplares masculinos y extendida en los femeninos; de follaje distribuido. Es tal vez la especie arbórea más antigua del reino vegetal, anterior a la aparición del hombre en la Tierra.
Corteza	Lisa, grisácea, ligeramente fisurada.
Hojas	C, alternas, en forma de abanico, a veces con un corte en el borde más largo, de 6 a 8 cm de ancho; color verde claro que se torna amarillo oro, en otoño, antes de caer.
Flores	Sexos en árboles separados, sin interés.
Frutos	Como una ciruela ovalada de unos 2 cm de largo, amarillenta, de olor desagradable por lo que se acostumbran plantar sólo ejemplares masculinos.
Cultivares	*Ginkgo biloba* «**Aurea**», de follaje amarillo, al menos los primeros años. *Ginkgo biloba* «**Fastigiata**», de ramas rectas, útil para alineaciones. *Ginkgo biloba* «**Laciniata**», de hojas muy divididas. *Ginkgo biloba* «**Pendula**», de ramas colgantes. *Ginkgo biloba* «**Variegata**», de hojas manchadas de amarillo.

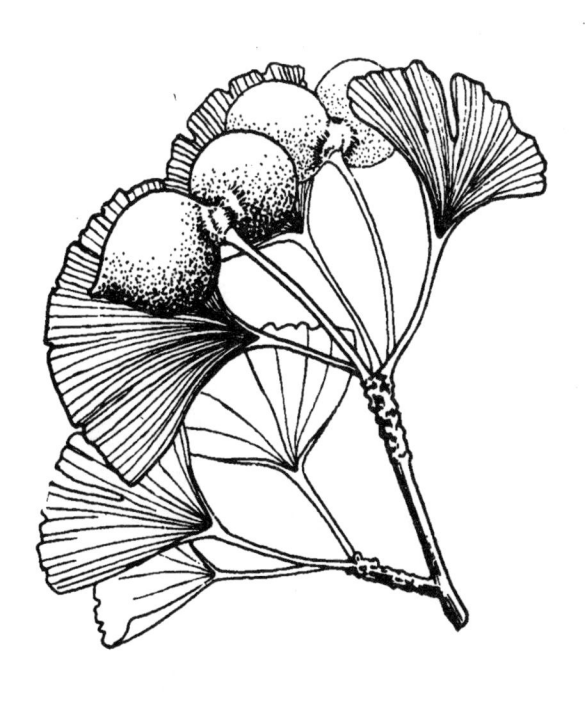

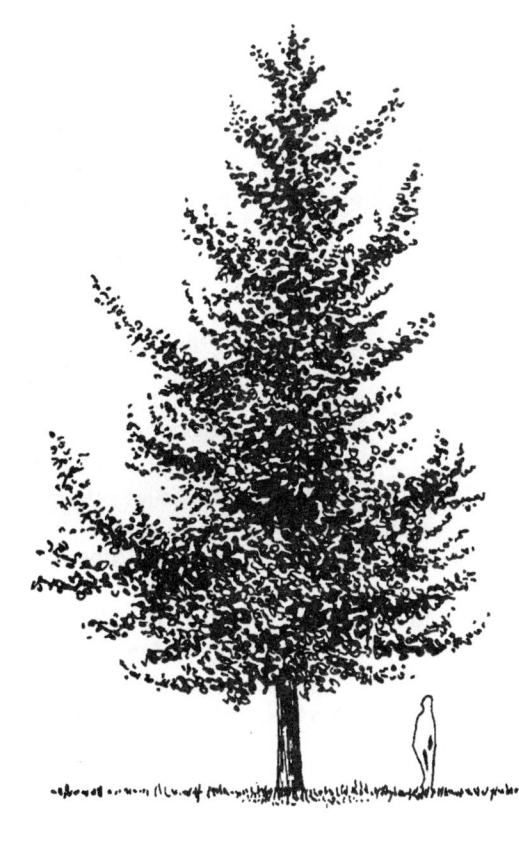

h: 20-30 m
d: 6-10 m

forma	color	sombra	ambiente	foliación	floración	fructificación
	6 → 1		○◐	m. primavera f. otoño		

GLEDITSIA TRIACANTHOS   (Cesalpiniáceas-Leguminosas)
ACACIA DE LAS TRES ESPINAS

C Acàcia de tres punxes, acàcia negra **E** Ascasi
I Honey locust **F** Févier **A** Gleditschie

Origen	Norteamérica.
Exigencias	Requiere suelos profundos, ricos y frescos; resistente al frío, se adapta a la poda.
Crecimiento	Rápido.
Características	Forma esférica regular, de follaje repartido, tronco derecho de madera dura. Ramas y tronco con espinas color marrón rojizo de hasta 10 cm de largo (simples o ramificadas).
Corteza	Lisa, grisácea; al envejecer, fisurada.
Hojas	**C**, alternas, de 20 a 30 cm, compuestas por 20 a 30 folíolos oblongo-lanceolados de 2 a 3,5 cm de largo, color verde claro; a veces aparecen hojas doblemente compuestas con folíolos más pequeños.
Flores	Verdosas, pequeñas, en racimos; sin interés.
Frutos	Legumbre de hasta 45 cm de largo, que cuelga todo el invierno, variando tonos de amarillo a rojo.
Formas y cultivares	*Gleditsia triacanthos* **f. *inermis***, casi sin espinas. *Gleditsia triacanthos* «**Elegantissima**», sin espinas, follaje denso y folíolos pequeños. *Gleditsia triacanthos* «**Sunburst**», de crecimiento rápido; ramas y hojas jóvenes de color amarillo en primavera.

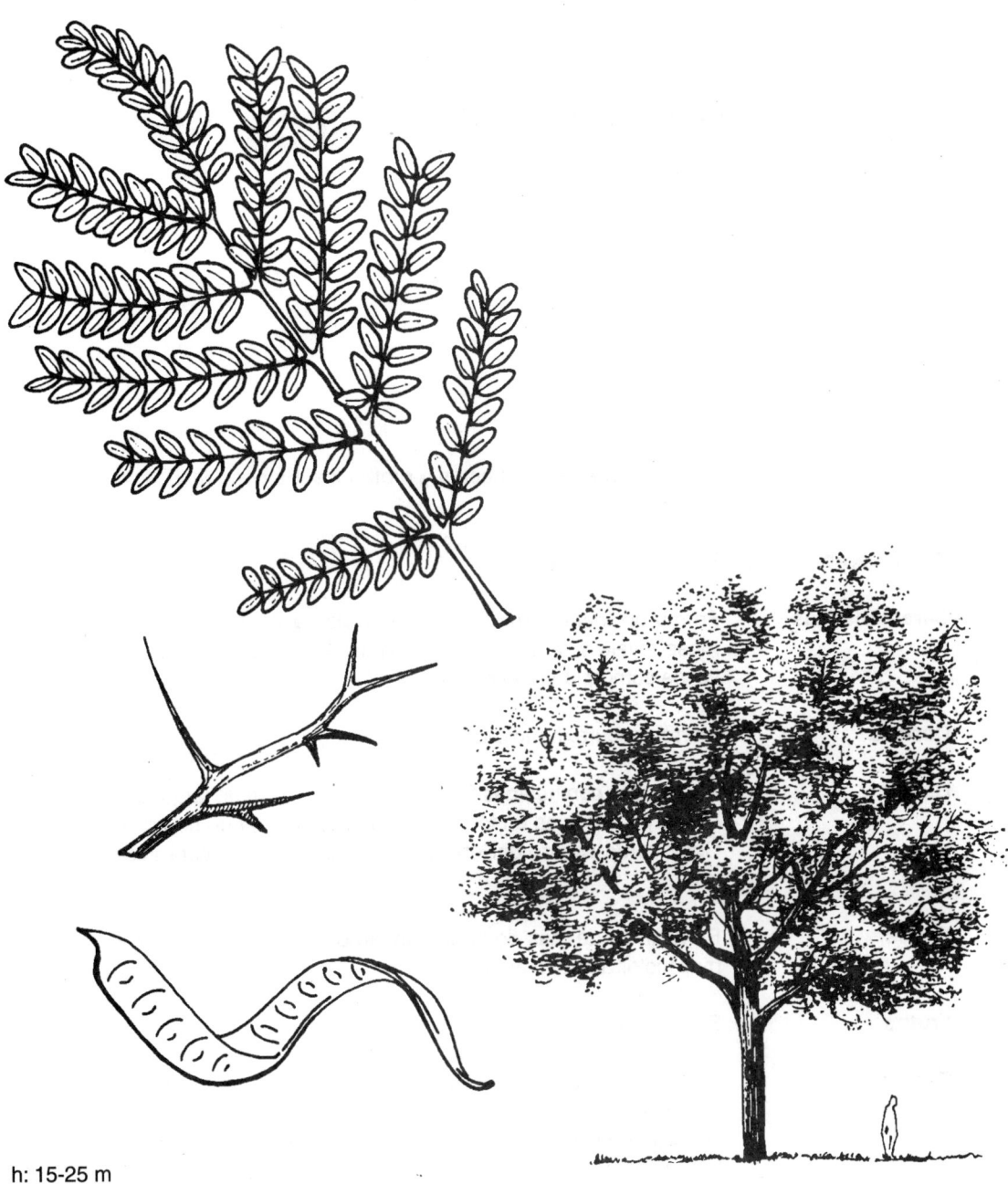

h: 15-25 m
d: 6-10 m

forma	color	sombra	ambiente	foliación	floración	fructificación
○	6	|||||	◐	f. invierno p. primavera		m. otoño f. otoño

GREVILLEA ROBUSTA   (Proteáceas)

GREVILLEA, roble australiano

C Grevíl·lea
I Silk oak **F** Grevillea

Origen	Australia.
Exigencias	Requiere suelos compactos y profundos. Es poco resistente al frío.
Crecimiento	Rápido.
Características	Forma ovoidal de tronco recto. Se utiliza aislado por su hermoso follaje y también para cortinas de reparo. Cultivado a veces como planta de maceta.
Corteza	Marrón oscura, hendida.
Hojas	P (caducas con heladas fuertes), de 10 a 15 cm de largo, doblemente divididas en forma de pluma o de hoja de helecho. Color verde oscuro por encima y ceniciento por la cara inferior.
Flores	En racimos de más de 10 cm de largo, al extremo de las ramas; color amarillo anaranjado.
Frutos	Sin interés.
Especies	Algunas de tipo arbustivo, más o menos difundidas en Norteamérica: *Grevillea banksii*, de 2 a 3 m de alto, follaje rígido, flores rojas o blancas en racimos. *Grevillea rosmarinifolia*, de 2 m de alto. *Grevillea thelemanniana*, de 1,50 m.

h: 20-35 m
d: 6-10 m

forma	color	sombra	ambiente	foliación	floración	fructificación
⬭	7 y 2	▦	○		p. primavera	

141

JACARANDA MIMOSIFOLIA   (= *J. acutifolia*)   (Bignoniáceas)
JACARANDA

C Xicranda
I Jacaranda **F** Jacaranda

Origen	Brasil.
Exigencias	Es rústico en cuanto al tipo de suelo pero sensible a las heladas. Atacado por éstas, es posible podarlo y dejarlo como arbusto.
Crecimiento	Lento.
Características	Forma extendida; follaje repartido, de textura muy fina. Generalmente se vende como *Jacaranda acutifolia*, que es una especie que no se cultiva. Tampoco produce la madera llamada «jacarandá», que procede del *Dalbergia nigra,* especie no hortícola.
Corteza	Lisa, verde grisácea.
Hojas	P (caducas con heladas fuertes), parecidas a las de un helecho; de 15 a 30 cm de largo, con 16 o más pares de divisiones que portan cada una de 14 a 24 pares de folíolos oblongos de 1 cm de largo; de color verde grisáceo.
Flores	Azul, de unos 5 cm de largo, en racimos al extremo de las ramillas y hasta de 25 cm de largo.
Frutos	Cápsulas leñosas planas; semillas aladas.
Especies	*Jacaranda cuspidifolia*, de Brasil y Argentina; flores azul-violáceas; hojas hasta de 30 cm de largo menos divididas y folíolos de 2,5 cm.

h: 6-10 m
d: 5-8 m

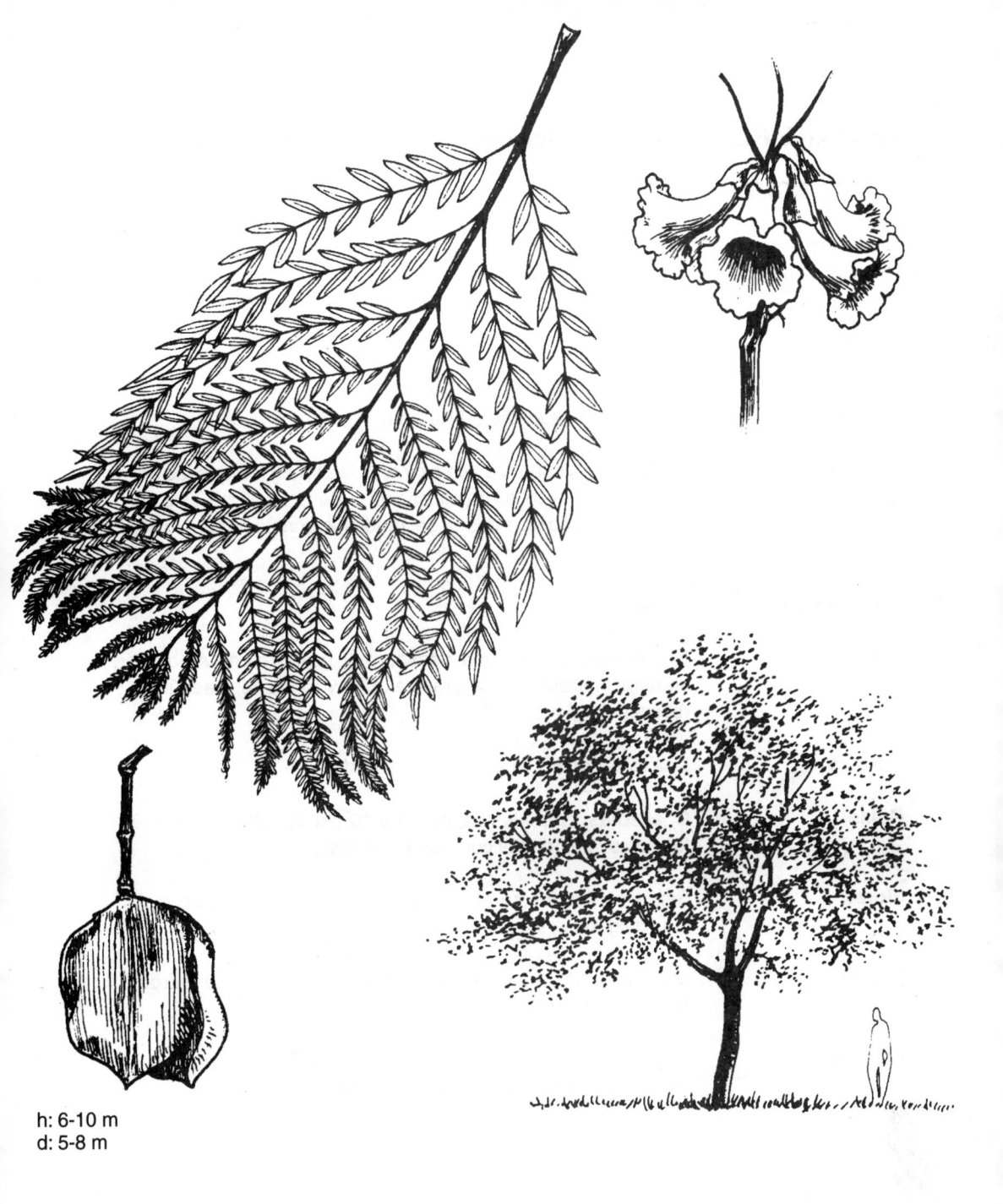

forma	color	sombra	ambiente	foliación	floración	fructificación
⌂	6-8	▒	◯◐		p. primavera	

JUGLANS REGIA (Juglandáceas)
NOGAL COMÚN

C Noguera **E** Intxaur
I English walnut **F** Noyer commun **A** Walnussbaum

Origen	Asia oriental, sudeste de Europa.
Exigencias	Es rústico en cuanto a suelos y temperaturas, aunque las heladas disminuyen su fructificación. Buena cosecha sólo en suelos profundos, ricos y de mediana compacidad. Nunca junto al mar.
Crecimiento	Rápido.
Características	Forma esférica de copa densa; muy usado como árbol de sombra. Madera dura de gran valor. Hay varios tipos según su resistencia al frío.
Corteza	Lisa, gris oscura; al envejecer, fisurada.
Hojas	**C**, alternas, compuestas, de 30 a 40 cm de largo, con 5 o 9 folíolos ovales o elípticos; verde oscuras.
Flores	Sexos separados en el mismo árbol; las masculinas en racimos colgantes; sin interés.
Frutos	Nuez redonda, muy fisurada, envuelta por una piel verde; de unos 5 cm de diámetro.
Especies	*Juglans nigra*, de corteza marrón oscura; fruto menos sabroso, rico en aceite; originario de Norteamérica.

h: 20-25 m
d: 15-20 m

forma	color	sombra	ambiente	foliación	floración	fructificación
○	7	■	○	p. primavera f. otoño		m. otoño

145

JUNIPERUS COMMUNIS   (Cupresáceas)

JUNÍPERO, enebro

C Ginebre **E** Epuru
I Common juniper **F** Genévrier commun **A** Gemeiner Wacholder

Origen	Norteamérica, norte de África, Asia, Europa. (Todo el hemisferio norte, desde el Ártico hasta las regiones subtropicales.)
Exigencias	Es rústico, muy resistente a la sequía; prefiere suelos de mediana consistencia. Soporta la poda.
Crecimiento	Lento.
Características	Forma columnar, de follaje muy compacto y textura «dura»; útil para setos. El género *Juniperus* incluye unas 60 especies de hábito muy variado desde árboles erectos hasta arbustos rastreros.
Corteza	Lisa, filamentosa, marrón grisácea.
Hojas	P, en forma de agujas; cóncavas de 1,5 cm de largo, con una banda blanca ancha por encima, verdes por debajo, agrupadas de a tres.
Flores	Sin interés, unisexuadas. Sólo en ejemplares femeninos.
Frutos	Conos carnosos esféricos de 6 mm de diámetro, de color negro azulado; se utilizan para fabricar el gin.
Cultivares y subespecies	Existen muchos cultivares de distintos portes y colores de follaje: columnar, llorón, prostrado, enano, compacto, follaje con tonos de verde, azul, amarillo, etc. *Juniperus communis* «Oblonga pendula». *Juniperus communis* «Suecica», de Suecia; follaje de color azulado. *Juniperus communis* ssp. *depressa*, arbusto de 1,5 m.
Especies	*Juniperus sabina*, arbusto de 2 m; sur de Europa; habita suelos arcillosos. Se denomina «sabina», en castellano; «savina», en catalán. *Juniperus virginiana*, de Norteamérica; hasta 15 m de alto, hojas parecidas a las del ciprés.

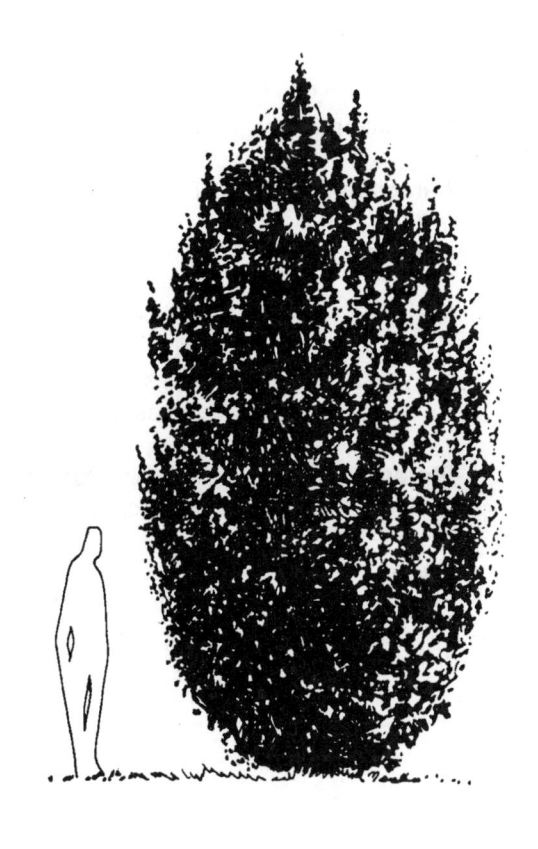

h: 5-8 m
d: 2-3 m

forma	color	sombra	ambiente	foliación	floración	fructificación
	8					

KOELREUTERIA PANICULATA (Sapindáceas)
KOELREUTERIA   Papelillo

I Golden rain tree **F** Savonnier **A** Chinesischer Lackbaum

Origen	China, Japón.
Exigencias	Es rústico en cuanto a suelos pero prefiere los fértiles y frescos; vive mejor a pleno sol.
Crecimiento	Lento.
Características	Forma irregular; tronco sinuoso, follaje distribuido.
Corteza	Grisácea, fisurada.
Hojas	**C**, compuestas o parcialmente bicompuestas; hasta 35 cm de largo; 7-15 folíolos ovales de 3 a 8 cm de largo, irregularmente aserrados, a veces lobulados en la base; de color verde grisáceo, tornando amarillo en otoño.
Flores	Amarillas con una mancha roja, de 1 cm de ancho, en racimos terminales de 30 a 35 cm de largo.
Frutos	Cápsula cónica de tres valvas, de 5 cm de largo, con semillas negras; color rojizo que se intensifica antes de caer.

h: 7-9 m
d: 4-5 m

forma	color	sombra	ambiente	foliación	floración	fructificación
	9 → 1		○	m. primavera m. otoño	p. verano m. verano	p. otoño

LABURNUM ANAGYROIDES (= *L. vulgare*)   (Fabáceas-Leguminosas)
LLUVIA DE ORO

C Laburn **E** Erratz
I Golden chain **F** Aubour **A** Goldregen

Origen	Centro y sur de Europa.
Exigencias	Habita en cualquier tipo de suelo, aun en las laderas rocosas; raíces superficiales.
Crecimiento	Rápido. De corta vida.
Características	Forma irregular, abundantes ramas, follaje distribuido. Todas sus partes son venenosas. A menudo aparece en forma de arbusto.
Corteza	Lisa, marrón oscura.
Hojas	**C**, alternas, de 10 a 12 cm de largo, compuestas por 3 folíolos elípticos color verde claro por encima y verde grisáceo por debajo.
Flores	Color amarillo oro, alrededor de 2 cm de largo, en racimos colgantes de 30 cm.
Frutos	Legumbre colgante de 5 a 10 cm, color marrón, semillas negras, muy venenosas.
Especies	*Laburnum alpinum*, semejante al *L. anagyroides*, florece 15 días después.
Género	+*Laburnocytissus adamii* (= *Laburnum adamii*), híbrido por injerto entre **Laburnum anagyroides** y **Chamaecytissus purpureus**, de flores amarillas y púrpuras en la misma rama.

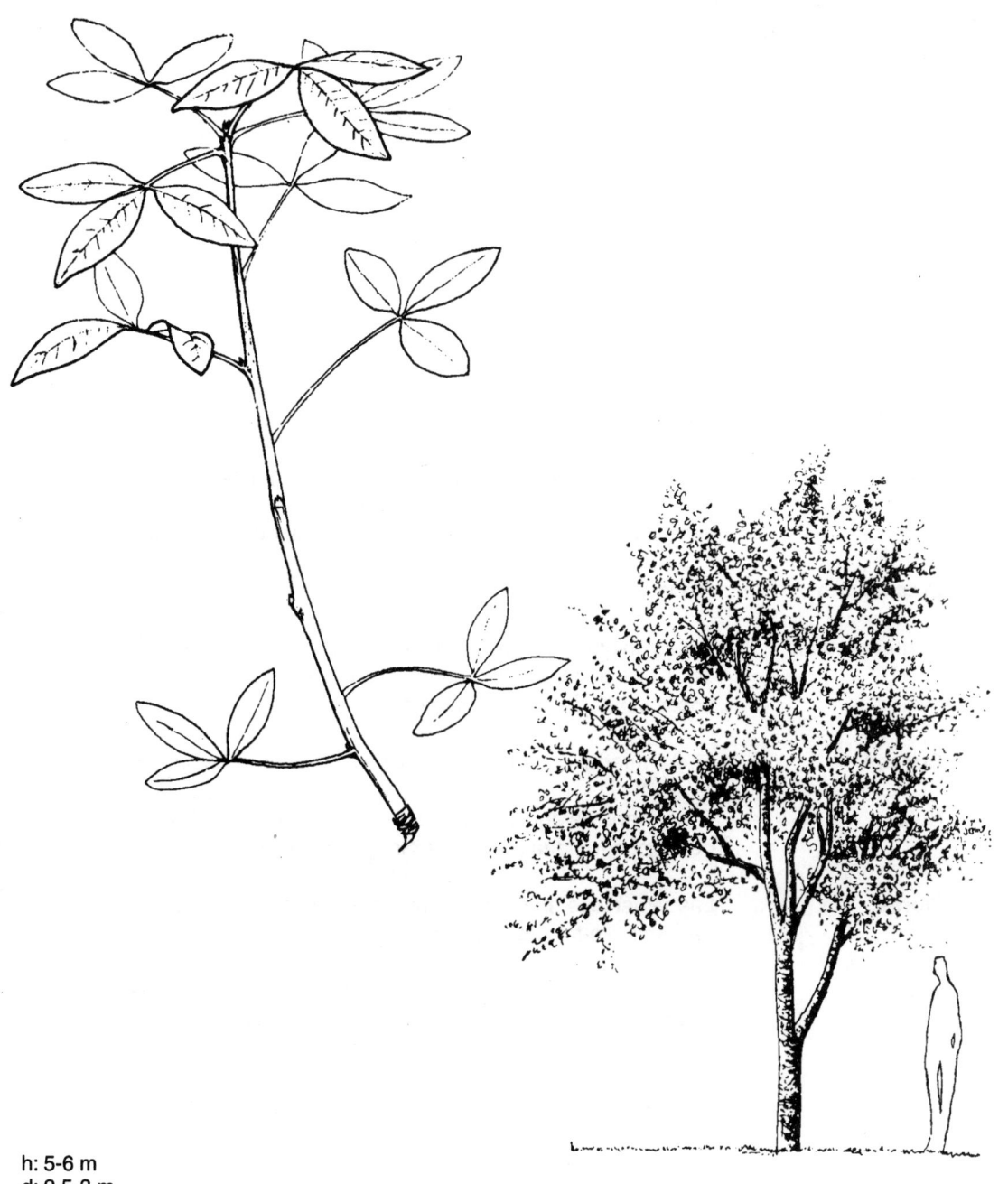

h: 5-6 m
d: 2,5-3 m

forma	color	sombra	ambiente	foliación	floración	fructificación
	5 y 9			p. primavera f. otoño	m. primavera	

151

LARIX DECIDUA (= L. europaea)   (Pináceas)
LARIX EUROPEO, alerce

C Làrix **E** Zuzi
I European larch **F** Mélèze d'Europe **A** Europäische Lärche

Origen	Europa.
Exigencias	Crece en cualquier tipo de suelos, siempre que sea fresco y bien drenado. Requiere espacios abiertos, con mucha luz; es sensible a las heladas y al exceso de humedad en el aire.
Crecimiento	Rápido.
Características	Posee un típico hábito cónico, haciéndose irregular al envejecer. Copa transparente; madura muy apreciada. Una de las pocas coníferas de hoja caduca.
Corteza	Muy fisurada; color marrón grisáceo, violáceo en el interior.
Hojas	**C**, en forma de agujas, suaves, de color verde claro, 2 a 3 cm de largo, agrupadas en haces. Se vuelven amarillas en otoño.
Flores	Las femeninas: pequeñas, purpúreas, erectas; las masculinas: amarillo-rojizas, pendientes.
Frutos	Conos ovales, de 2-3 cm de largo, con muchas escamas delgadas; las alas de las semillas se extienden hasta el borde superior de las escamas; color marrón purpúreo.
Especies	*Larix kaempferi* (= *L. americana*), de unos 20 m de alto; natural de Norteamérica. *Larix laricina* (= *L. leptolepis*), del Japón.

h: 25-30 m
d: 6-7 m

△	5-6 → 1	▨	○	p. primavera f. otoño	p. primavera m. primavera	
forma	color	sombra	ambiente	foliación	floración	fructificación

LIQUIDAMBAR STYRACIFLUA (Hamamelidáceas)
LIQUIDÁMBAR

C Liquidàmbar
I Sweet gum **F** Copalme d'Amérique **A** Amberbaum

Origen	Norteamérica.
Exigencias	Prefiere suelos húmedos, profundos y de mediana compacidad; mucha luz; resistente al frío.
Crecimiento	Medio; lento en la primera edad.
Características	Forma ovoidal, de ramas extendidas, follaje denso. Produce ramas desde la parte inferior del tronco. Cultivado especialmente por su follaje rojo carmín en otoño, para contrastar con árboles tales como el *Ginkgo biloba*, cuyas hojas se tornan doradas.
Corteza	Grisácea, gruesa, muy hendida.
Hojas	**C**, alternas, palmeadas, de 5 a 7 lóbulos, de 10 a 18 cm de ancho, pecíolo de 6 a 12 cm; levemente aserradas, color verde oscuro brillante, se tornan rojas en otoño.
Flores	Amarillas, en grupos esféricos; sin interés.
Frutos	Pequeñas cápsulas color marrón brillante, reunidas en una esfera de unos 3 cm de diámetro, semejante a la del *Platanus*.
Cultivares	Existen más de 20 cultivares con distintos portes y tonalidades de follaje. *Liquidambar styraciflua* «**Burgundi**», hojas en otoño de color rojo oscuro. *Liquidambar styracyflua* «**Palo Alto**», hojas en otoño de color rojo anaranjado. *Liquidambar styraciflua* «**Pendula**», de ramas colgantes. *Liquidambar styraciflua* «**Rotundiloba**», hojas con lóbulos redondeados. *Liquidambar styraciflua* «**Variegata**», hojas moteadas de amarillo.

h: 15-20 m
d: 5-7 m

forma	color	sombra	ambiente	foliación	floración	fructificación
	7 → 14			p. primavera f. otoño		

155

LIRIODENDRON TULIPIFERA   (Magnoliáceas)

TULÍPERO, árbol de las tulipas

C Arbre de les tulipes
I Tulip tree **F** Tulipier de Virginie **A** Tulpenbaum

Origen	Norteamérica.
Exigencias	Es rústico, soporta bien el frío y los suelos húmedos; no así los calcáreos. Prefiere los suelos ricos, de una compacidad media.
Crecimiento	Medio.
Características	Forma ovoidal, de tronco derecho; con ramificación baja cuando está aislado. Follaje denso, regular.
Corteza	Gruesa, grisácea; se fisura al envejecer, en forma de enrejado.
Hojas	C, alternas, trilobuladas con el lóbulo terminal truncado, de 8 a 15 cm de ancho, de pecíolo largo; color verde claro brillante por encima y verde oscuro opaco por debajo.
Flores	Terminales, solitarias, en forma de campana (semejantes a una tulipa), de 10 cm de diámetro, color amarillo verdoso, la corola rojiza. No aparecen hasta después de treinta años.
Frutos	Cono marrón claro de numerosas sámaras aladas.
Cultivares	*Liriodendron tulipifera* «**Aureomarginatum**», de hojas con bordes amarillos. *Liriodendron tulipifera* «**Fastigiatum**», de forma muy columnar.

h: 20-35 m
d: 7-10 m

forma	color	sombra	ambiente	foliación	floración	fructificación
	5 y 7		◐◐	p. primavera m. otoño	f. primavera p. verano	

157

LIVISTONA AUSTRALIS   (= *Coripha australis*)   (Arecáceas)
PALMERA LIVISTONA

I Australian fan palm **F** Palmier Livistona

Origen	Australia.
Exigencias	Es muy rústica en cuanto a suelos, soportando las heladas. Se da perfectamente en los climas de temperatura semejante al mediterráneo.
Crecimiento	Lento.
Características	Pertenece al grupo de las palmeras de hoja en forma de abanico. Tronco de unos 30 cm de diámetro; ensanchado en la base, en los ejemplares viejos. Se adapta al cultivo en maceta.
Corteza	Lisa, marrón rojiza.
Hojas	**P**, palmadas, de 1 a 1,80 m de ancho, divididas en 30 a 50 secciones rajadas en el vértice; de color verde oscuro. Pecíolo con espinas negras que enrojecen al envejecer.
Flores	Pequeñas, en racimos entre las hojas; sin interés.
Frutos	Redondos, de 1,5 cm de diámetro, con una sola semilla.
Especies	*Livistona chinensis*, más delicada que la anterior.

h: 15-20 m
d: 4-6 m

forma	color	sombra	ambiente	foliación	floración	fructificación
🍄	7	▦	◯◐			

159

MACLURA POMIFERA   (= *M. aurantiaca*)   (Moráceas)

NARANJO DE LUISIANA, maclura

C Maclura
I Osage orange **F** Oranger des Osages **A** Gelbholz

Origen	Norteamérica.
Exigencias	Es rústico en cuanto a calidad y tipo de terreno, pero prefiere las temperaturas cálidas.
Crecimiento	Rápido (especialmente al comienzo).
Características	Forma esférica irregular de follaje denso. Ramas grisáceas con espinas de 2 a 3 cm. Es muy útil para la creación de cortinas de reparo del viento y de setos casi impenetrables, gracias a su adaptación a la poda y a sus espinas. Sus hojas también sirven para alimentar a los gusanos de seda.
Corteza	Muy fisurada, color marrón anaranjado.
Hojas	**C**, alternas, ovaladas terminadas en punta (acuminadas), de 7 a 10 cm de largo, color verde oscuro brillante por encima y opaco por debajo.
Flores	En individuos separados. Masculinas en racimos colgantes de 3 cm de largo, verdosas; femeninas en agrupaciones globosas del mismo tamaño y color.
Frutos	Carnosos, del tamaño de una naranja y parecidos de forma a las moras; color verde claro que se torna amarillo al madurar.
Cultivares	*Maclura pomifera* «**Inermis**», sin espinas. *Maclura pomifera* «**Pulverulenta**», de hojas blancas.

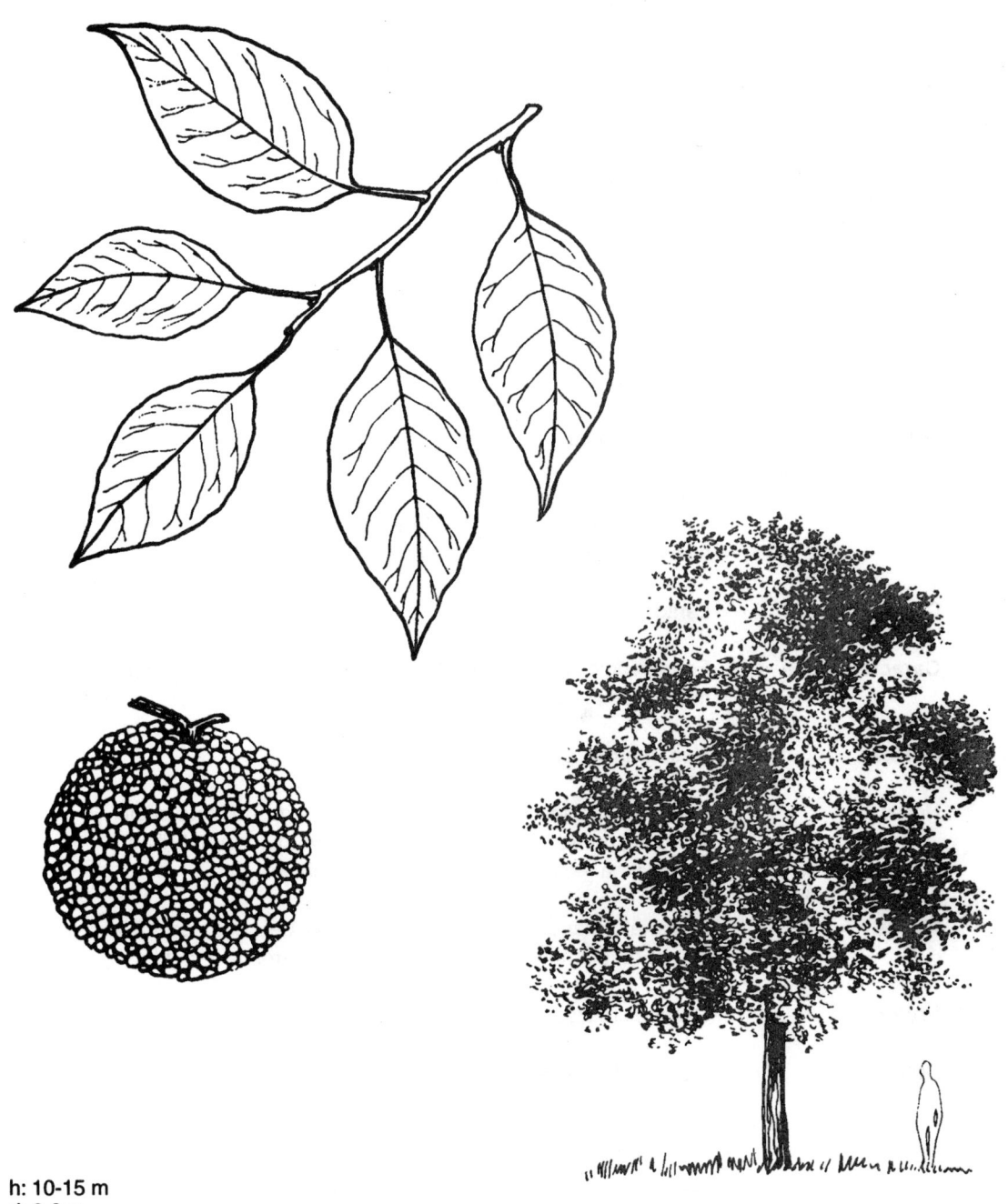

h: 10-15 m
d: 6-8 m

forma	color	sombra	ambiente	foliación	floración	fructificación
○	7	|||||	○	p. primavera f. otoño		f. verano p. otoño

MAGNOLIA GRANDIFLORA   (Magnoliáceas)

MAGNOLIO, magnolia de flores grandes

C Magnòlia **E** Mañoli
I Bull bay, evergreen magnolia **F** Magnolia à grand fleurs **A** Magnolie

Origen	Norteamérica.
Exigencias	Vive en cualquier tipo de terreno prefiriendo los frescos, profundos y ligeros. Es resistente al frío, aunque crece mejor en sitios abrigados y sombríos (patios).
Crecimiento	Lento.
Características	Forma cónica regular, de follaje denso; tronco recto con ramificaciones desde la base; ramillas rojizas, pubescentes.
Corteza	Lisa, marrón, grisácea.
Hojas	**P**, alternas, oblongas, de 12 a 20 cm de largo, de corto pecíolo, duras, nervadura central destacada, verde oscuro brillante por encima y marrón pubescente por debajo.
Flores	Solitarias, blancas, fragantes, en forma de copa, de 15 a 20 cm de diámetro; pétalos gruesos, numerosos estambres.
Frutos	Cilindros rojizos, de 8 a 10 cm de largo.
Cultivares	*Magnolia grandiflora* «**Exmouth**», de hojas más estrechas, forma más cónica, es más rústica. *Magnolia grandiflora* «**Galissonière**», muy rústica; envés de las hojas con pubescencia rojiza. *Magnolia grandiflora* «**Praecox Fastigiata**», de porte estrecho y de larga floración.
Especies	*Magnolia acuminata*, de hasta 30 m de alto, hojas terminadas en punta, flores más pequeñas, amarillas. *Magnolia macrophylla*, de forma esférica, hojas cadudas hasta de 60 cm de largo, flores blancas y púrpuras de 30 cm de diámetro.

h: 15-20 m
d: 8-10 m

forma	color	sombra	ambiente	foliación	floración	fructificación
△	7	■	○◐	m. primavera m. otoño		m. otoño

163

MALUS PUMILA (= *M. communis, Pyrus malus*) **(Rosáceas)**
MANZANO COMÚN

C Pomera
I Common apple **F** Pommier commun **A** Apfelbaum

Origen	Europa, Asia occidental.
Exigencias	Es rústico en cuanto a suelos, pero se desarrolla mejor en los ricos y frescos. Requiere temperaturas templadas y cierta humedad en el aire.
Crecimiento	Rápido.
Características	Árbol frutal utilizado en jardines (al igual que sus otras especies) por la belleza de sus flores al inciarse la primavera. De forma esférica, irregular; follaje denso, tronco corto a veces algo inclinado, ramas tortuosas.
Corteza	Lisa, escamosa; marrón cobriza.
Hojas	C, alternas, de 5 a 10 cm de largo, oval-lanceoladas, aserradas; color verde medio brillante por arriba, más claro y opaco por debajo; en otoño se tornan rojizas antes de caer.
Flores	Blanco rosadas, de 3 a 5 cm de ancho; aparecen con las primeras hojas.
Frutos	Pequeñas manzanas redondas de 2 cm o más de diámetro; color amarillo y rojo; sabor dulce; se utilizan para producir la sidra.
Cultivares	*Malus pumila* «Niedzwetzkyana», de corteza, hojas, flores y frutos rojos.
Especies	*Malus baccata*, de flores blancas y fruto amarillo y rojo. *Malas floribunda*, de flores rosadas o rojo-rosadas manchadas de blanco. *Malus ionensis*, flores color rosa pálido. *Malus × purpurea*, corteza rojo oscuro, hojas jóvenes rojizas y flores rojo-púrpura. *Malas spectabilis*, flores dobles o sencillas color rosado fuerte.

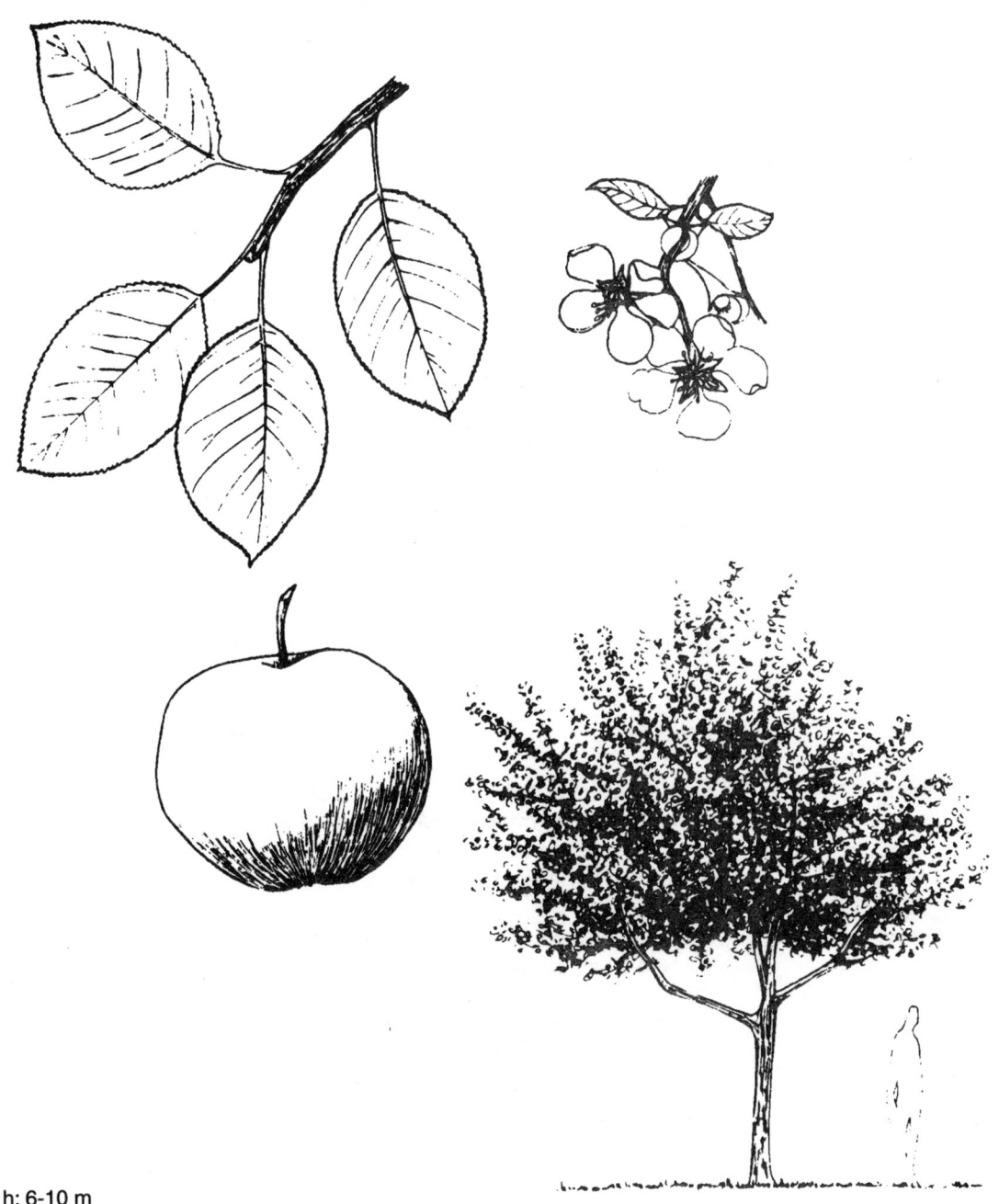

h: 6-10 m
d: 5-8 m

forma	color	sombra	ambiente	foliación	floración	fructificación
○	7 → 14	■	○	m. primavera f. otoño	m. primavera	p. verano

165

MELIA AZEDERACH   (Meliáceas)

MELIA, cinamomo (en Castilla), paraíso (en Andalucía)

C Amèlia, mèlia
F Lilas des Indes

Origen	Norte de la India, China.
Exigencias	Es rústico en cuanto a suelos pero requiere temperaturas cálidas, sin heladas. Soporta la sequía.
Crecimiento	Rápido.
Características	Forma extendida irregular, de follaje muy distribuido y desordenado.
Corteza	Estriada.
Hojas	C, o semipersistentes, alternas, compuestas, de 25 a 80 cm de largo; folíolos ovales, acuminados, de 2 a 5 cm de largo, muy aserrados o lobulados, lisos, pubescentes en los nervios; color verde claro.
Flores	Color lila, de 2 cm de ancho; perfumadas, en racimos axilares de 10 a 20 cm de largo.
Frutos	Globosos, carnosos, de aproximadamente 1,5 cm de diámetro, amarillos; persisten en el árbol, después de la caída de las hojas, durante todo el invierno. Son venenosos.
Cultivo	*Melia azederach* «**Floribunda**», porte bajo, muy florífera. *Melia azederach* «**Umbraculiformis**», de ramas abundantes, rectas, que salen desde el tronco en forma radial, y follaje péndulo. (Forma de parasol.)

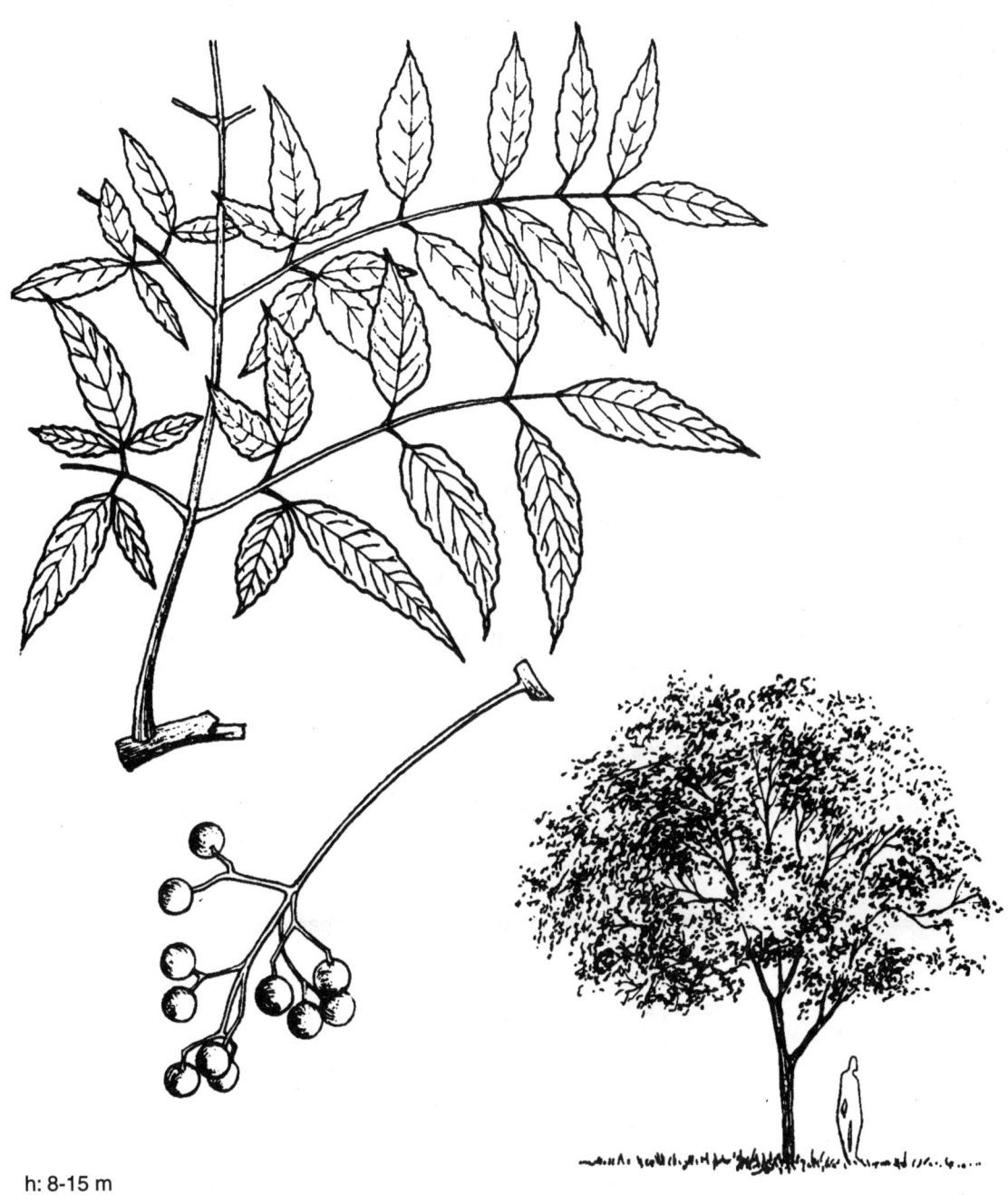

h: 8-15 m
d: 5-8 m

forma	color	sombra	ambiente	foliación	floración	fructificación
⌒	5	▥	○	m. primavera m. otoño	p. verano	p. otoño

167

MORUS ALBA   (Moráceas)
MORERA

C Morera **E** Martzuka-ondo, xuri
I White mulberry **F** Mûrier blanc **A** Weisser Maulbeerbaum

Origen	China.
Exigencias	Rústico en cuanto a la naturaleza del suelo, pero algo sensible a las heladas. Acepta la poda.
Crecimiento	Rápido. Vive alrededor de 100 años.
Características	Forma esférica irregular, de follaje denso; tronco corto, ramas grisáceas. En Asia se cultiva especialmente por sus hojas, alimento del gusano de seda.
Corteza	Color gris amarillento, gruesa, muy fisurada.
Hojas	C, alternas, oval acuminadas o divididas en 5 o 7 lóbulos («polimórficas»), anchas, de 6 a 12 cm de largo, irregularmente aserradas; color verde claro brillante.
Flores	Blanquecinas, sin interés. En árboles separados.
Frutos	Comestibles de unos 4 cm de largo, de color blanco o rosado (semejante a una mora).
Cultivares	*Morus alba* «**Fruitless**», de rápido crecimiento, estéril. *Morus alba* «**Laciniata**», de hojas con lóbulos muy profundos. *Morus alba* «**Pendula**», de porte llorón.
Especies	*Morus nigra*, hasta de 10 m de alto, forma extendida, hojas oscuras y ásperas; fruto comestible de color negro-púrpura.
Género	*Broussonetia papyrifera*, hasta 10 m de alto, hojas anchamente ovadas o trilobuladas, de haz áspero y envés aterciopelado. Muy rústica.

h: 8-15 m
d: 6-8 m

forma	color	sombra	ambiente	foliación	floración	fructificación
○	4-5	■	○	f. invierno m. otoño		f. primavera

OLEA EUROPAEA   (Oleáceas)
OLIVO

C Olivera E Gaimelurraitz
I Olive tree F Olivier A Olbaum

Origen	Región mediterránea (zonas más cálidas).
Exigencias	Prefiere los suelos profundos, bien drenados, aunque es adaptable a naturalezas diversas. Requiere climas cálidos, no soportando temperaturas menores de –10 °C.
Crecimiento	Lento.
Características	Forma irregular de follaje distribuido; ramas y tronco retorcidos, alcanzando este último un gran diámetro, muy característico de los olivos viejos. Cultivado por su fruto y sus hojas plateadas.
Corteza	Grisácea, fisurada.
Hojas	P, opuestas, oval-lanceoladas, de 3 a 8 cm de largo, duras, verde oscuro-grisáceo por encima y plateadas por debajo.
Flores	Blancas, fragantes, pequeñas, en racimos más cortos que las hojas.
Frutos	Drupa carnosa rica en aceite (oliva o aceituna); de color verde o negro, ovoide, nunca superando los 5 cm de largo y los 3 cm de ancho.

h: 8-15 m
d: 6-10 m

forma	color	sombra	ambiente	foliación	floración	fructificación
	7 y 2		○		f. primavera	p. otoño f. otoño

PARKINSONIA ACULEATA   (Cesalpiniáceas-Leguminosas)
PALO VERDE

C Parquinsònia
I Jerusalem thorn **F** Parkinsonia

Origen	América tropical.
Exigencias	Crece en cualquier tipo de suelo, afectándole las heladas.
Crecimiento	Rápido.
Características	Forma extendida, de ramaje desigual y espinas de 2,5 cm de largo. Follaje péndulo de textura muy fina, característico de este árbol. Se le conoce también como espino o retama de Jerusalén.
Corteza	Verde, lisa.
Hojas	C o semipersistentes, dos o tres veces compuestas, de unos 30 cm de largo, los últimos folíolos muy numerosos pero apenas de 5 mm de largo.
Flores	Amarillas, fragantes, en racimos de 10 a 15 cm de largo.
Frutos	Legumbre sin interés.

h: 4-6 m
d: 6-8 m

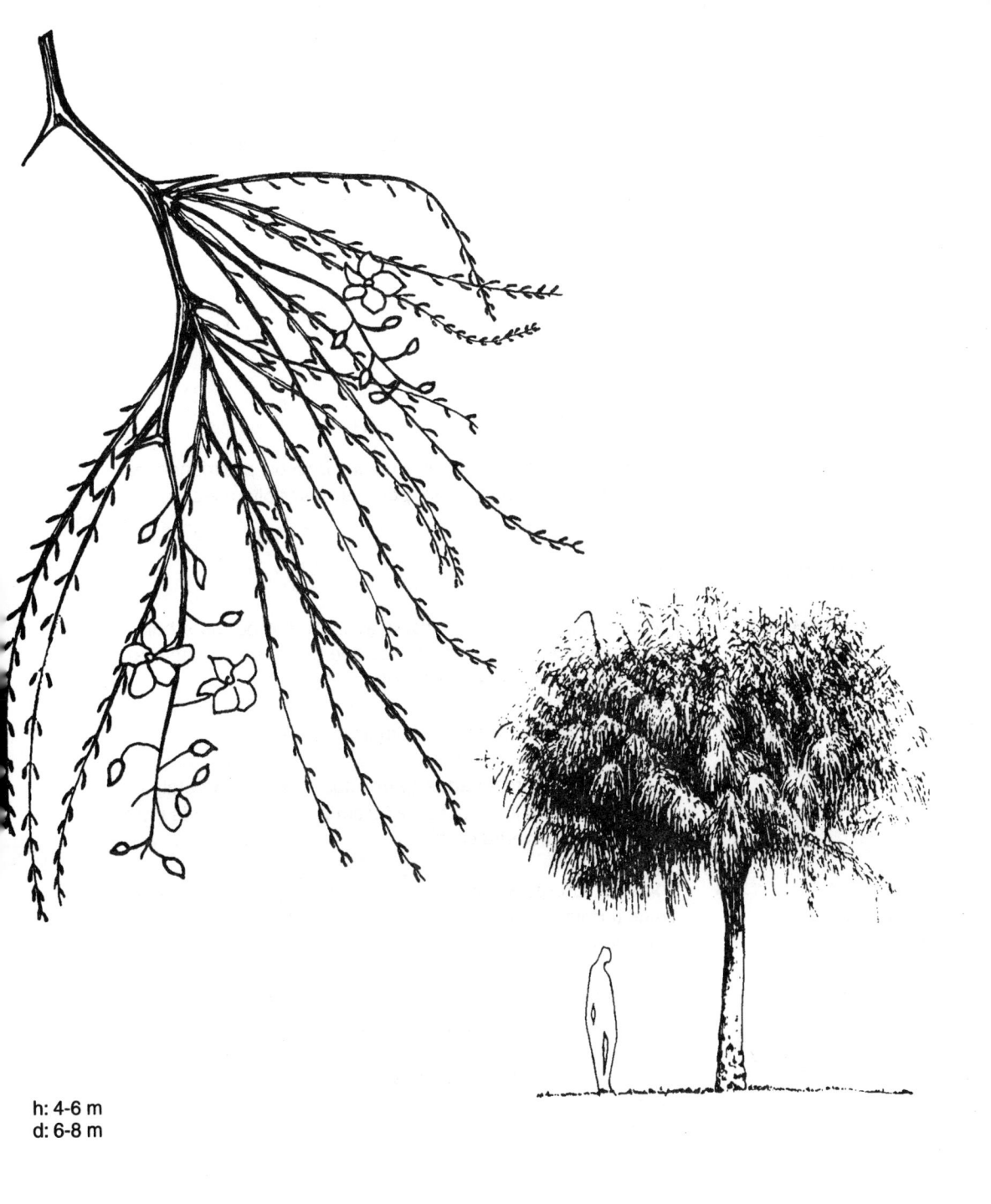

forma	color	sombra	ambiente	foliación	floración	fructificación
⌒	4-5	▦	○	m. primavera / m. otoño	p. verano / f. verano	

PAULOWNIA TOMENTOSA   (= *P. imperialis*)   (Escrofulariáceas)
PAULOWNIA

I Princess tree

Origen	China.
Exigencias	Para vivir bien requiere suelos ricos y frescos, prefiriendo los arcillosos. Resistente al frío, pero se desarrolla mejor en situaciones protegidas.
Crecimiento	Rápido.
Características	Forma irregular de follaje distribuido. Es uno de los árboles que mejor resisten la poda, por lo que se le puede modificar su forma o criar incluso como arbusto.
Corteza	Lisa, fisurada levemente; color marrón grisáceo.
Hojas	C, opuestas, acorazonadas (parecidas a las de la catalpa), de 12 a 25 cm de largo (y hasta 60 cm en los ejemplares muy podados), color verde claro.
Flores	Color lila, tubulares, de unos 5 cm de largo, fragantes, en racimos terminales erguidos de 25 a 30 cm de largo. Aparecen antes de las hojas.
Frutos	Cápsula ovoide color marrón, de 3 a 4 cm de largo, con numerosas semillas aladas muy pequeñas.
Cultivares	*Paulownia tomentosa* «Coreana», de hojas teñidas de amarillo. *Paulownia tomentosa* «Pallida», de flores blanco-liláceas.

h: 10-15 m
d: 8-12 m

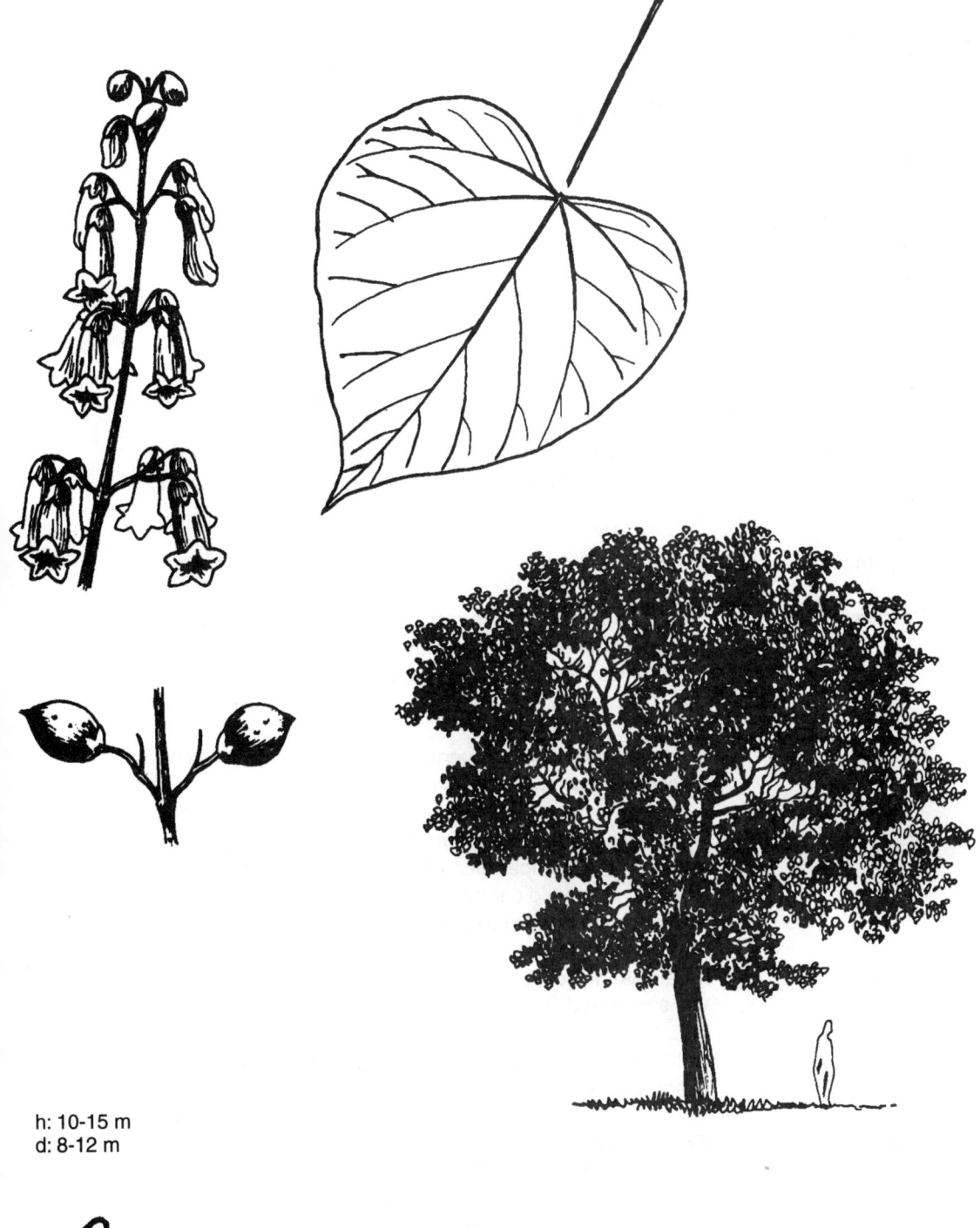

forma	color	sombra	ambiente	foliación	floración	fructificación
	4		○	p. primavera m. otoño	p. primavera f. primavera	p. verano

PHOENIX CANARIENSIS   (Arecáceas)

PALMERA CANARIA

C Palmera canària
I Canarian palm **F** Palmier des Canaries

Origen	Islas Canarias.
Exigencias	No requiere ningún tipo específico de suelo; resistente al frío. Es la más rústica de todas las palmeras, razón de su gran difusión.
Crecimiento	Medio.
Características	Forma de parasol, tronco recto de 50 a 70 cm de diámetro, no leñoso, compuesto sólo por los restos foliares de las hojas; copa densa formada por hojas erectas (las superiores) y péndulas (las inferiores).
Corteza	Marrón oscura; textura fuerte determinada por los pecíolos leñosos que dejan las hojas cortadas.
Hojas	P, compuestas, de 3 a 4,5 m de largo; folíolos muy numerosos en número impar, acanalados, formando diferentes ángulos con el nervio central, angostos, afilados, espinosos los inferiores; color verde oscuro.
Flores	Amarillas, globosas, en pedúnculos leñosos, dentro de una vaina marrón de hasta 1,5 m de largo.
Frutos	Dátiles ovoides de 2 a 3 cm de largo, color naranja, de mal sabor, en racimos colgantes de hasta 2 m de largo.
Especies	*Phoenix dactylifera* (palmera datilera), del norte de África, Canarias y Asia occidental; de hasta 20 m de alto, tronco más delgado (50 cm), hojas más largas y dátiles comestibles. Se cultiva desde hace unos 4.000 años. *Phoenix reclinata*, del sur de África; sólo 3-5 m de alto; a menudo con varios troncos juntos. *Phoenix roebelenii*, muy grácil, con troncos de hasta 2 m.

h: 10-15 m
d: 6-8 m

forma	color	sombra	ambiente	foliación	floración	fructificación
⌂	7	▥	○		m. primavera	m. verano

PHYTOLACCA DIOICA   (Fitolacáceas)

OMBÚ, bella sombra

C Bellaombra
I Ombu **F** Belombre **A** Umbu

Origen	Sudamérica (Perú, Argentina).
Exigencias	Requiere clima cálido y suelos húmedos, aunque de cualquier naturaleza.
Crecimiento	Rápido.
Características	Forma extendida, de follaje denso; a menudo, varios troncos anchos desde la base, emergiendo al exterior parte de las raíces. Su madera es blanda (tronco herbáceo), por lo que sus ramas se desgajan con facilidad.
Corteza	Lisa, verde grisácea.
Hojas	P (semirresistentes con temperaturas bajas), ovales a elípticas, de borde entero, pecíolo corto, con el nervio central llegando hasta la punta, de 5 a 8 cm de largo; color verde medio.
Flores	En individuos separados. Blancas, pequeñas, sin pétalos, en racimos erectos o péndulos no más largos que las hojas.
Frutos	Bayas sin interés.

h: 10-15 m
d: 10-12 m

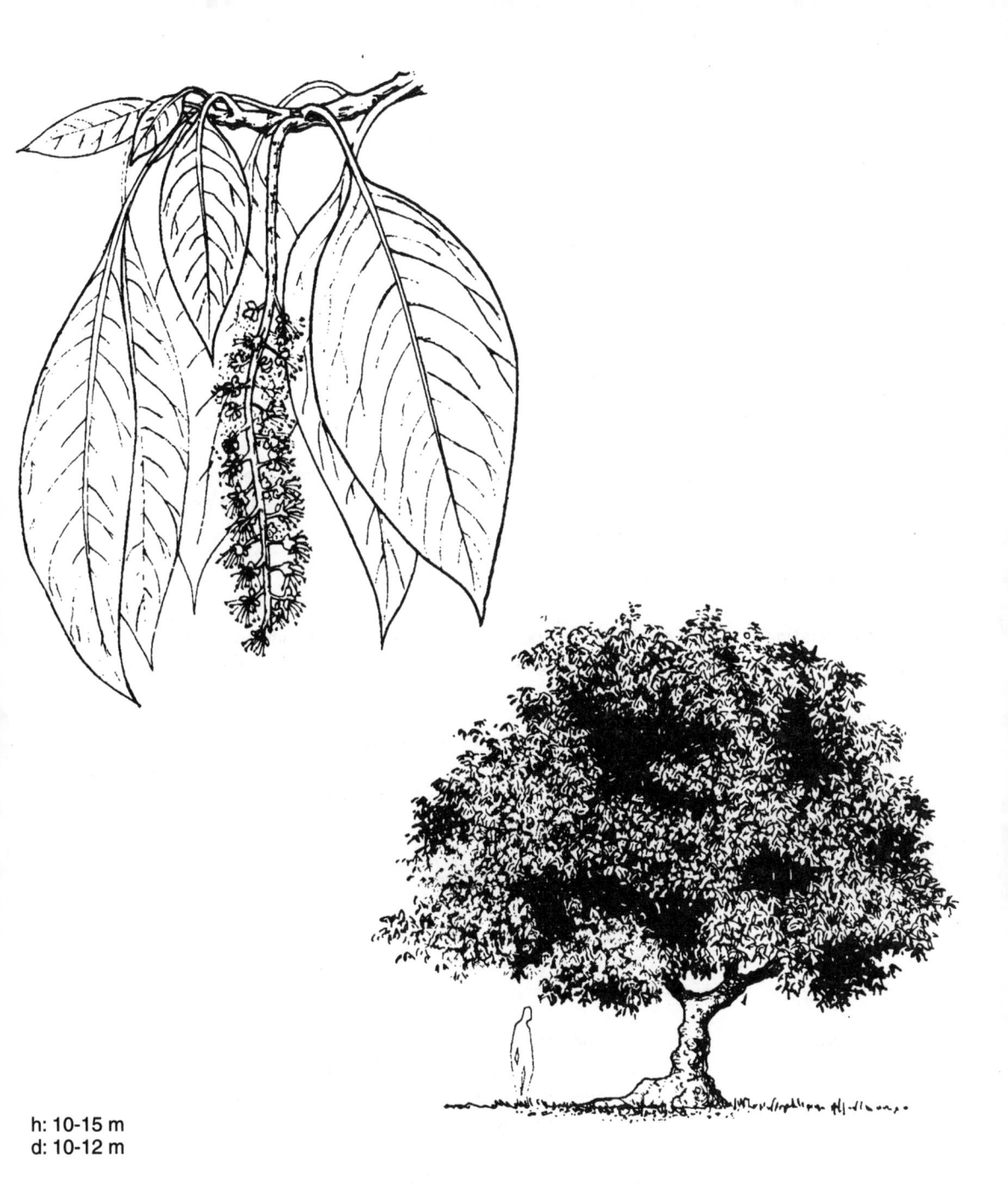

forma	color	sombra	ambiente	foliación	floración	fructificación
⌒	6	■	○		f. primavera	

PICEA ABIES (= *P. excelsa*)   (Pináceas)
PÍCEA COMÚN, abeto rojo

C Pícea **E** Izai
I Norway spruce **F** Épicéa commun **A** Fichte

Origen	Europa.
Exigencias	Vive en suelos de naturaleza diversa pero prefiere los profundos y húmedos. Es sensible a las heladas tardías y a las sequías de verano.
Crecimiento	Lento.
Características	Forma cónica regular, tronco derecho, ramificaciones en un solo plano; de follaje distribuido. Útil para cortinas de reparo y setos podados.
Corteza	Marrón rojiza oscura; escamosa al envejecer.
Hojas	P, filiformes, de 1 a 2 cm de largo, color verde oscuro brillante, radiales a la ramilla.
Flores	Rojas, pequeñas; sin interés.
Frutos	Conos pendientes (los *Abies* los tienen erectos), de 10 a 15 cm de largo, color marrón claro purpúreo, verdosos antes de madurar.
Cultivares	Existen muchos cultivares con distintos portes: cónico, péndulo, prostrado, globoso, y color de follaje: amarillo, azul, etc. *Picea abies* «**Argentea**», follaje pintado de blanco. *Picea abies* «**Aurea**», follaje pintado de amarillo. *Picea abies* «**Pendula**», de ramas pendientes. *Picea abies* «**Nana**», de sólo 30 a 60 cm de altura y follaje amarillo naranja.
Especies	*Picea orientalis*, de follaje verde brillante y fina textura (hojas muy cortas, menos de 1 cm). *Picea sitchensis*, de hojas verdes por abajo y plateadas por encima.

h: 30-40 m
d: 12-18 m

forma	color	sombra	ambiente	foliación	floración	fructificación
△	7	|||||	◐◐			

181

PICEA PUNGENS   (Pináceas)
PÍCEA DEL COLORADO

I Colorado spruce **F** Épicéa du Colorado **A** Stech Fichte

Origen	Norteamérica.
Exigencias	Es muy rústico en cuanto a diferencias de temperatura y calidades del suelo; resiste bien los vientos y soporta los suelos calcáreos y secos; también la atmósfera de las ciudades.
Crecimiento	Lento.
Características	Forma cónica irregular, follaje denso, ramas horizontales. Es una de las coníferas más cultivadas en jardines.
Corteza	Marrón grisácea; escamosa al envejecer.
Hojas	**P**, agudas, rígidas, picantes, alrededor de 3 cm de largo de sección cuadrangular, color verde azulado; radiales a la ramilla y cubriéndola totalmente.
Flores	Sin interés.
Frutos	Conos pendientes, de forma cilíndrica-oblonga, de 6 a 10 cm de largo, de escamas delgadas y flexibles; color marrón claro.
Cultivares	*Picea pungens* «**Argentea**», de follaje plateado. *Picea pungens* «**Aurea**», de follaje amarillo. *Picea pungens* «**Glauca**», de ramas jóvenes azuladas. *Picea pungens* «**Koster**», de follaje más azul y ramas péndulas.
Especies	*Picea glauca*, de 15 a 20 m de alto, muy rústico, de follaje azul grisáceo.

h: 10-20 m
d: 3-6 m

forma	color	sombra	ambiente	foliación	floración	fructificación
△	8	|||||	◯◐			

183

PINUS HALEPENSIS   (Pináceas)

PINO DE ALEPO, pino carrasco

C Pi blanc, pi bord **E** Izai
I Aleppo pine **F** Pin d'Alep **A** Aleppokiefer

G. Kiefer
E. Pine

Origen	Región mediterránea.
Exigencias	Rústico en cuanto a la naturaleza del suelo, requiere un buen drenaje. Muy adecuado para la orilla del mar, donde vive estupendamente.
Crecimiento	Rápido.
Características	Forma esférica regular formada por ramas cortas. (Al principio es cónica.) Junto con el *Pinus pinea* y el *Pinus pinaster* componen el paisaje típico del litoral mediterráneo.
Corteza	Lisa, gris plateada; marrón al envejecer.
Hojas	P, agujas finas de 6 a 15 cm de largo, agrupadas de a dos (a veces de a tres), color verde claro.
Flores	Sin interés.
Frutos	Conos ovoides o cónicos, simétricos, de 8 a 12 cm de largo, de pedúnculo corto; color marrón amarillento lustroso.

h: 15-20 m
d: 5-7 m

forma	color	sombra	ambiente	foliación	floración	fructificación
⚲	3-5	■	○			

185

PINUS NIGRA (= *P. laricio*)   (Pináceas)

PINO DE CÓRCEGA, pino salgareño

C Pinassa
I Black pine, Austrian pine **F** Pin de Corse **A** Schwarzkiefer

Origen	Sur de Europa, Asia Menor, Córcega.
Exigencias	Muy rústico; es conocida su resistencia al frío, a la sequía, y a los suelos calcáreos. Se da en los sitios altos (500 m) de la región mediterránea, por lo que no es apropiado para la costa.
Crecimiento	Rápido.
Características	Forma cónica de tronco derecho y ramas extendidas; al envejecer, la cúspide se aplana. Es el que crece más alto de todos los pinos indígenas en España, y por su rusticidad, se le usa en terrenos difíciles.
Corteza	Rugosa, amarillo-rojiza.
Hojas	P, filiformes, rígidas, de 9 a 16 cm de largo, color verde oscuro, en grupos de a dos.
Flores	Sin interés.
Frutos	Conos ovoides, simétricos, de 5 a 8 cm de largo, color marrón amarillento lustroso.
Subespecies y variedades	Con distintas subespecies, variedades y cultivares. *Pinus nigra* var. *marítima*, de hojas largas y finas. *Pinus nigra* ssp. *monspeliensis*, de hojas finas y oscuras; en España, propio de tierras altas. Pino negral, en castellano; pinassa, en catalán. *Pinus nigra* ssp. *nigra*, de follaje denso, muy oscuro.

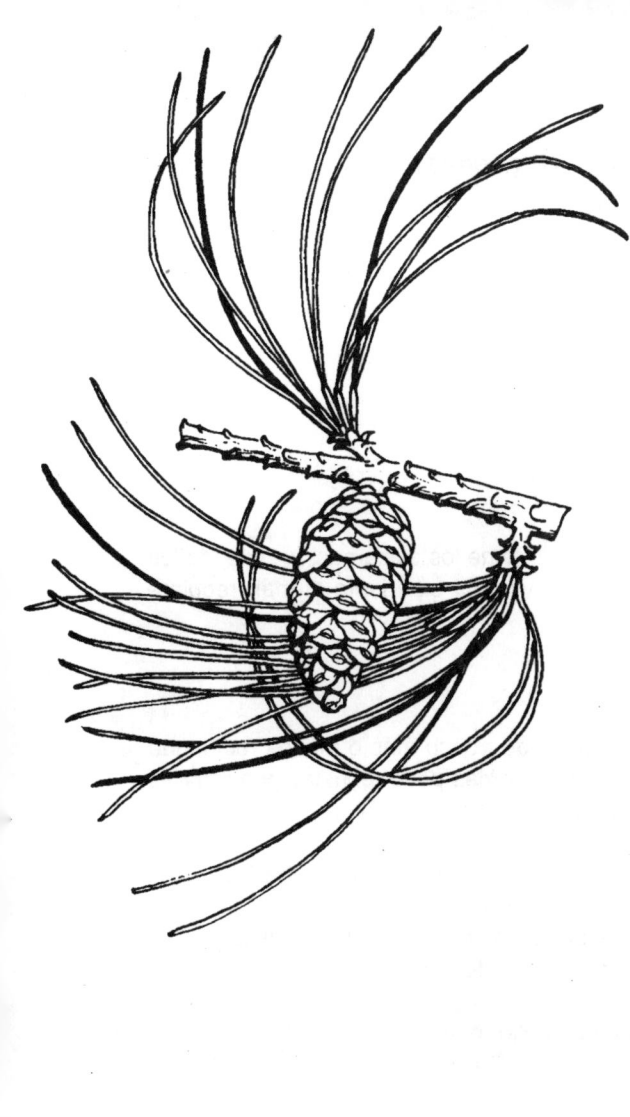

h: 20-35 m
d: 8-10 m

forma	color	sombra	ambiente	foliación	floración	fructificación
△	7	■	○			

187

PINUS PINASTER (= *P. maritima*) **(Pináceas)**

PINO MARÍTIMO, pino rodeno

C Pinastre **E** Piñu-gorri
I Maritime pine **F** Pin maritime **A** Strandkiefer

Origen	Región mediterránea.
Exigencias	Es rústico de suelos pero teme los calcáreos, prefiriendo los graníticos o arenosos; vive muy bien junto al mar; requiere mucha luz.
Crecimiento	Rápido.
Características	Forma esférica irregular, de tronco más o menos recto, que se desnuda rápidamente; ramas poco robustas con ramillas en verticilos de 4 o 5.
Corteza	Marrón, profundamente fisurada en láminas delgadas.
Hojas	P, filiformes, rígidas al envejecer, de 10 a 15 cm de largo, color verde lustroso, en grupos de a dos.
Flores	Sin interés, de color amarillo rosado.
Frutos	Conos ovoides, aproximadamente simétricos, algo curvados, de 10 a 15 cm de largo, color marrón claro lustroso; de pedúnculo corto, en grupos de a dos o en verticilos de 3 a 12.
Cultivares	*Pinus pinaster* «**Variegata**», de hojas cortas verdes mezcladas con otras de amarillas.

h: 10-20 m
d: 4-6 m

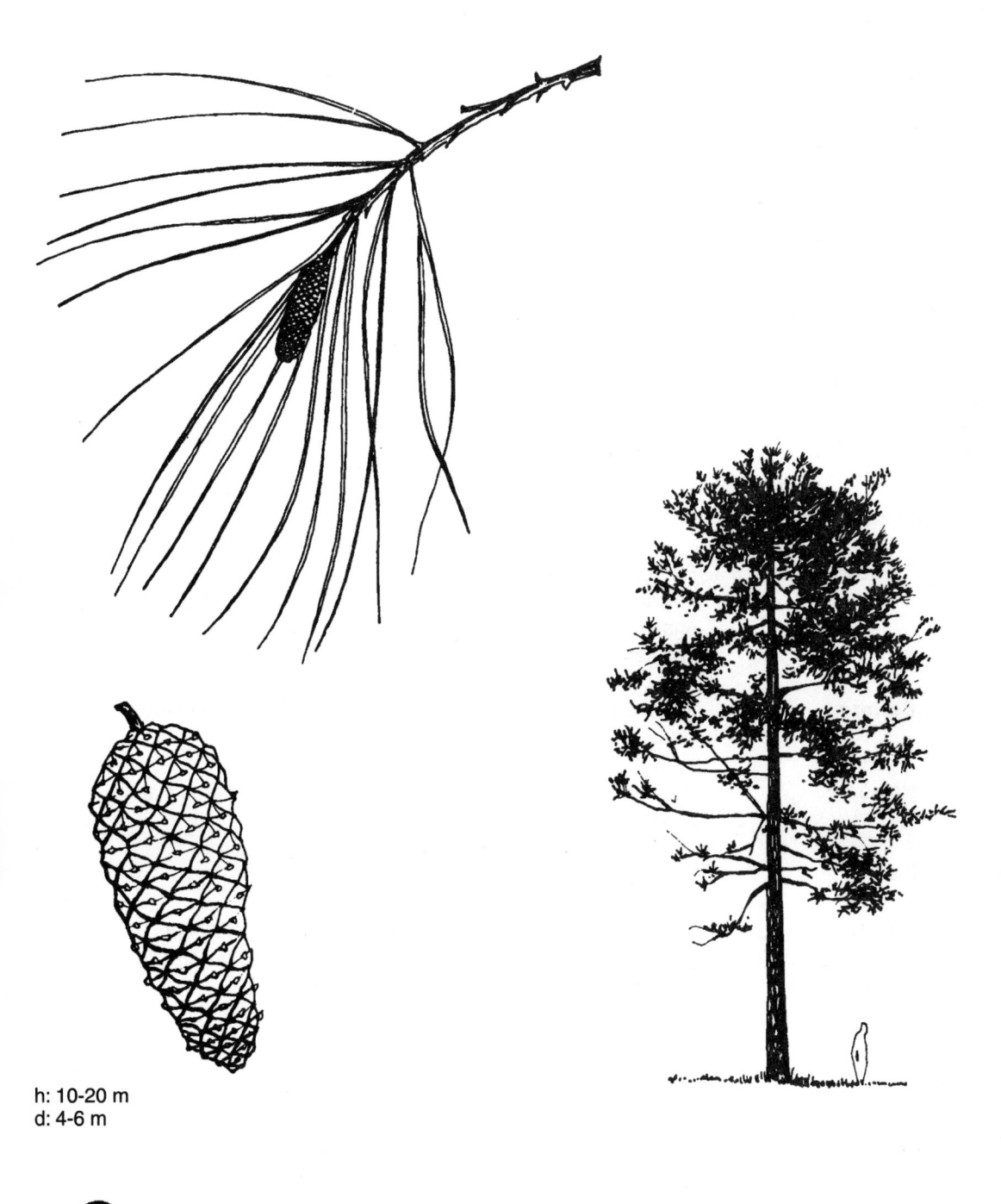

forma	color	sombra	ambiente	foliación	floración	fructificación
○	6-7	▦	○			

189

PINUS PINEA   (Pináceas)
PINO PIÑONERO

C Pi pinyoner, pi pinyer
I Stone pine **F** Pin parasol **A** Piniekiefer

Origen	Región mediterránea.
Exigencias	Es rústico de suelos, aunque se da mejor en los graníticos y silíceos sueltos. Requiere mucha luz.
Crecimiento	Lento.
Características	En agrupaciones, tiene forma de parasol, por perder sus ramas inferiores; aislado, conserva las ramas desde el suelo y una forma de bola esférica. Los grupos de pino piñonero son una constante en el paisaje mediterráneo.
Corteza	Grisácea, fisurada en plaquetas que muestran fondo marrón claro.
Hojas	**P**, filiformes, rígidas, de 8 a 20 cm de largo, color verde claro brillante, en grupos de a dos.
Flores	Sin interés, amarillo verdosas.
Frutos	Conos ovoides, de 8 a 15 cm de largo, fuertemente pedunculados, color marrón violáceo. Semillas grandes (1,5-2 cm) comestible.

h: 15-20 m
d: 7-8 m

forma	color	sombra	ambiente	foliación	floración	fructificación
🍄	5-6	■	○			

PINUS RADIATA (= *P. insignis*) (Pináceas)
PINO DE MONTERREY

C Pi insigne
I Monterey pine **F** Pin de Monterey **A** Monterreykiefer

Origen	Sudoeste de Estados Unidos (California).
Exigencias	Prefiere suelos ligeros, no arcillosos ni calcáreos; vive bien a la orilla del mar, no soportando los fuertes vientos de verano que secan sus hojas, dándoles un característico matiz marrón. Es atacado por algunas plagas, como «la procesionaria», en España.
Crecimiento	Rápido.
Características	Forma cónica irregular de ramas extendidas. Es excelente para reforestación por su gran rapidez de crecimiento y adaptabilidad a condiciones variadas de suelo y clima.
Corteza	Rugosa, marrón oscura; quebrada en anchas escamas.
Hojas	P, filiformes, de 10 a 15 cm de largo, agrupadas en haces de a tres, color verde oscuro brillante.
Flores	Sin interés.
Frutos	Conos ovoide-cónicos, de 7 a 12 cm de largo y 5 a 6 cm de diámetro, color marrón oscuro lustroso, de pedúnculo corto, agrupados generalmente de a tres.

h: 15-20 m
d: 6-8 m

forma	color	sombra	ambiente	foliación	floración	fructificación
△	7	■	○◐			

PINUS SYLVESTRIS   (Pináceas)

PINO SILVESTRE, pino albar

C Pi roig, rojalet **E** Lerr
I Scots pine **F** Pin sylvestre **A** Gewöhnlichekiefer

Origen	Europa, Asia.
Exigencias	Es rústico en cuanto a la calidad del terreno, pero prefiere ambientes secos y con mucha luz. Vive bien en sitios fríos, altos y en terrenos silíceos.
Crecimiento	Rápido.
Características	Especie dominante en los bosques europeos y norasiáticos, desde España a Siberia oriental. Forma cónica que se hace irregular con los años; follaje distribuido; tronco derecho; a veces tortuoso y de poca altura. Posee muchas formas geográficas.
Corteza	Roja o marrón rojiza; delgada y lisa en la parte alta del tronco, más oscura y fisurada en la parte baja.
Hojas	P, agujas de 3 a 8 cm de largo, rígidas, generalmente retorcidas, picantes, de color verde azulado, en grupos de a dos.
Flores	Sin interés.
Frutos	Cónicos; de 5 a 8 cm de largo, de escamas marrón grisáceas.
Cultivares	Entre las muchas variedades hortícolas, se destacan: *Pinus sylvestris* «**Alba**» y *Pinus sylvestris* «**Argenteocompacta**», ambas de follaje plateado y porte enano (2 m de altura). *Pinus sylvestris* «**Pendula**», de ramas pendientes. *Pinus sylvestris* «**Fastigiata**», de forma columnar.

h: 25-30 m
d: 8-10 m

forma	color	sombra	ambiente	foliación	floración	fructificación
🌳	3-6	▦	○			

195

PINUS WALLICHIANA (= *P. excelsa, P. griffithii*) (Pináceas)
PINO DEL HIMALAYA

C Pi blau de l'Himàlaia
I Himalayan pine **F** Pin de l'Himalaya **A** Tränenkiefer

Origen	Himalaya.
Exigencias	Es rústico en cuanto a la naturaleza del suelo, pero los prefiere profundos y frescos. Su lugar de origen es muy lluvioso, pero se da mejor en los climas templados y luminosos.
Crecimiento	Rápido.
Características	Forma cónica amplia y extendida, de ramas horizontales; follaje distribuido, de textura muy fina.
Corteza	Marrón grisácea, fisurada en pequeñas placas.
Hojas	P, agudas, finas, de 10 a 18 cm de largo, agrupadas de a 5; de color gris o verde azulado, pendientes, minúsculamente aserradas.
Flores	Sin interés.
Frutos	Conos cilíndricos algo curvados, pedunculados, de 15 a 25 cm de largo, resinosos, escamas redondeadas, semillas muy pequeñas.
Cultivares	*Pinus wallichiana* «**Glauca**», de follaje muy azul. *Pinus wallichiana* «**Zebrina**», de follaje listeado de blanco.

h: 20-35 m
d: 8-15 m

forma	color	sombra	ambiente	foliación	floración	fructificación
△	3	▨	○			

197

PLATANUS × ACERIFOLIA   (= *P.* × *hibrida, P.* × *hispanica*)   (Platanáceas)
PLÁTANO

C Plàtan, plàtan d'ombra **E** Albo
I London platane **F** Platane à feuilles d'érable **A** Ahornblättrige Platane

Origen	Híbrido entre *Platanus orientalis* y *Platanus occidentalis*.
Exigencias	Es muy rústico aunque prefiere los suelos profundos y frescos; se da bien a la orilla del mar. Es de los árboles que mejor retoñan después de la poda, por lo que dirigiéndolo, es muy adecuado para formar «techos» en avenidas y paseos.
Crecimiento	Rápido.
Características	Forma ovoidal, de ramas extendidas (las inferiores pendientes); copa regular de follaje distribuido; tronco recto.
Corteza	Lisa, color verde amarillento grisáceo; se desprende en escamas que dejan ver un fondo marrón amarillento.
Hojas	C, alternas, palmadas, tri- o pentalobuladas (3-5 lóbulos), de 12 a 25 cm de ancho, aserradas; pecíolo de 3 a 10 cm de largo; color verde claro; parecidas a las de los *Acer*.
Flores	Verdosas, pendientes; sin interés.
Frutos	Globosos, de 3 cm de diámetro, compuestos de semillas envueltas en pelos, de largo pedúnculo, color marrón; en grupos (generalmente de a dos), permanecen todo el invierno.

h: 25-35 m
d: 10-15 m

forma	color	sombra	ambiente	foliación	floración	fructificación
⬭	4-5	■	○	m. primavera f. otoño		m. otoño

PLATANUS OCCIDENTALIS   (Platanáceas)
PLÁTANO OCCIDENTAL

I American sycamore, American platane **F** Platane occidental

Origen	Norteamérica.
Exigencias	Es rústico, característico de las tierras bajas y lechos de ríos. Más delicado que el *Platanus acerifolia*, no está tan extendido su cultivo.
Crecimiento	Rápido.
Características	Forma esférica extendida, de copa irregular y follaje denso; tronco recto que generalmente se divide desde abajo en varios troncos secundarios. Es tal vez el árbol de hoja caduca que crece más alto. Se le llama sicomoro, pero no es el sicomoro bíblico, que corresponde al *Ficus sycomorus*.
Corteza	Delgada, color blanco amarillento en los troncos jóvenes y en las ramas, se desprende en pequeñas plaquetas; en la base de los troncos viejos es marrón oscura y fisurada.
Hojas	C, alternas, palmadas, de 10 a 20 cm de ancho (a veces más anchas que largas); de 3 a 5 lóbulos anchos terminados en punta, poco diferenciados; color verde medio brillante, más pálido por debajo.
Flores	Sin interés.
Frutos	Globosos, de 2 a 3 cm de diámetro, sin pelos envolviendo las semillas; de largo pedúnculo, solitarios.
Especies	*Platanus orientalis*, de Asia Menor, hasta 30 m de altura, forma esférica regular; poco cultivado. Para algunos autores es el mismo *Platanus acerifolia*.

h: 30-40 m
d: 12-15 m

forma	color	sombra	ambiente	foliación	floración	fructificación
○	6 y 7	■	○	p. primavera f. otoño		p. otoño

PODOCARPUS NERIIFOLIUS   (Podocarpáceas)
PODOCARPUS

I Oleander podocarp F Podocarpus

Origen	Sudeste de Asia, archipiélago malayo.
Exigencias	Rústico en cuanto a la naturaleza del terreno, prefiere los frescos y bien drenados. Vive mejor en medios altos, húmedos y temperaturas más bien bajas.
Crecimiento	Lento.
Características	Conífera de forma columnar y ramas extendidas, muy ramificadas. De porte escultórico, se cultiva también en macetas.
Corteza	Marrón grisácea, apenas fisurada.
Hojas	P, esparcidas o aparentemente verticiladas (en grupos), lanceoladas, angostas, acuminadas, de 9 a 15 cm de largo, nervio central algo prominente; color verde oscuro por encima, más claro y grisáceo por debajo.
Flores	Sin interés.
Frutos	Ovoides, carnosos, de 1 cm de largo; sin interés.
Especies	*Podocarpus macrophyllus*, de 15 a 20 m, hojas lanceoladas, más anchas y más cortas que en el anterior.

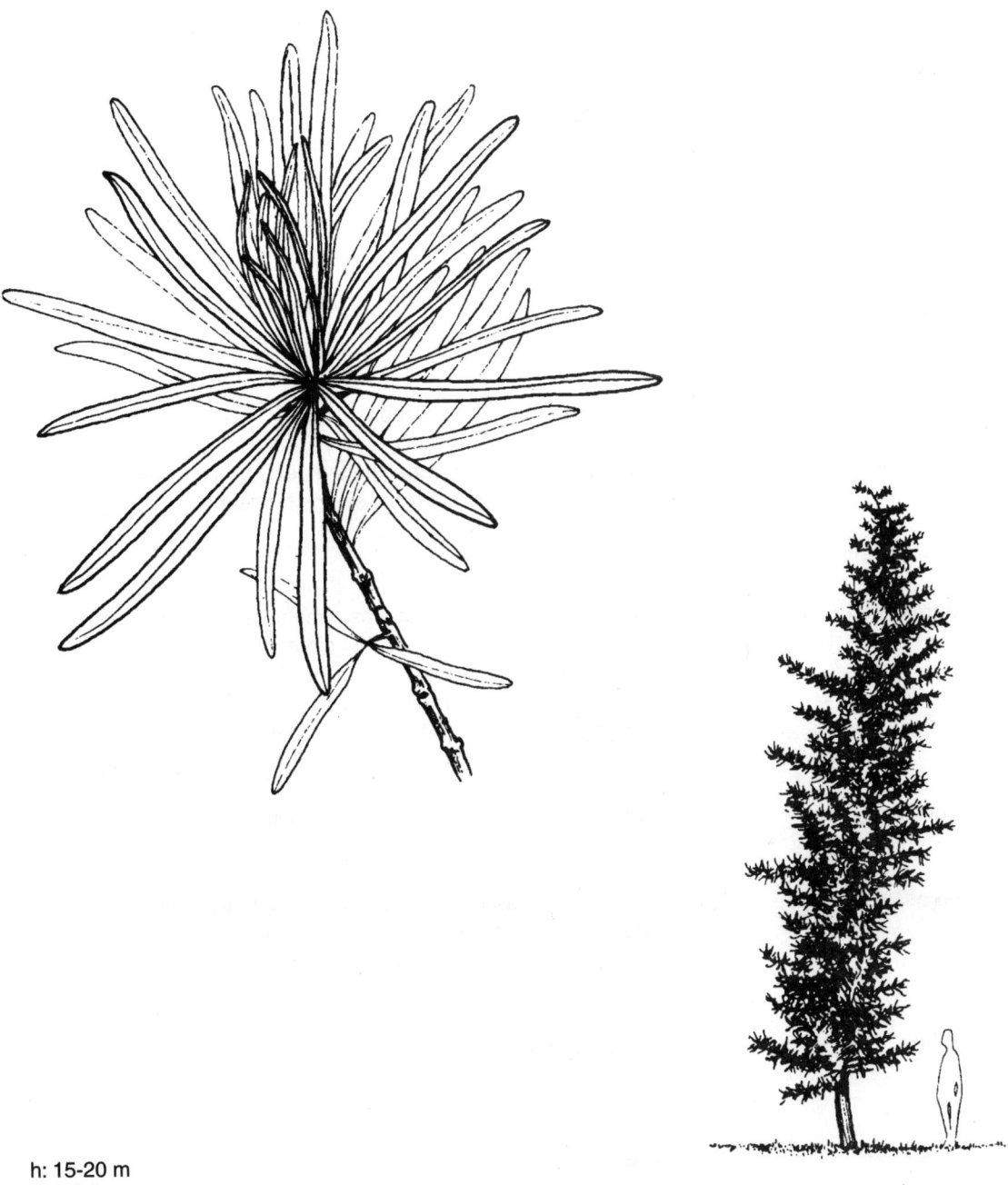

h: 15-20 m
d: 2-2,5 m

forma	color	sombra	ambiente	foliación	floración	fructificación
	7-6		◯◐			

POPULUS ALBA   (Salicáceas)
ÁLAMO BLANCO

C Àlber **E** Ezki
I White poplar **F** Peuplier blanc **A** Weisspäppel

Origen	Centro y sur de Europa, Asia Menor.
Exigencias	Es rústico en cuanto a condiciones de temperatura y de suelos, pero vive mejor en sitios bajos y suelos húmedos.
Crecimiento	Rápido.
Características	Forma ovoidal irregular, de tronco más o menos recto y follaje distribuido. Por su rápido crecimiento sirve para detener la erosión y su madera blanda es útil como pulpa en poco tiempo. Tiene corta vida y raíces muy invasoras que lo hacen inapropiado para jardines pequeños y en la proximidad de construcciones.
Corteza	Lisa, blanco verdosa; agrietada y marrón oscura en la base del tronco.
Hojas	**C**, alternas, de variadas formas (palmadas, ovaladas o acorazonadas), con 3 a 5 lóbulos burdamente dentados, de 6 a 12 cm de largo; color verde oscuro por encima y blancas por debajo.
Flores	Sin interés; grises y rojas.
Frutos	Cápsula ovoide marrón claro; sin interés.
Cultivares	*Populus alba* «**Nivea**», de hojas aún más blancas por debajo. *Populus alba* «**Pendula**», de porte péndulo. *Populus alba* «**Pyramidal**», de forma cónica columnar.

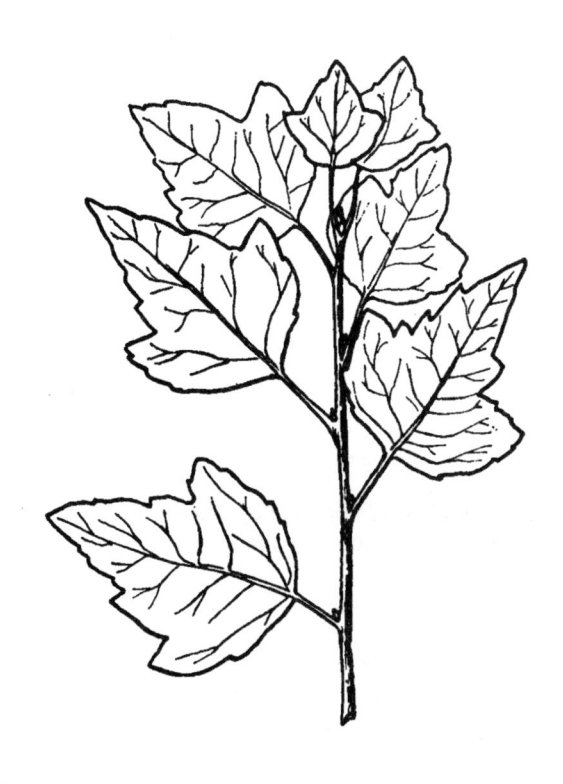

h: 15-20 m
d: 6-8 m

forma	color	sombra	ambiente	foliación	floración	fructificación
⬭	9 y 2	▦	○	p. primavera f. otoño		

205

POPULUS NIGRA «ITALICA»   (Salicáceas)
CHOPO LOMBARDO

E Eltzun Belzl
I Lombardy poplar **F** Peuplier d'Italie **A** Pyramidenpappel

Origen	Europa, Asia.
Exigencias	Es muy rústico en cuanto a suelos, prefiriendo una humedad media. Retoña mucho desde la raíz, lo que facilita su reproducción.
Crecimiento	Rápido.
Características	Forma columnar regular, de ramas fastigiadas desde la misma base; follaje denso. Muy utilizado para cortinas de reparo plantado en una o dos hileras, cada 2 m.
Corteza	Marrón grisácea oscura, muy fisurada.
Hojas	**C**, alternas, romboide-ovaladas, acuminadas, de 3 a 7 cm de ancho y 5 a 10 cm de largo; dentadas, color verde claro brillante.
Flores	Con sexos en árboles separados. Racimos pendientes; sin interés.
Frutos	Sin interés. Semillas minúsculas con vilano blanco, de aspecto de copo de algodón.
Especies	*Populus × canadensis*, de hasta 30 m y crecimiento muy rápido; híbrido entre *P. nigra* y *P. deltoides*. Hojas variables triangular-ovaladas. Especie muy cultivada que contiene diversos cultivares. *Populus deltoides*, del centro y este de Estados Unidos, con copa ancha y corteza verde-amarillenta, hojas grandes y forma deltoide. *Populus nigra*, de forma ovoidal irregular, hojas más anchas, ramas extendidas y follaje distribuido. Ha dado origen al cruzarse con *P. deltoides*, a una gran cantidad de híbridos, de crecimiento más rápido.

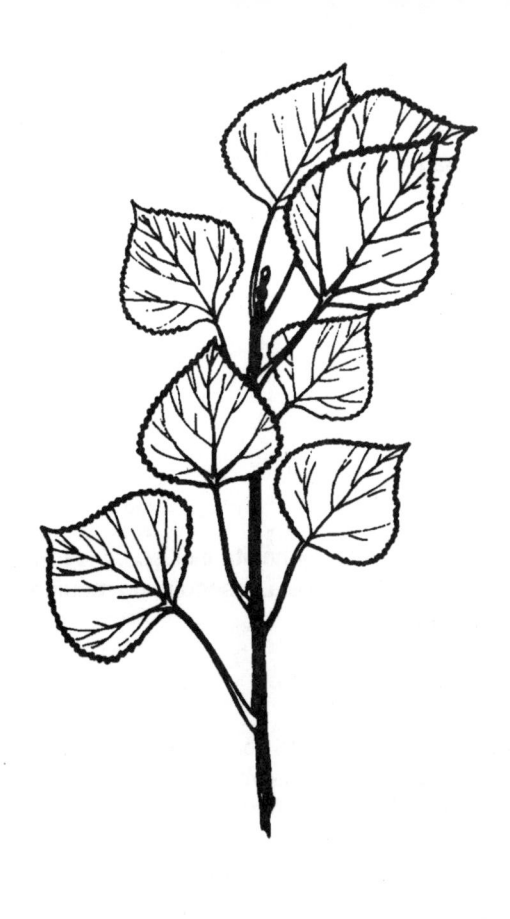

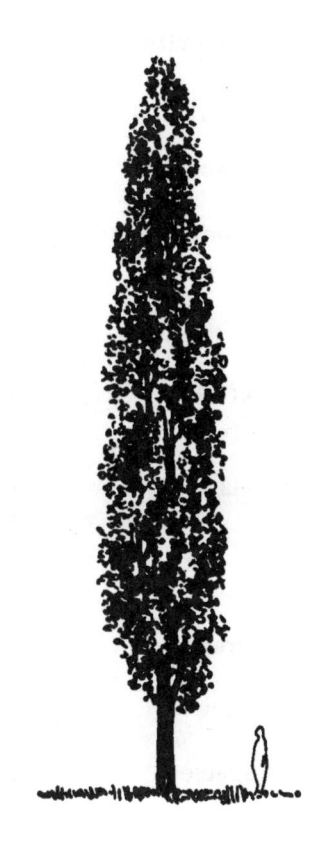

h: 25-30 m
d: 3-4 m

forma	color	sombra	ambiente	foliación	floración	fructificación
▲	5 → 1	■	○	p. primavera p. invierno		

207

POPULUS TREMULA   (Salicáceas)

ÁLAMO TEMBLÓN

C Trèmol **E** lertxun
I European aspen **F** Tremble **A** Zitterpappel

Origen	Europa, Asia, norte de África.
Exigencias	Es rústico a la calidad del suelo y habita incluso en los muy pobres; es el álamo más resistente a la sequía, no requiriendo la proximidad del agua.
Crecimiento	Rápido.
Características	Forma esférico-ovalada irregular, de tronco recto y follaje distribuido. Útil para crear cortinas de reparo y fijar terrenos sueltos; apreciado por el continuo movimiento de sus hojas, de largo pecíolo.
Corteza	Lisa, blanco verdosa, marrón oscura en la base del tronco; al envejecer le aparecen franjas oscuras.
Hojas	**C**, alternas, delgadas, redondeadas u ovaladas, de vértice agudo o redondo, de borde sinuoso; 3-8 cm de largo, color verde medio, más claro por debajo; pecíolo plano, de igual longitud que la hoja.
Flores	En grupos de 8 a 10 cm de largo; sin interés.
Frutos	Racimos de 12 cm de largo; sin interés.
Especies	***Populus tremuloides***, de parecido aspecto al *P. tremula,* con hojas ovaladas o casi redondas, finamente dentadas, muy movedizas.

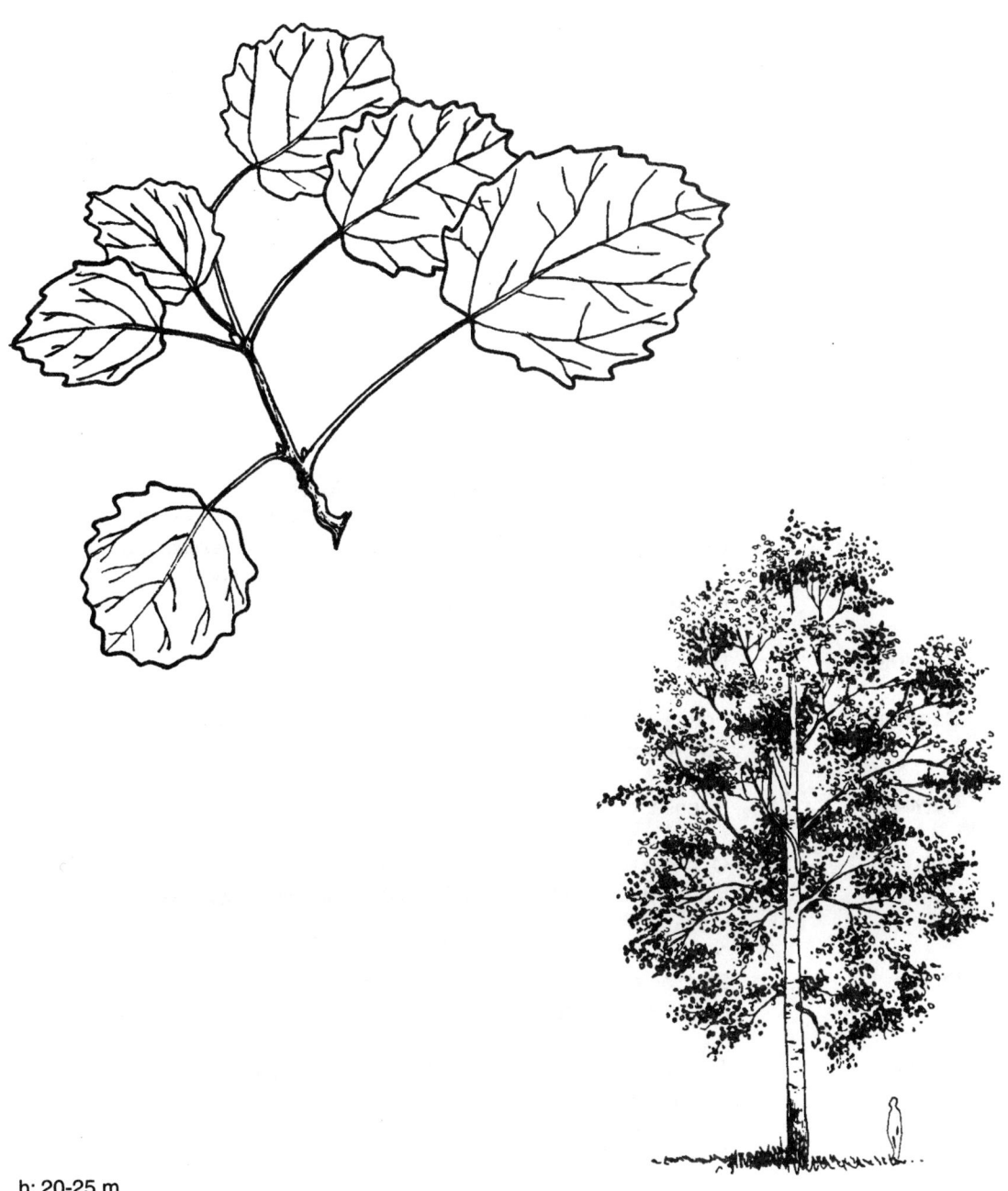

h: 20-25 m
d: 6-8 m

forma	color	sombra	ambiente	foliación	floración	fructificación
⬭	6 y 5 → 1	▥	○	p. primavera f. otoño		

PRUNUS ARMENIACA   (Rosáceas)

ALBARICOQUERO

C Albercoquer
I Apricot tree **F** Abricotier commun **A** Aprikosenbaum

Origen	Asia occidental.
Exigencias	Rústico en cuanto a la calidad del suelo, soporta incluso los calcáreos y pedregosos. Vive muy bien en las zonas bajas del litoral mediterráneo; le perjudican las heladas y el exceso de humedad en sus raíces. Cuando está en malas condiciones produce una resina gomosa.
Crecimiento	Rápido.
Características	Forma extendida irregular de follaje denso. Cultivado por su fruto y hermosa floración.
Corteza	Rugosa, color marrón rojizo.
Hojas	**C**, alternas, ovaladas, de 5 a 12 cm de largo, finamente dentadas, pubescentes en las venas superiores, color verde medio.
Flores	Blancas o rosadas, solitarias, de 2 a 3 cm de ancho; aparecen antes que las hojas.
Frutos	Albaricoques de piel suave, de 4 a 5 cm de diámetro, color amarillo-naranja.

h: 6-8 m
d: 8-10 m

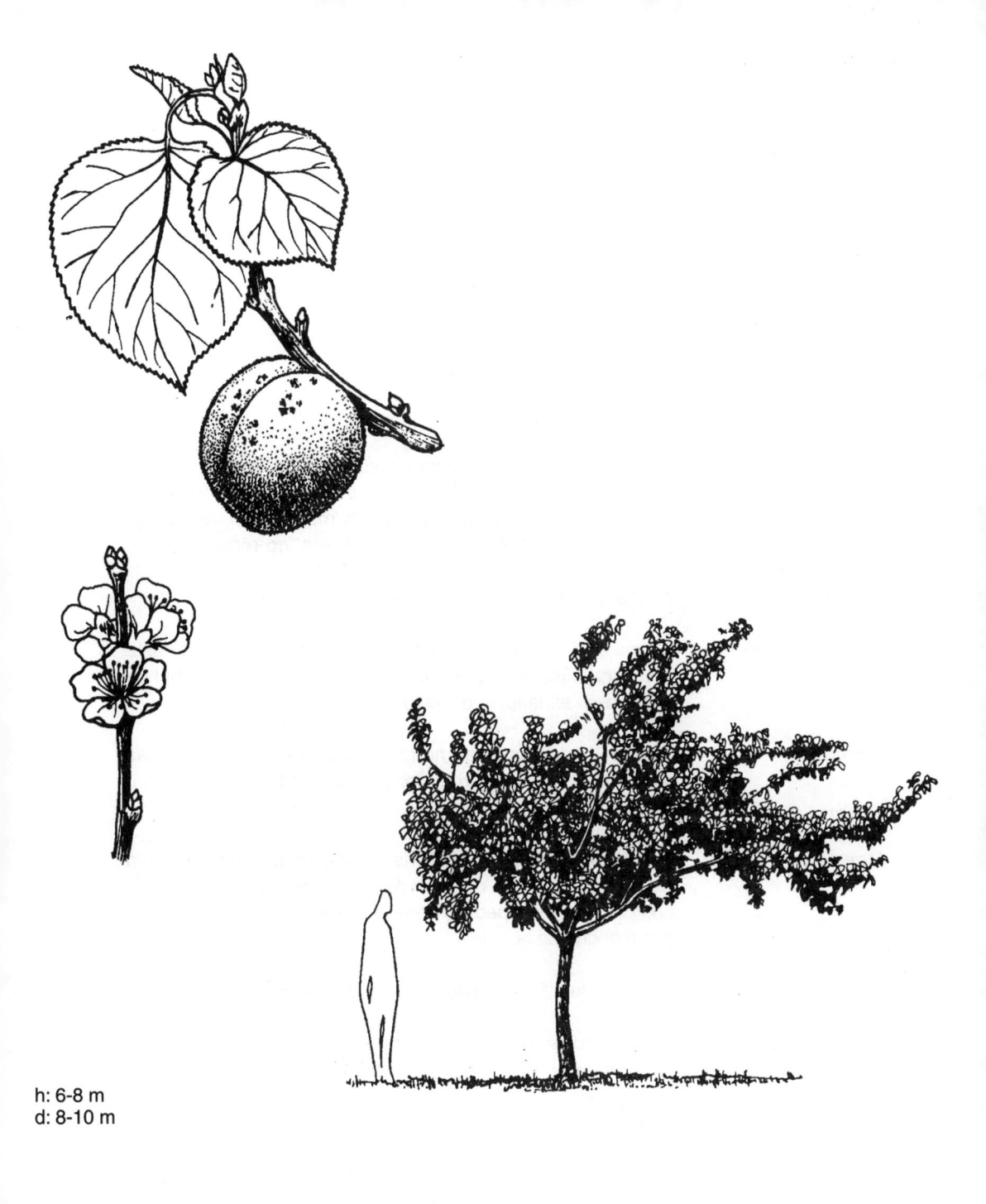

forma	color	sombra	ambiente	foliación	floración	fructificación
⌒	6	■	○	m. primavera f. otoño	p. primavera	m. primavera

PRUNUS AVIUM   (Rosáceas)

CEREZO

C Cirerer **E** Gerezi-ondo
I Sweet cherry **F** Cerisier des bois **A** Süsskirsche

Origen	Europa, Asia.
Exigencias	Es rústico en cuanto a clima y naturaleza del suelo, prefiriendo los frescos, permeables y arenosos. Muy resistente al frío, no requiere demasiado calor para la maduración de sus frutos. Soporta la sombra de otros árboles; no requiere poda.
Crecimiento	Medio. Vive hasta los 100 años.
Características	Forma cónica regular de follaje distribuido; tronco recto hasta la misma cúspide. Se cultiva por sus frutos y como árbol de sombra en alineación o aislado.
Corteza	Lisa, delgada, lustrosa; marrón oscura rojiza, con manchas alargadas color marrón claro; se desprende en cintas perimetrales, como en el abedul.
Hojas	C, alternas, oblongas o anchas hacia el vértice, de 6 a 15 cm de largo, aserradas, color verde oscuro por encima, más pálido por debajo; el pecíolo tiene dos glándulas rojas junto a la parte ancha de la hoja.
Flores	Blancas, de 2,5 a 4 cm de ancho, reunidas en grupos de 3 a 6.
Frutos	Cerezas rojas, ovoides, de unos 2 cm de diámetro, comestibles, de largo pecíolo, en racimos.
Cultivares	*Prunus avium* «**Plena**», copa esférica, compacta; flores dobles, blancas. *Prunus avium* «**Pendula**» (cerezo llorón), de ramas pendientes.
Especies	*Prunus serotina*, de Norteamérica; fruto ácido. *Prunus cerasus* (guindo), de hasta 7 m de alto, parecido al cerezo pero de ramas delgadas y pendientes.

h: 15-20 m
d: 5-7 m

forma	color	sombra	ambiente	foliación	floración	fructificación
△	7 y 6	|||||	◯◐	m. primavera f. otoño	p. primavera m. primavera	m. primavera

PRUNUS CERASIFERA (Rosáceas)
CIRUELO MIROBOLÁN

C Mirabolà
I Myrobalan plum **F** Prunier myrobolan **A** Kirschpflaumenbaum

Origen	Asia.
Exigencias	Poco exigente en cuanto a la naturaleza del suelo, siempre que exista una capa superficial rica; requiere abonos ricos en potasa, cal y fósforo.
Crecimiento	Rápido.
Características	Forma esférica irregular, follaje denso; de ramas finas, a veces espinosas.
Corteza	Marrón oscura, débilmente fisurada.
Hojas	**C**, alternas, elípticas, de 3 a 6 cm de largo, finamente dentadas, terminadas en punta (acuminadas); color verde oscuro.
Flores	Blancas, solitarias, de 2 a 2,5 cm de ancho, aparecen antes que las hojas.
Frutos	Ciruela esférica, roja o amarilla, dulce, jugosa, de 2 a 3 cm de diámetro.
Variedades	Existen diversos cultivares con hojas de color rojo-púrpura y flores blancas o rosadas; la más usada en jardinería es *Prunus cerasifera* «Nigra».

h: 6-8 m
d: 6-8 m

forma	color	sombra	ambiente	foliación	floración	fructificación
◯	7	■	○	m. primavera f. otoño	f. invierno	p. verano

215

PRUNUS DULCIS (= *P. amygdalus, Amygdalus communis*) (Rosáceas)
ALMENDRO

C Ametller **E** Almondrondo
I Almond tree **F** Amandier commun **A** Mandelbaum

Origen	Norte de África, Asia.
Exigencias	Crece en cualquier tipo de suelo, aun pedregoso; en el sur de España se le ve a alturas hasta de 1.200 m. No se le cultiva sino en sitios cálidos; al florecer en invierno, el frío destruye las flores, impidiendo la fructificación. No requiere poda.
Crecimiento	Rápido.
Características	Forma ovoidal irregular, de follaje distribuido. Cultivado especialmente por su fruto.
Corteza	Rugosa, grisácea.
Hojas	**C**, oval-lanceoladas, alternas, de 8 a 12 cm de largo, finamente dentadas, color verde medio.
Flores	Blancas o rosadas, de 3 a 4 cm de ancho, pedunculadas.
Frutos	Verdosos, oblongos, de 3 a 4 cm de largo, conteniéndo la almendra comestible.

h: 6-8 m
d: 4-6 m

forma	color	sombra	ambiente	foliación	floración	fructificación
⬭	6	▦	○	m. primavera f. otoño	p. primavera	m. verano

PRUNUS LAUROCERASUS (= *Laurocerasus officinalis*) **(Rosáceas)**
LAUREL CEREZO

C Llorer-cirer
I Cherry laurel **F** Laurier-cerise **A** Lorbeerkirsche

Origen	Europa oriental, Asia menor.
Exigencias	Es rústico en cuanto a la naturaleza del suelo; resiste al frío pero prefiere clima templado o situaciones abrigadas (patios). Vive bien al sol y a la sombra. Soporta la poda, prestándose al cultivo en maceta y en forma arbustiva.
Crecimiento	Medio.
Características	Forma esférica irregular, tronco corto y follaje denso. Se le llama «laurel-cerezo» por el parecido de su hoja persistente con la del laurel común.
Corteza	Lisa, grisácea, con manchas horizontales; rugosa al envejecer.
Hojas	**P**, alternas, oblongo-lanceoladas, de borde liso o finamente aserrado, pecíolo corto; de 6 a 15 cm de largo, color verde oscuro brillante por encima, más pálido por debajo. Contienen ácido cianhídrico.
Flores	Blancas, fragantes, pequeñas (de 8 mm de ancho), en racimos más cortos que las hojas.
Frutos	De forma ovoide, 8 mm de largo, color púrpura oscuro.
Cultivares	*Prunus laurocerasus* **«Angustifolia»**, de hoja angosta. *Prunus laurocerasus* **«Aureovariegata»**, de hojas variegadas de amarillo. *Prunus laurocerasus* **«Caucasica»**, de hojas muy oscuras. *Prunus laurocerasus* **«Otto Luyken»**, arbusto compacto con hojas verde oscuro, estrechas y brillantes. *Prunus laurocerasus* **«Zabeliana»**, muy rústico.
Especies	*Prunus lusitanica*, de Portugal.

h: 4-6 m
d: 3-4 m

forma	color	sombra	ambiente	foliación	floración	fructificación
○	7 y 6	■	○◐●	f. otoño		

PRUNUS MAHALEB   (Rosáceas)

CEREZO DE SANTA LUCÍA

C Cirerer de santa Llúcia
I St Lucie cherry **F** Bois de Sainte-Lucie

Origen	Región mediterránea.
Exigencias	Rústico en cuanto a la naturaleza del suelo, no resiste bien los calores excesivos. En zonas frías, prefiere tierras secas, poco fértiles.
Crecimiento	Lento.
Características	Forma esférica irregular, de follaje distribuido; tronco corto, generalmente inclinado, de madera dura, aromática.
Corteza	Lisa, brillante, color marrón oscuro.
Hojas	**C**, alternas, ovaladas, doblemente dentadas, duras, de 3 a 6 cm de largo, color verde medio.
Flores	Blancas, perfumadas, de pedúnculo largo, en grupos, al mismo tiempo que las hojas.
Frutos	Cerezas rojas y negras, dulces.

h: 3-5 m
d: 3-5 m

forma	color	sombra	ambiente	foliación	floración	fructificación
○	6	▦	○	p. primavera f. otoño	p. primavera m. primavera	p. verano

PRUNUS PERSICA   (= *Persica vulgaris*)   (Rosáceas)

MELOCOTONERO

C Presseguer **E** Kuntzun
I Peach tree **F** Pêcher commun **A** Pfirsichbaum

Origen	China.
Exigencias	Se da bien en suelos pedregosos y calcáreos, aunque se puede adaptar a otros según el pie en que esté injertado. Soporta el frío pero se da mejor en clima templado y suelos sin humedad.
Crecimiento	Rápido. Vida corta (15-20 años).
Características	Forma extendida irregular de follaje distribuido. No demasiado apropiado para jardín por el exceso de cuidados que requiere (plagas).
Corteza	Lisa o apenas fisurada; marrón.
Hojas	C, alternas, lanceoladas, finamente dentadas, de 8 a 13 cm de largo; color verde oscuro.
Flores	Solitarias, rosadas, de 2,5 a 4 cm de ancho, de pedúnculo corto, antes que las hojas.
Frutos	Melocotón de 5 a 7 cm de diámetro, de piel lisa o velluda.
Cultivares	Las de interés ornamental son las llamadas «melocotoneros de flor», de las que existen muchos tipos; entre ellas: *Prunus persica* «**Alboplena**», de flores blancas, dobles. *Prunus persica* "**Russel's Red**», flores rojas, dobles. *Prunus persica* «**Versicolor**», de flores blancas y rojas.

h: 4-6 m
d: 5-7 m

forma	color	sombra	ambiente	foliación	floración	fructificación
⌒	7	▦	○	p. primavera f. otoño	f. invierno	p. verano

223

PRUNUS SERRULATA (Rosáceas)

CEREZO DE FLOR

C Cirerer de flor
I Japanese flowering cherry **F** Cerisier du Japon

Origen Japón, China, Corea.

Exigencias Prefiere los climas sin temperaturas extremas y los suelos ricos, más bien húmedos. Acepta la poda.

Crecimiento Rápido.

Características Tronco corto, forma esférica irregular, de follaje distribuido. Es el conocido «cerezo de flor» de los países japoneses.

Corteza Lisa, marrón oscura.

Hojas C, alternas, ovaladas, agudas, aserradas o doblemente aserradas, de 6 a 12 cm de largo, verde brillante por encima, opaco por debajo.

Flores Blancas o rosadas, de 3 a 4 cm de ancho, en grupos de tres o cinco.

Frutos Pequeñas cerezas negras; sin interés.

Variedades Existen más de 150 variedades de cultivo con portes distintos y con flores de color blanco, rosa o rojo, sencillas, semidobles o dobles.
Prunus serrulata «**Amanogawa**», porte estrechamente fastigiado, flores rosa-pálido, sencillas o semidobles.
Prunus serrulata «**Sekiyama**» (= *P. serrulata* «Kanzan»), de flor rosa-carmín doble y ramas rectas.
Prunus serrulata «**Shirotae**», de flores grandes dobles o semidobles, color blanco puro.
Prunus serrulata «**Shogun**», flores semidobles, color rosa fuerte, muy abundantes en ejemplares adultos.

h: 4-8 m
d: 4-8 m

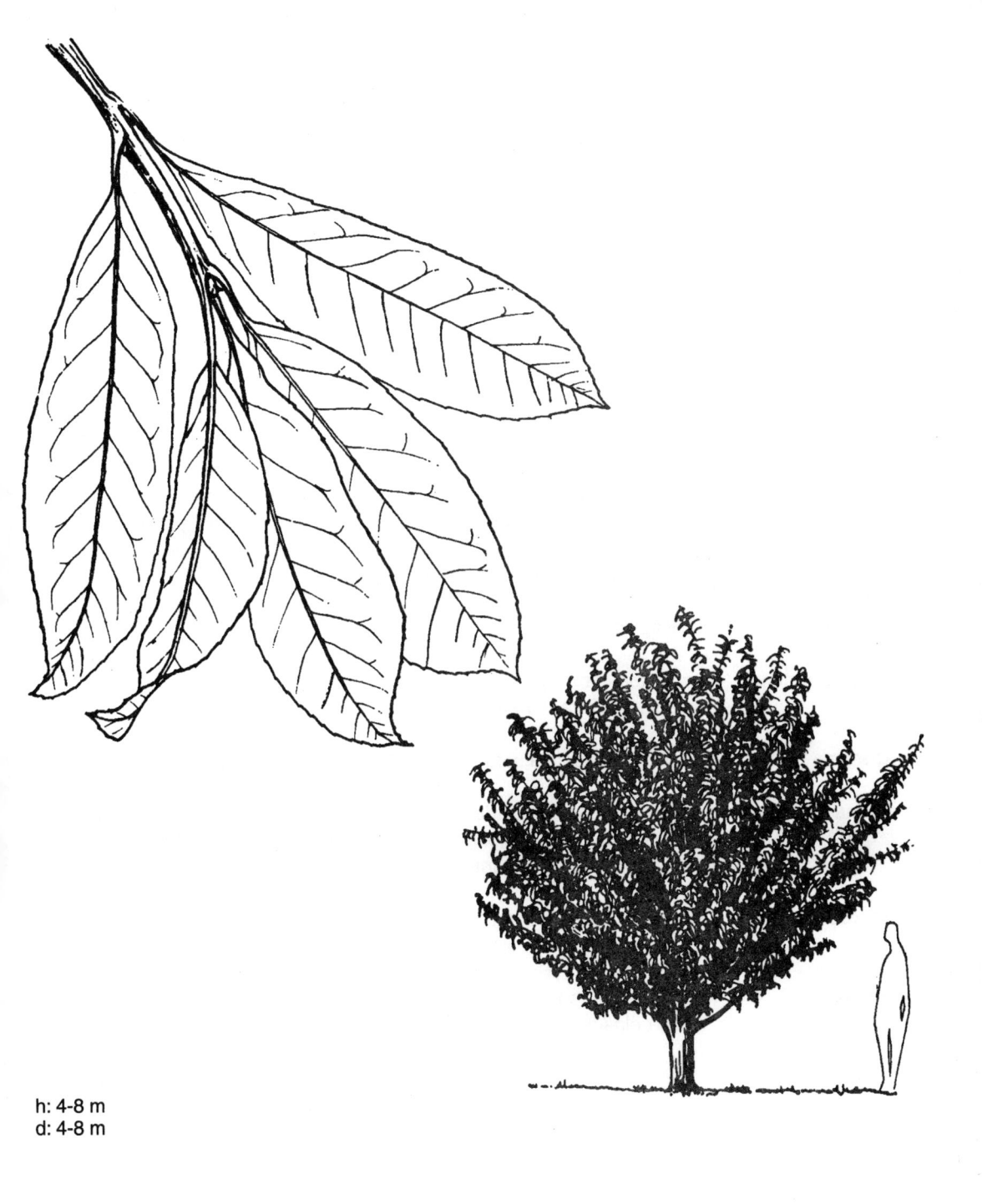

○	7	▥	○	p. primavera f. otoño	f. invierno	
forma	color	sombra	ambiente	foliación	floración	fructificación

225

PYRUS COMMUNIS   (Rosáceas)

PERAL

C Perera **E** Madari-ondo
I Pear tree **F** Poirier **A** Birnbaum

Origen	Europa, África, Asia oriental.
Exigencias	Existen diversos tipos apropiados a climas muy distintos. Resistentes al frío, aunque las heladas tardías perjudican la flor. Prefiere suelos ricos, profundos, de humedad media y reacción química neutra. Requieren una poda cuidadosa; son atacados por hongos e insectos.
Crecimiento	Rápido.
Características	Forma cónica de follaje denso, tronco recto, a veces espinoso; se cultiva por sus flores y frutos.
Corteza	Marrón grisácea, fisurada longitudinalmente, en espiral.
Hojas	**C**, redondas a ovaladas, acuminadas, aserradas, de 2 a 8 cm de largo, lisas (vellosas cuando jóvenes), pecíolo delgado; color verde oscuro opaco.
Flores	Blancas, de unos 2,5 cm de diámetro, en racimos; aparecen antes o junto con las hojas.
Frutos	«Pera» de color amarillo verdoso, hasta 5 cm de largo, en tallo delgado; en épocas diferentes, según variedades.
Especies	*Pyrus calleryana*, de China; hermosa floración, fruto más pequeño. *Pyrus cordata*, de hojas redondas; flores y frutos más pequeños. (Y gran cantidad de variedades hortícolas.) *Pyrus nivalis*, flores de unos 3 cm de ancho. *Pyrus pyraster*, espinoso. *Pyrus pyrifolia* (peral de Japón), de hojas oval-oblongas agudas; da origen a muchas de las variedades cultivadas.

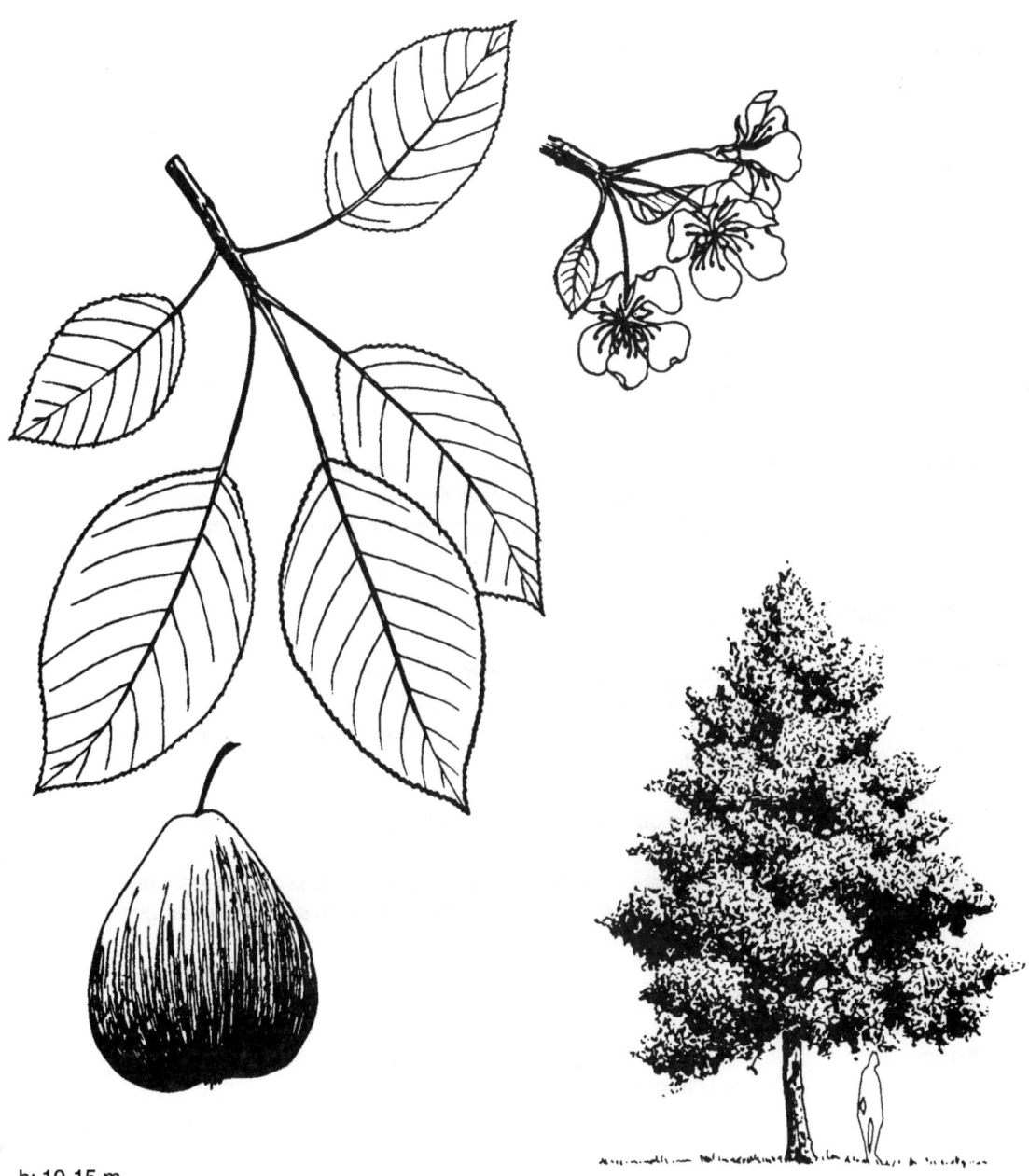

h: 10-15 m
d: 5-7 m

forma	color	sombra	ambiente	foliación	floración	fructificación
△	7	■	○	p. primavera f. otoño	p. primavera	f. primavera f. otoño

QUERCUS ILEX   (Fagáceas)

ENCINA

C Alzina **E** Arte
I Holm oak **F** Chêne vert **A** Grüneiche

Origen	Región mediterránea.
Exigencias	Vive bien en suelos de naturaleza variada, incluso los secos y pedregosos; prefiere los arenosos y silíceos. Muy resistente al frío, se adapta a climas más rigurosos. Acepta bien la poda y soporta la sombra.
Crecimiento	Lento.
Características	Forma ovoidal irregular, de follaje denso y tronco a veces dividido desde la base. Utilizado en jardinería por el interesante contraste de su follaje gris oscuro con los verdes, más frecuentes.
Corteza	Marrón oscura, finamente fisurada.
Hojas	P, alternas, coriáceas, ovaladas, de borde liso o sinuoso, espinosas, de 4 a 7 cm de largo; verde oscuras brillantes por encima, blanquecinas y pubescentes por debajo.
Flores	Sin interés.
Frutos	Bellota de 2 a 3,5 cm de largo, envuelta por una cúpula hasta la mitad.
Cultivares	*Quercus ilex* var. *angustifolia*, de hojas lanceoladas, angostas. *Quercus ilex* var. *ballota*, de hojas anchas redondeadas, verde grisáceas. *Quercus ilex* f. *microphylla*, de hojas aserradas, de sólo 1 cm de largo.
Especies	En España es indígena *Quercus coccifera* (coscoja), de utilidad para sostener tierras. «Garric», en catalán.

h: 8-12 m
d: 6-8 m

forma	color	sombra	ambiente	foliación	floración	fructificación
O	10 y 2	■	○ ◐ ●			

QUERCUS ROBUR (= *Q. pedunculata*) (Fagáceas)

ROBLE, carvallo

C Roure pènol **E** Aritz
I English oak **F** Chêne pédonculé **A** Stieleiche

G. Eiche

Origen	Europa, Asia, norte de África.
Exigencias	Es rústico para la calidad del suelo, aunque teme los calcáreos; vive bien en las tierras bajas, frescas, hasta el nivel del mar.
Crecimiento	Lento. Vive hasta los 200 años.
Características	Forma esférica de copa irregular y follaje distribuido; tronco irregular en la primera edad, luego muy recto. Apreciado por su madera. En España vive en Galicia y todo el norte.
Corteza	Marrón oscura, con fisuras verticales.
Hojas	C, en racimos terminales, oblongas, de 5 a 12 cm de largo, de pecíolo corto, más anchas hacia la punta, con 6 a 14 lóbulos redondeados; color verde oscuro por encima y verde azulado pálido por debajo.
Flores	Sin interés.
Frutos	Bellota ovoide-oblonga de 1,5 a 2,5 cm de largo, encerrada hasta un tercio de su longitud por una cúpula en forma de taza. En grupos de a dos, al extremo de un pedúnculo largo.
Cultivares	*Quercus robur* «Atropurpurea», de hojas púrpuras. *Quercus robur* «Concordia», de hojas verde claro. *Quercus robur* «Fastigiata», de forma cónica. *Quercus robur* «Pendula», de ramas pendientes.
Especies	En España se denominan también robles: *Quercus faginea* (quejigo). *Quercus petraea*, en las montañas del centro y norte. *Quercus pubescens* (roble pubescente). *Quercus pyrenaica*, en las montañas de toda la Península. Roble toro o melojo.

h: 20-25 m
d: 10-12 m

forma	color	sombra	ambiente	foliación	floración	fructificación
	9 y 3			m. primavera m. otoño		

QUERCUS RUBRA (= *Q. borealis*) **(Fagáceas)**
ROBLE AMERICANO

C Roure americà
I Northern red oak **F** Chêne rouge **A** Amerikanische Roteiche

Origen	Norteamérica (Estados Unidos).
Exigencias	Vive bien en los suelos silícicos, aun arenosos pero no en los calcáreos; resistente al frío, acepta una sombra mediana.
Crecimiento	Medio.
Características	Forma ovoidal irregular de follaje distribuido; tronco recto muy ramificado, de madera apreciada.
Corteza	Lisa, verde-marrón grisácea; al envejecer se torna oscura en la base y se fisura en láminas delgadas grisáceas, mostrando corteza interior color rojo claro.
Hojas	C, oblongas, de 12 a 22 cm de largo, borde sinuoso de 7 a 11 lóbulos dentados irregularmente; color verde amarillento, tornando amarillo y rojo en otoño.
Flores	Sin interés.
Frutos	Bellota ovoide de 2 a 2,5 cm de largo, de color marrón grisáceo, dentro de una cápsula aplastada (1/3 de su longitud).
Especies	*Quercus coccinea*, también de Estados Unidos, requiere suelos ligeros y frescos; sus hojas se tornan rojo escarlata en otoño. *Quercus falcata* (*Southern red oak* en Norteamérica); conocida también como encina de España. *Quercus rubra* «**Aurea**», de hojas amarillas.

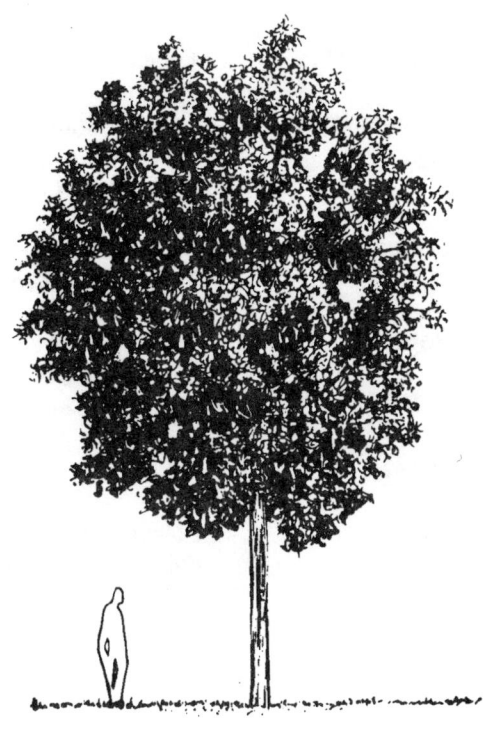

h: 20-25 m
d: 8-10 m

forma	color	sombra	ambiente	foliación	floración	fructificación
⬭	4 → 1	■	◐	m. primavera m. otoño		

QUERCUS SUBER   (Fagáceas)

ALCORNOQUE

C Surera **E** Tortitx
I Cork oak **F** Chêne liège **A** Korkbaum

Origen	Norte de África, sur de Europa, Norteamérica.
Exigencias	Requiere suelos francamente silíceos y clima moderado. Mucha luz.
Crecimiento	Lento.
Características	Forma irregular, de follaje distribuido, tronco corto de madera dura. Es productor del corcho; cultivado especialmente en el centro y sur de España y en Portugal.
Corteza	Muy gruesa, color marrón grisáceo claro, muy fisurada; a los 10 años se elabora transformándola en corcho.
Hojas	P, alternas, ovaladas, agudas, redondeadas en la base, dentadas, de 3 a 7 cm de largo, coriáceas, verde oscuras brillantes por encima, grisáceas y velludas por debajo.
Flores	Sin interés.
Frutos	Bellota ovoide-oblonga de 1,5 a 3 cm de largo, dentro de cúpula de 1/2 a 1/3 de su longitud.

h: 8-12 m
d: 5-8 m

forma	color	sombra	ambiente	foliación	floración	fructificación
	10 y 3					

ROBINIA PSEUDOACACIA   (Fabáceas-Leguminosas)

ROBINIA, acacia común

C Robínia, càssia **E** Arkazia
I Black locust **F** Faux acacia **A** Gemeine Robinie

Origen	Norteamérica (Estados Unidos).
Exigencias	Es rústico en cuanto a la naturaleza del suelo; pero vive mejor en los frescos, blandos y profundos. Muy resistente al frío.
Crecimiento	Rápido. Vive hasta los 200 años.
Características	Forma irregular de follaje distribuido, tronco recto de madera dura. Le conviene una poda anual para ordenar su crecimiento. Útil para contención de tierras.
Corteza	Marrón grisácea, profundamente fisurada.
Hojas	**C**, alternas, con estípulas leñosas en la base, de 15 a 30 cm de largo; compuestas de 7 a 19 folíolos elípticos u ovalados de 2,5 a 4,5 cm de largo, borde entero, color verde claro.
Flores	Blancas, perfumadas, de 1,5 a 2 cm de ancho, en racimos colgantes de 10 a 20 cm de largo.
Frutos	Legumbre aplastada, color marrón; de unos 8 cm de largo.
Cultivares	Existen numerosas variedades de cultivo con distintos portes (redondeado, péndulo, columnar), tipos de hojas (divididas, lineares), colores del follaje (amarillo, rojo, verde claro), etc.
Robinia pseudoacacia **«Bessoniana»**, porte globoso, casi sin espinas, poca floración.
Robinia pseudoacacia **«Frisia»**, hojas de color amarillo oro.
Robinia pseudoacacia **«Pyramidalis»**, porte columnar, sin espinas.
Robinia pseudoacacia **«Semperflorens»**, florece en verano.
Robinia pseudoacacia **«Unifolia»**, hojas con pocos folíolos.
Especies	*Robinia hispida*, flores grandes de color rosa vivo.
Robinia × *ambigua* **«Bella-Rosea»**, flores grandes, rosa.
Robinia × *ambigua* **«Decaisneana»**, flores rosa-pálido.
Robinia viscosa, flor rosada con una mancha amarilla.

h: 15-20 m
d: 7-8 m

forma	color	sombra	ambiente	foliación	floración	fructificación
	5-6		○	p. primavera f. otoño	f. primavera	

SALIX ALBA   (Salicáceas)
SAUCE BLANCO

C Salze **E** Saats
I White willow **F** Saule blanc **A** Weissweide

Origen	Europa.
Exigencias	Es indiferente a la naturaleza del terreno, siempre que sea fresco y húmedo; pero se adapta a los terrenos pobres y secos.
Crecimiento	Rápido. Vive hasta los 100 años.
Características	Forma irregular de follaje distribuido. Tronco generalmente dividido desde el suelo; a veces corto, grueso y ramas delgadas.
Corteza	Marrón verdosa, fisurada, con escamas grisáceas.
Hojas	C, alternas, lanceoladas, de 4 a 10 cm de largo, acuminadas, finamente aserradas, color verde medio opaco, lustrosas por debajo.
Flores	Racimos de 4 a 6 cm de largo; sin interés.
Frutos	Sin interés.
Variedades y cultivares	*Salix alba* **var. *vitellina*** (mimbre dorado), de hermosas ramas amarillas en invierno y comienzos de primavera. *Salix alba* **var. *sericea***, de hojas muy blancas y lustrosas por debajo, y algo por encima. *Salix alba* «**Liempde**», de porte estrechamente cónico.
Especies	*Salix viminalis* (mimbre común o sauce mimbre), de 5 a 8 m de altura. *Salix cinerea*, de flor en espigas algodonosas y plateadas.

h: 10-20 m
d: 8-12 m

forma	color	sombra	ambiente	foliación	floración	fructificación
	6		O	m. primavera f. otoño	m. primavera	

SALIX BABYLONICA   (Salicáceas)

SAUCE LLORÓN

C Desmai **E** Zuain nigargille
I Weeping willow **F** Saule pleureur **A** Grüne Trauerweide

Origen	China.
Exigencias	Resistente al frío; puede vivir en cualquier tipo de suelo siempre que sea blando, fresco y húmedo, adaptándose también a los secos.
Crecimiento	Rápido.
Características	Forma pendular de ramas muy largas; follaje denso, tronco grueso. Se le utiliza como corrector de cursos de agua.
Corteza	Marrón oscura, hendida.
Hojas	**C**, lanceoladas o lineales, muy agudas, aserradas, de 8 a 16 cm de largo, pecíolo corto, color verde claro por encima, verde grisáceo por debajo. Aparecen muy temprano.
Flores	En racimos amarillentos del tamaño de las hojas, apareciendo junto con ellas; de poco interés.
Frutos	Cápsulas, sin interés.
Especies	*Salix matsudana* «Tortuosa», 4-8 m, ramas colgantes y espiraladas. *Salix* × *sepulcralis*, híbrido entre *Salix alba* «Tristis» y *Salix babylonica*. Similar a *S. babylonica*, pero más rústico y con ramas menos colgantes. *Salix* × *sepulcralis* var. *chrysocoma*, de ramas amarillas. Es el sauce llorón más cultivado. *Salix* × *sepulcralis* var. *salamonii*, de ramas verdes, no muy colgantes.

h: 8-10 m
d: 6-8 m

forma	color	sombra	ambiente	foliación	floración	fructificación
	5 y 2		○	f. invierno f. otoño		

241

SCHINUS MOLLE   (Anacardiáceas)

FALSO PIMENTERO

C Pebrer bord
I Pepper tree **F** Faux poivrier

Origen	Sudamérica (Perú, Chile).
Exigencias	No tiene exigencias en cuanto a suelo; resistente a la sequía y al frío, aunque las heladas fuertes lo perjudican algo.
Crecimiento	Rápido.
Características	Forma pendular, de tronco algo inclinado y follaje distribuido. Se usa para dar sombra, aunque sus flores y frutos resinosos ensucian bastante.
Corteza	Marrón oscura, fisurada.
Hojas	**P**, alternas, de 25 a 30 cm de largo, compuestas de folíolos lanceolados de 3 a 6 cm de largo; a menudo aserrados, de color verde claro; resinosas.
Flores	Blanco amarillentas, pequeñas, en racimos terminales; sin interés.
Frutos	Drupas esféricas de 5 a 8 mm de diámetro; de color rojo intenso, permanecen durante todo el invierno.
Especies	Se conocen alrededor de 30 entre ellas. *Schinus lentiscifolius*, del sur de Brasil hasta Argentina. Follaje subcoriáceo de color verde grisáceo. *Schinus terebinthifolius*, de Venezuela hasta Argentina. Follaje parecido al terebinto.

h: 6-10 m
d: 5-8 m

forma	color	sombra	ambiente	foliación	floración	fructificación
	5		◐			m. otoño

243

SEQUOIA SEMPERVIRENS   (Cupresáceas)
SEQUOIA

C Sequoia
I Redwood **A** Kustensequoia

Origen	Norteamérica (California).
Exigencias	Vive bien en los climas templados, perjudicándole las heladas; prefiere las regiones húmedas, de mucha neblina y lluvias abundantes.
Crecimiento	Lento (medio, en suelos profundos y frescos).
Características	Forma cónica regular, de tronco recto y follaje denso. En ambientes sin heladas, conserva sus ramas inferiores, de desarrollo horizontal. En su medio natural alcanza los 100 m de altura y un diámetro de tronco hasta de 8 m. Su madera es muy apreciada.
Corteza	Marrón rojiza, gruesa (hasta 20 cm), fibrosa, fisurada.
Hojas	P, lineales, dispuestas en un solo plano, de 6 a 18 mm de largo, duras, color verde azulado oscuro por encima, con dos líneas glaucas por la cara inferior.
Flores	Sin interés.
Frutos	Conos ovoides color marrón, de 2 a 2,5 cm de largo, al extremo de las ramillas.
Cultivares	*Sequoia sempervirens* «**Pendula**», ramas colgantes.
Género	*Sequoiadendron giganteum* (= *Sequoia gigantea*), de más de 100 m de altura y un diámetro de tronco de hasta 10 m.

h: 30-40 m
d: 8-10 m

forma	color	sombra	ambiente	foliación	floración	fructificación
△	11	■	○			

245

SOPHORA JAPONICA   (Fabáceas-Leguminosas)
SOFORA

C Sòfora
I Japanese Pagoda tree **F** Sophora du Japon **A** Japanischer Schnurbaum

Origen	China, Japón.
Exigencias	Rústico en cuanto a la composición química del suelo, vive mejor en suelos frescos y profundos. Resistente al frío y al calor excesivo.
Crecimiento	Rápido.
Características	Forma irregular de follaje distribuido, tronco recto. Es fácil confundirlo con el *Robinia pseudoacacia*.
Corteza	Marrón grisácea, débilmente fisurada (diferente de la *Robinia*).
Hojas	C, alternas, de 15 a 25 cm de largo, compuestas de 7 a 17 folíolos entre ovales y oval-acuminados, de 2,5 a 5 cm de largo, de color verde oscuro brillante por encima y glauco por la cara inferior.
Flores	Blanco amarillentas, de 1 a 1,5 cm de ancho, fragantes, en racimos terminales de 15 a 30 cm de largo.
Frutos	Legumbre cilíndrica con estrangulaciones, de 5 a 8 cm de largo; semillas redondas, negras.
Cultivares	*Sophora japonica* «**Columnaris**», de forma cónica. *Sophora japonica* «**Dot**», de ramas tortuosas, un poco péndulas, hojas crispadas. *Sophora japonica* «**Pendula**», de ramas colgantes. *Sophora japonica* «**Tortuosa**», de ramas helicoidales. *Sophora japonica* var. *pubescens*, de hojas velludas por debajo. *Sophora japonica* «**Violacea**», de hojas verde claro y flores con partes violáceas.
Especies	*Sophora secundiflora*, de México y sur de Estados Unidos. 8 m, perennifolio. Flores azul-violeta, olorosas. Muy resistente a la sequía.

h: 15-20 m
d: 7-10 m

forma	color	sombra	ambiente	foliación	floración	fructificación
	7 y 3			p. primavera f. otoño	m. verano	

SORBUS DOMESTICA   (Rosáceas)

SERBAL

C Servera **E** Maspil-ondo
I Service tree **F** Cormier **A** Speierling

Origen	Sur de Europa, norte de África, Asia occidental.
Exigencias	No es exigente para la naturaleza del suelo, viviendo incluso en los calcáreos, siempre que sean frescos y profundos. Prefiere las tierras bajas de clima benigno.
Crecimiento	Lento.
Características	Forma ovoidal de follaje denso, tronco recto de madera dura.
Corteza	Lisa y verdosa en la primera edad; luego se torna marrón oscura, muy fisurada.
Hojas	C, compuestas, de 10 a 20 cm de largo, con 7 a 17 folíolos de 3 a 8 cm de largo, oblongo-acuminados, aserrados en los 2/3 de su borde, color verde amarillento.
Flores	Blancas, de 2,5 cm de ancho, en racimos (corimbos) piramidales de 6 a 10 cm de ancho.
Frutos	Pomos de 1,5 a 3 cm de ancho, amarillos con manchas naranjas o rojas.
Variedades	*Sorbus domestica* f. *pomifera*, fruto en forma de manzana. *Sorbus domestica* var. *pyrifera*, fruto en forma de pera.
Especies	*Sorbus aria*, muy rústico de suelos y climas; de hojas simples con la cara inferior blanca. «Mostellar» o «mostajo», en castellano. «Moixera», en catalán. *Sorbus aucuparia*, propio de las montañas, de hasta 10 m de altura.

h: 10-20 m
d: 5-8 m

forma	color	sombra	ambiente	foliación	floración	fructificación
⬭	4	■	○	p. primavera / f. otoño	m. primavera	p. otoño

TAXODIUM DISTICHUM   (Cupresáceas)

CIPRÉS CALVO, ciprés de los pantanos

C Taxodi
I Swamp cypress **F** Cyprès chauve **A** Sumpfzypresse

Origen	Sur de Estados Unidos.
Exigencias	Es propio de terrenos húmedos, escarchados, por lo que se puede cultivar dentro del agua. Teme al frío, exigiendo clima templado y mucha luz.
Crecimiento	Medio.
Características	Forma cónica en la primera edad y luego ovoidal; de follaje distribuido, y fina textura (hojas pequeñas); tronco recto, ancho en la base. Son muy característicos de este árbol sus «neumatóforos», prolongaciones leñosas de las raíces para respirar el aire exterior. Alcanza hasta los 50 m en su ambiente natural.
Corteza	Marrón rojiza, fibrosa, escamosa.
Hojas	**C** (una de las pocas coníferas con esta condición), alternas, lanceoladas, agudas, planas, delgadas, de 1 a 1,5 cm de largo; color verde claro, tornándose amarillentas antes de caer. Parecidas a las del *Taxus*.
Flores	Purpúreas, en racimos colgantes de 10 a 12 cm de largo; sin interés.
Frutos	Conos globosos de escamas aplastadas, de unos 2,5 cm de diámetro; color verde rojizo.
Variedades	*Taxodium distichum* «**Pendens**», de ramas pendientes.
Especies	*Taxodium ascendens*, de 25 m de alto, tronco más ensanchado en la base, corteza gruesa y rugosa, ramas extendidas; flores y frutos similares al *Taxodium distichum*.

h: 25-35 m
d: 6-8 m

				p. primavera f. otoño		
forma	color 5 → 1	sombra	ambiente	foliación	floración	fructificación

TAXUS BACCATA   (Taxáceas)

TEJO

C Teix E Agin
I Common yew F If commun A Gewöhnliche Eibe

Origen	Europa, Cáucaso, Persia.
Exigencias	Es indiferente a la calidad química del suelo, viviendo aun en los calcáreos; resistente al frío y sorporta la sombra.
Crecimiento	Lento.
Características	Forma cónica en la primera edad (se utiliza como arbusto) y esférico irregular con los años; posee variadas formas de jardinería, a menudo más anchas que altas. Follaje denso, tronco recto, muy ramificado. Acepta muy bien la poda. Venenoso en todas sus partes.
Corteza	Rojiza, delgada, fisurada.
Hojas	P, lineal-lanceoladas, de 1 a 1,25 cm de largo; color verde oscuro lustroso por encima, con dos bandas color verde pálido por debajo.
Flores	Sin interés. Sexos en árboles separados.
Frutos	Esféricos, de 8 a 10 mm de diámetro; con cúpula carnosa roja al madurar.
Cultivares	Existen más de 100 variedades de cultivo con porte erecto, péndulo, enano, hojas variegadas, etc. *Taxus baccata* «**Adpressa**», hojas muy cortas y anchas. *Taxus baccata* «**Aurea**», de hojas con bordes amarillos. *Taxus baccata* «**Fastigiata**», de porte columnar, ramas muy densas. *Taxus baccata* «**Glauca**», de follaje azulado. *Taxus baccata* «**Nana**», enano, de hasta 60 cm.

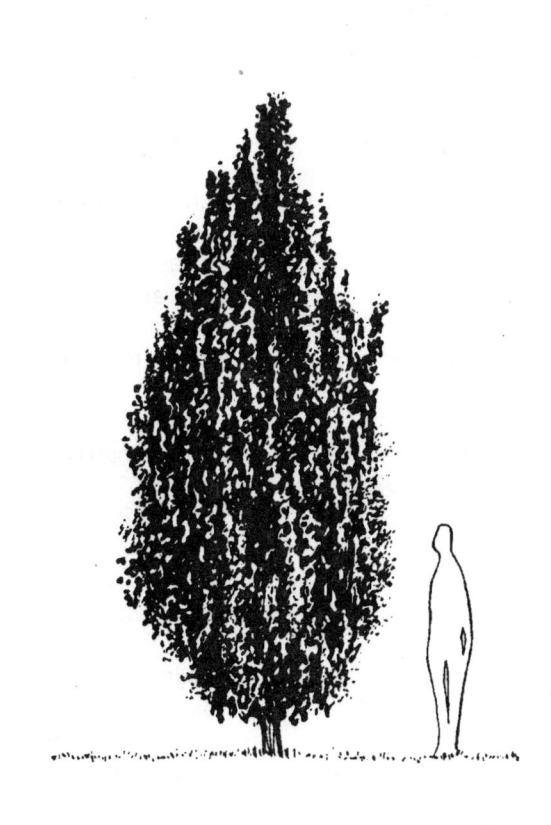

h: 10-15 m
d: 6-8 m

forma	color	sombra	ambiente	foliación	floración	fructificación
△	11	■	◯◐			m. verano

THUJA OCCIDENTALIS   (Cupresáceas)

TUYA

I American arbor-vitae **F** Thuya du Canada

Origen	Norteamérica.
Exigencias	Muy rústico en cuanto a la naturaleza del terreno, siempre que sea profundo y fresco. Soporta la sombra de otros árboles y se adapta a la poda.
Crecimiento	Medio.
Características	Forma columnar, follaje denso. Existe raramente en cultivos con su forma pura, pero ha sido el origen de variedades hortícolas de formas cónicas, columnares o rastreras, todas arbustivas. Muy utilizado para setos de formas geométricas.
Corteza	Marrón rojiza, con fisuras cubiertas por escamas alargadas.
Hojas	P, pequeñas, ovaladas, en ramillas aplanadas; verde por encima y amarillento por debajo, tornándose rojizas en invierno.
Flores	Sin interés.
Frutos	Conos ovoides, erguidos, de 8 a 10 mm de largo, formado por 8 a 10 escamas lisas; color marrón claro.
Cultivares	*Thuja occidentalis* «**Alba**», con la punta de los brotes nuevos de color blanco. *Thuja occidentalis* «**Aurea**», forma arbustiva, follaje amarillo. *Thuja orientalis* «**Smaragd**», porte estrechamente cónico, follaje verde claro. *Thuja orientalis* «**Sunkist**», porte cónico, follaje dorado en primavera.
Especies	*Thuja orientalis*, muy cultivada. Tronco ramificado desde abajo, conos azulados, pendientes. Muy utilizada para setos. *Thuja orientalis* «**Elegantissima**», follaje denso, puntas doradas en primavera. *Thuja orientalis* «**Pyramidalis Aurea**», porte columnar, puntas verde-amarillentas. *Thuja plicata*, muy aromática.

h: 8-12 m
d: 3-5 m

forma	color	sombra	ambiente	foliación	floración	fructificación
	6 y 14					

255

TILIA PLATYPHYLLOS   (Tiliáceas)
TILO DE HOJAS GRANDES

C Til·ler de fulla gran **E** Ezki
I Broad-leaved lime **F** Tilleul à grandes feuilles **A** Sommerlinde

Origen	Europa.
Exigencias	Rústico en cuanto a la calidad del suelo, requiere una cierta humedad en él y en el ambiente. Resiste al frío, pero no al calor excesivo.
Crecimiento	Rápido.
Características	Forma ovoidal regular, de follaje denso; tronco derecho de madera blanda y blanca. Es la especie más temprana en foliación y floración. Todos los tilos son excelentes árboles de sombra y soportan bien la poda.
Corteza	Lisa, marrón grisácea.
Hojas	**C**, orbiculares, alternas, de bordes aserrados, acuminadas abruptamente, de 7 a 10 cm de largo; color verde oscuro por encima y verde claro y pubescentes por debajo.
Flores	Amarillentas, colgantes, en grupos de a 3 o 5, sobre una bráctea de 5 a 12 cm de largo; de uso medicinal.
Frutos	Globosos o piriformes, de 8 a 10 mm de diámetro, de cáscara dura.
Cultivares	*Tilia platyphyllos* «**Aurea**», de brácteas amarillas. *Tilia platyphyllos* «**Fastigiata**», de porte columnar. *Tilia platyphyllos* «**Rubra**», de brácteas rojizas.
Especies	*Tilia americana*, de 40 m de alto. *Tilia cordata*, hasta de 30 m de alto, de hoja pequeña. *Tilia tomentosa* (= *Tilia argentea*), de hoja plateada por debajo, es el más resistente al calor. *Tilia* × ***vulgaris*** (= *Tilia* × *europaea*), es el tilo común, de hasta 40 m, también utilizado en calles.

h: 25-30 m
d: 15-20 m

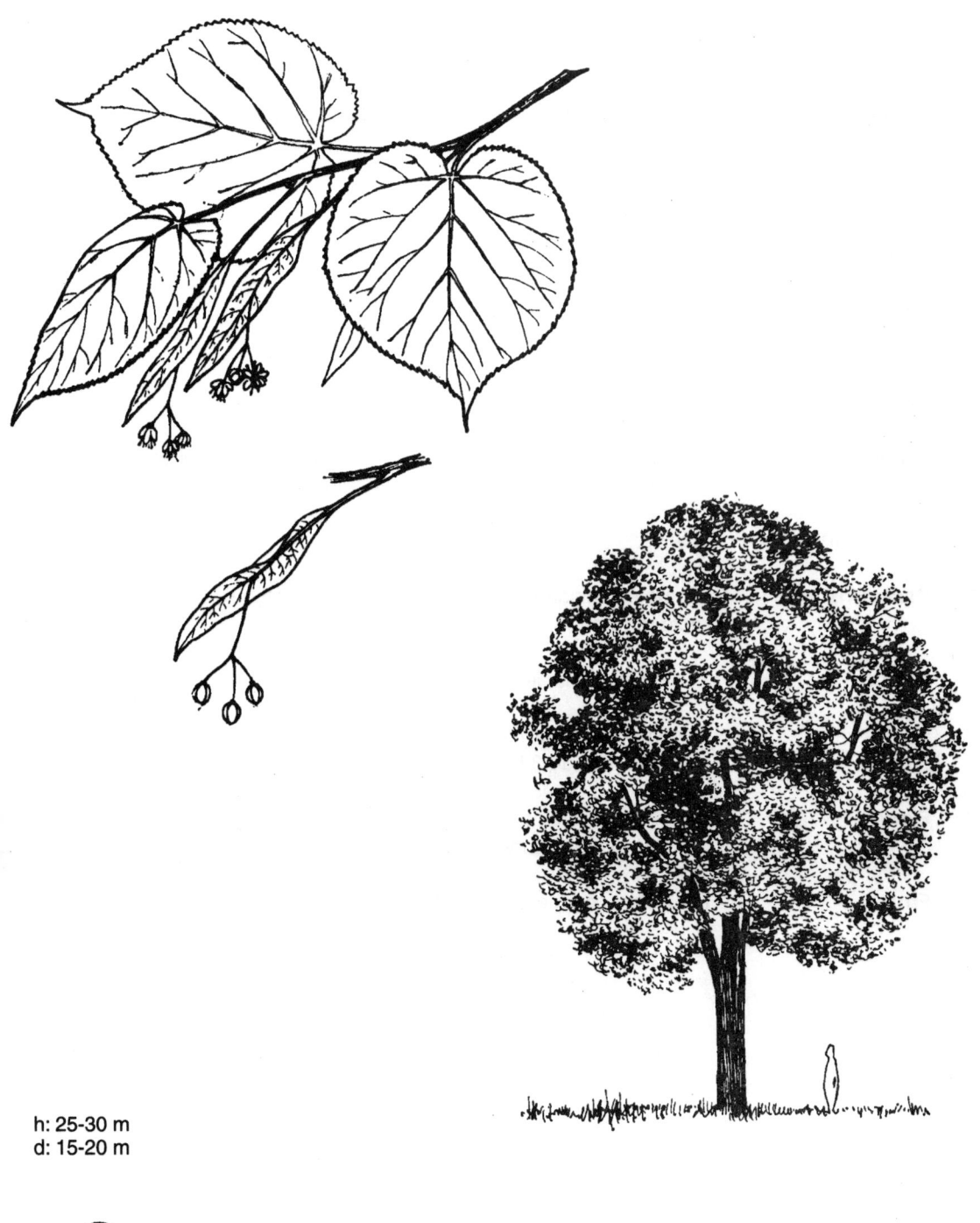

forma	color	sombra	ambiente	foliación	floración	fructificación
(oval)	7 y 5	■	○	p. primavera f. otoño	f. primavera p. verano	

TIPUANA TIPU (= *T. speciosa*) (Fabáceas-Leguminosas)
TIPUANA

C Tipuana
I Tipu tree **F** Tipu

Origen	Sudamérica (Bolivia, Argentina).
Exigencias	Requiere suelos ricos, frescos y cierta humedad en el aire. Sensible a las heladas, prefiere temperaturas altas.
Crecimiento	Rápido.
Características	Forma extendida desordenada, de follaje distribuido: tronco recto ramificado desde abajo.
Corteza	Marrón grisácea, levemente fisurada.
Hojas	**C**, compuestas de 11 a 21 folíolos oblongos, enteros, opuestos o alternos de 3,5 cm de largo, color verde amarillento.
Flores	Amarillas o púrpura pálido, semejante a la del guisante; en grandes racimos terminales que se mantienen varias semanas.
Frutos	Legumbre con 1 a 3 semillas, semejante a una sámara.

h: 10-15 m
d: 12-18 m

forma	color	sombra	ambiente	foliación	floración	fructificación
⌒	4-5	▦	◐	m. primavera m. otoño	p. verano	

TRACHYCARPUS FORTUNEI (Arecáceas-Palmas)
(= *T. excelsus, Chamaerops excelsa*)

PALMITO ELEVADO, traquicarpo

C Traquicarp
I Hemp palm, Fortune's palm **F** Palmier chanvre **A** Hanfpalme

Origen	China, Japón.
Exigencias	Es una de las palmeras más rústicas en clima templado; resistente al frío y no exigente en cuanto a la naturaleza del suelo.
Crecimiento	Lento.
Características	Forma esférica, tronco recto, con las ramas formando ángulo agudo con él. Muy cultivado en macetas.
Corteza	Marrón oscura, rugosa, formada por restos foliares y fibras entretejidas.
Hojas	P, en forma de abanico redondo, de 0,5 a 1 m de ancho, divididas hasta la mitad en muchos segmentos estrechos, agudos; color verde oscuro brillante, pecíolo rojizo.
Flores	En racimos, entre las hojas; sin interés.
Frutos	Drupa pequeña, sin interés.
Cultivares	*Trachycarpus fortunei* «**Nanus**», de porte enano, hojas pequeñas y rígidas.

h: 3-5 m
d: 3-4 m

⚪	7	■	◯◐			
forma	color	sombra	ambiente	foliación	floración	fructificación

ULMUS CARPINIFOLIA (= *U. campestris, U. minor*) (Ulmáceas)
OLMO

C Om **E** Zumarr
I Elm **F** Orme

G. Ulme

Origen	Europa, norte de África.
Exigencias	Es rústico en cuanto a la naturaleza del suelo, prefiriendo los ricos y frescos. Resistente al frío, prefiere los climas templados, en tierras llanas y valles. Es atacado por insectos.
Crecimiento	Medio. Vive más de 300 años.
Características	Forma ovoidal irregular de tronco recto, ramillas delgadas, follaje denso. Muy común en España y algunos países sudamericanos, donde ha sido plantado por su sombra.
Corteza	Marrón grisácea oscura; muy fisurada.
Hojas	C, alternas, de pecíolo corto, ovaladas, oblicuas en la base, de 5 a 8 cm de largo, doblemente aserradas, de nervación notoria (ásperas al tacto); color verde medio por encima, más claras por debajo.
Flores	En densos ramilletes rojizos, antes de las hojas.
Frutos	Sámara sencilla, verdosa, plana, ovalada con semilla a un extremo, de 1 a 2 cm de ancho, en grupos.
Cultivares	*Ulmus carpinifolia* «**Umbraculifera**», pequeño, copa esférica y densa.
Especies	*Ulmus americana*, hasta 40 m. *Ulmus glabra*, olmo de montaña, hojas de haz rugoso. *Ulmus glabra* «**Camperdownii**», compacto, de porte pendular y copa amplia y aplanada. *Ulmus glabra* «**Pendula**», ramas colgantes. *Ulmus* × *hollandica*, híbrido entre *U. glabra* y *U. carpinifolia*. Posee muchos cultivares, algunos resistentes a la grafiosis. *Ulmus parvifolia*, olmo chino, ramas delgadas. *Ulmus pumila*, olmo de Siberia, crecimiento rápido, hojas pequeñas y ramas delgadas y densas. Más resistente a la grafiosis que el *U. carpinifolia*.

h: 25-30 m
d: 8-10 m

forma	color	sombra	ambiente	foliación	floración	fructificación
⬭	6 y 9	■	○	p. primavera m. otoño	f. invierno p. primavera	

WASHINGTONIA ROBUSTA   (Arecáceas-Palmas)

WASINTONIA

C Washingtònia
I Southern washingtonia

Origen	Norteamérica (sudoeste de Estados Unidos).
Exigencias	No requiere un suelo de naturaleza determinada sino un clima de temperaturas moderadas y cierta humedad.
Crecimiento	Lento.
Características	Forma de parasol estrecho, de tronco recto y liso, hasta de 60 cm de diámetro inferior, cubierto por restos foliares en su parte superior.
Corteza	Marrón grisácea, lisa.
Hojas	**P**, en forma de abanico de 1 a 1,5 m de ancho; divididas en segmentos colgantes o erectos, hasta un tercio de su lámina; color verde brillante.
Flores	Blancas, perfumadas, en pedúnculos leñosos más largos que las hojas (semejantes a las del *Phoenix*).
Frutos	Drupas negras elipsoidales, de 2 a 3 cm de largo en racimos colgantes de hasta 2 m de largo.
Especies	***Washingtonia filifera***, de menor altura que la descrita, sus hojas se parten hasta la mitad en segmentos angostos, filamentosos; y su tronco aparece oculto desde 1 m de altura por restos de hojas y pecíolos. Menos cultivada, es apropiada para tierras más secas.

h: 20-30 m
d: 4-5 m

forma	color	sombra	ambiente	foliación	floración	fructificación
⌂	9	■	○			

265

Arbustos

ABELIA × GRANDIFLORA   (Caprifoliáceas)
ABELIA

I Abelia

Origen	Asia, Himalaya.
Exigencias	Amplia tolerancia en cuanto a la naturaleza del terreno. Sensible a las heladas; prefiere el pleno sol, pero soporta una sombra ligera. No requiere poda: sólo han de eliminarse las partes secas.
Crecimiento	Medio.
Características	Forma ovoidal, de follaje distribuido. Es un híbrido de *Abelia chinensis* y *Abelia uniflora*.
Hojas	**P** (o **semipersistentes**), ovalacuminadas, opuestas, enteras o dentadas de 1,5 a 3,5 cm de largo, color verde oscuro lustroso por encima, más pálidas por debajo. Se tornan cobrizas en otoño.
Flores	Pequeñas, color rosado pálido (poco fragantes), al término de los brotes laterales. Floración muy prolongada.
Frutos	Sin interés.
Especies	*Abelia chinensis*, de hoja caduca y hasta 1,5 m de alto. *Abelia floribunda*, de hoja persistente; procede de México; flor de color muy intenso, fragante. *Abelia* «**Edward Goucher**», hojas parecidas a *A.* × *grandiflora* y flores más grandes de color rosado-liláceo con el centro amarillo-naranja. *Abelia schumannii*, de flores rosado-liláceas. *Abelia triflora*, del Himalaya, hasta 3 m de alto.

h: 1,5-2 m
d: 1-1,5 m

forma	color	densidad	ambiente	foliación	floración	fructificación
◯	7 y 6	▦	◯◐		m. primavera f. verano	

269

ABUTILON MEGAPOTAMICUM   (Malváceas)
ABUTILON

I Chinese latern **F** Abutilon de Rio Grande **A** Schumckmalve

Origen	Sudamérica (Perú y Brasil).
Exigencias	Muy rústico en climas cálidos; sensible al frío. Vive en cualquier tipo de suelo.
Crecimiento	Rápido.
Características	Forma pendular desordenada; junto a una pared puede guiarse hasta una altura de 2,5 a 3 m. Soporta la poda.
Hojas	P, oval-lanceoladas, aserradas, de 3 a 6 cm de largo, **no lobuladas** pero de borde ondulado; color verde medio.
Flores	En forma de campanas colgantes, de 5 a 7 cm de largo; de color rojo o amarillo con largos estambres amarillos.
Frutos	Sin interés.
Variedades	*Abutilon megapotamicum* «**Variegata**», de hoja pintada de amarillo.
Cultivares	*Abutilon megapotamicum* «**Variegatum**».
Especies	*Abutilon* × *hybridum*, de origen incierto; hojas lobuladas como un arce, o enteras; flores rojas, rosado-púrpureas, amarillas o blancas, en forma de campana o trompeta. Es el más cultivado. *Abutilon pictum* «**Thompsonii**», porte compacto, hojas profundamente lobuladas y moteadas de amarillo. Flores naranja-salmón. *Abutilon vitifolium*, de Chile; forma cónica erecta, hasta de 3,5 m de alto y de 2 a 3,5 m de diámetro; hojas palmeadas, lobuladas; flores en forma de campana abierta, color lavanda.

Abutilon megapotamicum

Abutilon × *hybridum*

h: 0,8-1 m
d: 1-1,5 m

forma	color	densidad	ambiente	foliación	floración	fructificación
	6				m. primavera f. verano	

ACACIA CULTRIFORMIS   (Mimosáceas-Leguminosas)
ACACIA DE CUCHILLOS

I Knife-leaf wattle F Mimose coutre

Origen	Australia.
Exigencias	Rústico en cuanto a suelos; requiere pleno sol para florecer en abundancia.
Crecimiento	Rápido.
Características	Forma irregular, muy transparente. Con la poda se le puede utilizar como seto.
Hojas	P, triangulares, en forma de «cuchillo», sin pecíolo, con nervio excéntrico de 1 a 2,5 cm de largo por 0,5 a 1 cm de ancho; color verde gris claro.
Flores	Amarillas, agrupadas en bolas (como en todas las mimosas) de pedúnculo largo, fragantes, en racimos al extremo de las ramas.
Frutos	Legumbre marrón de 3 a 5 cm de largo y 0,5 cm de ancho; sin interés.

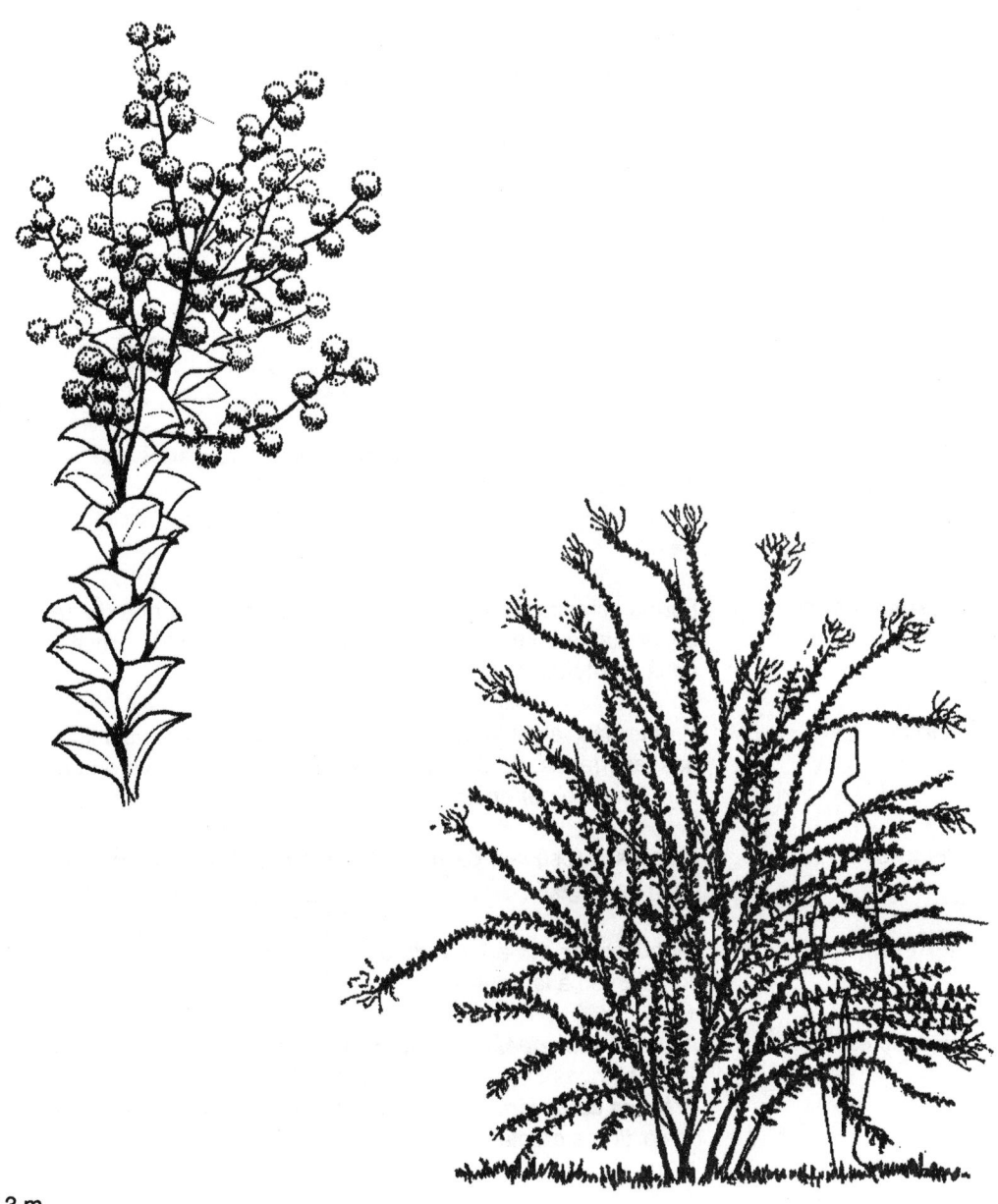

h: 2,5-3 m
d: 1,5-2 m

forma	color	densidad	ambiente	foliación	floración	fructificación
	2		◯◐		m. invierno f. primavera	

ARBUTUS UNEDO (Ericáceas)
MADROÑO

C Arboç **E** Gurrbiz
I Strawberry tree **F** Arbusier **A** Erdbeerbaum

Origen	Sur de Europa.
Exigencias	Requiere suelos bien drenados y sitios abrigados, no expuestos a vientos secos.
Crecimiento	Medio.
Características	Forma esférica de follaje denso. A veces posee forma de árbol de hasta 10 m. Apreciado por sus flores y frutos simultáneos en otoño.
Hojas	P, alternas, elíptico-oblongas o elíptico-ovaladas, acuminadas, aserradas, de 5 a 10 cm de largo, lisas; color verde oscuro lustroso por encima.
Flores	Blancas o rosadas, de unos 6 mm de ancho, en grupos de 5 cm de largo.
Frutos	Globosos, de 1,5 a 2 cm de diámetro, color rojo anaranjado, semejantes a la fresa.
Especies	*Arbutus menziesi*, árbol de hasta 10 m, de corteza rojiza y flores blancas. *Arbutus canariensis*, hasta 9 m de alto, hojas grisáceas por abajo; flores erectas, en grupos.

h: 2-4 m
d: 2-4 m

forma	color	densidad	ambiente	foliación	floración	fructificación
○	7	■	◐		m. otoño f. otoño	m. otoño p. invierno

ARTEMISIA ARBORESCENS (Asteráceas-Compuestas)
ARTEMISIA

I Wormwood F Armoise en arbre

Origen	Región mediterránea.
Exigencias	Rústico en cuanto a la composición química del suelo, prefiriéndolo ligero y bien drenado. Requiere un buen asoleamiento; teme la humedad del invierno y el riego excesivo.
Crecimiento	Rápido.
Características	Forma redondeada y compacta de ramas erectas, se cultiva por su follaje gris.
Hojas	P, alternas, enteras, dentadas, con 2 o 3 lóbulos lineales; sésiles las superiores, de pecíolos largos las inferiores; de unos 10 cm de largo, color blanco plateado.
Flores	Amarillas, de unos 7 mm de diámetro, en racimos; de poco interés.
Frutos	Sin interés.
Cultivares	*Artemisia arborescens* «Powis Castle», hojas muy gráciles y plateadas.
Especies	*Artemisia abrotanum*, de 1,5 m de alto, follaje verde gris finamente dividido, aromático. *Artemisia canariensis*, con las hojas más grandes que la descrita. *Artemisia absinthium* (ajenjo), de 1,5 m de alto y hojas de 12 cm de largo.

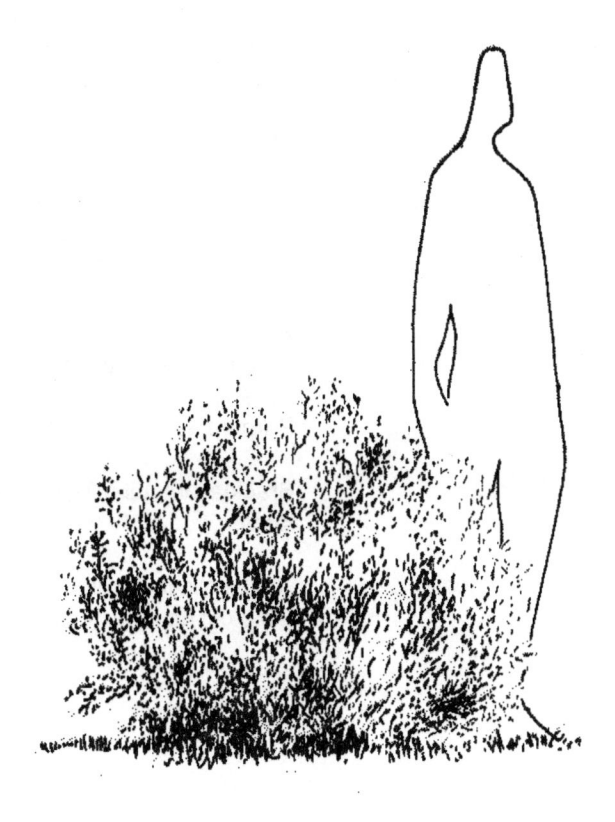

h: 0,8-1 m
d: 0,6-1 m

forma	color	densidad	ambiente	foliación	floración	fructificación
○	2	|||||	○		f. primavera	

ATRIPLEX HALIMUS   (Quenopodiáceas)

ORGAZA, salgada

C Salats
I Saltbush **F** Pourprier de mer **A** Melde

Origen	Sur de Europa, norte y sur de África.
Exigencias	Requiere suelos bien drenados y ubicación asoleada. Resiste las tierras salinas, por lo que se usa como protección exterior en jardines junto al mar.
Crecimiento	Medio.
Características	Forma esférica desordenada con ramas fuertes y verticales. Acepta la poda en primavera o verano, lo que lo hace apto para setos.
Hojas	P, alternas, rómbico-ovaladas a oblongas, acuminadas pecioladas, de 2,5 a 6 cm de largo, color gris plateado.
Flores	Púrpura-verdosas en grandes racimos terminales.
Frutos	Bráctea amarilla, reniforme, con semilla aplastada; sin interés.
Especies	*Atriplex canescens*, de 1,5 m de alto, hojas lanceoladas de 2 a 5 cm de largo, casi blancas.

h: 1,5-2 m
d: 1-1,5 m

forma	color	densidad	ambiente	foliación	floración	fructificación
					m. verano f. verano	

AUCUBA JAPONICA   (Cornáceas)

AUCUBA

C Cubana
I Aucuba F Aucuba

Origen   Japón, Corea, Formosa.

Exigencias   Rústico para cualquier tipo de suelo, aunque se da más hermoso en tierras ricas. Es sensible a las heladas. Puede vivir bajo árboles o en sombra densa. No requiere poda, pero la acepta bien.

Crecimiento   Medio.

Características   Forma ovoidal de follaje compacto. Muy usado en grupo con otras plantas de sombra (*Fatsia*, helechos).

Hojas   P, opuestas, pecioladas, oval-acuminadas, ligeramente dentadas, de 8 a 20 cm de largo, lisas, color verde medio lustroso por ambas caras.

Flores   Pequeñas, sexos separados y sin interés.

Frutos   Rojos, globosos, de unos 8 mm de diámetro, en racimos; sólo en las plantas femeninas que posean cerca un arbusto masculino.
Elipsoidales de 1 a 1,5 cm de largo, color rojo oscuro en racimos, de 5 a 8 cm de largo.

Cultivares   *Aucuba japonica* «**Variegata**», de hojas manchadas de amarillo (planta femenina).
Aucuba japonica «**Crotonifolia**», hojas densas, finamente manchadas de amarillo (planta femenina).
Aucuba japonica «**Fructu albo**», de fruto blanco-amarillento.
Aucuba japonica «**Salicifolia**», de hojas estrechas de color verde oscuro.

Aucuba japonica «Varietaga»

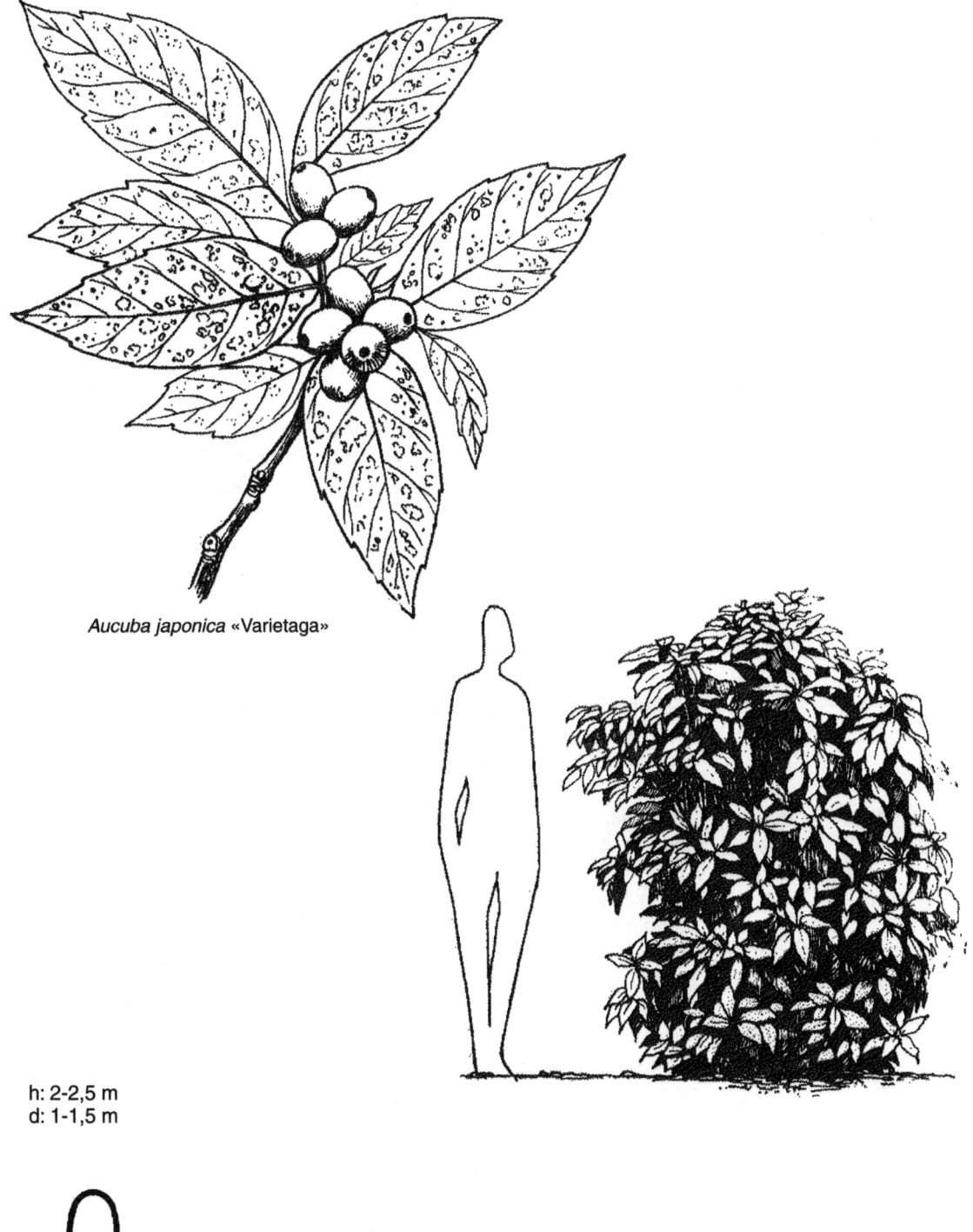

h: 2-2,5 m
d: 1-1,5 m

forma	color	densidad	ambiente	foliación	floración	fructificación
◯	5-6	▬	◐●			

BERBERIS THUNBERGII   (Berberidáceas)

BÉRBERO, agracejo

C Berberis
I Barberry **F** Berbéris **A** Berberitze

Origen	Japón.
Exigencias	Posee una gran tolerancia en cuanto a la naturaleza del suelo; acepta la semi-sombra, aunque para florecer y fructificar en buenas condiciones, requiere situaciones asoleadas. Prefiere las tierras altas y frescas.
Crecimiento	Medio.
Características	Forma esférica, con numerosos troncos espinosos de color marrón purpúreo.
Hojas	C, simples, lanceoladas (a veces más anchas hacia la punta), borde entero, de 1 a 3,5 cm de largo, color verde grisáceo oscuro, tornándose rojo escarlata en otoño.
Flores	Amarillas, rojizas por fuera, de unos 8 mm de ancho, solitarias o en grupos de 2 a 5.
Frutos	Elipsoidales, de 1 cm de largo, color rojo brillante, persisten durante el invierno.
Cultivares	*Berberis thunbergii* «**Atropurpurea**», de hojas purpúreas. *Berberis thunbergii* «**Atropurpurea Nana**», forma enana de la anterior. *Berberis thunbergii* «**Minor**», de follaje denso y sólo 50 cm de alto.
Especies	De hoja caduca: *Berberis vulgaris* (agracejo), de hasta 2,5 m, ramas rojo-amarillentas. *Berberis wilsonae*, de hoja pequeña, a veces semipersistente; ramas muy espinosas, hasta 1,80 m de alto o rastrero; flores amarillo oro. De hoja persistente: *Berberis darwinii*. *Berberis ilicifolia*.

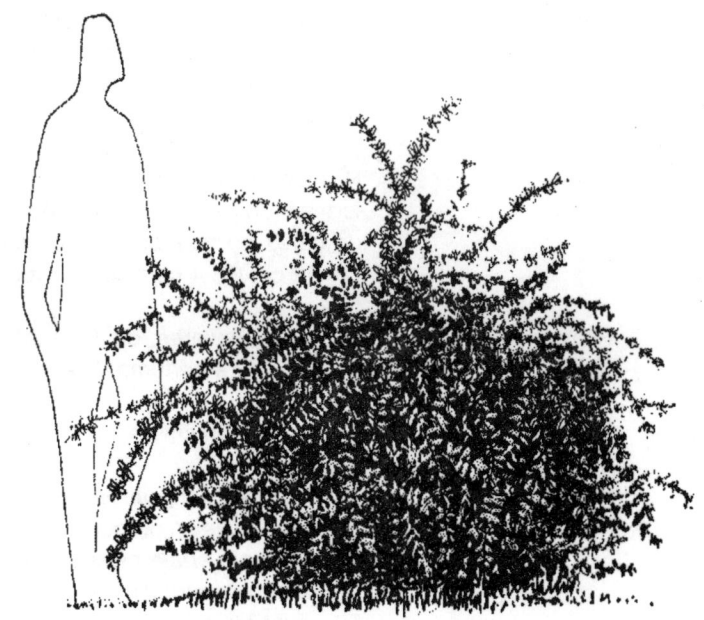

h: 1,5-2 m
d: 2-2,5 m

forma	color	densidad	ambiente	foliación	floración	fructificación
○	10	|||||	◐◑	p. primavera m. otoño	p. primavera	f. primavera

BRUGMANSIA ARBOREA   (= *Datura arborea*)   (Solanáceas)
ÁRBOL DE LAS TROMPETAS

Origen	Chile, Perú.
Exigencias	Rústico en cuanto a la calidad del suelo, prefiere situaciones asoleadas. Sensible al frío.
Crecimiento	Rápido.
Características	Forma ovalada de troncos erectos y ramas horizontales. Contiene un fuerte narcótico medicinal, aunque venenoso en grandes dosis. Cultivado especialmente por sus grandes flores aromáticas.
Hojas	P, alternas, enteras (nunca onduladas ni dentadas), de varias formas (en general oval-lanceoladas), pubescentes, ubicadas de pares en dos tamaños distintos, la menor 1/3 de la otra (10-12 cm y 3-4 cm); color verde medio.
Flores	Blancas, tubulares, de 15 a 20 cm de largo, solitarias, colgantes; olor a perfume de almizcle.
Frutos	Cápsula de 10 cm de largo.
Especies	***Brugmansia sanguinea***, de flores rojo anaranjadas de 20 cm de largo, hojas en grupos. ***Brugmansia suaveolens***, muy parecido a *B. arborea*, conocido como floripondio, de 3 a 4,5 m de alto, flores de hasta 30 cm de largo, fruto en forma de huso.
Género	***Datura metel***, hierba anual de 1 a 1,5 m de alto, flores blancas, violetas o amarillas, de 15 cm de largo.

h: 2-3 m
d: 1-1,5 m

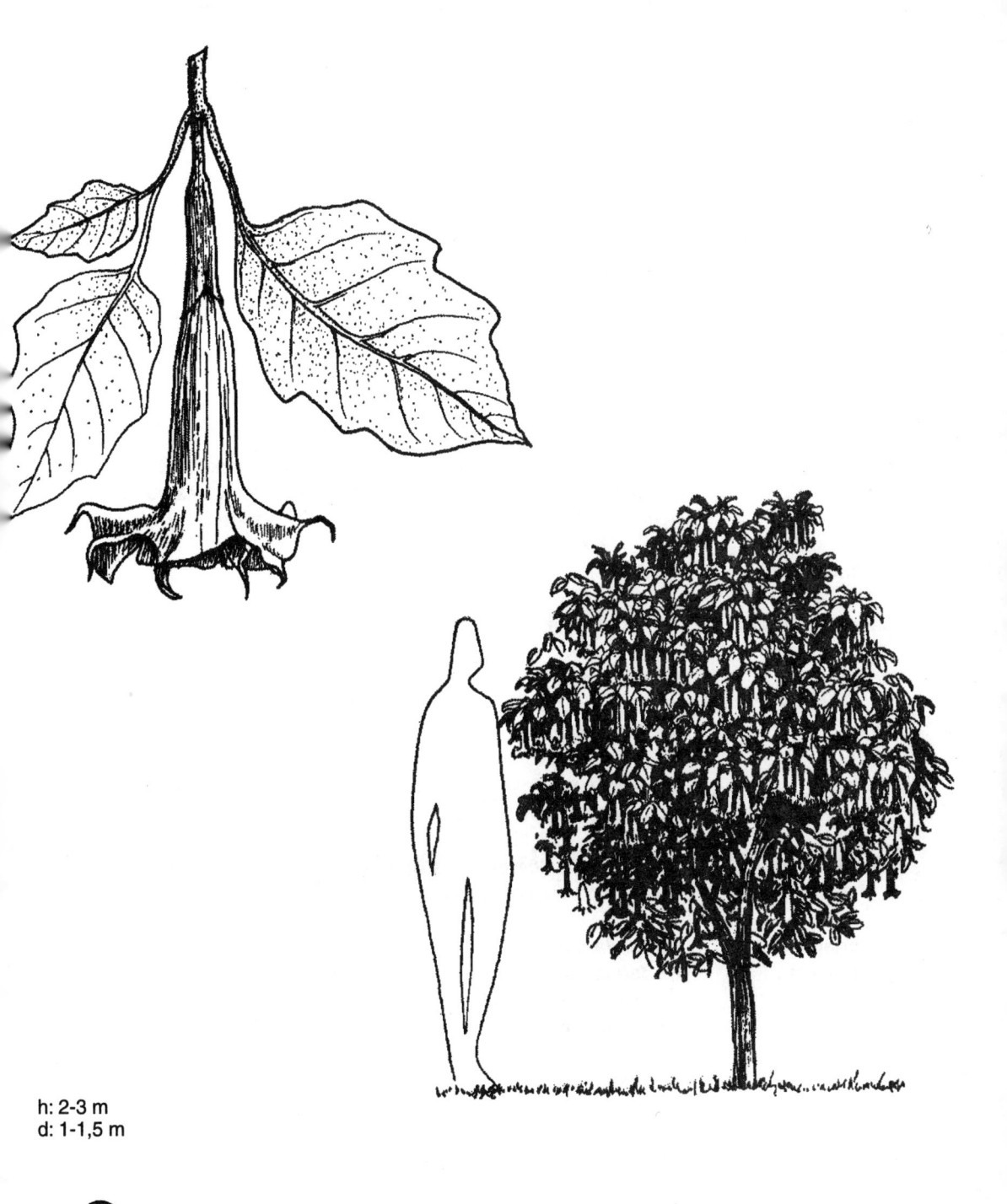

forma	color	densidad	ambiente	foliación	floración	fructificación
◯	4-5	■	○	m. primavera m. otoño	f. primavera m. verano	

BUDDLEJA DAVIDII (= *B. variabilis*) (Loganiáceas)
BUDLEYA

C Budleia
I Butterfly bush **F** Buddleia, arbuste aux papillons

Origen	China.
Exigencias	Prefiere los suelos ricos, bien drenados, sin importarle su composición; requiriendo situaciones asoleadas. Acepta poda rigurosa anual, retoñando con más vigor. Resistente al frío.
Crecimiento	Rápido.
Características	Forma irregular de ramas pendulares y follaje denso.
Hojas	**C**, oval-lanceoladas o lanceoladas, acuminadas, aserradas, de 10 a 25 cm de largo, color verde oscuro grisáceo por encima, blanquecino por debajo.
Flores	Color lila con el centro naranja; pequeñas, fragrantes, en espigas erectas de 10 a 20 cm de largo.
Frutos	Cápsulas ovoides de unos 6 mm de largo, rodeados por el cáliz y la corola persistente.
Variedades y cultivares	*Buddleja davidii* var. *alba*, de flores blancas. *Buddleja davidii* var. *magnifica*, con flores de mayor tamaño, color rosado púrpura. *Buddleja davidii* var. *veitchiana*, de flores color malva; es el más temprano en florecer. *Buddleja davidii* «Harlequin», hojas variegadas, blanco-crema. *Buddleja davidii* «Ile de France», flores violeta brillante. *Buddleja davidii* «Pink Delight», flores rosa brillante en grandes panículas. *Buddleja davidii* «Royal Red», flores rojo púrpura.
Especies	De hoja persistente: *Buddleja asiatica*, de hojas angostas y flores blancas, fragantes, en racimos colgantes. Sensible al frío. *Buddleja japonica*, de tamaño menor y flores color lila pálido. *Buddleja saligna*, flores fragantes en otoño, de color crema con el centro naranja.

h: 1-3 m
d: 1-2 m

forma	color	densidad	ambiente	foliación	floración	fructificación
	7-9	■	○	m. primavera f. otoño	m. verano f. otoño	

287

BUPLEURUM FRUTICOSUM   (Apiáceas-Umbelíferas)

BUPLEURO, matabuey

C Matabou
F Buplèvre ligneux

Origen	Región mediterránea.
Exigencias	Vive en cualquier tipo de suelo, siempre que esté bien drenado. Resiste situaciones expuestas junto al mar y terrenos secos, casi estériles.
Crecimiento	Medio.
Características	Forma ovoidal de follaje semidenso; de ramas erectas muy finas, color purpúreo cuando jóvenes.
Hojas	P (o semipersistentes), simples, enteras, angostas, elípticas a oblongas, duras, de 5 a 8 cm de largo, color verde azulado oscuro.
Flores	Amarillas, pequeñas, en finos racimos terminales (umbelas), de 7 a 10 cm de ancho.
Frutos	Oblongos; sin interés.

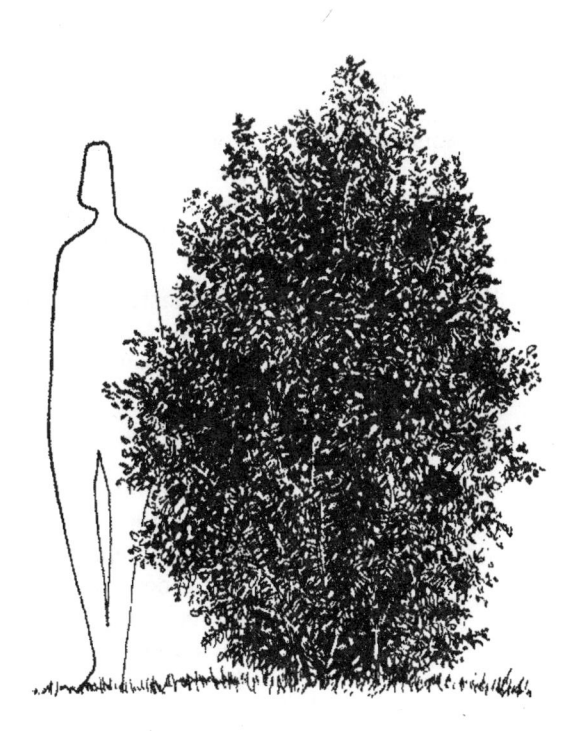

h: 1,5-2 m
d: 1-1,5 m

forma	color	densidad	ambiente	foliación	floración	fructificación
	8		○		m. verano	

289

BUXUS SEMPERVIRENS (Buxáceas)
BOJ

C Boix **E** Ezpela
I Box tree **F** Buis

Origen	Islas Baleares, España, Cerdeña.
Exigencias	Es muy rústico; puede vivir al sol o a la sombra. Resiste todo tipo de suelo; puede ser podado en cualquier forma (ha sido el material principal del arte topiario).
Crecimiento	Lento.
Características	Forma ovoidal, de follaje denso, muy ramificado. Se conserva sin envejecer, por lo que es indicado para bordes o setos que han de durar muchos años. Pueden tomar forma de árbol hasta 10 m de alto.
Hojas	P, opuestas, elípticas u ovaladas, enteras, coriáceas, de 1 a 3 cm de largo, lustrosas; color verde oscuro por encima, verde amarillento por abajo.
Frutos	Sin interés.
Cultivares	Según el tamaño: *Buxus sempervirens* «Arborescens». *Buxus sempervirens* «Nana». Según color hojas: *Buxus sempervirens* «Argentea». *Buxus sempervirens* «Aurea». *Buxus sempervirens* «Glauca». Según forma de hojas: *Buxus sempervirens* «Angustifolia». *Buxus sempervirens* «Myrtifolia». *Buxus sempervirens* «Rotundifolia».
Especies	*Buxus microphylla*, de hoja pequeña, rastrero o hasta 1 m. *Buxus balearica*, de hoja grande y flores más aparentes.

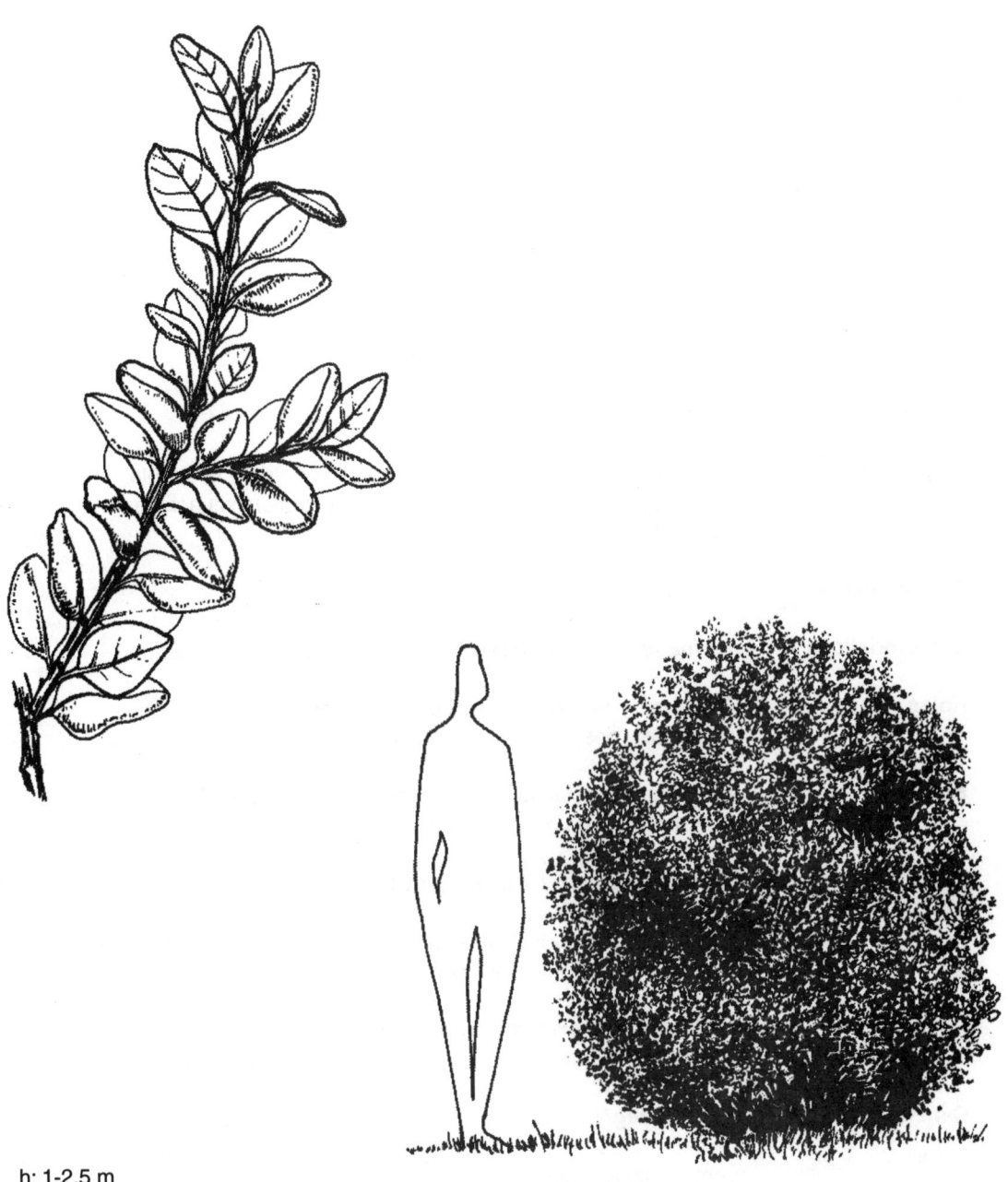

h: 1-2,5 m
d: 0,6-1,5 m

forma	color	densidad	ambiente	foliación	floración	fructificación
○	7 y 4	■	○◐●		m. primavera	

CAESALPINIA GILLIESII   (Cesalpiniáceas-Leguminosas)
(= *Poinciana gilliesii*)

POINCIANA, ave del Paraíso

I Bird of Paradise bush

Origen	Chile.
Exigencias	Rústico en cuanto a suelos. Soporta bien el frío y la sequía, pero las heladas fuertes pueden matarlo. Prefiere situaciones asoleadas.
Crecimiento	Medio.
Características	Forma esférica, de follaje transparente; aspecto muy tenue.
Hojas	C, alternas, doblemente compuestas, numerosos folíolos agrupados de a dos, en forma de plumaje.
Flores	Amarillas, de estambres rojos proyectándose 10-12 cm, muy llamativos; en grupos terminales.
Frutos	Legumbre plana de 7 a 18 cm de largo; sin interés.
Especies	*Caesalpinia decapetala*, arbusto sarmentoso con espinas, flores amarillas moteadas de rojo, en inflorescencias muy vistosas. *Caesalpinia mexicana*, hasta 10 m de alto, flores amarillas. *Caesalpinia pulcherrima*, hasta 3 m, flores amarillo-naranja.
Género	*Delonix regia* (= *Poinciana regia*), árbol de 6-12 m, de crecimiento rápido, flores rojas. Nativo de Madagascar. Flamboyant o poinciana real.

h: 1,5-3 m
d: 1,5-3 m

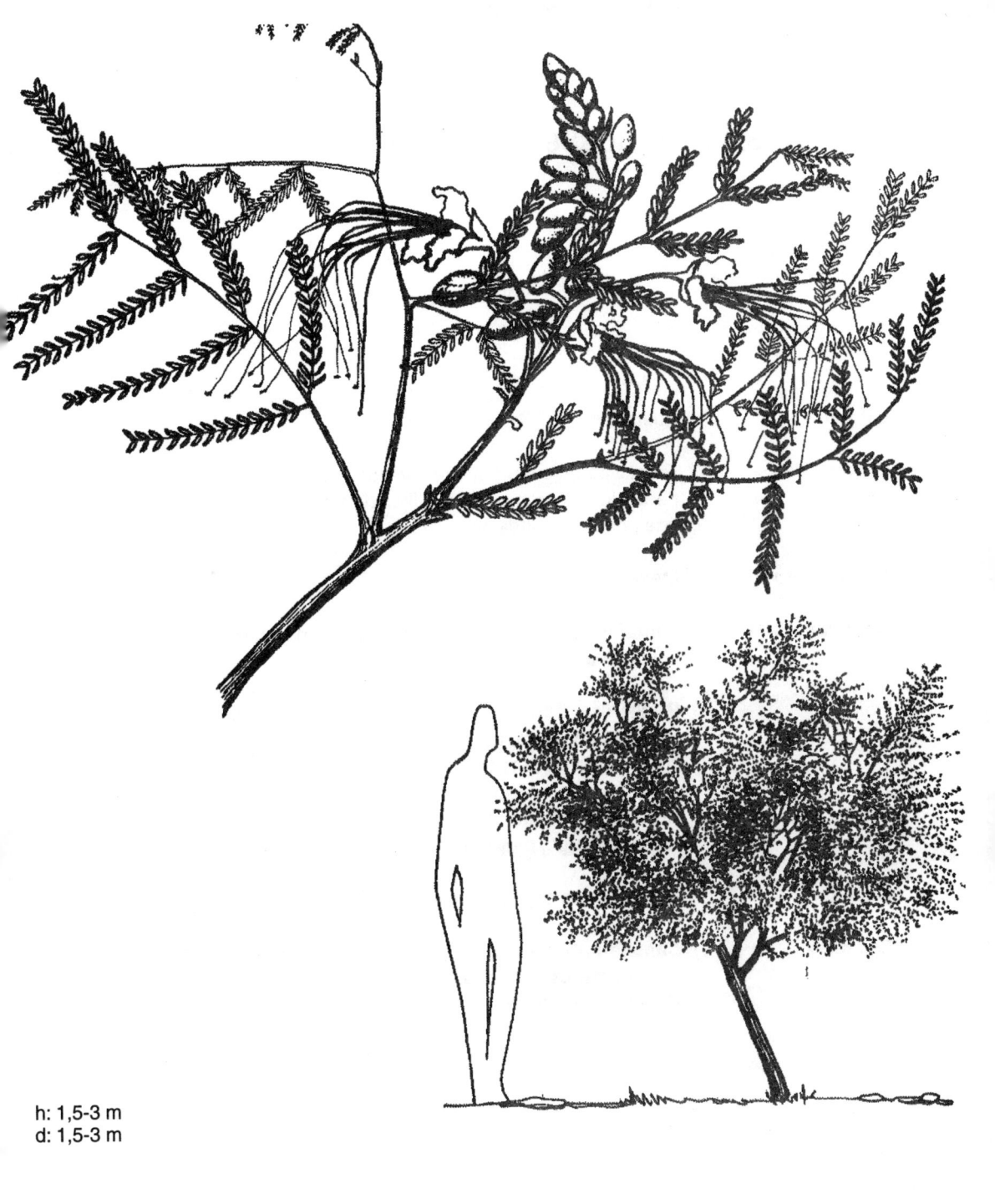

forma	color	densidad	ambiente	foliación	floración	fructificación
○	5-6	▦	○	p. primavera m. otoño	p. verano m. verano	

CALLISTEMON SPECIOSUS   (Mirtáceas)
LIMPIATUBOS

C Cal·listèmon
I Albany **F** Metrosidero

Origen	Australia.
Exigencias	Es rústico en cuanto a suelo y temperaturas extremas, prefiriendo los lugares secos. La floración puede aumentarse con una poda adecuada.
Crecimiento	Medio.
Características	Forma irregular de follaje semitransparente; ramas finas de hojas repartidas y madera dura.
Hojas	P, alternas, enteras, lanceoladas, de 5 a 10 cm de largo y 6 mm de ancho, de nervio central prominente, color verde oscuro, fragantes al romperse.
Flores	Color rojo brillante, de estambres largos, en espigas de 5 a 15 cm de largo, muy densas.
Frutos	Globosos, en espigas; sin interés.
Especies	*Callistemon citrinus*, de hasta 3 m de alto, hojas más cortas y flores menos llamativas. *Callistemon viminalis*, de forma pendular.

h: 1,5-2 m
d: 1,5-2 m

forma	color	densidad	ambiente	foliación	floración	fructificación
	7		○		f. primavera	

CALYCANTHUS FLORIDUS   (Calicantáceas)
CALICANTO

I Carolina allspice **F** Arbre Pompadour **A** Karolinische Kelchblum

Origen	Norteamérica (sur de Estados Unidos).
Exigencias	Resiste cualquier tipo de suelo aunque prefiere los profundos y frescos. Sensible a las heladas.
Crecimiento	Lento.
Características	Forma esférica de follaje denso y ramas erectas. Es apreciado por la fragancia agradable de sus ramas y hojas.
Hojas	C, opuestas, ovaladas, acuminadas, enteras, de 5 a 12 cm de largo, a veces redondeadas en la base, color verde grisáceo medio y muy pubescente por encima.
Flores	Color marrón rojizo oscuro, fragantes, de 5 cm de ancho.
Frutos	Ovoides, de 6 a 7 cm de ancho; sin interés.
Cultivares	*Calycanthus floridus* «**Ovatus**», de hojas oval-oblonga, redondeada en la base.
Especies	*Calycanthus occidentalis*, de hasta 3 m de alto, de flores y hojas más fragantes.

h: 1-2 m
d: 1-2 m

forma	color	densidad	ambiente	foliación	floración	fructificación
◯	9	■	○	m. primavera / m. otoño	p. verano	

CAMELLIA JAPONICA   (Teáceas)
CAMELIA

C Camèlia **E** Kamelia
I Camellia **F** Camellia **A** Kamelle

Origen	China, Japón.
Exigencias	Requiere tierra ácida (de castaño, brezo o helechos), siempre húmeda, pero con un buen drenaje. Prefiere situaciones a media sombra, protegidas de las heladas, y temperaturas templadas.
Crecimiento	Lento.
Características	Forma ovoidal de follaje compacto; puede alcanzar aspecto arbóreo hasta de 6 m de alto. Es la flor de invierno por excelencia.
Hojas	P, alternas, de pecíolo corto, aserradas, ovaladas a elípticas, acuminadas, duras, lisas, de 5 a 10 cm de largo, color verde oscuro lustroso por encima, más claro y opaco por debajo.
Flores	Rojas (en la forma típica), de pétalos redondeados, de 5 a 8 cm de ancho.
Frutos	Cápsula seca; sin interés.
Cultivares	Existen numerosas variedades cultivadas de flores blancas, rosadas, rojas y manchadas; y de flores sencillas, semidobles y dobles.
Especies	*Camelia sasanqua*, de forma irregular, ramillas pubescentes; hojas oblongas, de 4 a 8 cm, velludas por arriba en el nervio central; flores blancas, de 3,5 a 5 cm de ancho, algo perfumadas. Posee variedades de flores blancas a rosado intenso, sencillas y dobles.

h: 2-3 m
d: 1-1,5 m

forma	color	densidad	ambiente	foliación	floración	fructificación
	7 y 11				p. invierno m. primavera	

CAPPARIS SPINOSA   (Caparidáceas)

ALCAPARRERA

C Taparera
I Caper-bush **F** Câprier **A** Kapernstrauch

Origen	Islas Baleares.
Exigencias	Rústico a la naturaleza del suelo; prefiere temperaturas cálidas.
Crecimiento	Medio.
Características	Forma horizontal o pendular, de ramas espinosas. En España crece espontáneamente en los muros viejos. Los capullos de las flores son las alcaparras, que se guardan en escabeche.
Hojas	P, simples, redondas u ovaladas, de 5 a 10 cm de largo, color verde medio.
Flores	Blancas, solitarias, en las axilas de las hojas; tallo duro, de unos 5 cm de diámetro.
Frutos	Baya esférica; sin interés.
Cultivares	*Capparis spinosa* var. *inermis*, sin espinas.

h: 1-2 m
d: 1,5-2,5 m

forma	color	densidad	ambiente	foliación	floración	fructificación
	5-6		◐		m. primavera	

CEANOTHUS × DELILIANUS (Ramnáceas)
(= *C. coeruleus* × *C. americanus*)

CEANOTO

I Wild lilac **F** Ceanothe **A** Sackelblume

Origen	Híbrido entre *Ceanothus coerulens* y *C. Americanus*.
Exigencias	Requieren tierra ligera y bien drenada; sensibles al frío. No resisten el calor seco.
Crecimiento	Medio.
Características	Forma irregular de follaje semitransparente. Apreciado por sus flores, pequeñas pero en grandes racimos.
Hojas	P, alternas, oblongo-ovaladas, aserradas, acuminadas, redondas en la base, con vellos oscuros por debajo, de 2,5 a 8 cm de largo, color verde oscuro.
Flores	Color azul intenso en racimos delicados de 5 a 10 cm de largo.
Frutos	Sin interés.
Cultivares	Muchas hortícolas, entre ellas: *Ceanothus* × *delilianus* «Gloire de Versailles», híbrido de *C. americanus* y *C. azureus*. *Ceanothus* × *delilianus* «Henri Desfosse», de flores azul índigo, es el de color más intenso.
Especies	*Ceanothus americanus*, de hojas ovaladas y flor blanca. *Ceanothus ovatus*, de 0,60 m de alto y hojas elípticas.

h: 1-1,5 m
d: 0,8-1 m

forma	color	densidad	ambiente	foliación	floración	fructificación
	7		○		f. primavera p. otoño	

CESTRUM especies   (Solanáceas)
CESTRO

I Cestrum F Cestrum

Origen	América tropical y subtropical.
Exigencias	Son rústicos en cuanto a la naturaleza química del suelo, siempre que sea rico y ligero. Requieren situaciones abrigadas, pues temen a las heladas.
Crecimiento	Rápido.
Características	Formas irregulares: arbustivas, semitrepadoras o sarmentosas. Existen unas 150 especies de hoja caduca y persistente. Retoñan rápidamente al ser cortados hasta el suelo.
Hojas	P (en general), o caducas, alternas, simples y enteras.
Flores	En grupos terminales o axilares; de corola tubular de 2 a 3 cm de largo.
Frutos	Bayas pequeñas; sin interés.
Especies	*Cestrum aurantiacum*, de Guatemala, 1,5 a 2 m de alto, semitrepador; hojas ovaladas, de 6 a 8 cm de largo, color verde claro brillante; flores naranjo amarillentas. *Cestrum elegans*, de México; de unos 2,5 m de alto; hojas oval-lanceoladas de 5 a 10 cm de largo; flores de color rojo purpúreo. *Cestrum nocturnum*, de México; de unos 2 m de alto; hojas ovaladas de 15 a 20 cm de largo; flores blanco verdosas, muy fragantes por la noche. *Cestrum parqui*, de Chile; hasta 2 m de alto; hojas parecidas al sauce, de 10 a 15 cm de largo; flores blancas o amarillentas, fragantes por la noche.

Cestrum elegans

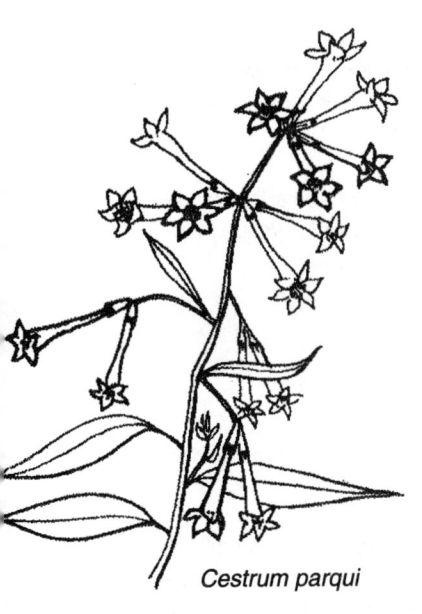

Cestrum parqui

h: 1,5-2,5 m
d: 0,8-1 m

forma	color	densidad	ambiente	foliación	floración	fructificación
	4-6				p. verano f. verano	

CHAENOMELES JAPONICA (= *C. japonica*) (Rosáceas)

MEMBRILLERO DE FLOR, membrillero del Japón

C Codonyer de flor
I Flowering quince **F** Cognaissier de Japon

Origen	Japón.
Exigencias	Es rústico a todo tipo de suelos, habitando incluso en ambientes húmedos. Requiere situación asoleada para florecer en abundancia.
Crecimiento	Rápido.
Características	Forma irregular de follaje compacto y brillante, de ramas extendidas y espinosas. Admite la poda, puede utilizarse en setos.
Hojas	**C**, alternas, de pecíolo corto, agudamente aserradas, ovaladas u oblongas, lisas, de 3 a 5 cm de largo; color verde oscuro, brillante por encima.
Flores	Rojo ladrillo, de 2,5 a 3,5 cm de ancho.
Frutos	Subglobosos, de unos 3 cm de diámetro, amarillos.
Cultivares	*Chaenomeles japonica* «**Tricolor**», de hojas variegadas de blanco y amarillo.
Especies	*Chaenomeles speciosa* (= *Cydonia lagenaria*), de hasta 2 m de altura; flores de 3 a 5 cm de ancho, color rojo en el tipo, variando a rosado y blanco; fruto ovoide-globoso de 3 a 7 cm de ancho, color verde amarillento, aromático. Es de floración muy temprana, a finales del invierno.
Género	*Pseudocydonia sinensis* (= *Cydonia sinensis*), de 3 a 5 m de alto (forma arbórea), hojas oval-acuminadas, finamente dentadas, vellosas por debajo, se tornan rojas en otoño; flores de 2,5 a 3 cm de ancho, color rosa pálido, frutos oblongos en forma de membrillo, muy grandes (de 12 a 15 cm), color amarillo oscuro.

h: 0,8-1 m
d: 1-1,5 m

forma	color	densidad	ambiente	foliación	floración	fructificación
	11		◯◐	p. primavera f. otoño	f. invierno	

307

CHOISYA TERNATA   (Rutáceas)

CHOISIA

F Oranger du Mexique

Origen	México.
Exigencias	Es rústico en cuanto a la naturaleza del suelo y resiste el frío. Requiere sol, pero acepta la sombra ligera.
Crecimiento	Rápido.
Características	Forma ovoidal de follaje denso. Cultivado por sus hermosas hojas y flores.
Hojas	**P**, opuestas, de 3 folíolos enteros, oblongos, duros, lisos, de 3 a 7 cm de largo, color verde oscuro.
Flores	Blancas, fragantes, de 2,5 a 3 cm de ancho, en racimos terminales.
Frutos	Sin interés.

h: 1,5-2,5 m
d: 1-1,5 m

forma	color	densidad	ambiente	foliación	floración	fructificación
⬭	7	■	◯◐		m. primavera p. verano	

CISTUS especies   (Cistáceas)

CISTUS, jara, estepa

C Estepes
I Rock rose **F** Ciste

Origen	Sur de Europa.
Exigencias	Requieren suelo bien drenado, no ácido; viven bien en situaciones asoleadas, no tolerando los vientos fuertes. Resisten bien la sequía, por lo que se les usa en sitios difíciles de regar (laderas).
Crecimiento	Medio.
Características	Forma esférica de follaje desordenado. Las especies enanas son de gran utilidad en jardines de rocalla.
Hojas	P (en la mayoría), opuestas, enteras.
Flores	Blancas, rosadas o purpúreas, grandes, solitarias o en grupos al extremo de las ramillas.
Frutos	Cápsulas de muchas semillas; sin interés.
Especies	*Cistus albidus* (jara blanca), de 1 a 2 m de alto; hojas elípticas a ovaladas, blanquecinas, de 3 a 10 cm de largo; flores lilas o rosadas, 6 cm de diámetro, en grupos de 3 a 6.
Cistus crispus, de flor rojiza, hoja verde oscura.
Cistus incanus, de 1 m, compacto, ramillas y brotes nuevos vellosos, de flor rosado purpúrea.
Cistus ladanifer (jara negra), de 1 a 1,5 m; hojas lanceoladas o linear-lanceoladas, de 4 a 8 cm de largo, color verde oscuro; flores solitarias de 7 a 10 cm de diámetro, blancas con manchas púrpura en la base.
Cistus monspeliensis, de 1,5 m, hoja oscura, flor blanca (jaguarzo).
Cistus populifolius, de 2 m, flores blancas.
Cistus salviifolius, 0,60 m, flor blanca.
Cistus × *corbariensis*, parecido al *C. ladanifer*, de flor de color rosa.
Cistus × *purpureus*, de flor rojiza, hoja verde oscura.

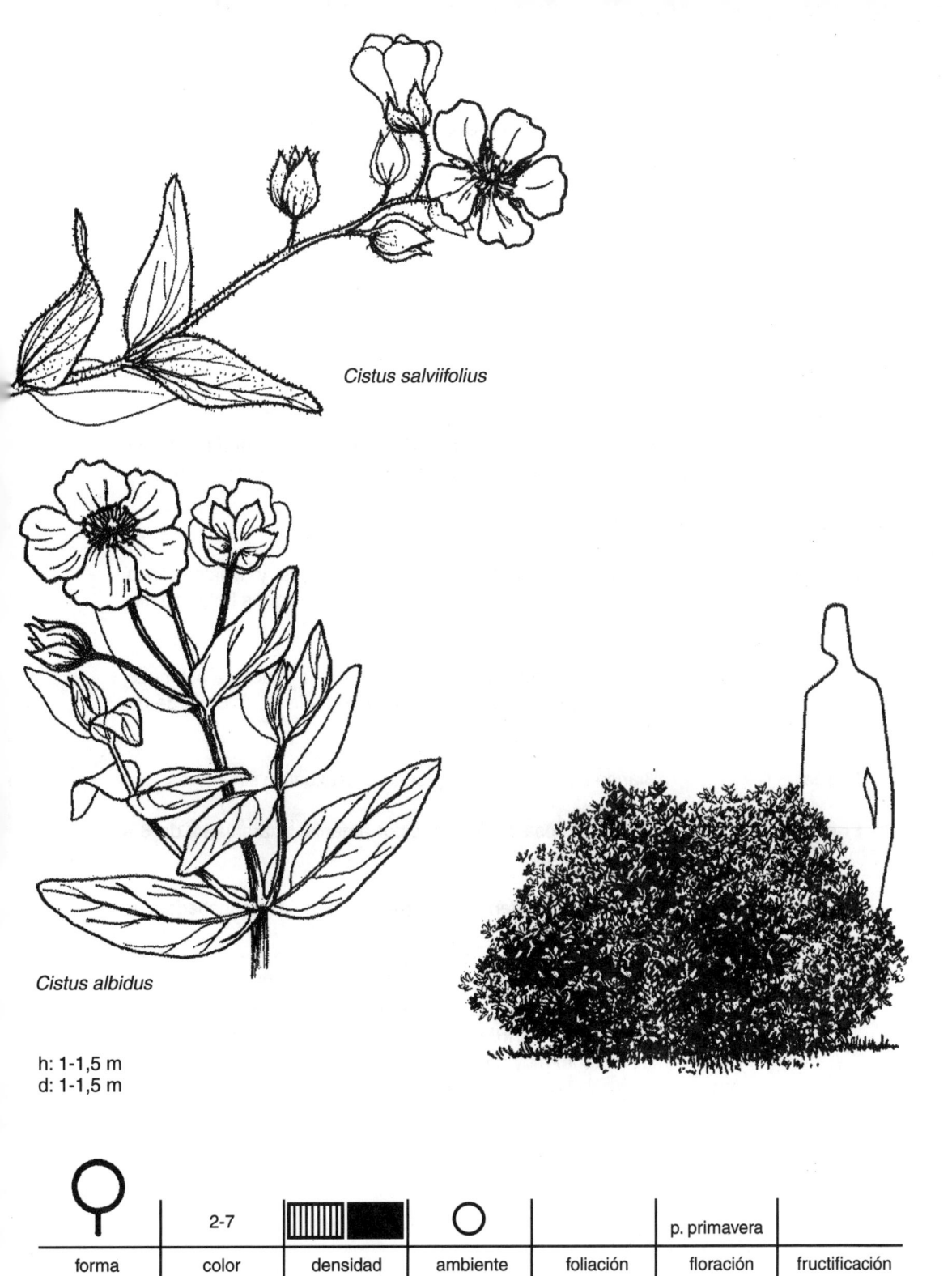

Cistus salviifolius

Cistus albidus

h: 1-1,5 m
d: 1-1,5 m

forma	color	densidad	ambiente	foliación	floración	fructificación
◯	2-7	▦ ▪	○		p. primavera	

311

COPROSMA REPENS (= *C. bauerii*) (Rubiáceas)
COPROSMA

I Looking-glass plant

Origen	Nueva Zelanda.
Exigencias	Rústico en cuanto a la naturaleza del suelo, prefiere tierras bien drenadas; sensible al frío. Cerca del mar vive bien.
Crecimiento	Medio.
Características	Forma horizontal, de ramas pendientes y follaje denso. Se presta para rocallas o para cubrir las partes bajas de muros o edificios.
Hojas	P, simples, opuestas, de borde entero, ovaladas a oblongas, anchas, gruesas, de 3 a 8 cm de largo, lisas; color verde oscuro, brillante por encima.
Flores	Blanco amarillentas, pequeñas, unisexuales; sin interés.
Frutos	Drupa carnosa ovoide de color amarillo anaranjado, de 6 a 8 mm de largo.
Cultivares	*Coprosma baueri* «**Variegata**», de hojas manchadas de amarillo crema. *Coprosma repens* «**Variegata**».
Especies	*Coprosma* × *kirkii*, arbusto muy rastrero, hojas lineares. *Coprosma* × *kirkii* «**Variegata**», hojas bordeadas de blanco; crecimiento muy rápido.

h: 0,3-0,8 m
d: 0,5-1,2 m

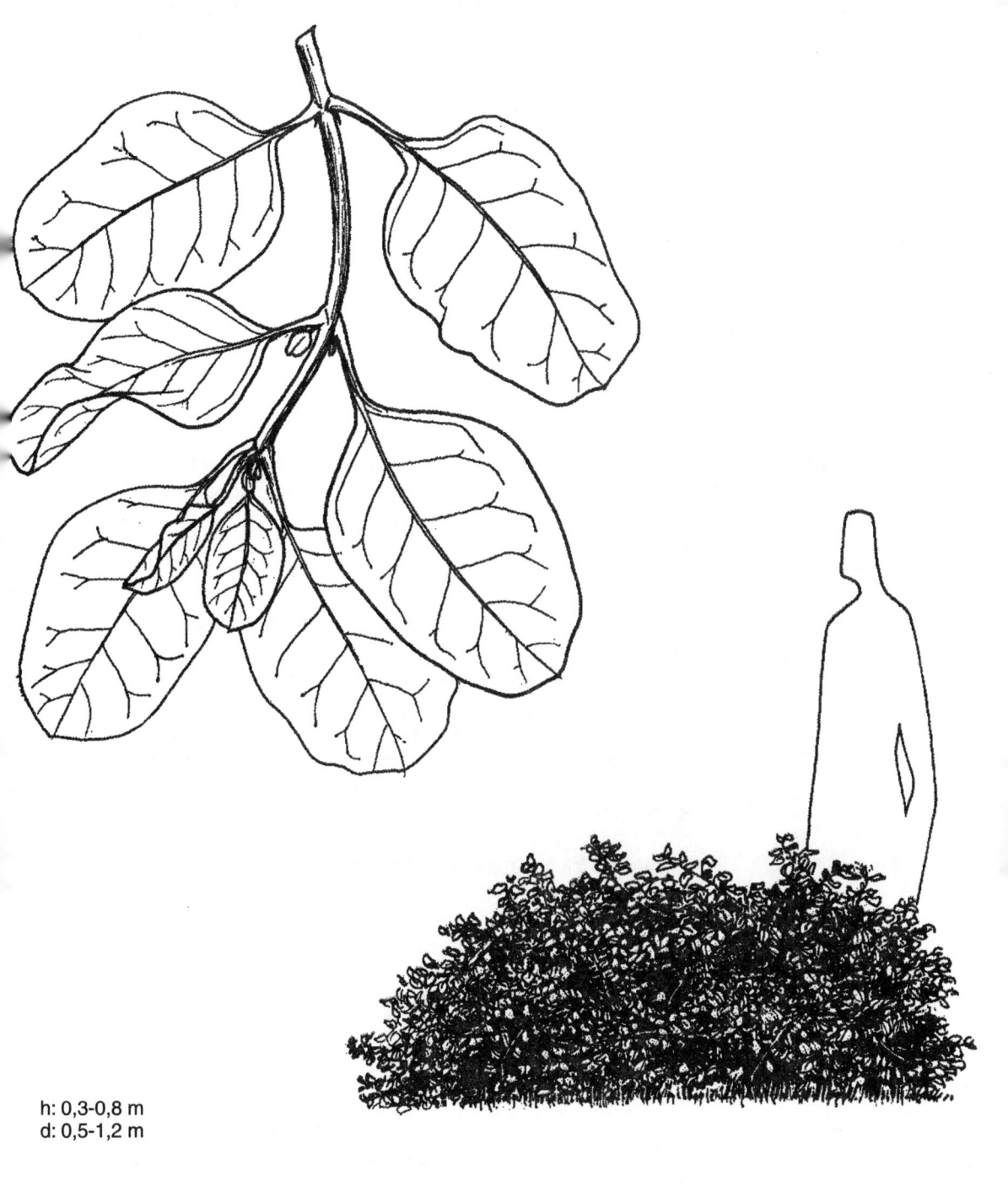

forma	color	densidad	ambiente	foliación	floración	fructificación
	7					

CORNUS SANGUINEA (Cornáceas)

CORNEJO

C Sanguinyol
I Red dogwood **F** Cornouiller sanguin **A** Rothartriegel

Origen	Europa, norte y oeste de Asia.
Exigencias	Vive en una gran variedad de suelos diferentes, prefiriendo los parajes de vegetación espesa y los sotabosques claros. Requiere temperaturas templadas.
Crecimiento	Medio.
Características	Forma esférica de follaje semitransparente; tallos rojos muy aparentes en invierno. Se cultiva por esta característica y el colorido rojo-sanguíneo de sus hojas en otoño.
Hojas	C, opuestas, simples, enteras, anchas, elípticas a ovaladas, de 4 a 8 cm de largo, acuminadas, redondeadas en la base, vellosas en ambas caras, color verde medio por encima, más pálido por debajo.
Flores	Blancas o blanco-rosadas, pequeñas, en grupos (umbelas) de 4 a 5 cm de ancho.
Frutos	Bayas color negro-purpúreo de unos 6 mm de diámetro.
Cultivares	*Cornus sanguinea* «**Atrosanguinea**», de brotes color rojo intenso. *Cornus sanguinea* «**Variegata**», de hojas manchadas de amarillo.
Especies	*Cornus florida*, de hasta 5 m de alto, de flores rodeadas por brácteas de hasta 10 cm que semejan grandes flores. *Cornus mas*, de hasta 8 m (arbóreo), corteza oscura; flores amarillas antes de las hojas: frutos ovoides, pendientes, color rojo.

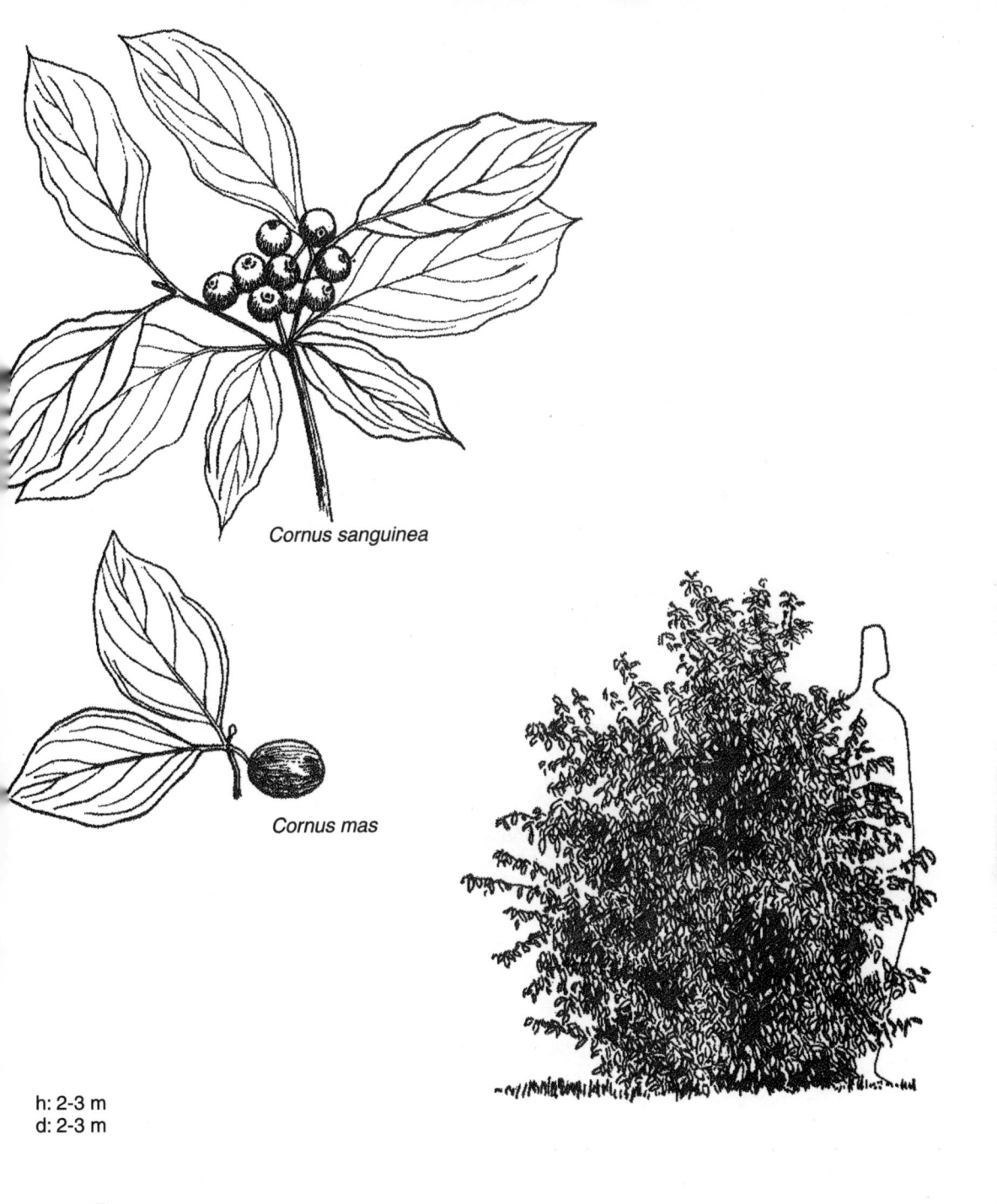

Cornus sanguinea

Cornus mas

h: 2-3 m
d: 2-3 m

forma	color	densidad	ambiente	foliación	floración	fructificación
○	6	|||||	◐		f. primavera	m. otoño

CORONILLA VALENTINA ssp. GLAUCA (Fabáceas-Leguminosas)
(= *C. glauca*)

CORONILLA

C Carolina de jardí
I Crown vetch **F** Coronille des jardins

Origen	Sur de Europa.
Exigencias	Requiere tierra rica; ligera; no teme los suelos calcáreos. Prefiere la media sombra, bajo otros árboles.
Crecimiento	Medio.
Características	Forma ovoidal irregular de follaje semitransparente; útil para cubrir pendientes. Por medio de la poda, se puede conseguir una segunda floración.
Hojas	P, compuestas, imparipinadas, de 5 a 7 folíolos ovales, de punta roma, color verde azulado.
Flores	Amarillas, en grupos de 7 a 8, muy perfumadas.
Frutos	Legumbre pequeña; sin interés.
Especies	*Coronilla emerus*, de flores más grandes y legumbre de unos 5 cm de largo. Es indígena en los sotobosques de la región mediterránea española.

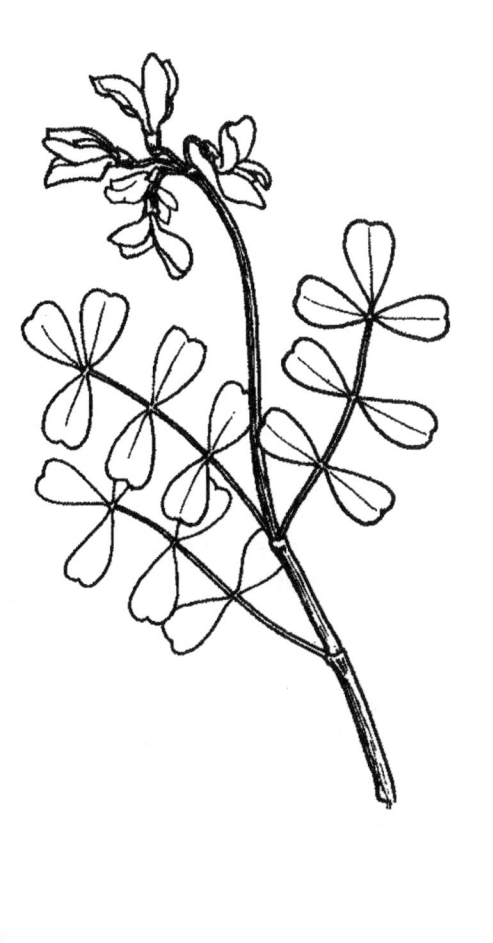

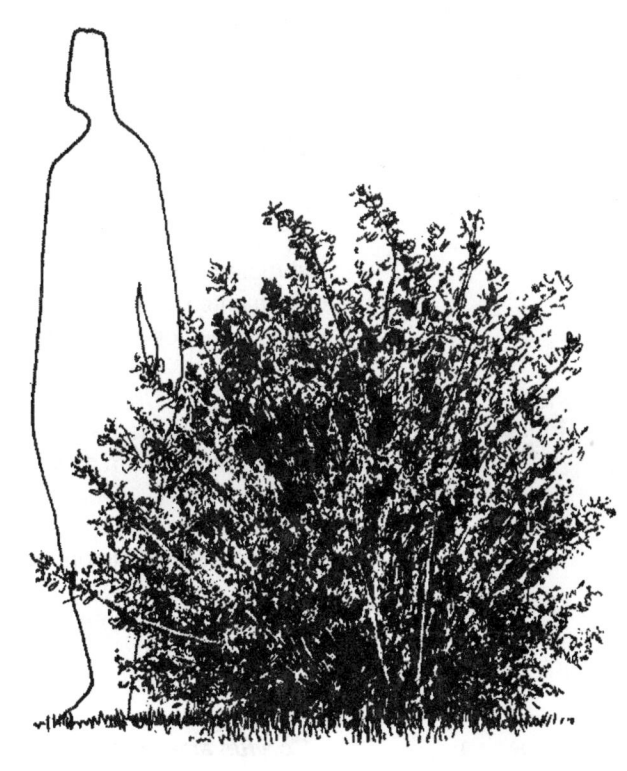

h: 1-1,5 m
d: 1-1,5 m

forma	color	densidad	ambiente	foliación	floración	fructificación
	3				m. primavera f. verano	

CORYLUS AVELLANA   (Betuláceas)

AVELLANO

C Avellaner **E** Urra
I European hazel **F** Noisetier commun **A** Haselnuss

G. Hasel

Origen	Europa, Asia, África.
Exigencias	Vive en casi todo tipo de suelos, prefiriendo las situaciones abrigadas con cierta humedad y buen asoleamiento.
Crecimiento	Medio.
Características	Forma ovoidal irregular de follaje semidenso. Puede tener forma de árbol hasta de 10 m. Se le cultiva por su fruto.
Hojas	C, alternas, simples, suborbiculares o trasovadas, anchas, abruptamente acuminadas, doblemente aserradas, a veces levemente lobuladas, de 5 a 10 cm de largo, ligeramente pubescentes por encima, más vellosas por debajo; color verde medio.
Flores	Amarillo-verdosas en amentos (cilindros pendientes) unisexuales de 3 a 6 cm de largo; sin interés.
Frutos	Avellana, marrón de 1,5 a 2 cm de largo, redondeada, de envoltorio de igual tamaño; diferenciada según la variedad.
Cultivares	*Corylus avellana* «**Aurea**», de hojas amarillas y ramas verde amarillentas. *Corylus avellana* «**Contorta**», de ramas espiraladas.
Especies	*Corylus americana*, de Norteamérica, hasta 3 m de alto, de avellana más pequeña con envoltorio dos veces mayor que ella. *Corylus maxima* «**Purpurea**», de hojas color púrpura oscuro o marrón rojizo.

h: 2-4 m
d: 1,5-2,5 m

forma	color	densidad	ambiente	foliación	floración	fructificación
	6			m. primavera m. otoño		p. verano m. verano

COTINUS COGGYGRIA (= *R. cotinus*) (Anacardiáceas)
ÁRBOL DE LAS PELUCAS

C Arbre de les perruques
I Chitam-wood, smoke tree, sumac **F** Arbre à perruque **A** Perückenstrauch

Origen	Sur de Europa, China, Himalaya.
Exigencias	Se da bien en cualquier tipo de terreno, incluso arenosos y pedregosos; prefiere temperaturas templadas.
Crecimiento	Medio.
Características	Forma esférica de follaje compacto; ramillas con escamas marrón rojizas; madera amarilla con un jugo de aroma muy penetrante. Apreciado por las formaciones pilosas de color rojo en los pedúnculos de las flores, en otoño. Suele alcanzar forma arbórea. Es venenoso en todas sus partes.
Hojas	C, alternas, enteras, ovaladas a orbiculares, de 3 a 8 cm de largo, redondeadas en el vértice; color verde oscuro.
Flores	Amarillo verdosas, pequeñas (3 mm de ancho) en grupos poco densos; de pedúnculos vistosos que han sugerido el nombre de «pelucas».
Frutos	Drupas secas de 3 a 4 mm de ancho, en poca cantidad, dentro de racimos de 15 a 20 cm de largo («pelucas»).
Cultivares	*Cotinus coggygria* «**Purpureus**», hojas púrpuras.
Especies	*Cotinus obovatus*, de 10 a 12 m; arbusto o árbol de forma ovoidal; hojas elíptico-ovaladas; racimo frutal de 10 a 15 cm con vellos color marrón o púrpura pálido.

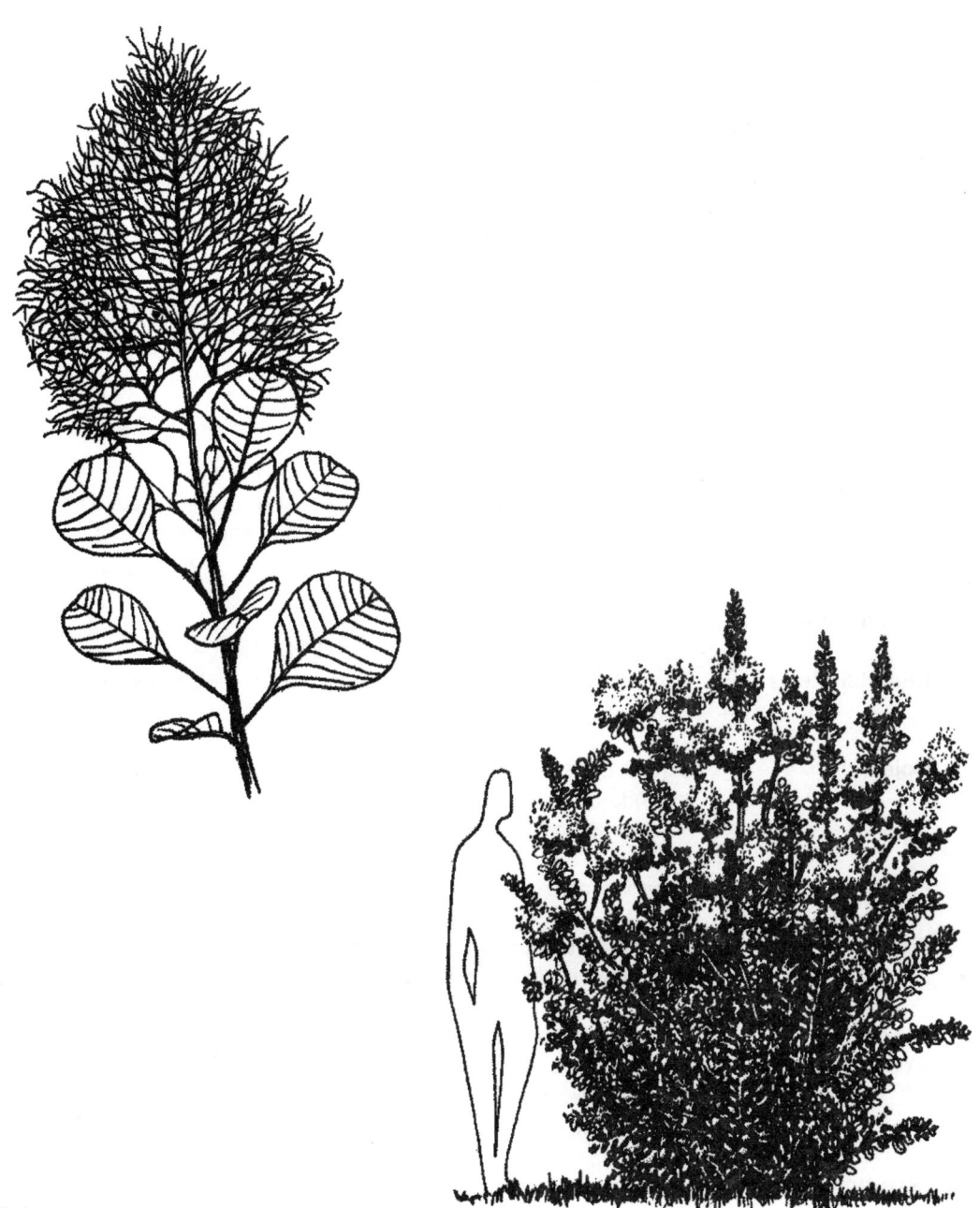

h: 3-4 m
d: 2,5-3 m

forma	color	densidad	ambiente	foliación	floración	fructificación
○	7	■	○	p. primavera f. otoño	p. verano	f. verano p. otoño

COTONEASTER HORIZONTALIS   (Rosáceas)
COTONEASTER

I Cotoneaster F Cotoneaster A Zwergmispel

Origen	Oeste de China.
Exigencias	Vive bien en cualquier tipo de tierra de jardín bien drenada; pero no acepta la sombra, los lugares húmedos, ni el sol demasiado intenso.
Crecimiento	Rápido.
Características	Forma horizontal de ramas casi paralelas al suelo o pendientes. Muy útil como cubresuelos y en rocallas.
Hojas	C (o semipersistentes), alternas, de período corto, enteras, redondo-ovaladas, de 5 a 12 mm de largo; color verde oscuro lustroso por encima. Al caer se tornan rojas.
Flores	Rosadas, solitarias, pequeñas; sin interés.
Frutos	Globosos, de unos 5 mm de diámetro, color rojo encendido; permanecen todo el invierno.
Variedades y cultivares	*Cotoneaster horizontalis* «Variegatus», de hoja manchada de blanco. *Cotoneaster horizontalis* var. *wilsonii*, más vigoroso y de hoja más grande que el descrito.
Especies	De forma y uso paisajístico semejantes: *Cotoneaster adpressus*, hoja ovalada, caduca; flor rosada, frutos rojos, pequeños; hasta 1 m de diámetro. *Cotoneaster linearifolius*, de 0,30 a 0,60 m de alto, hoja persistente, delgada, oblonga; flores blanco rosadas, pequeñas, solitarias; frutos muy pequeños, color rojo intenso. *Cotoneaster microphyllus*, de 1 m de alto; hojas ovaladas o redondas, persistentes, de 5 a 8 cm de largo; flores blancas, solitarias; fruto globoso, rojo violáceo.

h: 0,3-0,8 m
d: 1,5-2 m

forma	color	densidad	ambiente	foliación	floración	fructificación
	11		◯◐	f. invierno f. otoño	f. primavera	f. otoño p. verano

COTONEASTER PANNOSUS   (Rosáceas)
COTONEASTER

I Cotoneaster **F** Cotoneaster **A** Zwergmispel

Origen	Sudoeste de China.
Exigencias	Rústico en cuanto a la naturaleza del suelo; prefiere temperaturas templadas; resiste el frío, pero no la humedad excesiva.
Crecimiento	Rápido.
Características	Forma extendida, con delicadas ramas arqueadas, pubescentes al principio; se cultiva por sus frutos muy abundantes, de hermosa coloración otoñal.
Hojas	C (o semipersistentes), alternas, de pecíolo corto, enteras, elípticas agudas en los extremos, de 1 a 2,5 cm de largo, color verde oscuro por encima y blanco tomentoso por debajo.
Flores	Blancas, de unos 8 mm de diámetro en corimbos compactos de 1,5 a 4 cm de ancho, muy pubescentes.
Frutos	Globosos a elipsoidales, de 6 mm de largo; color bermellón.
Especies	Semejantes en el uso paisajístico: *Cotoneaster angustifolia* (véase *Pyracantha angustifolia*). *Cotoneaster lacteus*. *Cotoneaster simonsii*, de hasta 3 m de alto; hoja semipersistente, orbicular a elíptica ancha, de 1,5 a 3 cm de largo; flores blancas en grupos pequeños; frutos ovoidales color escarlata. *Cotoneaster franchetii*, de 1 a 2,4 m de alto; hojas persistentes, elíptico ovaladas, de 2 a 3 cm de largo; flores rosadas, pequeñas; frutos ovoides de 7 mm.

h: 0,8-2 m
d: 1-2 m

forma	color	densidad	ambiente	foliación	floración	fructificación
⌒	8 y 2	▦	◐◑	f. invierno f. otoño	p. verano	m. otoño

325

COTONEASTER SALICIFOLIUS   (Rosáceas)
COTONEASTER

I Cotoneaster **F** Cotoneaster **A** Zwergmispel

Origen	Centro de China.
Exigencias	Rústico a la naturaleza química del suelo; resistente al frío; requiere situaciones asoleadas.
Crecimiento	Rápido.
Características	Forma irregular de ramas extendidas, largas, primero pubescentes y luego lisas, rojizas. Se cultiva por su hermoso fruto otoñal.
Hojas	P (o semipersistentes con temperaturas bajas), alternas, muy distanciadas, de pecíolo corto, enteras, elíptico-oblongas a oval-lanceoladas, acuminadas, de 3 a 8 cm de largo; rugosas, de color verde oscuro por encima, tomentosas y blanquecinas por debajo; con 5 a 12 pares de nervios muy marcados.
Flores	Rosadas, en corimbos compactos de 3 a 5 cm de ancho.
Frutos	Globosos, de 6 mm de diámetro, color rojo brillante.
Especies	*Cotoneaster buxifolius*, relacionado con el anterior; de 1 a 1,5 m de alto, compacto; hojas persistentes, elípticas a ovaladas, de 6 a 15 mm de largo, color verde oscuro, velludas por debajo; flores blancas en corimbos; fruto rojo oscuro. *Cotoneaster rotundifolius*, de hasta 3 m de alto; hojas persistentes, ovaladas, anchas, de 8 a 20 mm de largo, color verde oscuro encima, velludas por debajo; flores blancas, solitarias; fruto piriforme, color rojo brillante. *Cotoneaster serotinus*, de hojas persistentes, elípticas, verde azuladas; fruto rojo, alargado.

h: 2-3 m
d: 1,5-2,5 m

forma	color	densidad	ambiente	foliación	floración	fructificación
	7-9		○		f. primavera	m. otoño

CRATAEGUS LAEVIGATA (= *C. oxyacantha*) (Rosáceas)
ESPINO MAJUELO

C Arç **E** Abilluri
I Hawthorn may **F** Aubèpine commun

Origen	Sur de Europa, Persia, norte de África.
Exigencias	Rústico en cuanto a la naturaleza del suelo; se da bien en los calcáreos, en los ricos algo húmedos, y hasta en los muy arcillosos y secos. Requiere situaciones asoleadas, pero soporta un poco de sombra.
Crecimiento	Rápido.
Características	Forma cónica irregular de follaje denso. De crecimiento bajo, alcanza forma de árbol hasta 5 m. Planta leñosa de ramas espinosas y extendidas, muy apreciado por su forma y follaje de hermoso colorido otoñal, y su utilización para setos.
Hojas	C, alternas, ovaladas, anchas, acuminadas, de 3 a 5 lóbulos dentados; 2,5 a 5 cm de largo, color verde grisáceo oscuro.
Flores	Blancas, perfumadas, de 1,5 cm de ancho, en corimbos.
Frutos	Globosos, de 8 a 15 mm de diámetro, color rojo oscuro, al exterior de la planta.
Variedades y cultivares	Existen unos 50; según la forma, el color de las flores (del blanco al rojo) y el color de los frutos (del amarillo al rojo). Entre ellas: *Crataegus laevigata* «**Aurea**», de flores amarillas. *Crataegus laevigata* «**Paul's Scarlet**», de flores dobles rojas. *Crataegus laevigata* «**Plena**», de flores dobles blancas.
Especies	Unas 200 especies, entre ellas: *Crataegus monogyna*, de hasta 10 m de alto, hojas de 3 a 7 lóbulos más estrechos. Tiene muchos cultivares: *C. monogyna* «**Flexuosa**», *C. monogyna* «**Pendula**», *C. monogyna* «**Semperflorens**», *C. monogyna* «**Stricta**», *C. monogyna* «**Variegata**». *Crataegus alpodendron*, *Crataegus coccinoides*, *Crataegus crus-galli*, *Crataegus nigra*.

h: 2-3 m
d: 1,5-2 m

forma	color	densidad	ambiente	foliación	floración	fructificación
△	10	■	◯◐	p. primavera f. otoño	m. primavera	p. otoño

329

CYCAS REVOLUTA   (Cicadáceas)
CICA

C Cica
I Sago palm **F** Cycas **A** Cycad

Origen	China, Japón.
Exigencias	Es muy rústico en cuanto a tierras, requiriendo humedad ambiental y temperaturas más bien altas.
Crecimiento	Lento.
Características	Forma de parasol, parecida a la de una pequeña palmera, aunque no es tal. De tronco recio erecto y una gran corona de hojas. Se cultiva como ejemplar aislado o en grupos de la misma especie. En algunos países se usa para coronas funerarias.
Hojas	P, agrupadas, largas y tiesas, compuestas (en forma de pluma) por numerosos segmentos rígidos y agudos sin nervación, de 8 a 12 cm de largo, color verde amarillento brillante.
Flores	Apétalas, sexos separados en plantas diferentes: conos masculinos erectos de 50 a 60 cm de largo.
Frutos	Globosos, de unos 3 cm de diámetro, color marrón generalmente estériles, en una especie de «nido» al centro de las hojas.
Especies	*Cycas circinalis*, de África tropical; hasta 4 m de alto (tronco de 3 m), semeja una palmera; es muy delicada y poco introducida en cultivos.

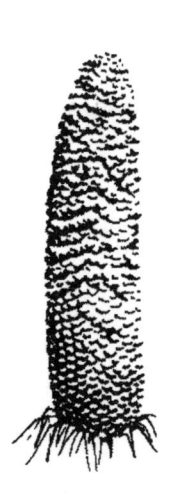

h: 1-2 m
d: 1-1,5 m

forma	color	densidad	ambiente	foliación	floración	fructificación
🍄	4	|||||	◯◐		f. primavera	

CYDONIA OBLONGA   (= *C. vulgaris*)   **(Rosáceas)**

MEMBRILLERO

C Codonyer **E** Irasagarrondo
I Quince **F** Cognassier commun **A** Quittenbaum

Origen	Sur de Europa, Asia occidental.
Exigencias	Rústico en cuanto a la naturaleza del suelo, pero los prefiere ricos, ligeros, frescos y arenosos (no calcáreos ni arcillosos). Resistente al frío, aunque las heladas de otoño puede perjudicar su fruto, que es tardío.
Crecimiento	Rápido.
Características	Forma irregular extendida, de follaje denso. Se cultiva también en forma de árbol, y especialmente por sus frutos usados para conservas.
Hojas	**C**, alternas, ovaladas a oblongas, acuminadas, redondas en la base, enteras, de 5 a 10 cm de largo; color verde medio opaco por encima, muy vellosas por debajo. Se tornan amarillas antes de caer.
Flores	Blancas, de 4 a 5 cm de ancho, solitarias, al extremo de los tallos de las hojas.
Frutos	Membrillo, amarillo, fragante, velloso, de 8 a 15 cm de largo.
Cultivares	*Cydonia oblonga* «**Lusitanica**», de forma más fuerte y hojas más grandes. *Cydonia oblonga* «**Maliformis**», fruto en forma de manzana. *Cydonia oblonga* «**Marmorata**», de hojas variegadas en blanco y amarillo. *Cydonia oblonga* «**Pyramidalis**», de forma ovoidal. *Cydonia oblonga* «**Pyriformis**», es la forma más típica, con el fruto en forma de pera.

h: 6-8 m
d: 4-6 m

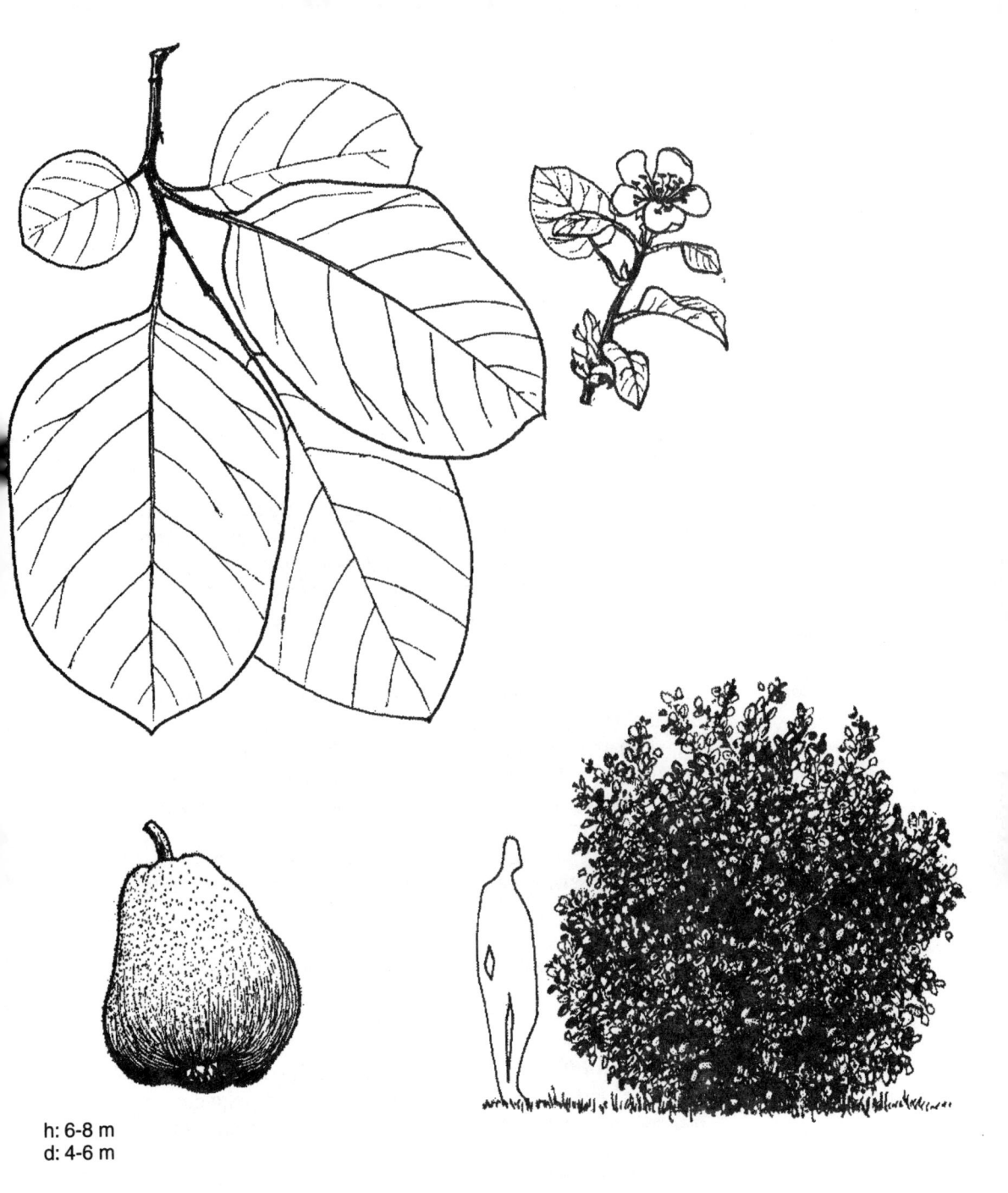

				p. primavera m. otoño	m. primavera	p. otoño
forma	6 a 7	densidad	ambiente	foliación	floración	fructificación
	color					

CYTISUS especies (Fabáceas-Leguminosas)
CITISO, escobonal

I Broom F Cytise

Origen	Sur y centro de Europa, islas Canarias, norte de África, oeste de Asia.
Exigencias	Son rústicos y viven en suelos desprovistos de cal; requieren situaciones soleadas. Algunos tipos injertados sobre *Laburnum vulgare* (especialmente el *Cytisus albus* y el *Cytisus scoparius andreanus*), puede vivir en todos los suelos.
Crecimiento	Medio.
Características	Los *Cytisus* son una gran cantidad de especies, variables en tamaño, forma y aspecto; siempre de ramas no espinosas y gran transparencia por sus hojas pequeñas y escasas. Se les confunde con el género **Genista**, del que difieren en general por sus ramas no espinosas, por sus hojas de 3 folíolos y sus flores en racimos erectos.
Hojas	C (o semipersistentes), simples o de 3 folíolos, color verde azulado oscuro.
Flores	Blancas, amarillas o rojizas, en racimos axilares o terminales.
Frutos	Legumbre, de linear a oblonga, aplanada; sin interés.
Especies	*Cytisus multiflorus*, de España y región mediterránea; de 1 a 2 m, forma extendida, numerosas ramas delgadas; o blanco-amarillentas, de 2 cm de largo, legumbre plana, vellosa, de 2 a 2,5 cm de largo. *Cytisus scoparius*, de Francia; 1-2 m de alto; forma ovoidal irregular; hojas pequeñas escasas, simples o de 3 folíolos; flores amarillas, grandes, axilares, solitarias. *Cytisus scoparius* «**Andreanus**», difiere del anterior por sus flores amarillas de alas purpúreas.
Género	*Chamaecytisus supinus* (= *Cytisus capitatus*), del sur y centro de Europa; hasta 1 m de alto, forma ovoidal irregular, hojas verde oscuras de 3 folíolos; flores amarillas, grandes, axilares, solitarias.

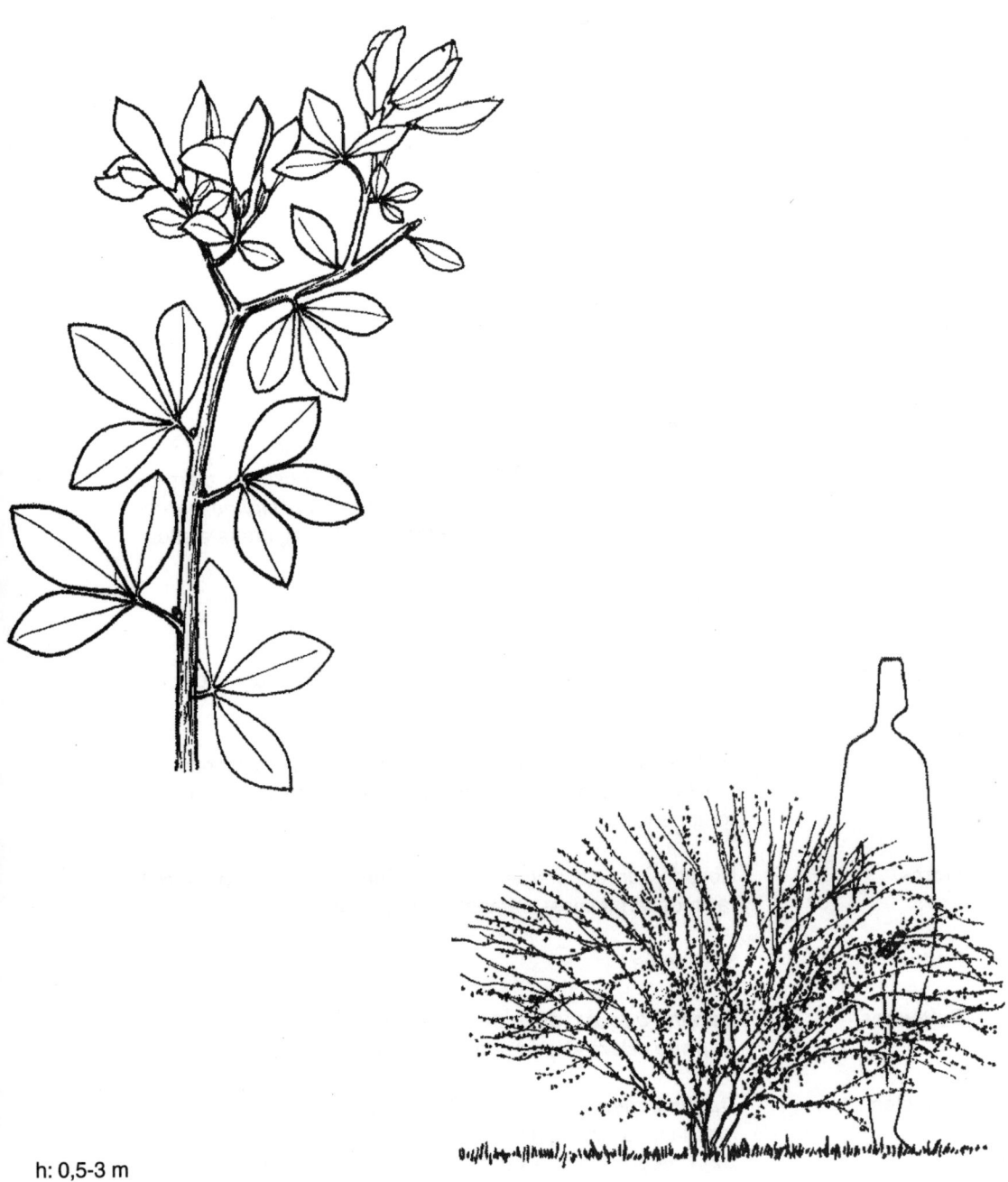

h: 0,5-3 m
d: 0,5-1,5 m

forma	color	densidad	ambiente	foliación	floración	fructificación
	8		○	p. primavera m. otoño	m. primavera p. verano	

DAPHNE ODORA   (Timeleáceas)
DAFNE

I Winter daphne **F** Bois joli

Origen	China, Japón.
Exigencias	Requiere suelos bien drenados, de composición química equilibrada. Es resistente al frío (junto con el *Daphne laureola*, mientras las otras especies son delicadas); prefiere situaciones asoleadas o en semisombra.
Crecimiento	Lento.
Características	Forma esférica de follaje distribuido. Se cultiva por su follaje y el perfume de sus flores.
Hojas	**P**, alternas, enteras, de pecíolo corto, elíptico-oblongas, de 2 a 8 cm de largo, agudas en los extremos, color verde oscuro por encima.
Flores	Rosado-púrpura, fragantes, de 1,5 cm de ancho, en densos racimos terminales; brácteas lanceoladas.
Frutos	Sin interés.
Cultivares	*Daphne odora* f. *alba*, de flores blancas. *Daphne odora* «Variegata», de hojas manchadas de blanco.
Especies	*Daphne cneorum*, de Europa (Francia); 0,3 m de alto; flores rosadas, fragantes; útil para rocallas. *Daphne gnidium* (torvisco), de 0,5 a 1 m; flores blancas, perfumadas. *Daphne* × *houtteana* (híbrido de *D. laureola* con *D. mezereum*), de flores violáceas. *Daphne laureola* (adelfilla), del sur de Europa (Pirineos) y Asia occidental; 0,5-1 m de alto; flores verde amarillentas, de 8 mm de largo, generalmente sin perfume; frutos ovoides, negro azulados.

Daphne odora

Daphne cneorum eximia

h: 1-2 m
d: 1-1,5 m

forma	color	densidad	ambiente	foliación	floración	fructificación
◯	10	|||||	◯◐		p. primavera f. primavera	

DEUTZIA GRACILIS   (Hidrangeáceas)
DEUTZIA

I Deutzia F Deutzie

Origen	Japón.
Exigencias	Vive en cualquier tipo de suelo bien drenado, siendo resistente al frío; para florecer en abundancia prefiere situaciones asoleadas.
Crecimiento	Rápido.
Características	Forma esférica irregular, de follaje más o menos compacto, ramas huecas con corteza amarillo grisácea, que se desprende. Cultivado por su hermosa floración.
Hojas	C, opuestas, de pecíolo corto, irregularmente aserradas, oblongo-lanceoladas, de 3 a 6 cm de largo, con algunos pelos por encima, color verde brillante.
Flores	Blancas, de 1,5 a 2 cm de largo en espinas erectas de 4 a 10 cm de largo.
Frutos	Sin interés.
Cultivares	*Deutzia gracilis* «Pink», de flores rosadas.
Especies	*Deutzia × lemoinei* (híbrido de *D. gracilis* con *D. parviflora*), de 2,5 m de alto, flores de color blanco o rosado pálido. *Deutzia crenata*, hasta de 2,5 m de alto, de ramas leñosas con corteza marrón grisácea, hojas color verde opaco, muy pubescentes por ambos lados, ovaladas a lanceoladas, de 3 a 8 cm de largo; flores blancas o rosadas.

h: 1-1,5 m
d: 1-1,5 m

forma	color	densidad	ambiente	foliación	floración	fructificación
○	5	|||||	○◐	p. primavera f. otoño	f. primavera	

339

DRACAENA especies   (Agaváceas)
DRÁCENA

I Dracaena F Dracaena

Origen	Sur de Europa, África central y tropical.
Exigencias	Viven en cualquier tierra de jardín un poco arenosa y húmeda. Prefieren las temperaturas templadas, especialmente cuando son jóvenes, pero para que sus colores sean más vivos han de estar a plena luz y en una atmósfera seca.
Crecimiento	Medio.
Características	Son (al igual que las plantas del género *Cordyline*) plantas en forma de palmera con las hojas agrupadas. Su interés reside especialmente en el hermoso color del follaje.
Hojas	P, en grupos, anchas o en forma de espada; de color verde, rojizo o variegado.
Flores	En racimos o grupos esféricos, blanco amarillentas o amarillentas, en forma de campana.
Frutos	Sin interés.
Especies	Las más usuales de tamaño arbustivo y arbóreo: ***Dracaena deremensis***, de 2,5 a 4 m de alto; hojas de 0,40 a 0,50 m de largo y unos 5 cm de ancho, agudas. ***Dracaena deremensis* «Bausei»** y ***D. deremensis* «Souvenir de Schriever»**, de hojas con márgenes blancos y verdes. ***Dracaena deremensis* «J. A. Truffaut»**, hojas blancas con una pequeña línea central verde oscuro. ***Dracaena draco***, drago de las islas Canarias; alcanza los 20 m con troncos de hasta 4 m de diámetro, hojas carnosas de borde translúcido, verde grisáceo, flores verdosas. ***Dracaena fragrans***, hasta 6 m, a veces ramificado, de flores fragantes. ***Dracaena fragrans* «Massangeana»**, hojas recurvadas, con el centro color crema.
Género	***Cordyline stricta*** (= *Dracaena congesta*), de 2,5 a 3,5 m de alto, a menudo ramificada; de hojas coriáceas verdes.

Cordyline stricta

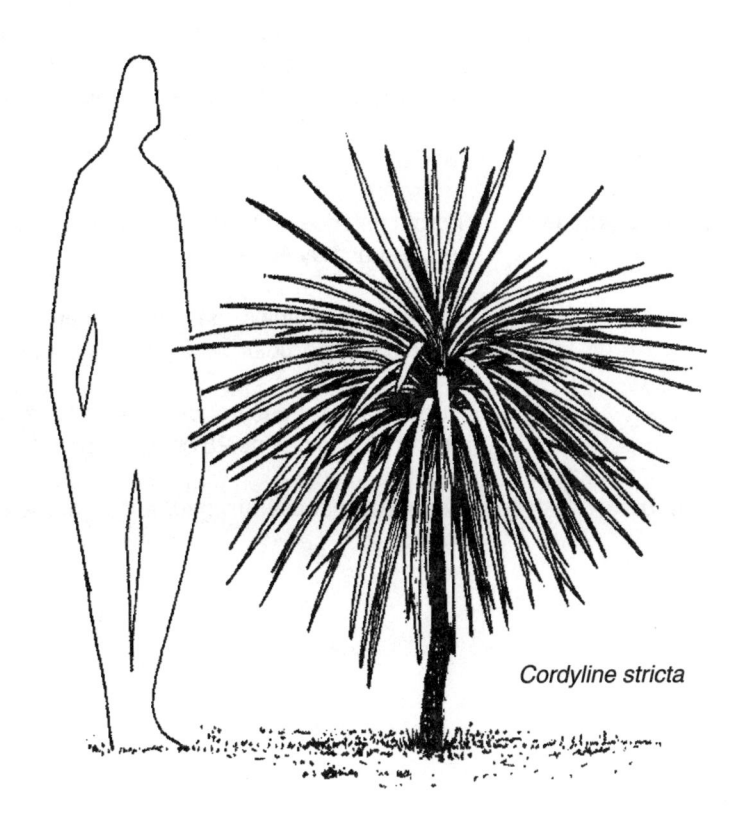

h: 2,5-3,5 m
d: 1-1,5 m

forma	color	densidad	ambiente	foliación	floración	fructificación
🍄	5-6-7	■	◯◐		f. primavera m. verano	

ECHIUM CANDICANS (= *E. fastuosum*) (Boragináceas)

VIBORERA, tagisnate

I Viper's bugloss **F** Vipérine **A** Natterkoff

Origen	Madeira.
Exigencias	Muy rústico en cuanto a la calidad del suelo; resiste bien la sequía y toda clase de situaciones adversas. Florece más en tierras estériles y sin humedad. Algo sensible al frío.
Crecimiento	Medio.
Características	Forma esférica horizontal irregular; de follaje compacto y textura visual muy áspera.
Hojas	P, alternas, simples, de borde entero, lanceoladas, de 5 a 10 cm de largo, color verde gris claro, más oscuro por debajo.
Flores	Púrpura o azul oscuro, de estambres rojos; de unos 2,5 de ancho en espigas de 25 cm de largo y 10 cm de ancho.
Frutos	Pequeñas nueces arrugadas, en grupos de a cuatro; sin interés.

h: 1-1,5 m
d: 1,5-2,5 m

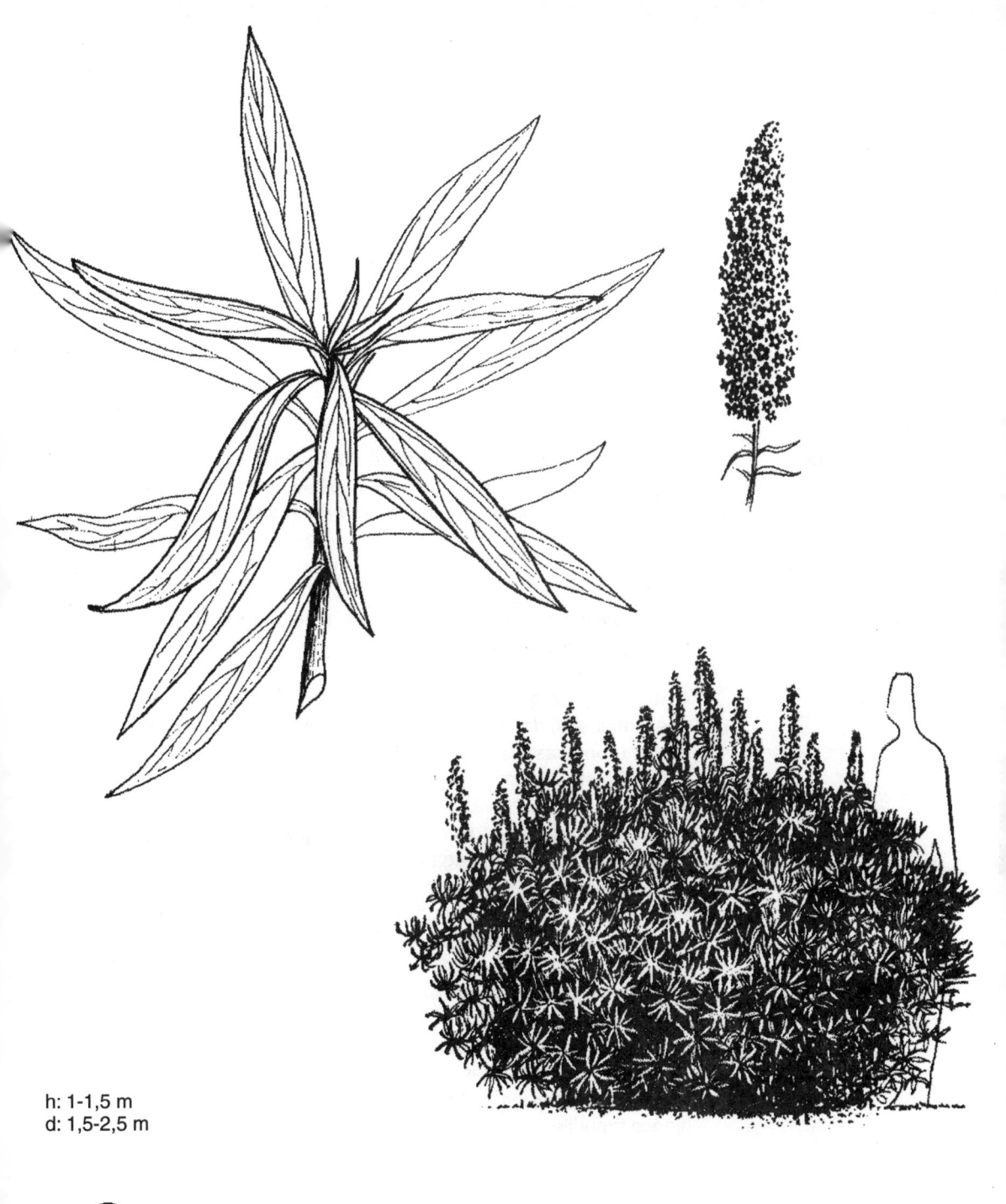

forma	color	densidad	ambiente	foliación	floración	fructificación
○	2	■	○		m. primavera f. primavera	

ELAEAGNUS PUNGENS   (Eleagnáceas)
ELEAGNO

F Chalef Piquan **A** Stechende Olweide

Origen	Japón.
Exigencias	Vive en cualquier tipo de tierra bien drenada, incluso en las muy secas, prefiriendo situaciones asoleadas. Es muy resistente al viento, por lo que se utiliza para cortinas de reparo.
Crecimiento	Lento.
Características	Forma ovoidal de follaje denso; ramillas color marrón, en su mayor parte espinosas.
Hojas	**P**, alternas, simples, enteras, pecíolo marrón, ovales u oblongas, coriáceas, de borde ondulado, 5-10 cm de largo, acuminadas u obtusas, de base redondeada, color verde gris por encima; plateado por debajo, con escamas color marrón.
Flores	Blanco plateadas, de 1,5 cm de largo en grupos de tres o solitarias, pedunculadas, fragantes.
Frutos	Elipsoidales, 1,5 cm de largo; de color marrón, tornándose rojo al madurar; aparecen al año siguiente.
Cultivares	*Elaeagnus pungens* «**Aurea**», de hojas con margen amarillo intenso. *Elaeagnus pungens* «**Simonii**», de hojas más grandes y plateadas, casi sin escamas; menos rústico. *Elaeagnus pungens* «**Variegata**», de hojas con margen blanco amarillento.

h: 2-4 m
d: 2-3 m

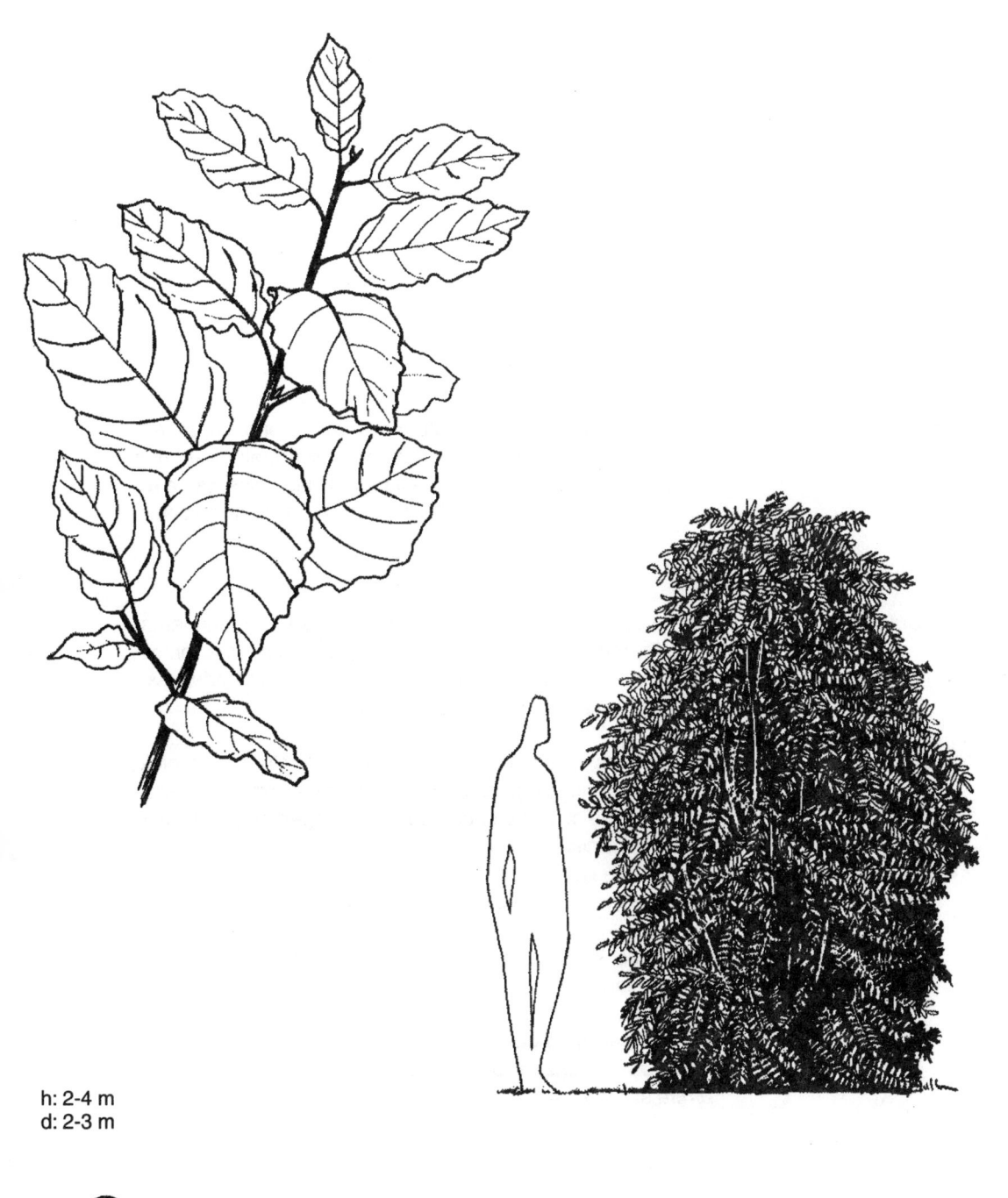

forma	color	densidad	ambiente	foliación	floración	fructificación
	9		○		m. otoño	m. primavera

345

ENSETE VENTRICOSUM (= *Musa ensete*) (Musáceas)
BANANA DE ABISINIA

I Abyssinian banana **F** Bananier nain

Origen	Abisinia.
Exigencias	Es rústico en cuanto a la naturaleza del terreno; sensible a las heladas. Requiere mucha luz, pero vive mejor bajo una sombra ligera que evite el «quemado» de las hojas. Debe regarse en abundancia. Adecuado para el cultivo en macetas.
Crecimiento	Rápido.
Características	Forma de abanico (cónica invertida) de hojas de gran tamaño; tallo con restos foliares muy imbricados, color marrón oscuro; es la hierba más grande que alcanza forma arbustivo-arbórea. Apreciado por su hoja y fruto.
Hojas	P, oblongas, agudas, de nervio medio dominante, pecíolo rojo, de 2 a 3 m de largo y 0,5 a 0,8 m de ancho; color verde claro a verde medio. Generalmente se rasgan perpendicularmente al nervio.
Flores	Blanquecinas, de 3 a 5 cm de largo; en espigas erectas.
Frutos	Coriáceos, secos, de 5 a 8 cm de largo; con 1 a 4 semillas negras, brillantes.
Especies	*Musa* × *paradisiaca*, banana comestible sólo cocida. *Musa sumatrana*, hojas con manchas rojas en el haz. *Musa sumatrana* «**Rubra**», color rojo más fuerte.

h: 3-6 m
d: 2-4 m

forma	color	densidad	ambiente	foliación	floración	fructificación
⏛	5-6	■	◐			

ERICA ARBOREA   (Ericáceas)

ERICA, brezo blanco

C Bruc **E** Añarra
I Tree heath **F** Bruyère en arbre

Origen	Sur de Europa, islas Canarias, Abisinia.
Exigencias	Difícil de cultivar, requiere tierra rica con una adecuada proporción de arena para el buen drenaje, desprovista de cal. No resiste el agua de riego calcárea. Sensible al exceso de humedad y a las temperaturas extremas. Conviene podarlo desde abajo para evitar que quede desnudo en la parte inferior.
Crecimiento	Rápido.
Características	Forma ovalada de ramas erectas y follaje intenso, ramillas velludas. La tierra de brezo proviene de la descomposición de sus hojas.
Hojas	P, generalmente ternadas o reunidas de a cuatro, lineales, de 3 a 6 mm de largo, lisas, color verde oscuro.
Flores	Blancas, de unos 5 mm de largo, fragantes; en largas y densas espigas piramidales.
Frutos	Sin interés.
Cultivares	*Erica arborea* «**Alpina**», más baja, de hojas color verde brillante.
Especies	*Erica cinerea*, de sólo 0,5-1 m de alto, muy vecina a la descrita, de flores rosado púrpura. *Erica erigena*, de 1 a 2 m de alto, hojas más pequeñas reunidad de 4 en 4, flores rosadas. *Erica vagans*, de 0,5 a 1 m, flores rosadas, hojas reunidas de a cuatro.

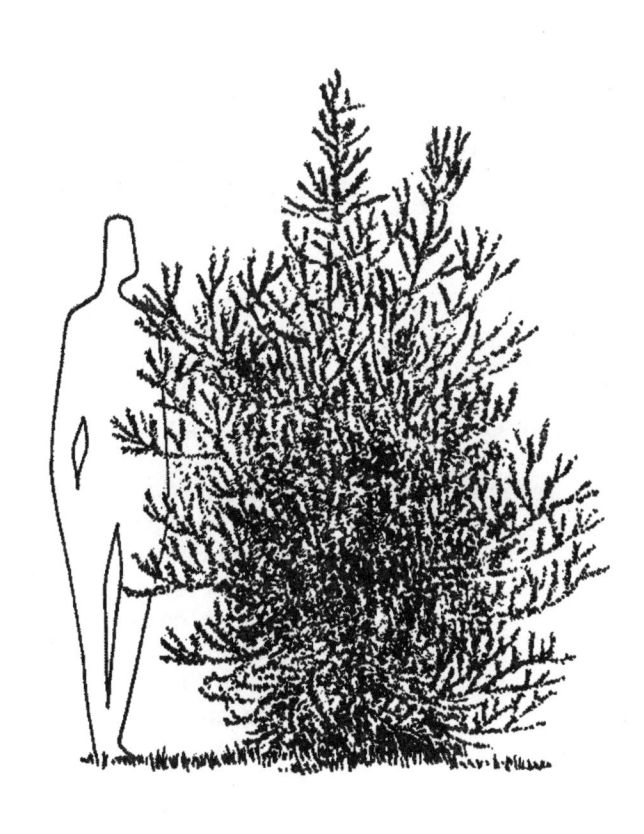

h: 3-5 m
d: 2-3,5 m

forma	color	densidad	ambiente	foliación	floración	fructificación
⬭	7	■	○		p. primavera	

349

ESCALLONIA especies   (Grosulariáceas-Saxifragáceas)
ESCALLONIA

I Escallonia

Origen	Sudamérica (cordillera de Los Andes).
Exigencias	Rústicos en cuanto a la naturaleza del terreno; prefieren ambientes de temperaturas templadas. Salvo el *Escallonia rubra* var. *macrantha*, son resistentes a las heladas.
Crecimiento	Rápido.
Características	Formas esféricas o irregulares de follaje semitransparente o compacto.
Hojas	P, alternas, dentadas.
Flores	Blancas, rojas o rosadas en racimos terminales.
Frutos	Cápsula de 2 a 3 válvulas.
Especies	*Escallonia bifida*, de flor blanca (florece en verano). *Escallonia floribunda* (de Brasil y Uruguay), de 1 a 1,5 m; hojas oblongo-ovaladas, finamente aserradas o enteras, lisas, color verde oscuro; flores blancas en racimos terminales o axilares, en gran número (florece a mediados del verano). *Escallonia illinita* (de Chile), de hasta 8 m de alto; hojas ovaladas de 2 a 6 cm de largo, aromáticas, flores blancas en racimos terminales de hasta 10 cm de largo (florece a mediados del verano). *Escallonia rubra* (de Chile), de 3 a 4 m de alto; ramillas rojizas; hojas anchas, lanceoladas, de 2 a 5 cm de largo, color verde oscuro; flores rojas (o rosadas), de 8 mm de ancho en racimos abiertos de unos 10 cm de largo. *Escallonia rubra* var. *macrantha* (de Chile), de follaje denso y compacto (2-3 m de alto); hojas duras, ovaladas, anchas, de 5 a 8 cm de largo; flores carmín, de 1 cm de ancho en racimos cortos (florece a mediados de la primavera). *Escallonia virgata* (de Chile), hasta 1 m de alto; hojas lanceoladas, acuminadas, de 8 a 15 mm de largo; flores blancas de 1 cm de ancho (florece a principios del verano).

Escallonia rubra

Escallonia floribunda

h: 1-5 m
d: 1-3 m

forma	color	densidad	ambiente	foliación	floración	fructificación
	7		◯ ◐		f. invierno m. primavera f. verano	

EUONYMUS JAPONICUS   (Celastráceas)

BONETERO DEL JAPÓN, evónimo

C Evònim
F Fusain du Japon

Origen	Sur de Japón.
Exigencias	Rústico en cuanto a la naturaleza del suelo; prefiere ambientes húmedos. Resistente a las heladas, puede incluso vivir en la sombra.
Crecimiento	Medio.
Características	Forma ovoidal, erecta, de follaje denso, muy ramificado se adapta bien a la poda, por lo que se le usa en setos y bordillos. También en formas aisladas o para cubrir muros.
Hojas	P, opuestas, ovaladas a elípticas, agudas a obtusas, aserradas, de 3 a 7 cm de largo, verde oscuro por encima.
Flores	Blanco verdosas, pequeñas, en racimos axilares. Sin interés.
Frutos	Globosos, de 8 mm de diámetro, rojizos.
Cultivares	*Euonymus japonicus* «**Macrophyllus**», hojas de 5 a 7,5 cm. *Euonymus japonicus* «**Microphyllus**», hojas de 1 a 2,5 cm. *Euonymus japonicus* «**Aureovariegatus**», hojas manchadas de amarillo. *Euonymus japonicus* «**Aureomarginatus**», hojas de margen amarillo. *Euonymus japonicus* «**Pyramidalis**» y *Euonymus japonicus* «**Fastigiatus**», de forma columnar.
Especies	De hoja persistente: *Euonymus fortunei* var. *radicans*, de 0,30 a 0,50 m de alto, forma rastrera. *Euonymus hamiltonianus* ssp. *maackii*, de hasta 5 m de alto, hojas elíptico-oblongas, frutos rosados. De hoja caduca: *Euonymus atropurpureus*, de Norteamérica; flores y frutos color púrpura. *Euonymus europaeus*, del sur de Europa, 2-4 m de alto; hojas de olor desagradable; frutos rojos.

Euonymus japonicus

Euonymus japonicus «Aureovariegatus»

h: 2-4 m
d: 1,5-3 m

forma	color	densidad	ambiente	foliación	floración	fructificación
	7		○ ◐ ●		f. primavera	p. otoño

353

EUPHORBIA PULCHERRIMA (Euforbiáceas)
(= *Poinsettia pulcherrima*)

FLOR DE PASCUA, poinsetia

C Ponsètia, flor de Pasqua
I Christmas flower, poinsettia **F** Poinsettia **A** Weihnachstern

Origen	Centroamérica y México.
Exigencias	Rústico a la naturaleza del suelo, los prefiere ricos, algo arenosos. Sensible al frío, requiere temperaturas más bien altas, sin heladas. Crece mejor en situaciones asoleadas.
Crecimiento	Rápido.
Características	Forma ovoidal irregular de follaje distribuido con un jugo lechoso en sus tallos. Se le usa como adorno de Navidad, de donde proviene su nombre común.
Hojas	**P**, alternas, simples, lanceoladas anchas o elípticas, enteras, dentadas o débilmente lobuladas, de 15 a 20 cm de largo (más pequeñas que la inflorescencia); color verde medio, algo pubescentes por debajo.
Flores	Amarillas o rojizas, pequeñas, en grupos de unos 4 mm de diámetro; rodeadas por hojas florales y brácteas (más pequeñas que éstas), de color rojo brillante, muy llamativas e impropiamente denominadas «flores».
Frutos	Cápsula seca; sin interés.
Cultivares	*Euphorbia pulcherrima* «**Ecke's White**», de brácteas florales de color crema. *Euphorbia pulcherrima* «**Rosea**», de brácteas florales de color rosa pálido.

h: 2-3 m
d: 1,5-2 m

forma	color	densidad	ambiente	foliación	floración	fructificación
◯	6	▦	○		p. otoño p. invierno	

FATSIA JAPONICA (= *Aralia japonica*) (Araliáceas)

FATSIA, aralia

C Aràlia, fàtsia

Origen	Asia oriental.
Exigencias	Rústico a la naturaleza del suelo, los prefiere húmedos y que retengan la humedad. Vive bien a la sombra y bajo otros árboles, aunque también soporta el sol. Admite poda.
Crecimiento	Medio.
Características	Forma irregular, de follaje semitransparente, ramas duras, de gran aspecto tropical, se usa como planta de interior, pero crece mejor al aire libre.
Hojas	P, palmeadas, semejantes a las de la hiedra, alternas, divididas en 5 a 9 lóbulos anchos, ovalados y dentados; de 20 a 30 cm de ancho con pecíolo de 25 a 50 cm de largo, brillantes y duras, color verde medio.
Flores	Blanco amarillentas, pequeñas, agrupadas en una rama, semejando un candelabro (umbela).
Frutos	Esféricos, negros, de unos 5 mm de diámetro.
Cultivares	*Fatsia japonica* «**Aurea**», de hojas variegadas de amarillo. *Fatsia japonica* «**Variegata**», de hojas con los bordes de color crema.

h: 2-2,5 m
d: 1,5-2 m

forma	color	densidad	ambiente	foliación	floración	fructificación
	6		○ ◐ ●		m. otoño	

FORSYTHIA SUSPENSA   (Oleáceas)
FORSITIA

C Forsítia

Origen	China, Japón.
Exigencias	Vive en cualquier tipo de suelo, aun en los muy secos y calcáreos. Se da mejor en climas más bien frescos. Requiere poda para controlar su desarrollo.
Crecimiento	Rápido.
Características	Forma irregular muy desordenada de follaje distribuido, ramas erectas y ramillas extendidas o pendientes. Cultivada especialmente por su floración temprana, antes de las hojas.
Hojas	C, opuestas, simples o compuestas de tres folíolos, pecioladas, ovaladas a oblongo-ovaladas, aserradas, agudas en la punta, de 6 a 10 cm de largo, color verde de helecho.
Flores	Color amarillo oro, de 2,5 cm de largo, solitarias o en grupos de 3 o 6.
Frutos	Ovoidales, estrechos, algo aplastados, 1,5 cm de largo; sin interés.
Variedades y cultivares	*Forsythia suspensa* var. *fortunei*, de forma más erecta y floración más tardía. *Forsythia suspensa* «**Variegata**», de hojas manchadas de amarillo y flores de color amarillo intenso.
Especies	*Forsythia europaea*, de forma erecta, flores generalmente solitarias. *Forsythia intermedia*, especie híbrida (*F. suspensa* × *F. viridissima*), de ramas erectas y flores color amarillo intenso.

h: 2-3 m
d: 1,5-2,5 m

forma	color	densidad	ambiente	foliación	floración	fructificación
	4		◐◐	p. primavera m. otoño	f. invierno	

FUCHSIA especies   (Onagráceas)

FUCSIA, pendiente de la reina

C Fúcsia, arrecades de la reina E Pendenta
I Lady's eardrops, fuchsia F Fuchsia

Origen	Sudamérica (Chile, Perú).
Exigencias	Viven en cualquier tipo de tierra, prefiriendo ambientes con cierta humedad. Sensibles a las heladas, se dan mejor en situaciones de semisombra.
Crecimiento	Medio.
Características	Forma desordenada, de ramillas pendientes. Aceptan muy bien la poda, por lo que se puede ordenar su forma fácilmente.
Hojas	P, opuestas (a veces alternas o verticiladas), pecioladas, dentadas, con pequeñas estípulas caducas, de color verde brillante o verde medio.
Flores	Axilares, solitarias o en grupos, pedunculadas, pendientes.
Frutos	Baya blanda de muchas semillas; sin interés.
Especies	Existen más de 8.000 híbridos y cultivares, desarrollados por sus flores atractivas: sencillas, semidobles y dobles. ***Fuchsia corymbiflora*** (de Perú), de hasta 1,5 m de alto; hojas ovaladas de nervios rojos; flores rojo escarlata, de 10 cm de largo, en racimos colgantes; requiere soporte. ***Fuchsia magellanica*** (de Chile y Perú), de 1,50 m de alto (con soporte, hasta 3 m); ramas arqueadas; hojas de margen ondulante y dentado, de 5 cm de largo; flores delicadas, colgantes, de colores púrpura-rojo y púrpura-azul.

Fuchsia magellanica

h: 1-1,5 m
d: 1-1,5 m

forma	color	densidad	ambiente	foliación	floración	fructificación
	5 y 6				f. primavera f. otoño	

361

GARDENIA AUGUSTA (= *G. jasminoides*) (Rubiáceas)
GARDENIA

C Gardènia
I Gardenia, Cape jasmine **F** Jasmine du Cap

Origen	China, África del sur.
Exigencias	Prefieren tierras ricas, de brezo o de castaño, con mezcla de arena fina para conseguir un buen drenaje y aireación. Apta para el cultivo en maceta.
Crecimiento	Medio.
Características	Forma ovoidal, más a menos regular, de follaje denso y ramas leñosas. Se cultiva por sus hermosas flores muy aromáticas.
Hojas	P, opuestas o en grupos de 2 o 3, simples, elípticas, enteras o apenas dentadas, de 10 a 15 cm de largo, de pecíolo corto, lisas, color verde oscuro brillante (parecidas a la magnolia).
Flores	Blancas, fragantes aterciopeladas, de 7 a 10 cm de ancho, solitarias, piceladas.
Frutos	Ovoidal, carnoso, de 3 a 4 cm de largo, color naranja; produce una buen tintura amarilla.
Cultivares	*Gardenia augusta* «**Fortuniana**» (gardenia florida), de porte robusto; sus flores blancas se tornan amarillo-crema. *Gardenia augusta* «**Radicans**» (de Japón), hojas más agudas, de 5 a 8 cm de largo; flores pequeñas, muy fragantes. *Gardenia augusta* «**Veitchii**», de flor doble y follaje compacto; hojas más pequeñas.
Especies	*Gardenia thunbergia* (sur de África), de ramas erectas y hojas grandes; se le usa como pie de injerto por ser muy resistente.

h: 1,5-2 m
d: 1-1,5 m

forma	color	densidad	ambiente	foliación	floración	fructificación
	7				p. verano f. otoño	

GENISTA especies   (Fabáceas-Leguminosas)
RETAMA, aliaga

I Broom F Genêt

Origen	Sur de Europa (España), norte de África.
Exigencias	Son rústicos, viven en suelos bien drenados; sensibles al frío, resistentes a la sequía; requieren situaciones asoleadas.
Crecimiento	Medio.
Características	El género *Genista* es otro grupo de los arbustos llamados «retamas» (junto con los *Cytisus*), y el *Spartium junceum*. Tienen variadas formas de crecimiento; se les cultiva por sus flores casi siempre de color amarillo. Generalmente tienen ramas espinosas.
Hojas	C o semipersistentes (a veces inexistentes), simples, enteras, estípulas pequeñas o inexistentes, color verde.
Flores	Amarillas (blancas en *Retama monosperma*), en racimos terminales.
Frutos	Legumbres lineales oblongas de una o muchas semillas.
Especies	*Genista canariensis*, de islas Canarias; de 1,50 m de alto; follaje compacto; flores amarillas a mediados de la primavera; vive bien junto al mar. *Genista hispanica*, de España y norte de Italia; de 0,3 a 0,6 m de alto; forma esférica de follaje denso muy ramificado, con espinas largas; hojas oblongas o lineales de 1 cm de largo, pubescentes; flores en grupos de 2 a 12. *Genista linifolia*, de la Costa Brava española, adecuada a la proximidad del mar; de 0,3 a 0,5 m de alto; flores en racimos terminales, a mediados de la primavera. *Genista monspessulana*, del sur de Europa, de 1 a 3 m de alto, forma ovoidal irregular, hojas pubescentes de 3 folíolos ovalados, flores amarillas en racimos terminales.
Género	*Retama monosperma* (= *Genista monosperma*), de 1,5 a 2 m de alto, follaje transparente, forma ovoidal de ramas rectas; flores blancas en racimos axilares muy densos.

Genista hispanica

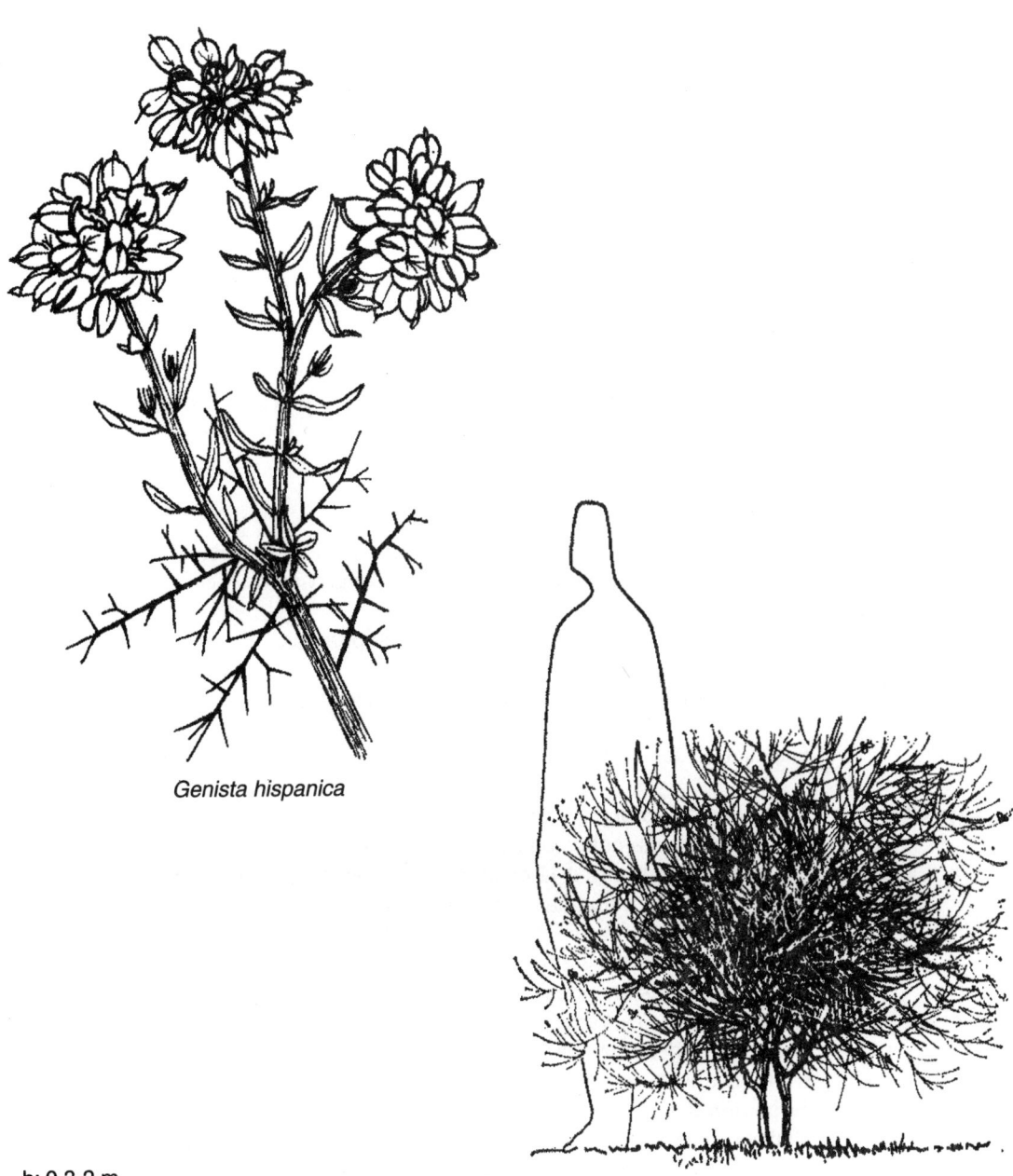

h: 0,3-2 m
d: 0,3-1 m

forma	color	densidad	ambiente	foliación	floración	fructificación
⌂ ○	6 y 7		○	p. primavera f. otoño	m. primavera	

365

HEBE especies   (Escrofulariáceas)
VERÓNICA

C Verònica
I Speedwell **F** Veronique

Origen	Nueva Zelanda. Regiones templadas y frías.
Exigencias	Viven en cualquier tierra de jardín, con algún abono animal y buen drenaje. Resistentes al calor y al frío extremos, prefieren situaciones soleadas.
Crecimiento	Rápido.
Características	El género *Hebe* comprende unas 75 especies de arbustos: de formas esféricas u ovoidales, follaje denso y hojas oscuras.
Hojas	**P**, en general; opuestas en la ramilla, las superiores.
Flores	En racimos terminales o axilares; a veces solitarias.
Frutos	Cápsula de dos cavidades; sin interés.
Especies	***Hebe × andersonii*** (= *Veronica × andersonii*), de 1,5 a 2,5 m de alto y 1 a 1,5 m de diámetro; forma ovoidal muy ramificada; hojas **P**, angostas, oblongas, de 8 a 12 cm de largo; flores blancas, manchadas de azul violáceo, pequeñas, en racimos de 10 a 15 cm. ***Hebe buxifolia*** (= *Veronica buxifolia*), de 1 a 1,5 m de alto; hojas **P**, oblongas u ovaladas, de 6 a 12 mm de largo, verde oscuro brillante; flores blancas, de unos 8 mm, en espigas de 2 a 3 cm de largo. ***Hebe hulkeana*** (= *Veronica hulkeana*), de 0,6 a 1 m de alto; hojas **P**, ovaladas, dentadas de 3 a 5 cm de largo; flores blancas de unos 6 mm de ancho, en espigas de hasta 30 cm. ***Hebe pimeleoides*** (= *Veronica pimeleoides*), 45 cm de alto; hojas elípticas de color glauco, a veces rojizas; flores blancas o azuladas. ***Hebe salicifolia*** (= *Veronica salicifolia*), de 1 a 3 m de alto y 0,5 a 1,5 m de diámetro; hojas **P**, angostas, algo dentadas, de 5 a 15 cm de largo, verde pálido o amarillento; flores blancas teñidas de lila o azul, de 3 a 4 mm de ancho, en espigas. ***Hebe speciosa*** (= *Veronica speciosa*), de 1 a 1,5 m de alto y 0,8 a 1 m de diámetro; hojas **P**, opuestas, oblongas a ovaladas, de 5 a 10 cm de largo, verde brillante, pálido por debajo, gruesas y tiesas; flores azul purpúreas a rojo purpúreas, pequeñas, en densos racimos terminales de unos 8 a 9 cm de largo. ***Hebe traversii*** (= *Veronica traversii*), de 0,8 a 1 m de alto y de diámetro; hojas opuestas, lineales, de 2 a 3 cm de largo y unos 8 mm de ancho; flores blancas, en racimos de 5 a 8 cm. Muy cultivado.

Veronica speciosa

h: 0,8-3 m
d: 0,8-1,5 m

forma	color	densidad	ambiente	foliación	floración	fructificación
○ ○	6-7	■	○		m. primavera m. otoño	

HELIOTROPIUM ARBORESCENS (Boragináceas)
(= *H. peruvianum*)
HELIOTROPO

I Cherry pie **F** Héliotrope du Pérou **A** Sonnenwende

Origen	Sudamérica (Perú).
Exigencias	Requiere tierra rica y temperaturas más bien altas. Indicado para el cultivo en macetas, sobre todo en la primera edad en que es más sensible al frío.
Crecimiento	Rápido.
Características	Forma irregular de follaje semidenso. Se cultiva especialmente por el aroma tan particular de sus flores y su larga floración. Adecuado como planta de interior.
Hojas	P, alternas, ovaladas u oblongas, agudas en la base, de borde entero, arrugadas, nerviación muy marcada, 3 a 8 cm de largo; color verde oscuro.
Flores	Purpúreas o violetas (blanca en algunas variedades hortícolas), de unos 6 mm de largo, en densos racimos; fuerte aroma a vainilla.
Frutos	Pequeña nuez seca; sin interés.
Cultivares	*Heliotropium arborescens* «**Chatsworth**», flores púrpura, muy fragantes. *Heliotropium arborescens* «**Spectabile**», más compacto, hasta 1,2 m de altura, flores violeta pálido, fragantes.
Especies	*Heliotropium amplexicaule*, de Sudamérica, 50 cm de altura, flores azules, púrpuras o blancas.

h: 1-3 m
d: 1-2 m

forma	color	densidad	ambiente	foliación	floración	fructificación
	7		O		m. primavera	

HIBISCUS SYRIACUS   (= *Althaea frutex*)   **(Malváceas)**
HIBISCO, altea

I Rose-mallow, shrubby althaea, rose of Sharon **F** Mauve en arbre **A** Roseneibisch

Origen	China, India (por error atribuido a Siria).
Exigencias	Se adapta a una gran variedad de tierras y condiciones, prefiriendo los suelos bien drenados y las situaciones asoleadas. Es sensible a las heladas tardías de primavera, aunque resiste bajas temperaturas; acepta una poda fuerte.
Crecimiento	Medio.
Características	Forma cónica de ramas erectas y follaje denso. Cultivado por sus flores en forma de rosa, de largo período de floración.
Hojas	**C**, simples, alternas, pecioladas, muy dentadas, de 5 a 8 cm de largo, lisas, con estípulas; color verde oscuro.
Flores	Solitarias, de pecíolo corto, blancas, rojas, purpúreas o violetas, de 6 a 10 cm de ancho.
Frutos	Cápsula sin interés.
Cultivares	*Hibiscus syriacus* «**Snowdraft**», flor color blanco puro. *Hibiscus syriacus* «**Coelestis**», flor azul púrpura. *Hibiscus syriacus* «**Monstruosus**», flor blanca con centro purpúreo oscuro. *Hibiscus syriacus* «**Purpureus Variegatus**», flor doble, purpúrea; hojas variegadas. *Hibiscus syriacus* «**Duc de Brabant**», flor rosa-púrpura.
Especies	De hoja caduca: *Hibiscus mutabilis*, hojas y flores blancas (tornando a rosado). De hoja persistente: *Hibiscus rosa-sinensis* (de China), de 4 a 7 m de alto; hojas ovaladas, muy dentadas, de 8 a 12 cm de largo; flores color rosado intenso, de 10 a 15 cm de ancho; floración larga. *Hibiscus rosa-sinensis* «**Cooperi**», hojas estrechamente lanceoladas, jaspeadas de rojo, rosa y blanco; flores rosadas. *Hibiscus rosa-sinensis* «**Sunny Delight**», flores sencillas, grandes, de color amarillo brillante con centro blanco.

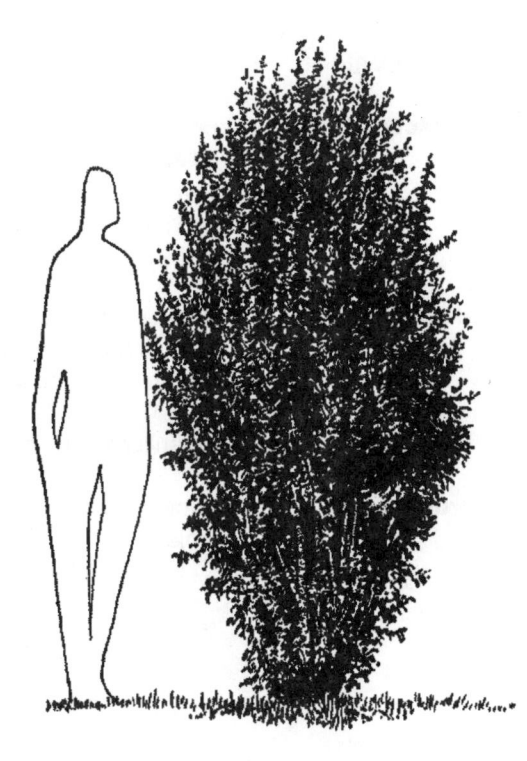

h: 2,5-3 m
d: 1-2,5 m

forma	color	densidad	ambiente	foliación	floración	fructificación
△	6-7	■	○	p. primavera f. otoño	f. primavera p. verano	

HIPPOPHAE RHAMNOIDES   (Eleagnáceas)
ESPINO AMARILLO

I Sea buckthorn **F** Argousier

Origen	Sur de Europa.
Exigencias	Es rústico en cuanto a la naturaleza del terreno; resiste perfectamente al borde del mar.
Crecimiento	Medio.
Características	Forma ovoidal irregular de follaje denso, muy espinoso; se cultiva por su follaje gris y el color llamativo de sus frutos, que permanecen durante el invierno. Para conseguir estos últimos, se debe tener cuidado en plantar ejemplares masculinos y femeninos cerca.
Hojas	P, alternas, enteras, lanceoladas o lineales, de 2 a 8 cm de largo, más o menos plateadas cuando jóvenes, luego verdosas en la cara superior.
Flores	Amarillentas, de sexos separados; sin interés.
Frutos	Ovoides, carnosos, de 6 a 8 cm de largo, color amarillo anaranjado.

h: 1-3,5 m
d: 0,5 -1,5 m

forma	color	densidad	ambiente	foliación	floración	fructificación
◯	2 → 3	■	○		p. primavera	f. otoño f. invierno

373

HYDRANGEA MACROPHYLLA   (Hidrangeáceas)
HORTENSIA

C Hortènsia
I French hortensia

Origen	China, Japón.
Exigencias	Vive en cualquier tipo de suelo, prefiriendo las situaciones en semisombra, frescas. Es sensible a las heladas, que atacan sus brotes terminales. Requiere poda anual para florecer abundantemente.
Crecimiento	Medio.
Características	Forma esférica de follaje denso y ramas erguidas. Muy sensible a la cantidad de cal de la tierra, la que determina el color de la flor (porcentaje de cal bajo = flores azules; porcentaje de cal alto = flores rosadas y hasta blancas).
Hojas	C, opuestas pecioladas, gruesas, ovaladas, acorazonadas, de 7 a 15 cm de largo, aserradas con grandes dientes triangulares; color verde medio lustroso por encima, más claro por debajo.
Flores	Azules o rosadas, raramente blancas, en corimbos terminales, estériles, de 1 a 3 cm de ancho con sépalos dentados.
Frutos	Sin interés.
Cultivares	*Hydrangea macrophylla* «**Joseph Banks**», la forma más usual en cultivo; de flores en racimos globosos. *Hydrangea macrophylla* «**Mathilde Gutges**», de flores color azul intenso.
Especies	*Hydrangea paniculata* «**Grandiflora**», de 2,5 a 4 m de alto; flores blancas (tirando a rosado y púrpura), en racimos cónicos de 0,20 a 0,30 cm de largo. *Hydrangea petiolaris*, enredadera caducifolia, de hasta 20 m de altura. Flores en corimbos planos de 15-25 cm, con flores blancas. *Hydrangea quercifolia*, 1-2,5 m, hojas con 5-7 lóbulos profundos; inflorescencias piramidales de 10 a 25 cm de flores blancas.

h: 1-2,5 m
d: 1-2 m

forma	color	densidad	ambiente	foliación	floración	fructificación
	6			p. primavera f. otoño	f. primavera f. verano	

375

ILEX AQUIFOLIUM   (Aquifoliáceas)

ACEBO

C Boix grèvol **E** Gorosti
I English holly **F** Houx commun **A** Stechpalme

Origen	Europa, norte de África, Asia.
Exigencias	Requiere tierras ligeras, poco calcáreas, ricas y frescas. Crece bien en los sitios altos; muy indicado para sotabosques. Puede crecer aún en la sombra, pero allí es atacado por pestes.
Crecimiento	Lento.
Características	Forma cónica de ramas extendidas y follaje compacto. Se le usa generalmente como arbusto, controlándolo por medio de la poda, pero naturalmente alcanza forma arbórea de hasta 15 y 20 m.
Hojas	P, alternas, simples, coriáceas, ovaladas o elípticas, de 3 a 7 cm de largo, borde ondulante con largos dientes triangulares y espinosos (lisas o enteras en los ejemplares viejos); color verde negro, brillante.
Flores	Blancas, fragantes, de pedúnculos cortos, axilares, pequeñas.
Frutos	Globosos, de 7 a 10 cm de ancho, color rojo brillante, pedunculados, generalmente en grupos.
Cultivares	*Ilex aquifolium* «**Aureomarginata**», hojas con estrecho margen amarillo. Fruto rojo oscuro. *Ilex aquifolium* «**Green Pillar**», porte columnar. Planta femenina. *Ilex aquifolium* «**Pyramidalis Fructo Luteo**», hojas sin dientes. Fruto amarillo brillante.
Especies	*Ilex* × *altaclarensis* «**Camelliifolia**», híbrido (*I. aquifolium* × *I. perado*), hojas elípticas de 6-10 cm de largo con dientes más numerosos y regulares. *Ilex perado*, *Ilex perado* ssp. *platyphylla*, del sur de España e islas Canarias. *Ilex pernyi*, de crecimiento enano.

h: 3-4 m
d: 1,5-3 m

forma	color	densidad	ambiente	foliación	floración	fructificación
△	11	■	◯◐		f. primavera	f. otoño f. invierno

JASMINUM especies   (Oleáceas)

JAZMÍN

C Llessamí **E** Kresmin
I Jasmine **F** Jasmin **A** Echter Jasmin

Origen	Regiones tropicales y subtropicales de Europa, África y Asia.
Exigencias	Viven en una gran cantidad de tierras, prefiriendo las situaciones asoleadas. Son sensibles a las heladas pero pueden recuperarse con poda. El más resistente es el *Jasminum officinale*.
Crecimiento	Medio.
Características	Son arbustos y plantas sarmentosas o trepadoras, de forma irregular y ramas verdes angulosas. Se cultivan por su agradable perfume. Existen unas 200 especies.
Hojas	C o P, opuestas o alternas, simples o compuestas de folíolos enteros en número impar; color verde medio o verde oscuro.
Flores	Amarillas, blancas o rosadas, en grupos terminales, perfumadas.
Frutos	Baya generalmente negra.
Especies	De hoja caduca: *Jasminum officinale* (jazmín morisco), arbusto sarmentoso de 3 y hasta 5 m de alto; hojas opuestas, compuestas de folíolos elíptico-ovales de 1 a 6 cm de largo, color verde medio; flores blancas de 2,5 cm de ancho, fragantes, pediceladas, en grupos de 2 a 10. *Jasminum officinale* f. *grandiflorum* (jazmín de España), flores de unos 4 cm de ancho, muy perfumadas. *Jasminum fruticans*, arbusto de 3 m; hojas compuestas de folíolos oblongos de 8 a 20 mm de largo; flores amarillas. *Jasminum nudiflorum* (jazmín de invierno), arbusto de 5 m; hojas compuestas de 3 folíolos ovalados de 1 a 3 cm de largo; flores amarillas, solitarias, axilares, de 2,5 cm de ancho, a fines de invierno. De hoja persistente: *Jasminum humile* (jazmín de Italia), arbusto hasta 1,5 m de alto; hojas compuestas de folíolos de 1 a 5 cm de largo, de borde un poco enroscados, color verde oscuro, más pálido por abajo; flores color amarillo oro brillante, fragantes, de 1 cm de ancho. *Jasminum sambac* (jazmín de Arabia), trepadora típica de Andalucía donde se le conoce como «diamela»; hojas opuestas, elípticas; flores blancas que se tornan purpúreas, en grupos de 3 a 12. *Jasminum sambac* «**Gran Duke of Tuscany**», cultivar del anterior, de flores dobles, muy perfumadas. *Jasminum beesianum*, arbusto hasta 1 m de alto; hojas simples; flores rosadas o encarnadas, muy fragantes.

Jasminum officinale

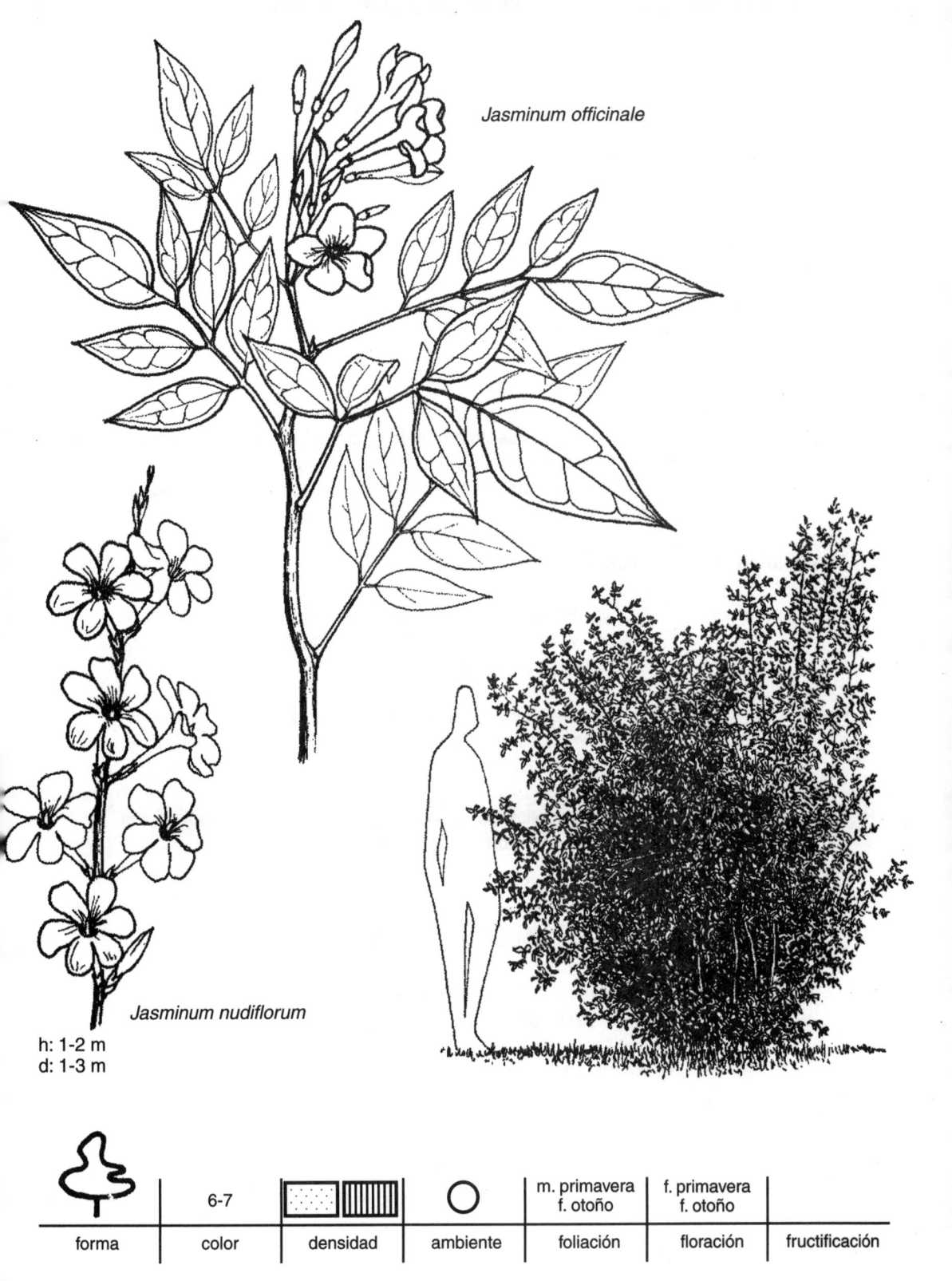

Jasminum nudiflorum

h: 1-2 m
d: 1-3 m

forma	color	densidad	ambiente	foliación	floración	fructificación
	6-7		○	m. primavera f. otoño	f. primavera f. otoño	

KERRIA JAPONICA (Rosáceas)

KERRIA

C Kèrria
I Japanese rose **F** Corête du Japon **A** Kerrie

Origen	Japón.
Exigencias	Es rústico en cuanto a la naturaleza del terreno, siempre que esté bien drenado. Sensible a las heladas invernales; prefiere las situaciones asoleadas, pudiendo vivir también en la semisombra.
Crecimiento	Rápido.
Características	Forma esférica irregular de tallos verdes (de interés en invierno) y ramas cortas. Follaje distribuido; se le cultiva por sus flores y su hermoso follaje.
Hojas	C, alternas, oblongo-ovaladas, agudas, de 2 a 5 cm de largo, doblemente aserradas, de color verde brillante, más pálido por debajo.
Flores	Amarillas, solitarias, de 3 a 4,5 cm de ancho, en pedúnculos de 5 a 15 cm sobre las ramillas.
Frutos	Sin interés.
Cultivares	*Kerria japonica* «**Golden Guinea**», flores muy grandes, sencillas. *Kerria japonica* «**Pleniflora**», de forma más erecta, puede llegar hasta los 3 m contra una pared; flores dobles. Es la más cultivada. *Kerria japonica* «**Variegata**», hojas con bordes blancos.

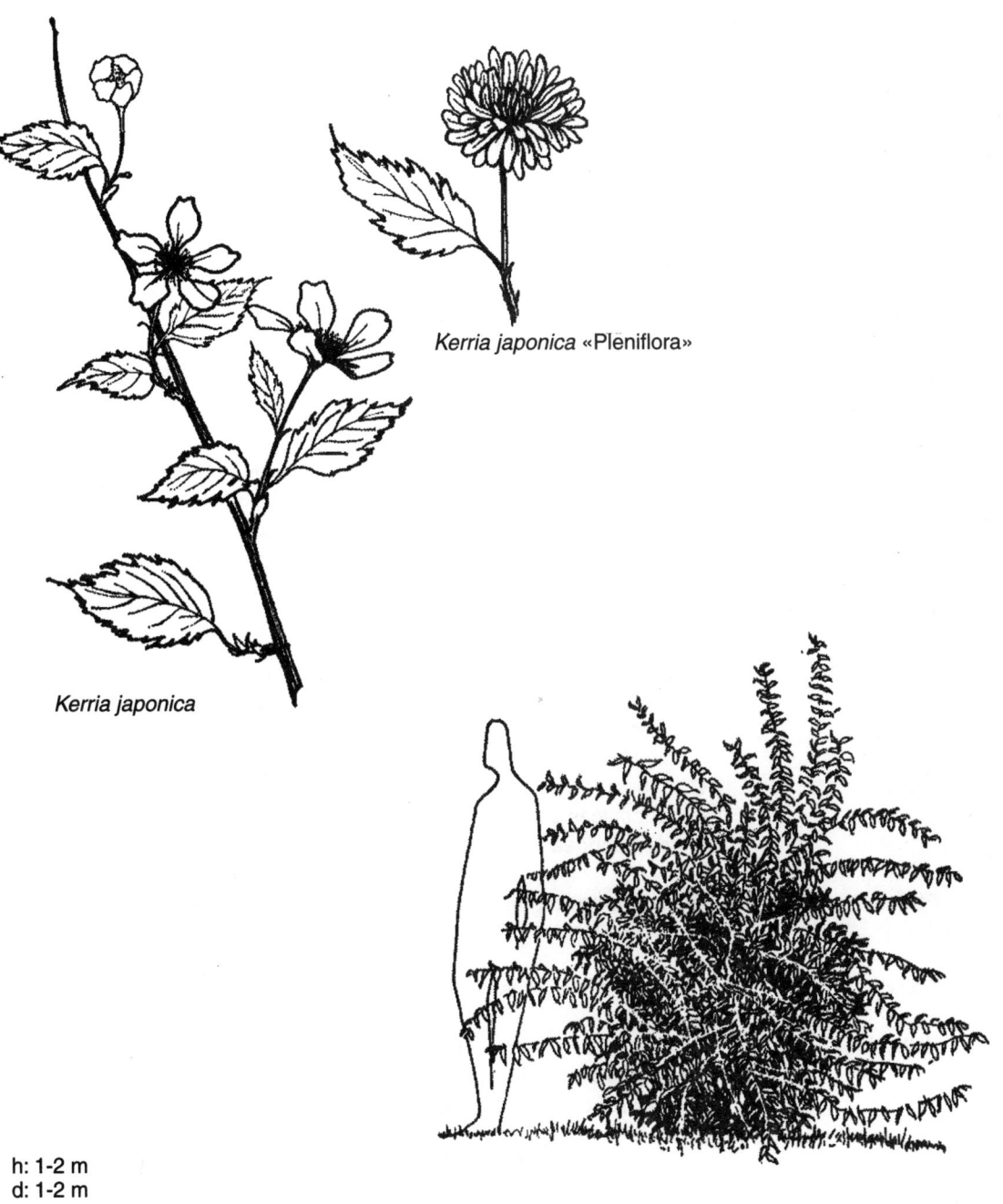

Kerria japonica «Pleniflora»

Kerria japonica

h: 1-2 m
d: 1-2 m

forma	color	densidad	ambiente	foliación	floración	fructificación
○	4-5	▦	◐	p. primavera f. otoño	m. primavera	

LAGERSTROEMIA INDICA (Litráceas)

LAGERSTREMIA, árbol de Júpiter

C Lagerstrèmia
I Crape myrtle **F** Lilas d'été

Origen	China.
Exigencias	Es rústico; puede vivir en suelos húmedos, de temperaturas templadas. Sensible a las heladas; prefiere situaciones asoleadas para florecer bien, aunque lo hace también en la semisombra.
Crecimiento	Rápido.
Características	Forma cónica invertida, de troncos retorcidos y corteza lisa color ocre, suele alcanzar formas arbóreas hasta de 6 m. Cultivado especialmente por sus flores en largas espinas.
Hojas	**C**, opuestas (las superiores alternas), con pequeñas estípulas, cónicas caducas, elípticas u oblongas, de 2,5 a 7 cm de largo, redondeadas en la base; color verde oscuro grisáceo.
Flores	Rosado brillante, de 3 a 4 cm de ancho, en espigas de 6 a 20 cm de largo.
Frutos	Cápsula ancha, elipsoidal.
Cultivares	*Lagerstroemia indica* «**Comanche**», flor rosa fuerte. *Lagerstroemia indica* «**Country Red**», flor rosa fuerte. *Lagerstroemia indica* «**White Dwarf**», flor blanca.

h: 2-3,5 m
d: 2-3 m

forma	color	densidad	ambiente	foliación	floración	fructificación
	8-9			f. primavera f. otoño	p. verano p. otoño	

LANTANA CAMARA   (Verbenáceas)

LANTANA, bandera española

C Lantana
I Lantana **F** Lantana **A** Waldenroeschen

Origen	Sudamérica, Jamaica.
Exigencias	No tiene exigencias de suelo (siempre que esté bien drenado), siéndole útil una humedad más o menos elevada, especialmente en el primer período de crecimiento. Requiere situaciones asoleadas para el buen florecimiento, pero acepta la semisombra. Sensible a las heladas.
Crecimiento	Rápido.
Características	Forma irregular de numerosas ramas y ramillas espinosas. Apoyada contra un muro puede crecer hasta 2,5 m o más, en forma trepadora.
Hojas	**P**, opuestas, ovaladas o acorazonadas, de 5 a 12 cm de largo, dentadas (con dientes redondeados) de nerviación notoria; rugosas por encima y pubescentes por debajo; color verde oscuro.
Flores	Amarillas, luego de color naranja y rojo (a menudo los tres simultáneamente), de unos 8 mm de ancho en racimos de 3 a 5 cm de diámetro.
Frutos	Sin interés.
Cultivares	*Lantana camara* «**Brazier**», flor rojo brillante. *Lantana camara* «**Fabiola**», flor rosa salmón y amarilla. *Lantana camara* «**Nadie**», flor blanca con el centro amarillo.
Especies	*Lantana montevidensis* (*Lantana delicatissima*), arbusto sarmentoso de no más de 1 m de altura; hojas de 2 a 3 cm de largo; flores rosado-liláceas.

h: 1-1,5 m
d: 1,5-2 m

forma	color	densidad	ambiente	foliación	floración	fructificación
	11		○◐		p. verano p. otoño	

LAURUS NOBILIS   (Lauráceas)

LAUREL

C Llorer, llaurer **E** Ereñotz
I Laurel, sweet bay **F** Laurier franc **A** Lorbeerbaum

Origen	Región mediterránea.
Exigencias	No requiere un tipo determinado de tierra, sino una adecuada humedad en el ambiente. En estas condiciones soporta bien el calor y la sequía. Adecuado para el cultivo en macetas.
Crecimiento	Medio.
Características	Forma cónica columnar que en su ambiente alcanza los 10 y los 15 m de altura; follaje muy compacto y oscuro, ha sido muy cultivado en formas geométricas. Es el verdadero «laurel», histórico, símbolo de gloria. Su hoja se utiliza como condimento de cocina.
Hojas	P, alternas, oblongo-lanceoladas, enteras, agudas, de pecíolo corto, coriáceas, aromáticas, de 7 a 10 cm de largo, color verde oscuro.
Flores	Blanco verdosas, de 1 cm de ancho.
Frutos	Ovoides, color verde oscuro, de 1,5 a 2 cm de largo.
Cultivares	*Laurus nobilis* «**Angustifolia**» (o salicifolia), de hojas estrechas, parecidas a las del sauce. *Laurus nobilis* «**Aurea**», hojas teñidas de amarillo. *Laurus nobilis* «**Crispa**», hojas con el margen ondulado.
Especies	*Laurus azorica*, árbol de 10 m, hoja anchamente lanceolada-elíptica. Canarias y Azores.

h: 3-5 m
d: 1,5-2 m

forma	color	densidad	ambiente	foliación	floración	fructificación
△	11	■	○		m. primavera	

LAVANDULA ANGUSTIFOLIA (Lamiáceas-Labiadas)
(= *L. officinalis*; *L. spica*; *L. vera*)

ESPLIEGO

C Espígol **E** Espika
I English lavender **F** Lavande vraie **A** Echter Lavender

Origen	Región mediterránea.
Exigencias	No requiere un suelo específico, pero vive mejor en los calcáreos y arcillosos. Prefiere los bien drenados y las situaciones asoleadas. Es conveniente podarlo después de la floración.
Crecimiento	Rápido.
Características	Forma esférica muy ramificada, de follaje compacto.
Hojas	P, opuestas, enteras, lineales o lanceoladas, de 2 a 4 cm de largo, de márgenes enroscados, color blanco aterciopelado.
Flores	Color lavanda, de 0,8 a 1 cm de largo, con brácteas acuminadas, en espigas de 3 a 6 cm de largo, en pedúnculos hasta de 15 cm.
Frutos	Sin interés.
Cultivares	*Lavandula angustifolia* «**Alba**», de flores blancas. *Lavandula angustifolia* «**Hidcote**», 30 cm de altura, densa. Flor de color lila en espigas densas. *Lavandula angustifolia* «**Nana Alba**», 15 cm, flores blancas. *Lavandula angustifolia* «**Royal Purple**», flor lavanda en largas inflorescencias.
Especies	*Lavandula latifolia*, de hojas oval-lanceoladas a oblongas, de 5 cm de largo.

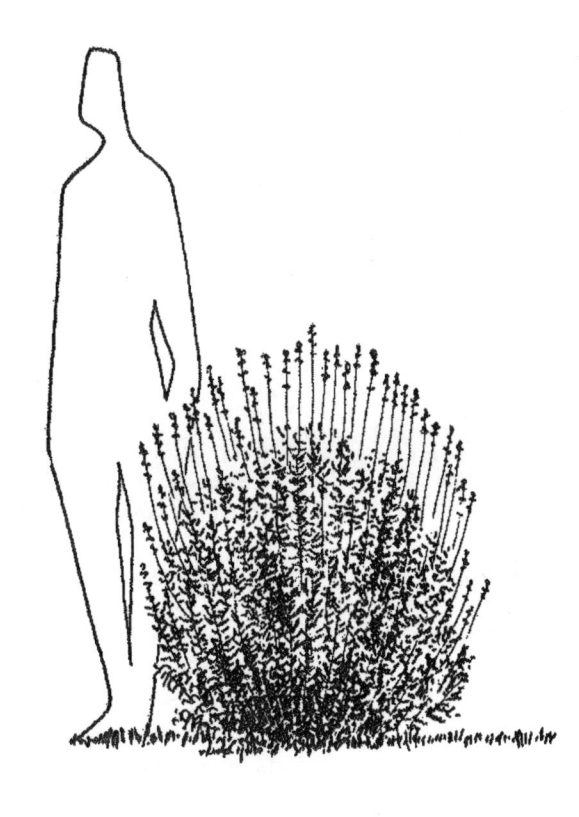

h: 0,8-1 m
d: 0,8-1,2 m

forma	color	densidad	ambiente	foliación	floración	fructificación
○	2-3	■	○		m. verano	

LIGUSTRUM JAPONICUM   (Oleáceas)

ALIGUSTRE

C Troana
F Troëne du Japon **A** Rainweide

Origen	Japón.
Exigencias	Vive en cualquier tipo de suelo, siempre que no sea demasiado pobre. Crece tanto a pleno sol como en la sombra. Resiste a las heladas, aunque lo perjudican un poco.
Crecimiento	Rápido.
Características	Forma cónica erecta de follaje denso. Acepta muy bien la poda por lo que es usado frecuentemente para setos de hasta 3 m de alto.
Hojas	**P**, opuestas, enteras, de pecíolo corto, de ovaladas a oblongas, acuminadas, de 4 a 10 cm de largo, generalmente redondeadas en la base, de margen y nervio central rojizo; color verde oscuro por encima, verde amarillento por debajo.
Flores	Blanco amarillentas, pequeñas, en racimos terminales de 6 a 15 cm de largo; de hermoso aspecto.
Frutos	Drupa de unos 5 mm de diámetro, color negro azulado.
Cultivares	*Ligustrum japonicum* «**Rotundifolium**» (= *Ligustrum coriaceum*), de unos 2 m de alto, muy compacto; hojas ovaladas, anchas, de 3 a 6 cm de largo, color verde oscuro brillante. *Ligustrum japonicum* «**Variegatum**», de hojas con margen blanco cremoso.
Especies	*Ligustrum lucidum*, de forma arbórea hasta 10 m; hojas ovaladas u oval-lanceoladas, de 8 a 12 cm de largo; racimos florales hasta 20 cm de largo; frutos oblongos de 1 cm de largo; muy próximo al descrito. *Ligustrum lucidum* «**Aureovariegatum**», hojas variegadas de amarillo. *Ligustrum ovalifolium*, de hasta 5 m de alto; hojas elíptico-ovaladas, color verde oscuro por encima y verde amarillento por debajo.

h: 3-4 m
d: 1-2,5 m

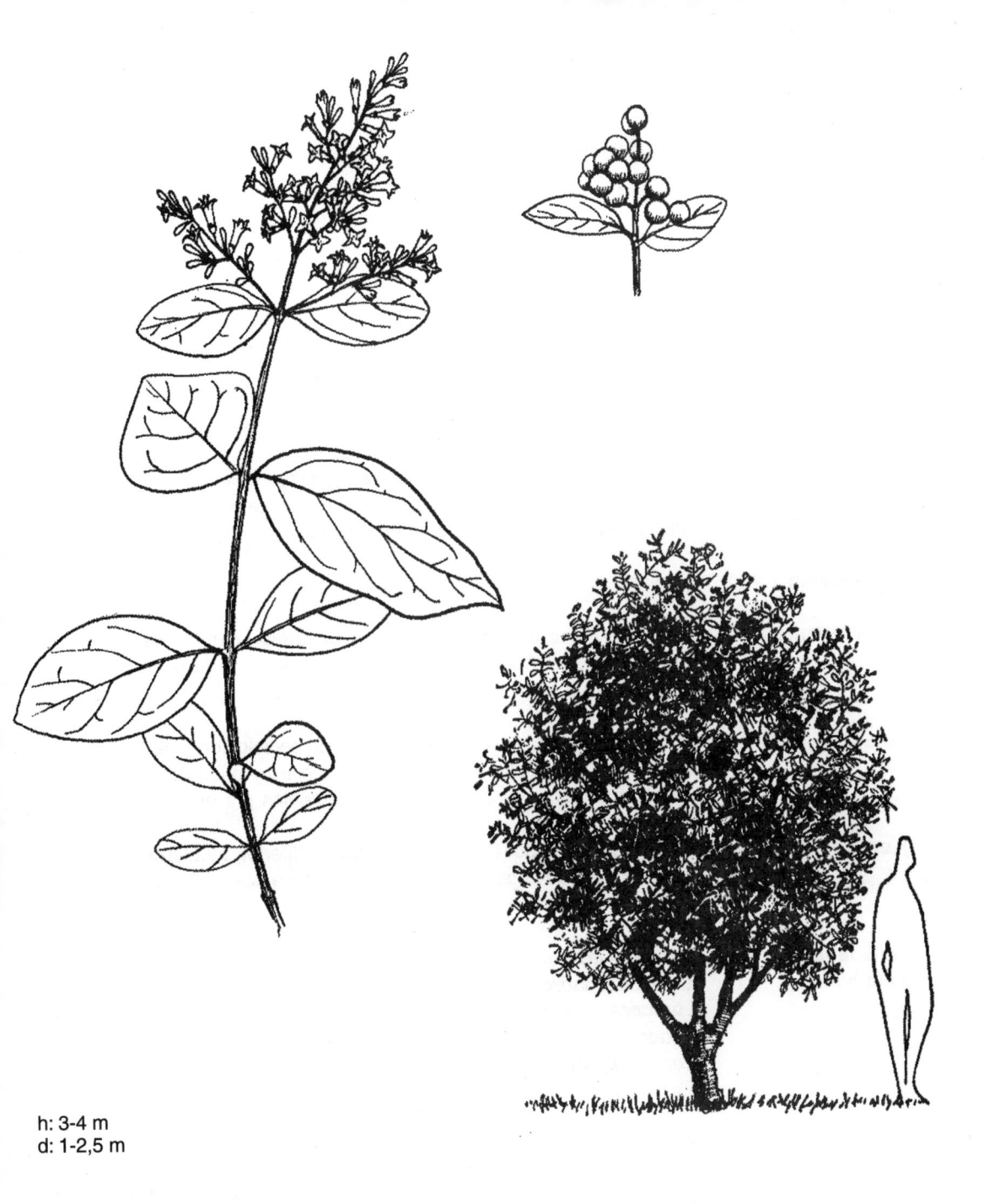

forma	color	densidad	ambiente	foliación	floración	fructificación
△	7 y 4	■	○◐●		f. primavera m. verano	m. otoño

LONICERA JAPONICA   (Caprifoliáceas)

MADRESELVA DEL JAPÓN

C Xuclamel del Japó
I Japanese honeysuckle **F** Chèvrefeuille du Japon **A** Heckenkirsche

Origen	China y Japón.
Exigencias	Como todas las madreselvas, no es exigente en suelo; prefiriendo los arcillosos y las situaciones en sombra o semisombra. Conviene podarlo, para ordenar su forma.
Crecimiento	Rápido.
Características	Forma irregular (arbusto sarmentoso), de ramas volubles, flexibles y velludas. Más apreciado por el agradable perfume de sus flores que por la belleza de ellas.
Hojas	P, opuestas, enteras, ovaladas, agudas, de pecíolo corto, de 3 a 8 cm de largo, color verde medio, más claro y pubescente por debajo (las hojas nuevas son pubescentes por encima).
Flores	Rojas y velludas por fuera, blancas por el interior, tubulares, de unos 3 cm de largo; en grupos axilares de a dos, junto con dos hojas bracteales.
Variedades y cultivares	*Lonicera japonica* «**Aureoreticulata**», con las hojas reticuladas de amarillo, de tamaño mucho menor. *Lonicera japonica* «**Halliana**», de flores que comienzan siendo blancas, para tornarse amarillas con el tiempo. *Lonicera japonica* var. *repens*, de flores blancas teñidas de púrpura pálido. Muy cultivada.
Especies	Son muy numerosas, de hoja caduca y persistente; y de tipo sarmentoso, trepador o arbustivo. Entre ellas: *Lonicera fragrantissima*, arbusto de hoja semipersistente, de flores blancas; de 1,5 a 2 m de alto. *Lonicera nitida*, arbusto hasta 1 m de alto; hojas persistentes; flores blancas; utilizado para setos en climas más fríos. *Lonicera pileata*, arbusto de 0,60 m; hojas persistentes; flores pequeñas, amarillas. Existen varios en forma de enredadera, tales como: *Lonicera implexa* y *Lonicera etrusca*, ambas de la región mediterránea.

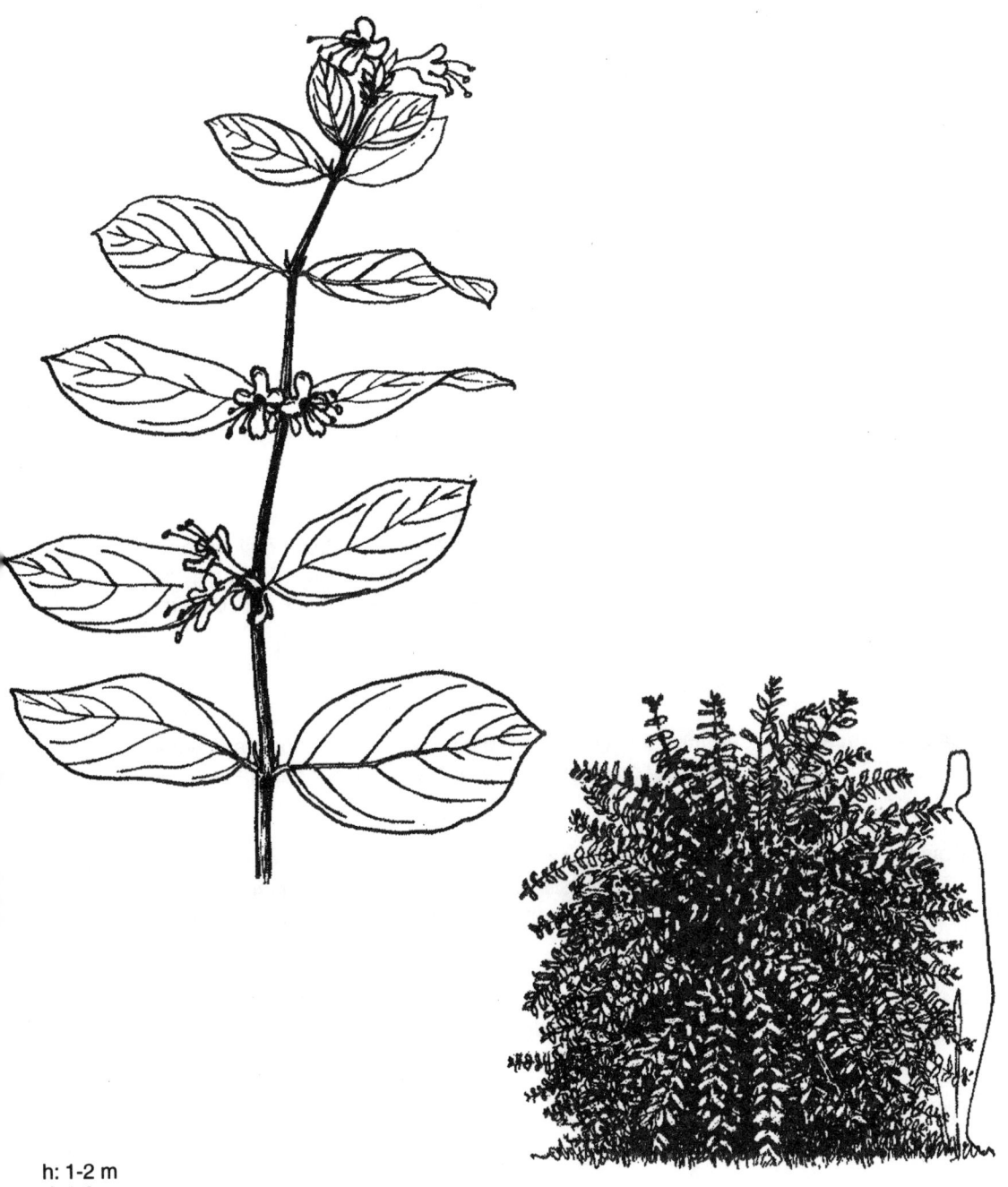

h: 1-2 m
d: 1-2 m

forma	color	densidad	ambiente	foliación	floración	fructificación
	4-6				f. primavera p. verano	

MAGNOLIA × SOULANGIANA   (Magnoliáceas)
MAGNOLIA

I Saucer magnolia

Origen	Hortícola, obtenida en Francia por hibridación de *Magnolia denudata* y *Magnolia liliiflora*.
Exigencias	Puede vivir en una gran variedad de suelos siempre que no sean demasiado calcáreos o arcillosos. Prefiere situaciones asoleadas, o en semisombra, en sitios en que haya que defenderlo de las heladas, que lo perjudican mucho. Es de clima templado frío.
Crecimiento	Medio.
Características	Forma cónica desordenada, ramas erectas. Apreciado por el gran tamaño y belleza de sus flores que aparecen antes que las hojas.
Hojas	C, alternas, enteras, elíptico-ovaladas, acuminadas y anchas en la punta, angostas en la base, de 10 a 18 cm de largo, color verde oscuro por encima y verde claro pubescente por debajo.
Flores	En forma de cáliz, de color blanco, púrpura o rosado, según variedades, pétalos de 8 a 10 cm de largo con sépalos generalmente coloreados.
Frutos	Negros, formados por folículos agrupados en forma de cono oblongo; sin interés.
Cultivares	*Magnolia × soulangiana* «**Alba**», de flores blancas teñidas de púrpura junto a la base. *Magnolia × soulangiana* «**Alexandrina**». *Magnolia × soulangiana* «**Lennei**», de flores rosado purpúreas por afuera, blancas en el interior. *Magnolia × soulangiana* «**Rustica Rubra**», similar al anterior, de flores rojo-rosadas. *Magnolia × soulangiana* «**Vanhouttei**», flores color borgoña oscuro.

h: 2,5-4 m
d: 1,5-2,5 m

forma	color	densidad	ambiente	foliación	floración	fructificación
△	10	|||||	◐	p. primavera m. otoño	p. primavera	

MAGNOLIA STELLATA (Magnoliáceas)
MAGNOLIA ESTRELLADA

I Star magnolia

Origen	Japón.
Exigencias	Viven en cualquier tipo de tierra no demasiado alcalina o arcillosa, prefiriendo la tierra de turba. Ha de ubicarse en situaciones asoleadas pero protegidas de las heladas, que destruyen sus flores. No requiere poda.
Crecimiento	Medio.
Características	Forma extendida bien ramificada de follaje semidenso; ramas jóvenes algo pubescentes. Puede alcanzar forma de árbol de un solo tronco.
Hojas	**C**, alternas, enteras, ovaladas o elípticas, de 6 a 12 cm de largo, punta obtusa; color verde oscuro liso por encima, verde claro reticulado y con los nervios pubescentes por debajo.
Flores	Blancas, de pecíolo corto, 8 cm de ancho, de pétalos más angostos que en las otras magnolias; fragantes.
Frutos	Oblongos, retorcidos, de unos 5 cm de largo.
Cultivares	*Magnolia stellata* «**Norman Gould**», crecimiento muy lento, flores blancas. *Magnolia stellata* «**Rosea**», de flores color rosado pálido.

h: 2,5-4 m
d: 3-4 m

forma	color	densidad	ambiente	p. primavera m. otoño	p. primavera	p. otoño
	10			foliación	floración	fructificación
forma	color	densidad	ambiente	foliación	floración	fructificación

397

MAHONIA JAPONICA   (Berberidáceas)
MAHONIA

C Mahònia
I Mahonia **F** Mahonia **A** Mahonie

Origen	China.
Exigencias	Rústico en cuanto a la naturaleza del terreno. Sensible a las heladas; prefiere situaciones protegidas y ambientes frescos, viviendo bien en los sotabosques.
Crecimiento	Lento.
Características	Forma ovoidal irregular de tallos fuertes, poco ramificados, desnudos. Apreciado por su hermoso follaje.
Hojas	P, alternas, compuestas, de 30 a 40 cm de largo; de 9 a 15 folíolos ovalado-oblongos, de 4 a 10 cm de largo, duros, lisos, de borde dentado y espinoso; color verde amarillento por encima, más pálido por debajo.
Flores	Amarillas en racimos alargados, de 10 a 20 cm.
Frutos	Globosos, negros violáceos, de unos 8 mm de diámetro.
Cultivares	*Mahonia japonica* «**Hiemalis**», hojas e inflorescencias más grandes. Muy florífera.
Especies	*Mahonia bealei*, muy semejante al *Mahonia japonica*, y en cultivos generalmente confundido con él. *Mahonia aquifolium*, de China y Japón; forma irregular; de 1 a 1,5 m de alto; de 2 a 2,5 m de diámetro; hojas compuestas de 5 a 9 folíolos de 3,5 a 8 cm, color verde oscuro y lustroso por encima, se tornan purpúreos en otoño; flores amarillas en racimos globosos erectos, de 5 a 8 cm de largo; frutos semejantes al *Mahonia japonica*. Muy apreciado por su coloración otoñal; de crecimiento lento. *Mahonia aquifolium* «**Atropurpurea**», hojas rojo-púrpura en invierno.

h: 2-3 m
d: 1-1,5 m

forma	color	densidad	ambiente	foliación	floración	fructificación
	4-5				f. invierno p. primavera	m. otoño

MYOPORUM especies (Mioporáceas)

TRANSPARENTE, mióporo

C Miòpor
I Myoporum **F** Myoporum

Origen	Australia, Asia, islas del Pacífico.
Exigencias	Rústicos, en cuanto a suelos. Se dan bien en las tierras bajas, resistiendo perfectamente la proximidad del mar y la salinidad.
Crecimiento	Rápido.
Características	Son arbustos de forma esférica u ovoidal desordenada, de follaje semitransparente u opaco. Soportan muy bien la poda por lo que se les ha usado mucho para setos.
Hojas	P, alternas, enteras o dentadas, con glándulas que dejan pasar la luz.
Flores	Casi siempre blancas, pequeñas, axilares, generalmente en racimos.
Frutos	Drupas pequeñas, más o menos comestibles.
Especies	*Myoporum laetum*, forma esférica de follaje denso; crecimiento lento; de 1 a 2 m (a veces forma árbol hasta 4,5 m); hojas en general lanceoladas de 5 a 10 cm de largo, color verde claro brillante; flores blancas, de 1 a 1,5 cm de largo, con manchas purpúreas. *Myoporum parvifolium*, de forma horizontal; hojas lineales de 2 a 2,5 cm de largo. *Myoporum tenuifolium* (= *M. acuminatum*), forma ovoidal, de 1 a 1,5 m de alto; hojas alternas, de elíptico-oblongas a lanceoladas o lineales, acuminadas, de 7 a 8 cm de largo, enteras o muy poco dentadas; flores blancas; drupa esférica de unos 6 mm de diámetro. *Myoporum tetrandrum* (= *M. serratum*), forma ovoidal, muy variable; 2 a 3 m de alto; hojas elípticas o lanceoladas; flores blancas y purpúreas.

Myoporum acuminatum

h: 1-4,5 m
d: 1-2,5 m

forma	color	densidad	ambiente	foliación	floración	fructificación
	5-6-7				m. primavera f. primavera	

MYRTUS COMMUNIS (Mirtáceas)

MIRTO, arrayán

C Murtra
I Myrtle **F** Myrte **A** Mitre

Origen	Región mediterránea.
Exigencias	Vive en cualquier tipo de suelo fresco, bien drenado. Sensible a las temperaturas extremas; precisa agua en abundancia durante el verano. Soporta bien la poda.
Crecimiento	Lento.
Características	Forma ovoidal de follaje compacto. Es aromático en la flor y en los tallos; con el nombre de «arrayán» ha sido largamente utilizado en el jardín árabe español. Antiguamente fue el tradicional símbolo de la paz. Adecuado para el cultivo en macetas.
Hojas	P, opuestas, simples, de ovales a lanceoladas, de borde entero, 2-5 cm de largo, color verde medio lustroso por encima, más claro por debajo; con manchas transparentes, muy aromáticas al aplastarlas.
Flores	Blancas (a veces con tintes rosados), aromáticas, de unos 2 cm de ancho, solitarias, en pedúnculos largos, axilares, junto con dos brácteas lineales.
Frutos	Baya carnosa esférica, de 1 a 1,5 cm de diámetro, color negro purpúreo.
Variedades y cultivares	*Myrtus communis* «**Flore Pleno**», flores dobles blancas. *Myrtus communis* «**Leucocarpa**», de fruto blanco. *Myrtus communis* «**Microphylla**», de hojas pequeñas linear-lanceoladas, verde oscuras. *Myrtus communis* «**Variegata**», porte pequeño, hojas con el margen o con líneas blancas. *Myrtus communis* var. *italica*, porte erecto. *Myrtus communis* var. *latifolia*, de hojas muy anchas. *Myrtus communis* ssp. *tarentina*, de hojas pequeñas y flores color crema con manchas rosas.

h: 2-3 m
d: 1-1,5 m

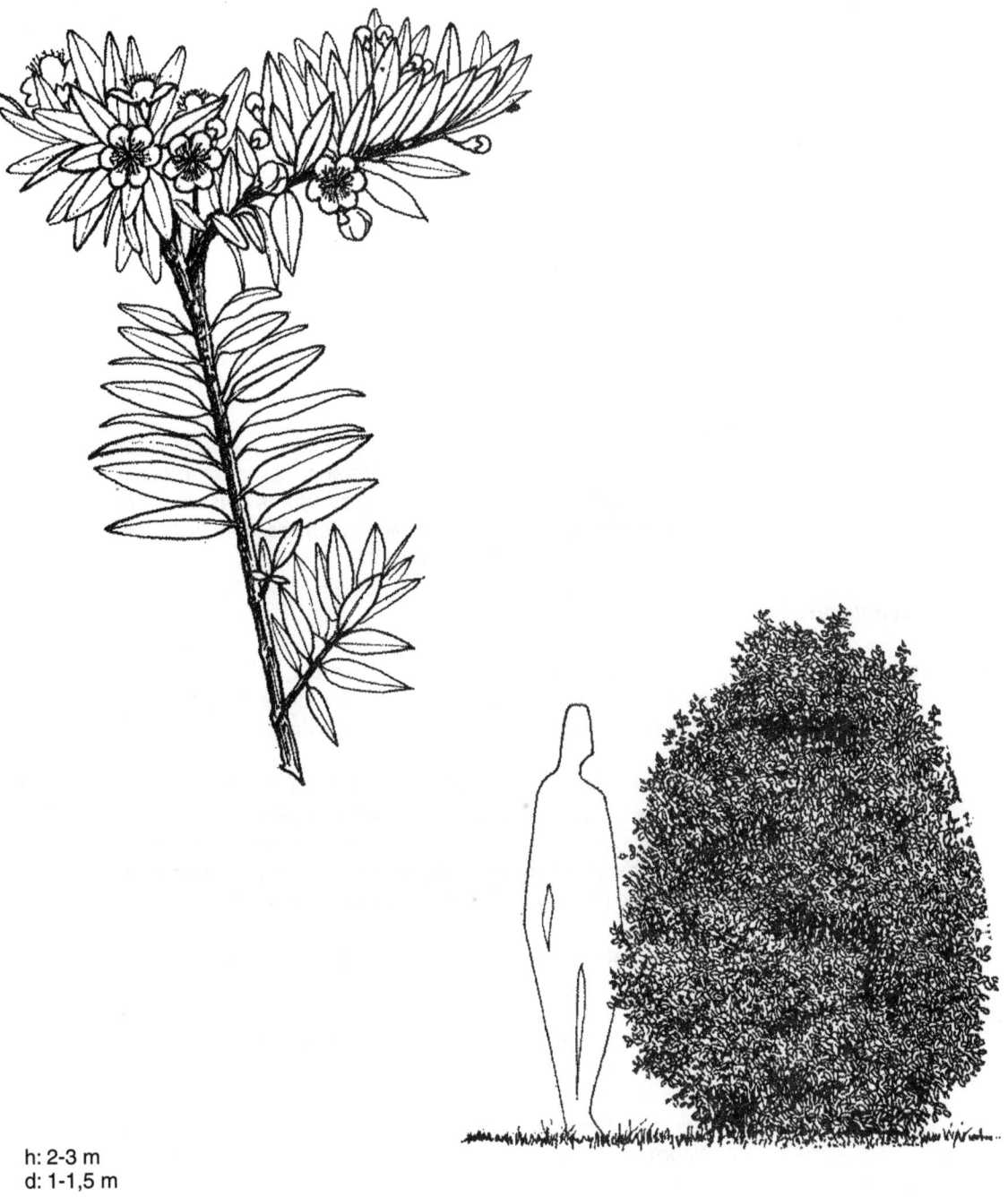

forma	color	densidad	ambiente	foliación	floración	fructificación
	5-6				f. primavera	

NANDINA DOMESTICA   (Berberidáceas)

NANDINA

C Nandina
F Bambou sacré

Origen	China, Japón.
Exigencias	Es rústico en clima templado mediterráneo. Sensible a las heladas, puede perder la hoja bajo temperaturas más frías. No es exigente en cuanto a la calidad del terreno, aunque lo prefiere ligero y rico en materia vegetal.
Crecimiento	Medio.
Características	De tallo erecto, forma ovoidal desordenada, follaje semitransparente. Se le aprecia por su delicado follaje de coloración otoñal, y sus frutos decorativos en largas espigas.
Hojas	P (o semipersistentes), alternas, de 30 a 50 cm de largo; compuestas por grupos de tres folíolos enteros, elíptico-lanceolados, agudos, de 3 a 10 cm de largo (mayor el terminal), coriáceos; color verde grisáceo, que en otoño e invierno se torna rojo por debajo, y por parte de la cara superior.
Flores	Blancas, de unos 6 mm de ancho, en espigas erectas de 20 a 35 cm de largo.
Frutos	Globosos, de 8 mm de diámetro, color rojo brillante o purpúreo.
Cultivares	*Nandina domestica* «**Flora**», fruto amarillo. *Nandina domestica* «**Nana Purpurea**», 1,2 m, hojas más cortas de color púrpura. *Nandina domestica* «**Variegata**», hojas y ramas jóvenes variegadas de color crema y rosa pálido.

h: 1-1,5 m
d: 1-1,5 m

forma	color	densidad	ambiente	foliación	floración	fructificación
○	8	▦	◯◐		p. primavera f. primavera	p. verano m. verano

NERIUM OLEANDER   (Apocináceas)

ADELFA, baladre

C Baladre **E** Eroitzorri
I Oleander, rose bay **F** Laurier-rose **A** Oleander

Origen	Región mediterránea, Asia templada, Japón.
Exigencias	Es rústico en cuanto a la calidad del suelo, viviendo muy bien en las zonas bajas junto al mar. Resiste las heladas y puede vivir en la sombra, aunque puede ser atacado por pestes. Le conviene una poda anual.
Crecimiento	Rápido.
Características	Forma ovoidal de follaje compacto y desordenado. Apreciado por sus follajes que duran todo el verano y el color de su follaje. Es venenoso en todas sus partes.
Hojas	**P**, en grupos de tres (a veces de 2 o 4), lanceoladas, enteras, coriáceas, de 10 a 20 cm de largo; color verde oscuro opaco por encima, más pálidas y con nervio central prominente por debajo.
Flores	Blancas, rojas, rosadas o naranjo amarillentas, de unos 5 cm de ancho, a menudo dobles según las variedades hortícolas.
Cultivares	Existen más de 400 variedades de cultivo, algunos con flores olorosas, que se diferencian por el color de la flor: blanco, crema, rosa, rojo, púrpura, amarillo, salmón, cobre; por el tipo de flor: sencilla, doble, plena; por tener las hojas variegadas, etc.

h: 2-4 m
d: 1-2 m

forma	color	densidad	ambiente	foliación	floración	fructificación
	11	■	○◐●		p. verano f. verano	

407

PAEONIA SUFFRUTICOSA (= *P. arborea*) (Peoniáceas)
PEONIA ARBÓREA

C Peonia
I Tree peony **F** Pivoine en arbre

Origen	China.
Exigencias	Requiere suelos ricos, profundos, bien drenados y aireados. Sensible a las heladas y al sol intenso; también a la irradiación de muros y pavimentos de color claro. No requiere poda.
Crecimiento	Lento.
Características	Forma extendida de follaje compacto; troncos leñosos retorcidos, descubiertos en la parte inferior.
Hojas	P, alternas, compuestas, de 10 a 25 cm de largo (sin el pecíolo); folíolos de ovales a oblongos, de 3 a 5 lóbulos, raramente enteros, de 6 a 10 cm de largo, color verde azulado oscuro, más pálido por debajo.
Flores	Rojas, rosadas o blancas, solitarias, de 10 a 30 cm de ancho.
Frutos	Cápsulas secas, vellosas; sin interés.
Cultivares	*Paeonia suffruticosa* «**Banksii**», flores dobles de color carmín. *Paeonia suffruticosa* «**Kintei**», flores amarillas. *Paeonia suffruticosa* «**Godaishu**», flores semidobles de color blanco. *Paeonia suffruticosa* «**Lord Selborne**», flores rosa asalmonado. *Paeonia suffruticosa* «**Superba**», flores rojo cereza.
Especies	*Paeonia delavayi*, de flores rojas. Ha dado origen a gran cantidad de híbridos. Poco cultivada. *Paeonia lactiflora* (= *P. albiflora*), base de muchos híbridos hortícolas de hermosas flores dobles. *Paeonia lactiflora* «**Hidcote Purple**», flores marrón-púrpura. *Paeonia lactiflora* «**Carnival**», pétalos externos rosa-carmín y los internos crema y rosa. *Paeonia lutea*, de 0,6 a 1 m de alto, flores amarillas.

h: 1-2 m
d: 1-2 m

forma	color	densidad	ambiente	foliación	floración	fructificación
	8 y 6				m. primavera	m. otoño

409

PHILADELPHUS CORONARIUS   (Hidrangeáceas)

CELINDA, jeringuilla

C Xeringuilla

Origen	Europa meridional.
Exigencias	Vive en cualquier tipo de suelo; resiste bien el frío. Acepta la semisombra pero prefiere situación asoleada para florecer plenamente. Debe podarse después de terminada la floración.
Crecimiento	Rápido.
Características	Forma ovoidal irregular, de follaje semitransparente; tallos erectos con ramillas angulosas, semejante a la *Deutzia*, de la que difiere por su mayor tamaño y sus flores más grandes.
Hojas	C, opuestas, ovaladas, redondas en la base, agudas, dentadas, de 4 a 8 cm de largo, color verde amarillento.
Flores	Blanco cremosas, de 2,5 a 3,5 cm de ancho, muy fragantes, en racimos de 5 a 7.
Frutos	Sin interés.
Cultivares	*Philadelphus coronarius* «**Deutziiflorus**», de flores dobles, muy florífero. *Philadelphus coronarius* «**Duplex**», de flores dobles y porte enano. *Philadelphus coronarius* «**Aureus**», de hojas amarillas o verde lima. *Philadelphus coronarius* «**Maculiformis**», flores grandes con la base rojiza.
Especies	*Philadelphus inodorus* var. *grandiflorus*, de Norteamérica, de hojas y flores más grandes. *Philadelphus* × *lemoinei*, especie híbrida (*P. coronarius* × *P. microphyllus*), de 0,5 a 1 m de alto; flores de 2,5 a 4 cm, muy fragantes. *Philadelphus microphyllus*, de Norteamérica, de hojas muy pequeñas y flores con olor a fresa.

h: 2-3 m
d: 1-1,5 m

forma	color	densidad	ambiente	foliación	floración	fructificación
◯	4	▥	◯◐	p. primavera f. otoño	f. primavera	

PHOTINIA SERRATIFOLIA (= *P. serrulata*) (Rosáceas)
FOTINIA

C Fotínia
I Photinia **F** Photinia

Origen	Japón, China, Formosa.
Exigencias	Es más o menos rústico en cuanto a la naturaleza del suelo, prefiriéndolos arcillosos, bien drenados. Requiere situaciones asoleadas.
Crecimiento	Rápido.
Características	Forma ovoidal de follaje compacto. Apreciado por el color brillante de sus hojas. Suele injertarse sobre *Crataegus* y *Cydonia*.
Hojas	P, alternas, simples, oblongas u ovaladas, coriáceas, aserradas, de 10 a 18 cm de largo; de color rojizo cuando nuevas, luego verde oscuro lustroso por encima, amarillento por debajo.
Flores	Blancas, de 6 a 10 mm de ancho, en densas espigas o grupos esféricos de 10 a 16 cm de ancho.
Frutos	Globosos, carnosos, de unos 6 mm de diámetro, de color rojo.
Especies	*Photinia* × *fraseri*, especie híbrida entre *P. serratifolia* y *P. glabra*. Planta vigorosa, hojas elíptico-ovaladas, de color cobre al principio y de color verde oscuro brillante después. Inflorescencias de 10-12 cm de diámetro. *Photinia* × *fraseri* «**Red Robin**», hojas jóvenes de color rojo fuerte. *Photinia glabra* (muy relacionada con la anterior, considerada a veces como la misma); hojas elípticas a ovaladas, de 5 a 8 cm de largo; flores de unos 5 mm de ancho.

h: 2-3 m
d: 1-1,5 m

forma	color	densidad	ambiente	foliación	floración	fructificación
○	14 → 7 y 4	■	○		m. primavera	p. otoño

413

PHYLLOSTACHYS AUREA (Poáceas-Gramíneas)
(= *Bambusa aurea*)

BAMBÚ

C Bambú
I Bamboo **F** Bambou

Origen	China.
Exigencias	Requiere suelos fértiles y frescos y situaciones abrigadas; muy adecuado junto al agua. Algo sensible a las heladas.
Crecimiento	Medio.
Características	De forma columnar y follaje compacto es, como todos los bambúes, un arbusto de raíces rastreras; tallos leñosos, de 2 a 2,5 cm de diámetro, ramificados desde la base, color verde amarillento, purpúreo en los nudos, muy huecos. Nudos más próximos junto a la base; vainas de los tallos, caducas.
Hojas	P, lineales o lanceoladas, agudas, de 5 a 12 cm de largo y de 1 a 2 cm de ancho, finamente aserradas sólo por un lado; de color verde oscuro por encima, grisáceo por debajo.
Flores	Sin interés, florece muy irregularmente y a largos intervalos.
Frutos	Sin interés.
Especies	*Phyllostachys nigra*, de Cochinchina y de Japón, de hasta 7 m de alto; sus tallos se tornan negro purpúreos; gran cantidad de hojas de 5 a 10 cm de largo. *Phyllostachys viridiglaucescens*, de 6 a 8 m, tallos arqueados verde amarillentos; hojas color verde medio. *Phyllostachys sulphurea* var. *viridis*, de China y Japón. *Phyllostachys bambusoides*, muy relacionados, de follaje más delicado.
Géneros	También se denominan «bambúes» las especies comprendidas en los géneros *Sasa* (de 0,5 a 2 m de altura), *Pseudosasa* (de 2 a 3 m de altura), *Arundinaria* (de hasta 15 m de alto) y *Sinarundinaria* (de 3 a 4 m de altura). Entre ellos: *Arundinaria gigantea*, 10 m de altura. *Pseudosasa japonica*, de 3 m de alto, follaje denso. *Sasa palmata*, de 1,5 a 4 m, follaje verde brillante. *Sinarundinaria nitida*, de 5 m, tallos curvados, follaje fino.

h: 2-4 m
d: 0,8-1,5 m

forma	color	densidad	ambiente	foliación	floración	fructificación
⬭	7-8	■	◯◐			

PINUS MUGO   (= *P. montana*)   (Pináceas)
PINO MUGO

C Pi negre
I Mountain pine **F** Pin de montagne **A** Al Berg Kiefer

Origen	Sur de Europa.
Exigencias	Rústico para todas las condiciones de suelo y temperatura. Vive mejor en los sitios altos.
Crecimiento	Lento.
Características	Conífera de forma esférica u horizontal rastrera (a veces como árbol cónico de hasta 10 m). De ramas extendidas y fuerte textura; muy utilizado entre grupos de arbustos.
Hojas	P, en grupos de dos, forma de agujas, duras, de 3 a 8 cm de largo, color verde brillante.
Flores	Sin interés.
Frutos	Conos ovoides, de 2 a 7 cm de largo, lustrosos, color marrón oscuro o amarillento.
Cultivares	*Pinus mugo* «**Aurea**», 1 m de alto, las hojas amarillas en invierno. *Pinus mugo* «**Gnom**», porte piramidal de 2 × 2 m. *Pinus mugo* «**Prostrata**», porte rastrero.

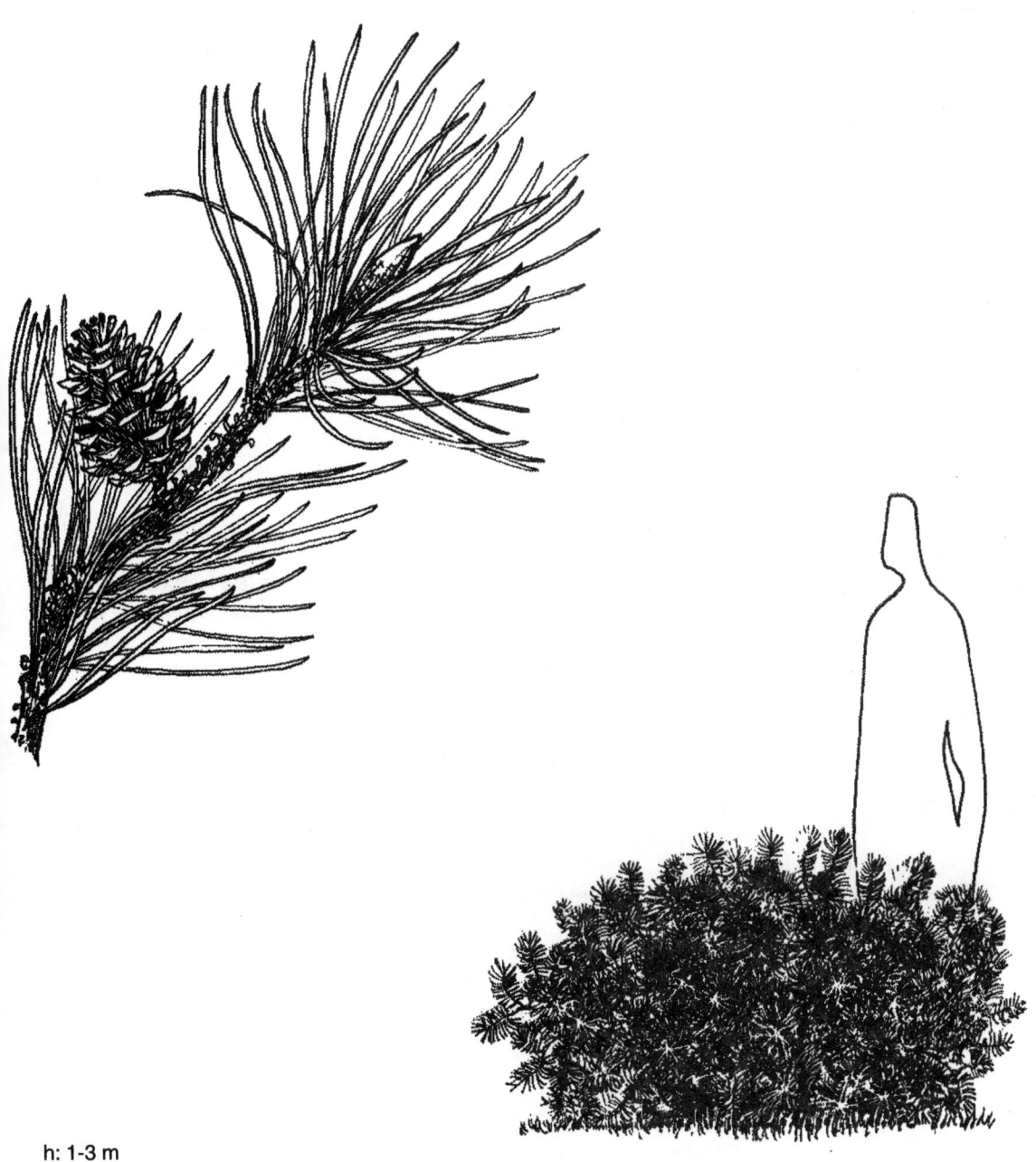

h: 1-3 m
d: 2-4 m

forma	color	densidad	ambiente	foliación	floración	fructificación
	5	■	○			

417

PITTOSPORUM TOBIRA   (Pitosporáceas)

PITÓSPORO, azahar de la China

C Pitòspor
I Japanese pittosporum **F** Pittosporum

Origen	Japón, China.
Exigencias	Muy rústico en cuanto a suelos, temperaturas y asoleamiento.
Crecimiento	Rápido.
Características	Forma esférica regular de follaje denso y brillante. Se le aprecia por su colorido oscuro y floración de agradable aroma.
Hojas	P, alternas (aparentemente en verticilos), simples, oblongo lanceoladas, de vértice muy ancho, agudas hacia el pecíolo, lisas, coriáceas, de 5 a 8 cm de largo y 2 a 3,5 cm de ancho, color verde oscuro lustroso.
Flores	Blancas o amarillentas, de unos 8 mm de ancho, fragantes (olor a naranjo), en racimos terminales.
Frutos	Cápsulas ovoides, velludas, de 12 mm de largo; sin interés.
Cultivares	*Pittosporum tobira* «**Variegatum**», hojas variegadas con margen blanco. *Pittosporum tobira* «**Wheeler's Dwarf**», porte enano en forma de almohadilla.
Especies	*Pittosporum heterophyllum*, 1-3 m, hojas oval-lanceoladas; flores amarillas fragantes. *Pittosporum tenuifolium*, de hoja ondulada, flores purpúreas. *Pittosporum tenuifolium* «**Silver Magic**», hojas plateadas y después rosadas. *Pittosporum tenuifolium* «**Variegatum**», hojas con margen color crema. *Pittosporum phillyreoides*, 10 m, ramas péndulas; hojas 4-10 cm, linear-lanceoladas; flores amarillas. Resistente a la sequía. *Pittosporum undulatum*, árbol de hasta 10 m, hojas de oval-oblongas a lanceoladas, de 2 a 12 cm de largo, onduladas, coriáceas, color verde oscuro brillante; flores blancas. *Pittosporum viridiflorum*, semejante al *P. tobira*, de forma más arbórea hasta 6 m, flores amarillo-verdosas.

h: 2-4 m
d: 2-4 m

forma	color	densidad	ambiente	foliación	floración	fructificación
○	7	■	○◐●		m. primavera f. primavera	

PLUMBAGO AURICULATA   (= *P. capensis*)   (Plumbagináceas)

PLUMBAGO, celestinas

C Llessamí blau
I Cape leadwort **F** Dentelaire **A** Bleiwurz

Origen	Sur de África (El Cabo).
Exigencias	Requiere tierra rica, algo arenosa. Rústico en cuanto a temperaturas extremas, prefiere situaciones asoleadas.
Crecimiento	Rápido.
Características	Forma extendida, de follaje delicado. De hábito trepador, se utiliza como enredadera y como arbusto.
Hojas	P, alternas, lanceoladas, suaves al tacto, de 5 a 8 cm de largo, color verde medio.
Flores	Azul celestes, tubulares, de unos 3 cm de largo, en racimos terminales.
Frutos	Sin interés.
Cultivares	*Plumbago auriculata* «**Alba**», de flores blancas.

h: 2-2,5 m
d: 3-4 m

forma	color	densidad	ambiente	foliación	floración	fructificación
⌒	6	▦	○		p. verano p. otoño	

PUNICA GRANATUM (Punicáceas)

GRANADO

C Magraner E Mingrana
I Pomegranate F Grenadier A Granatapfelbaum

Origen	Sudeste de Europa, Oriente hasta el Himalaya.
Exigencias	Requiere tierra rica, bien drenada. Resistente a temperaturas extremas, prefiere situaciones asoleadas.
Crecimiento	Medio.
Características	Forma irregular de follaje denso y ramas espinosas. Se puede cultivar en forma de árbol.
Hojas	C, opuestas o a veces alternas, simples, enteras, generalmente oblongas, de pecíolo corto, de 2 a 8 cm de largo; color verde amarillento lustroso, se tornan ocre anaranjadas en otoño.
Flores	Rojo escarlata, de unos 3 cm de ancho, de pecíolo corto.
Frutos	Granadas; globosos, de 6 a 8 cm de diámetro, coronado por el cáliz de la flor persistente; color amarillo naranja.
Cultivares	*Punica granatum* «**Nana**», de 0,3 a 0,6 m de alto. Se cultivan otras que difieren fundamentalmente por el color de la flor (blancas, rojas y amarillas) en formas sencillas y dobles.

h: 3-4 m
d: 3-4 m

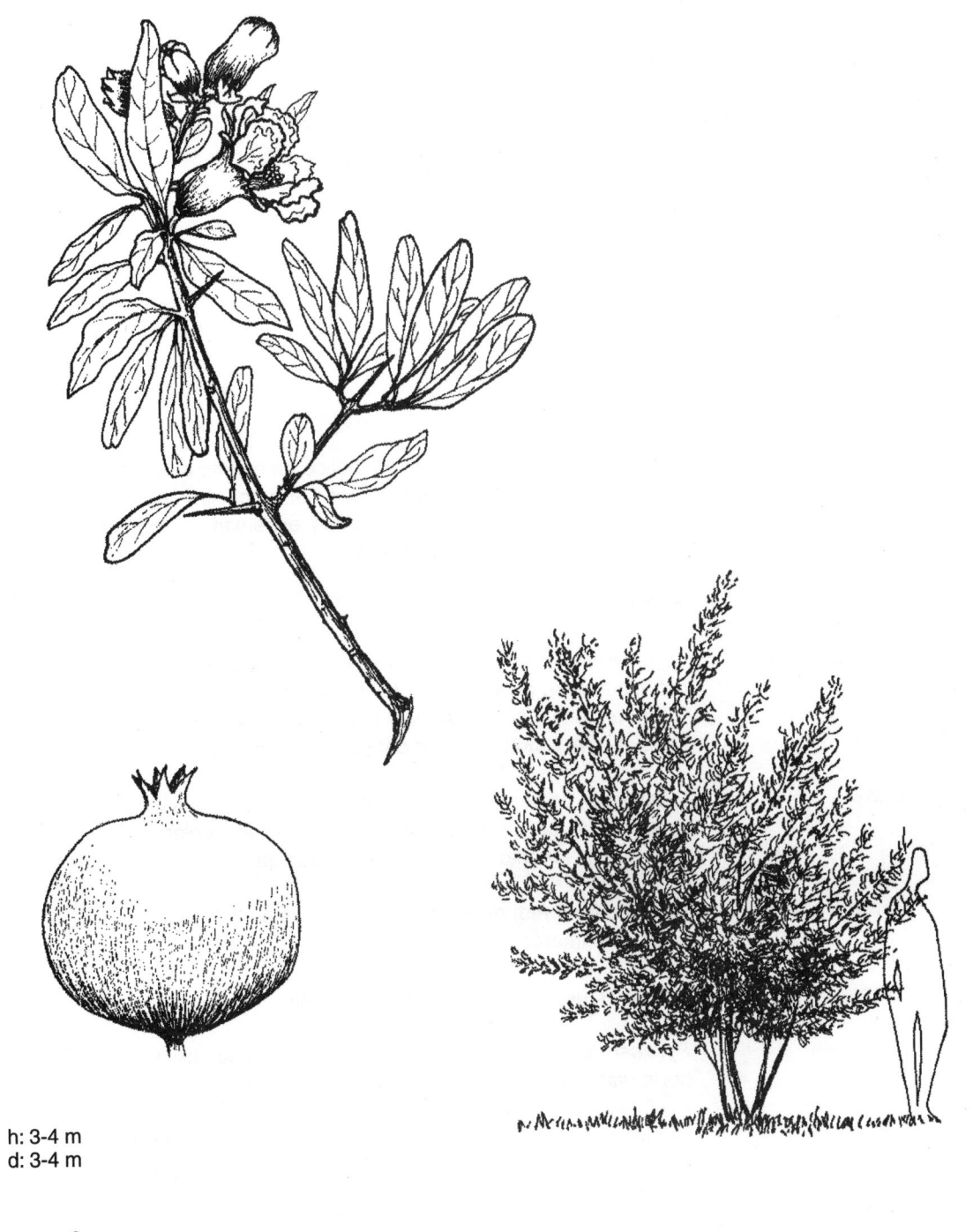

forma	color	densidad	ambiente	foliación	floración	fructificación
	4 → 13		○	p. primavera f. otoño	f. primavera m. verano	p. otoño

423

PYRACANTHA COCCINEA   (Rosáceas)
(= *Crataegus pyracantha, Cotoneaster pyracantha*)

ESPINO DE CORAL

C Piracant
I Firethorn **A** Feuerdorn

Origen	Italia, Asia occidental.
Exigencias	Al igual que los *Cotoneaster*, es rústico en cuanto a la naturaleza del suelo, aunque prefiere una tierra rica, con algo de arena. Resiste bien las temperaturas extremas, creciendo bien a pleno sol o a media sombra.
Crecimiento	Rápido.
Características	Forma irregular y ramas espinosas (arqueadas cuando está con los frutos), de follaje compacto. Muy útil para formar setos infranqueables. Se asemeja mucho a los *Cotoneaster*, de los que difiere fundamentalmente por sus espinas.
Hojas	P, alternas, de pecíolo corto, de elípticas a lanceoladas, agudas, débilmente aserradas, de 2 a 4 cm de largo; color verde oscuro a gris medio, pubescentes por debajo.
Flores	Blancas, de 8 mm de ancho, en corimbos de 2,5 a 4 cm de ancho, sin interés.
Frutos	Globosos, de 5 a 6 mm, color rojo brillante.
Cultivares	*Pyracantha coccinea* «**Lalandei**», de ramas más delicadas, porte más vigoroso y frutos color naranja rojizo brillante.
Especies	Existen más de 50 especies híbridas y variedades de cultivo, que se diferencian principalmente por el porte, color y tamaño del fruto, resistencia al fuego bacteriano, etc. *Pyracantha angustifolia*, alcanza los 4 m; hojas oblongas y angostas, enteras o algo aserradas junto al vértice, color verde oscuro; frutos color naranja brillante o rojo ladrillo. *Pyracantha crenatoserrata*, hojas oblongo-lanceoladas, dentadas, ápice redondeado. Frutos de 2 cm, rojos. *Pyracantha crenulata*, de hojas oblongo-lanceoladas, color verde claro brillante por encima; frutos de 6 a 8 mm de diámetro, color naranja rojizo.

Pyracantha coccinea «Lalandei»

h: 2-3 m
d: 2-3 m

forma	color	densidad	ambiente	foliación	floración	fructificación
	7-9	■	○◐		m. primavera	p. otoño / m. otoño

RHAMNUS ALATERNUS   (Ramnáceas)

ALADIERNA

C Aladern
I Italian buckthorn **F** Alaterne

Origen   Región mediterránea.

Exigencias   Muy rústico en cuanto a suelos y temperaturas, aunque sensible a las heladas. Acepta la poda, por lo que se utiliza en setos.

Crecimiento   Rápido.

Características   Forma ovoidal desordenada de follaje compacto. Estimado por su adaptación a las formas recortadas, más que por sus flores, no llamativas. Los frutos, al caer, ensucian mucho y producen gran cantidad de nuevas plantas.

Hojas   P, alternas, pecioladas, apenas aserradas o casi enteras, de forma muy variable (oblongas, elípticas, ovaladas o lanceoladas), de 2 a 5 cm de largo, agudas; color verde oscuro brillante por encima, verce amarillento opaco por debajo.

Flores   Verde amarillentas, de apenas 3 mm de ancho, en grupos axilares; sin interés.

Frutos   Drupa carnosa negra de unos 6 mm de ancho.

Cultivares   *Rhamnus alaternus* «**Argenteovariegatus**», con hojas de bordes blanco cremosos.

Especies   *Rhamnus catharticus* (espino cerval), de Europa y Asia; de 1,5 a 3 m de altura; hoja caduca ovalada; ramas espinosas; es medicinal.
Rhamnus frangula, de 2 a 3 m; hoja caduca; frutos rojos que se tornan negros.

h: 3-4,5 m
d: 1,5-2 m

forma	color	densidad	ambiente	foliación	floración	fructificación
	7 y 4				p. primavera m. primavera	m. verano m. otoño

RHAPHIOLEPIS INDICA   (Rosáceas)
RAFIOLEPIS

I Indian hawthorn

Origen	Sur de China.
Exigencias	Rústico en cuanto al tipo de suelo; muy resistente al frío y al calor.
Crecimiento	Medio.
Características	Forma esférica de follaje denso. Cultivado por sus flores, como plantas aisladas o en grupos.
Hojas	P, alternas, simples, aserradas, generalmente oblongo-lanceoladas, de 5 a 8 cm de largo, color verde oscuro por encima, más pálido por debajo.
Flores	Blancas, teñidas de rosado, de unos 12 mm de ancho.
Frutos	Drupa carnosa de 6 a 8 mm de ancho, color negro-violáceo.
Cultivares	*Rhaphiolepis indica* «**Charisma**», flores dobles rosa pálido. *Rhaphiolepis indica* «**Rosea**», flores rosa fuerte. *Rhaphiolepis indica* «**Snow White**», flores blancas.
Especies	*Rhaphiolepis* × *delacourii* (híbrido de *Raphiolepis indica* y *Raphiolepis umbellata*), de follaje muy compacto, 1 m de altura; flores rosadas. *Rhaphiolepis umbellata* (= *Raphiolepis japonica*), de hasta 3 cm de altura, flores blancas, más grandes que el *Raphiolepis indica*.

h: 1-1,5 m
d: 1-1,5 m

forma	color	densidad	ambiente	foliación	floración	fructificación
ⓘ	7-9	■	○		m. primavera f. primavera	f. otoño

429

RHODODENDRON especies de *Azalea* (Ericáceas)

AZALEA

C Azalea
I Azalea **F** Azalée

Origen Zonas templadas de Norteamérica y Asia oriental.

Exigencias Requieren tierra de reacción ácida (de brezo o de castaño) mezclada con una tercera parte de arena. Sensibles a las temperaturas extremas, prefieren climas frescos en sitios altos. Exigen muchos cuidados.

Crecimiento Medio.

Características Forma esférica de follaje denso. Estas especies de *Rhododendron* las tratamos separadamente por sus diferentes aplicaciones. En general son de talla menor y hojas más pequeñas, delgadas, caducas (salvo en algunas especies como **R. indicum**).

Hojas C, o semipersistentes, alternas, pecioladas, enteras, elípticas, ovaladas y oblongas, lisas o velludas, desde 3,5 a 10 cm de largo, color verde brillante, verde medio o verde oscuro.

Flores Color blanco, rosado, amarillo, naranja, rojo carmín, rojo escarlata y púrpura; fragantes; en racimos terminales.

Frutos Cápsula seca con numerosas semillas pequeñas; sin interés.

Especies Entre una enorme cantidad:
Rhododendron indicum (= *Azalea indica*), híbrido de azaleas japonesas y chinas; flores blancas, rosadas, liláceas y purpúreas.
Rhododendron japonicum (= *Azalea japonica*), de flores naranja a rojo escarlata.
Rhododendron maddenii ssp. **maddenii** (= *Azalea macrantha*), de hojas brillantes, flores blancas o rosadas.
Rhododendron mucronatum (= *Azalea mucronata*), de hojas persistentes y flores blancas.
Rhododendron periclymenoides (= *Azalea nudiflora*), de Norteamérica; flores rosadas o blanco-rosadas de estambres largos.
Rhododendron occidentale (= *Azalea occidentalis*), de Norteamérica, flores blancas o rosadas manchadas de amarillo.
Rhododendron yedoense (= *Azalea yedoensis*), de Corea; flores rosado-liláceas con manchas purpúreas.

Rhododendron periclymenoides

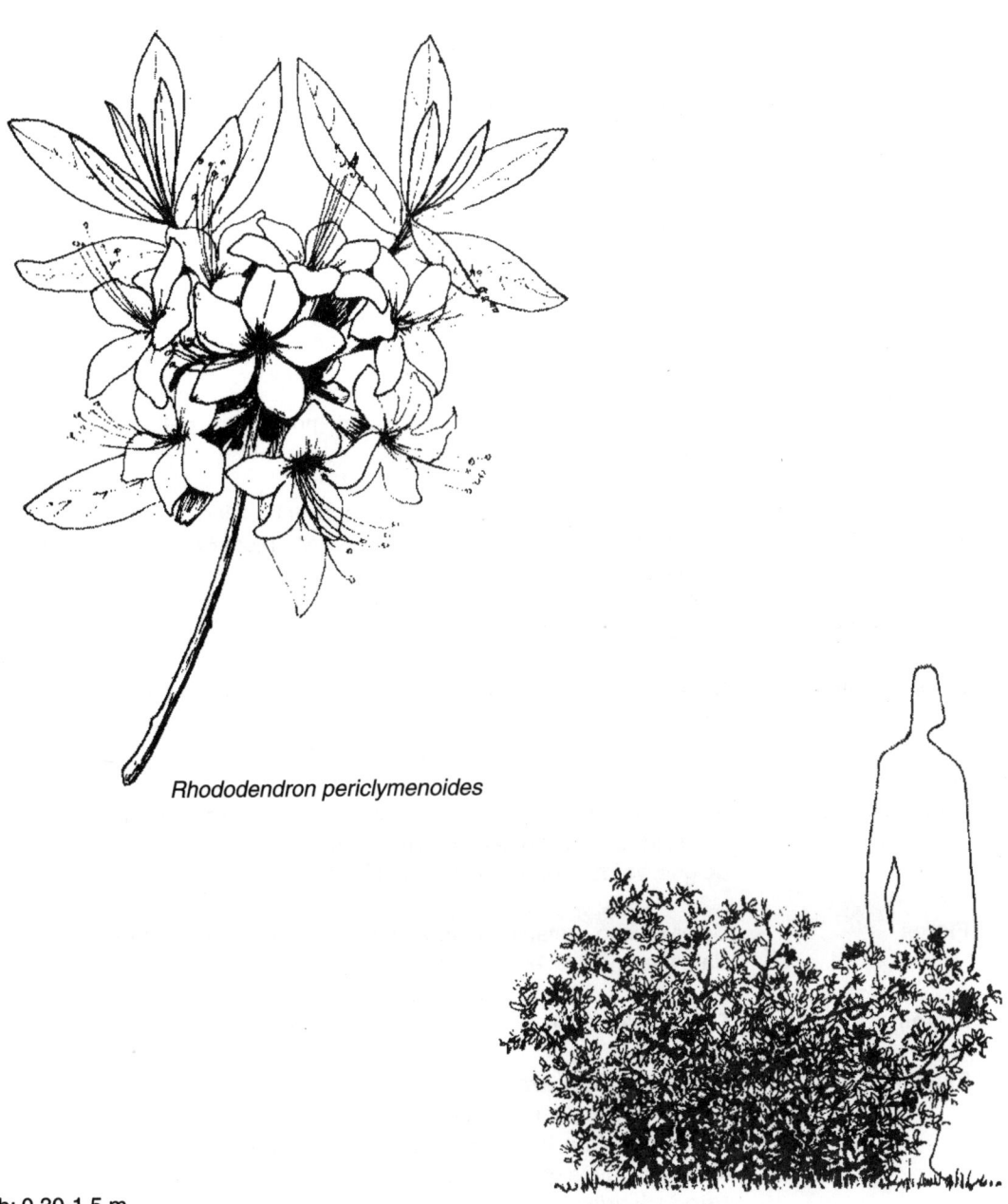

h: 0,30-1,5 m
d: 0,30-1,5 m

forma	color	densidad	ambiente	foliación	floración	fructificación
○	5-6-7	■	◐	m. primavera / m. otoño	f. primavera / p. verano	

RHODODENDRON especies perennifolias   (Ericáceas)
RODODENDRO

C Rododèndron
I Rhododendron **F** Rhododendron

Origen	Zonas frías y templadas del hemisferio norte; tierras altas de Asia, norte de Guinea y Australia.
Exigencias	Requieren tierra ácida de brezo o de castaño, bien drenada, y protección de los fríos y los calores extremos. Exigen muchos cuidados.
Crecimiento	Medio.
Características	Forma esférica de follaje denso. Se diferencian de las especies caducifolias del mismo género por su mayor tamaño, y hojas más grandes, gruesas y persistentes.
Hojas	P, alternas, pecioladas enteras, elípticas oblongas o lanceoladas, lisas o aterciopeladas, de 4 a 18 cm de largo; color verde gris, verde brillante, verde medio o verde oscuro.
Flores	Color blanco, amarillo, rosado, naranja, rojo, azul, púrpura, lila o intermedios; en grupos.
Frutos	Cápsula seca con muchas semillas diminutas; sin interés.
Especies	*Rhododendron arboreum*, de 4 a 8 m de alto; hojas de 8 cm, aterciopeladas; flores blancas, rojas o rosadas. *Rhododendron barbatum*, de 4 a 10 m, corteza gris; hojas oblongas; flores colores rojo carmín. *Rhododendron minus*, de 1 a 2 m; flores rosado-purpúreas a blancas. *Rhododendron fortunei*, de 2,5 a 3 m; hojas oblongas, grisáceas. *Rhododendron griersonianum*, de 2 a 3 m; hojas lanceoladas, flores rojo escarlata. *Rhododendron macrophyllum*, hasta 3 m; flores rosado purpúreas, manchadas de marrón. *Rhododendron ponticum*, de España, Portugal y Asia Menor; hasta 3 m; flores purpúreas manchadas de marrón.

Rhododendron minus

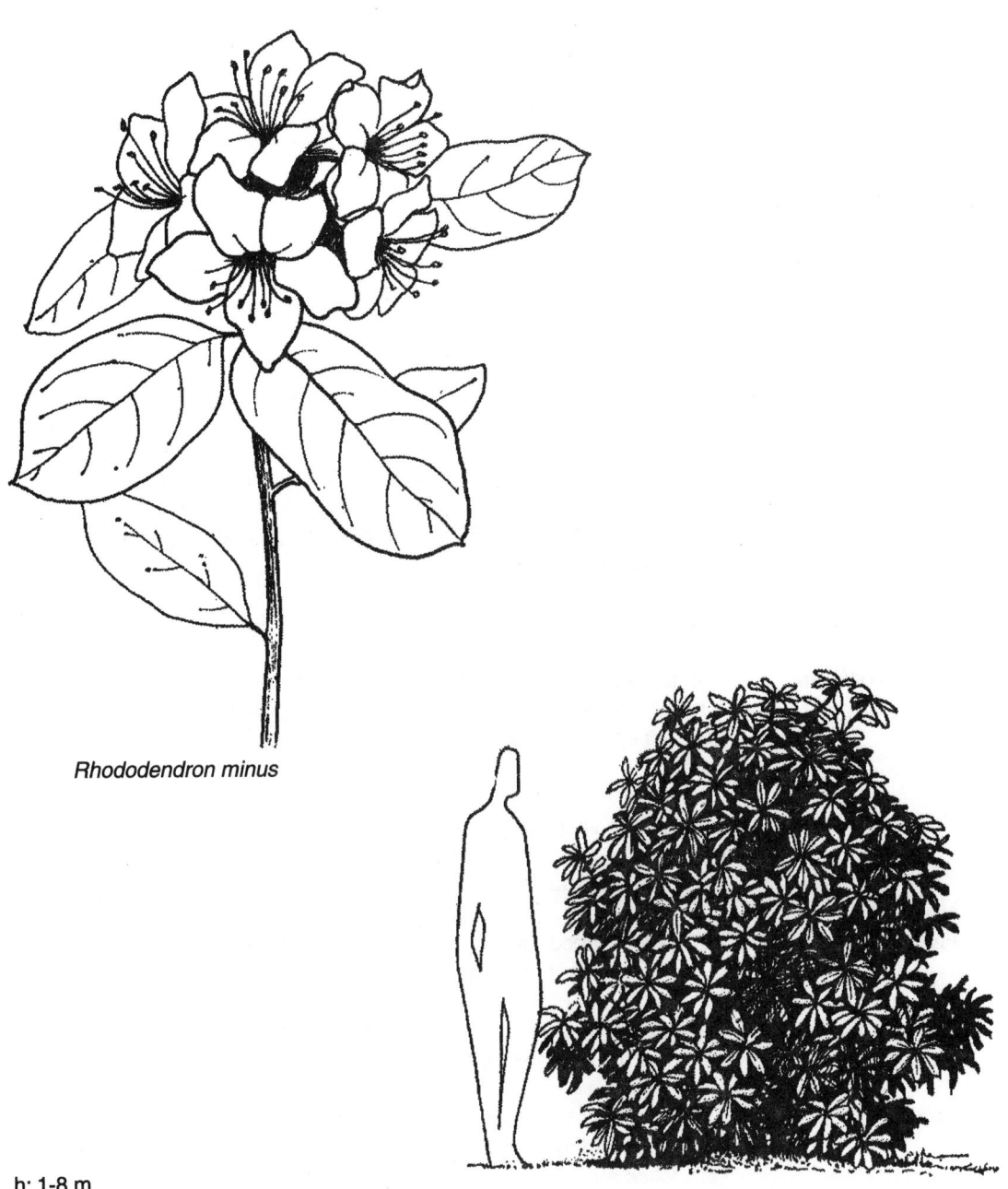

h: 1-8 m
d: 1-3 m

forma	color	densidad	ambiente	foliación	floración	fructificación
○	3-5-6-7	■	◐		m. primavera f. primavera	

RICINUS COMMUNIS   (Euforbiáceas)
RICINO

C Ricí **E** Errizinu
I Castor-oil plant **F** Ricin **A** Kreuzbaum

Origen	África tropical.
Exigencias	Prefiere suelos arcillosos, bien drenados; no se da bien en tierras demasiado compactas y arenosas. Requiere temperaturas templadas. En regiones con heladas, puede cultivarse como planta anual.
Crecimiento	Rápido.
Características	Forma irregular de follaje semidenso. En los trópicos alcanza forma arbórea de hasta 10 m. Sus semillas producen el aceite de ricino, utilizado en medicina, en pintura y como lubricante.
Hojas	P, alternas, simples, palmeadas, con 5 a 11 lóbulos, dentadas, de 30 a 60 cm de ancho; pecíolo unido por el centro; color verde oscuro.
Flores	Verdosas, blanco cremosas o rojizas, sexos separados en densas espigas terminales de 30 a 60 cm.
Frutos	Cápsula seca, generalmente espinosa con semillas grandes color marrón manchado de ocre.
Cultivares	Existen numerosos; con hojas más grandes; hojas de color rojo; hojas variegadas de nervios blancos; hojas verde azulado y tallos rojos. *Ricinus communis* «Gibsonii», pequeño de 1,2 m, hojas rojo-púrpura oscuro con brillo metálico. *Ricinus communis* «Major», hojas grandes. *Ricinus communis* «Sanguineus», crecimiento rápido, hojas grandes teñidas de rojo. *Ricinus communis* «Scarlet Queen», hojas color borgoña.

h: 3-4,5 m
d: 2-2,5 m

forma	color	densidad	ambiente	foliación	floración	fructificación
	7-9		○		p. verano	p. otoño

ROBINIA HISPIDA   (Fabáceas-Leguminosas)
ROBINIA HISPIDA

I Rose acacia, pink locust **F** Acacia rose

Origen	Norteamérica.
Exigencias	Se adapta a todo tipo de terreno, prefiriendo las zonas secas. Resistente a las temperaturas extremas, prefiere situaciones asoleadas.
Crecimiento	Medio.
Características	Forma esférica-extendida de follaje compacto; tallos retorcidos, cubiertos al principio con largos vellos.
Hojas	C, alternas, compuestas, de 7 a 13 folíolos ovalados de 2 a 3 cm de largo, color verde medio.
Flores	Color rosa vivo, de 2 a 3 cm de largo, en racimos de 3 a 5.
Frutos	Legumbre vellosa, de 5 a 8 cm de largo; sin interés; raramente se produce.
Cultivares	*Robinia hispida* «**Macrophylla**», de crecimiento más vigoroso, hojas y flores algo más grandes; tallos desprovistos de cerdas.

h: 0,8-0,1 m
d: 1-1,5 m

forma	color	densidad	ambiente	foliación	floración	fructificación
○	6	■	○	p. primavera f. otoño	m. primavera	

ROLDANA PETASITES (Asteráceas-Compuestas)
(= *Senecio petasitis*)

SENECIO

I Velvet groundsel

Origen	México.
Exigencias	Prefiere tierras ricas en abono animal, bien drenadas. Vive mejor en climas cálidos; debe protegerse de las heladas. Precisa situaciones asoleadas.
Crecimiento	Rápido.
Características	Forma ovoidal regular de follaje denso. Muy apropiado para bordes y setos, recortados o libres, interesante por su floración en invierno y su hermoso follaje aterciopelado.
Hojas	**P**, alternas, simples, redondeadas, débilmente lobuladas (de 9 a 12 lóbulos), dentadas, de 15 a 30 cm de largo; color verde claro y lisas (o algo vellosas) por encima, grisáceas y aterciopeladas por debajo.
Flores	Amarillas, de 1 a 1,5 cm de ancho, en densos grupos terminales.
Frutos	Aquenios secos; sin interés.

h: 1-2,5 m
d: 0,6-2 m

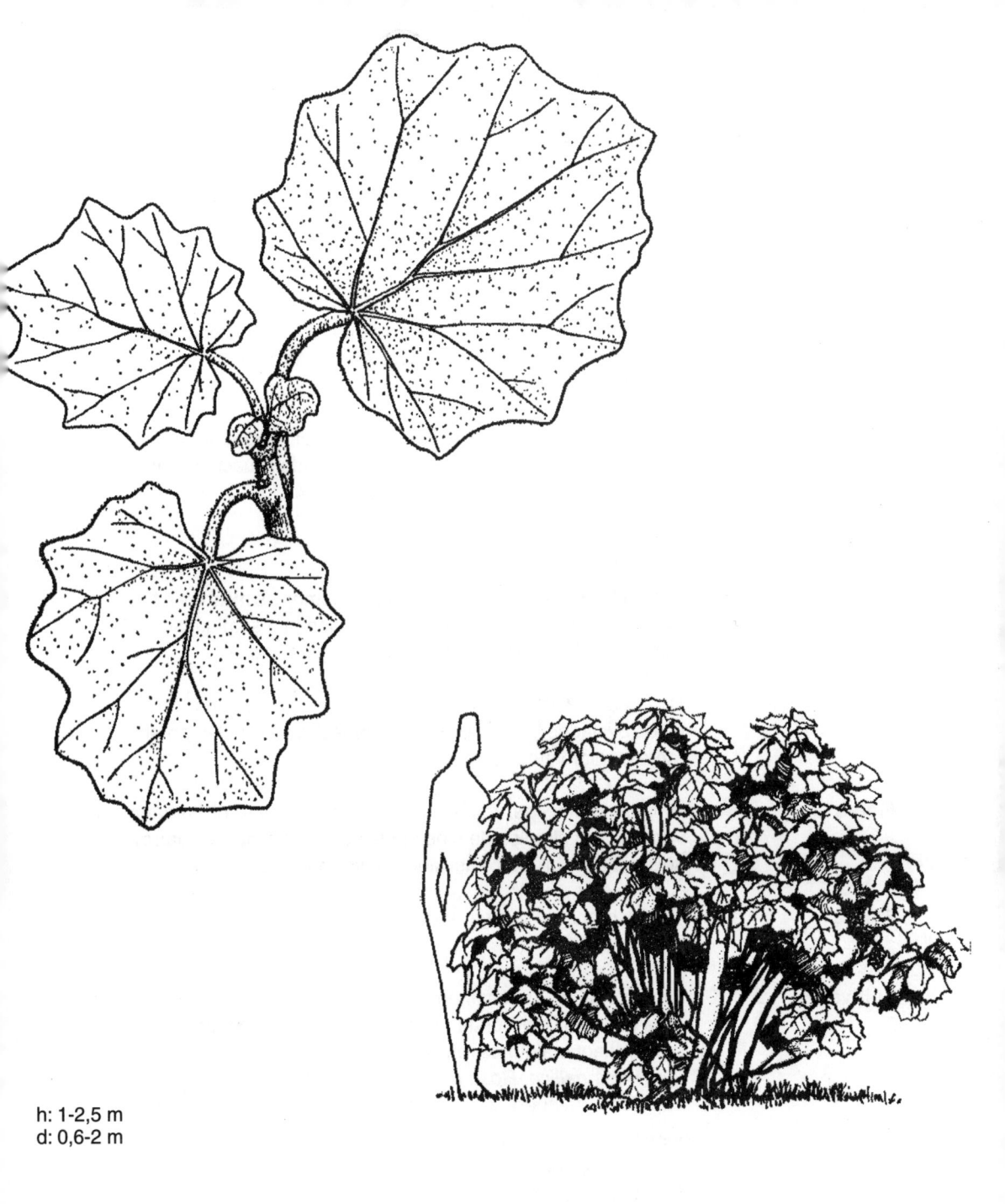

forma	color	densidad	ambiente	foliación	floración	fructificación
◯	5-6	■	○		m. invierno p. primavera	

ROSA especies (Rosáceas)

ROSA

C Rosa
I Rose **F** Rose **A** Rosenstrauch

Origen	Regiones templadas y subtropicales del hemisferio norte (Norteamérica, Europa, norte de África, Asia hasta el Himalaya, islas Filipinas).
Exigencias	Requieren tierra neutra con abono animal, algo arenosa. Viven bien en zonas cálidas y frías, prefiriendo situaciones asoleadas. Requieren poda para su mejor floración.
Crecimiento	Medio.
Características	Las 100 a 200 especies existentes podemos asimilarlas a formas esféricas o irregulares de follaje denso o semidenso; de ramas erectas, trepadoras o rastreras, y espinosas.
Hojas	C, a veces P, alternas, compuestas, de número impar de folíolos ovalados y aserrados, pecioladas, de estípulas persistentes, color verde claro a grisáceo.
Flores	Amarillas, blancas, rojas, rosadas o matizadas; de tamaño variable, las simples de cinco pétalos (raramente de cuatro), solitaria o en grupos; casi siempre fragantes.
Frutos	Carnoso que se vuelve naranja o rojo al madurar. Es fuente de vitamina C.
Cultivares	La mayoría de las rosas en cultivo son formas e híbridos difíciles de identificar con la especie de la que proceden. Podemos distinguir algunos, olvidando los rosales que los originaron (*Rosa gallica*, *Rosa canina*, *Rosa rubiginosa*, *Rosa foetida*, *Rosa sempervirens*, *Rosa chinensis*, *Rosa bracteata*):

1-a) *Rosa × centifolia*
1-c) *Rosa chinensis*
1-e) rosales pernetianos

2-a) rosales noisetianos
2-b) *Rosa chinensis* «Semperflorens»
2-c) rosales poliantas
2-d) rosales floribundas. *Rosa wichuraiana*
2-e) rosales miniatura. *Rosa chinensis* «Rouletii»

D) *Rosa wichuraiana*

Pie bajo   Miniatura   Pie alto

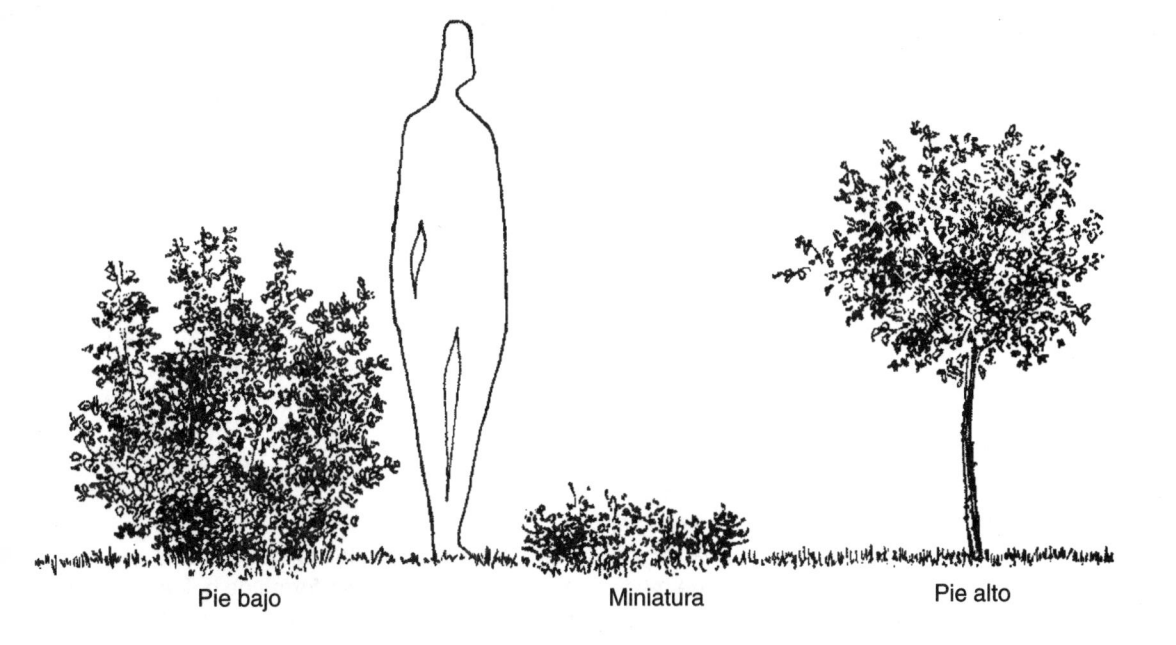

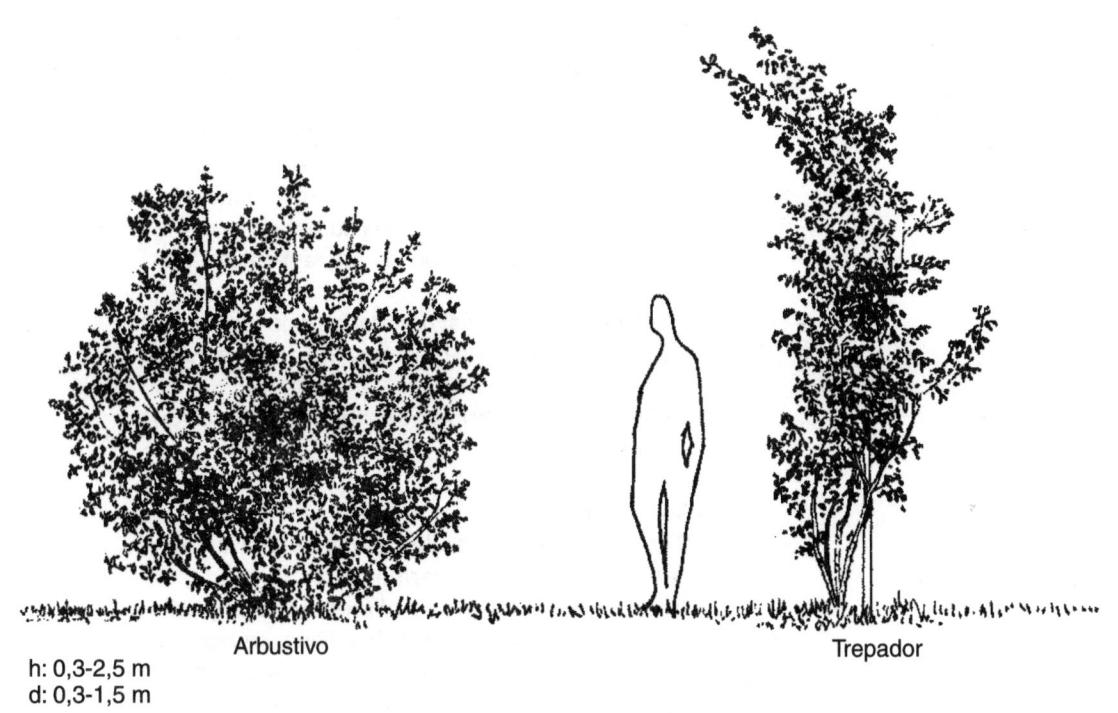

Arbustivo   Trepador

h: 0,3-2,5 m
d: 0,3-1,5 m

forma	color	densidad	ambiente	foliación	floración	fructificación
🌲 ○	5-6-7-9	■ ||||	○	m. primavera m. otoño	m. primavera f. verano	m. verano p. otoño

A) ROSALES BAJOS
 1. **De flor grande**
    a) **Musgosos reflorecientes**: con los tallos cubiertos de muchos pequeños aguijones en forma de pelos; provienen del *Rosa* × *centifolia* (llamada antiguamente la «Reina de las rosas»).
    b) **Híbridos reflorecientes**: provienen de cruzamientos de rosales silvestres europeos (*Rosa gallica* y otros) con rosales asiáticos (***Rosa chinensis***).
    c) **Rosales de té**: provienen del *Rosa chinensis*; sus hojas producen, al frotarse, un olor semejante a las de las plantas de té (de ahí su nombre, atribuido a veces por error, al color de las flores).
    d) **Híbrido de té**: provienen de cruzamientos de los dos anteriores.
    e) **Rosales pernetianos**: han dado origen, junto con los híbridos de té, a la gran mayoría de los actuales rosales.
    f) *Rosa rugosa* e **híbridos de** *rugosa*: de flores que recuerdan al clavel.

 2. **De flor pequeña**
    a) **Rosales noisetianos**: de los que se cultivan algunas pocas variedades sarmentosas.
    b) **Rosa de Bengala** (*Rosa chinensis* «**Semperflorens**»), de flores de tamaño mediano, semidobles.
    c) **Rosales poliantas**: provienen del cruzamiento de *Rosa multiflora* con un rosal de té o con un híbrido de té.

Rosa, tipos de hoja

d) **Rosales *floribunda***: parecido a los híbridos de *Polyantha*, procede de un híbrido de *R. wichuraiana* y un híbrido de té.
e) **Miniatura**: proviene del cruzamiento de un rosal de Bengala enano (*Rosa chinensis* «Rouletii») con los híbridos de té.

B) ROSALES DE PIE ALTO

Se forman con variedades de rosales bajos injertados sobre un tallo recto de algún rosal silvestre.

C) ROSALES ARBUSTIVOS

Se diferencian de los bajos sólo en el tamaño, pues pasan de 1 m de altura, alcanzando hasta los 2,5 m. Tienen flores grandes o pequeñas, de una o dos floraciones.

D) ROSALES SARMENTOSOS O TREPADORES

Hay reflorecientes y no reflorecientes: originados por ***Rosa multiflora***, ***Rosa wichuraiana*** y ***Rosa banksiae*** (de hoja persistente y sin espinas).

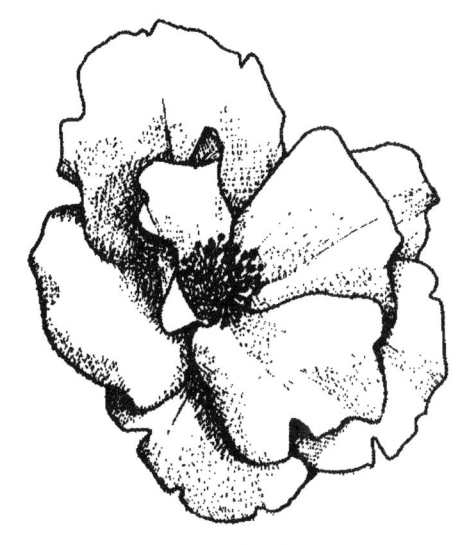

Rosa multiflora de flores simples

Rosa híbrida de té

Rosa de cien hojas

ROSMARINUS OFFICINALIS   (Lamiáceas-Labiadas)
ROMERO

C Romaní **E** Erromero
I Rosemary **F** Romarin **A** Rosmarin

Origen	Región mediterránea.
Exigencias	Es rústico en cuanto al tipo de suelo, pero prefiere tierra con abono animal, algo arenosa. Puede vivir en regiones cálidas y frías, soportando las heladas.
Crecimiento	Medio.
Características	Forma ovoidal de follaje denso y ramas rectas. Se utiliza para hacer bordes, siendo muy apreciado por el aroma de sus tallos y su floración casi continua (más abundante en primavera).
Hojas	P, opuestas, simples, lineales, enteras, de 1,5 a 2,5 cm de largo, color verde oscuro por encima y blanco velludo por debajo.
Flores	Azul violáceas, de 1 cm de largo, al extremo de las ramas.
Frutos	Sin interés.
Cultivares	*Rosmarinus officinalis* «**Albus**», de flores blancas. *Rosmarinus officinalis* «**Majorca Pink**», de flores rosa brillante. *Rosmarinus officinalis* «**Pinkie**», porte erecto, flores rosadas. *Rosmarinus officinalis* «**Prostratus**», de forma horizontal rastrera, es más florífero. *Rosmarinus officinalis* «**Tuscan Blue**», flores azul oscuro. Existe también la forma del romero indígena de las montañas áridas, de ramas caídas, no utilizado en jardinería.

h: 1-1,5 m
d: 0,5-0,8 m

forma	color	densidad	ambiente	foliación	floración	fructificación
	7 y 2				todo el año	

447

SAMBUCUS NIGRA   (Caprifoliáceas)
SAÚCO

C Sauquer **E** Sauko
I European elder **F** Sureau **A** Schwarzer Holunder

Origen	Sur de Europa, norte de África.
Exigencias	No es exigente en cuanto a la naturaleza del suelo pero prefiere tierras frescas y situaciones junto al agua. Puede vivir a la sombra.
Crecimiento	Rápido.
Características	Forma ovoidal desordenada de follaje denso. Alcanza forma de árbol hasta de 10 m. Se cultivan especialmente sus variedades. La tisana de flor de saúco es ideal para los catarros.
Hojas	**C**, opuestas, compuestas por 3 a 7 folíolos elípticos, agudos, aserrados, de 4 a 12 cm de largo, color verde oscuro por encima, más claros y vellosos en el nervio central, por debajo; de olor desagradable al romperse.
Flores	Blanco amarillentas, de fuerte olor; en grupos de 10 a 20 cm de diámetro.
Frutos	Drupa negra, lustrosa, de 6 a 8 mm de diámetro.
Cultivares	*Sambucus nigra* «**Albovariegata**», hojas manchadas de blanco. *Sambucus nigra* «**Aureomarginata**», hojas con el borde amarillo. *Sambucus nigra* «**Aurea**», de hojas amarillas. *Sambucus nigra* «**Nana**», 1 m de alto, porte redondeado. *Sambucus nigra* «**Plena**», flores dobles. *Sambucus nigra* «**Purpurea**», hojas de color metálico marrón-púrpura. *Sambucus nigra* «**Roseaplena**», flores dobles rosadas.
Especies	*Sambucus canadensis*, flores blancas en corimbos muy grandes (35-40 cm). *Sambucus racemosa*, de climas más fríos; frutos color rojo escarlata.

h: 4-5 m
d: 2,5-3,5 m

forma	color	densidad	ambiente	foliación	floración	fructificación
○	7 y 6	■	○◐●	p. primavera f. otoño	f. primavera	p. otoño

449

SENECIO CINERARIA   (Asteráceas-Compuestas)
(= *Cineraria maritima*)

CINERARIA MARÍTIMA

I Dusty miller **F** Cinéraire maritime **A** Kreuzkraut

Origen	Sur de Europa, Argelia.
Exigencias	Prefiere tierras ricas, bien abonadas, con cierta cantidad de arena. Resistente a las temperaturas extremas.
Crecimiento	Rápido.
Características	Pequeño arbusto de forma esférica rastrera y follaje denso; aterciopelado en todas sus partes. Muy apreciado para bordes y para crear contraste con los follajes verdes.
Hojas	P, alternas, enteras, gruesas, muy recortadas en lóbulos redondeados, de 5 a 10 cm de largo; color blanco, muy velloso por encima.
Flores	Amarillas, de 1 a 1,5 cm de ancho en pequeños racimos; sin interés.
Frutos	Aquenios, sin interés.
Cultivares	*Senecio cineraria* «**Alice**», 30 cm de alto, hojas muy recortadas de color blanco plateado. *Senecio cineraria* «**New Look**», hojas grandes, blancas. *Senecio cineraria* «**Silverdust**», 30 cm de alto, compacto, hojas finamente divididas. *Senecio cineraria* «**White Diamond**», hojas gris-plateadas.

h: 0,5-0,8 m
d: 1-1,5 m

forma	color	densidad	ambiente	foliación	floración	fructificación
⍎	2	■	○		p. verano m. verano	

451

SENNA CORYMBOSA (Cesalpiniáceas-Leguminosas)
(= *Cassia corymbosa*)

CASIA

C Càssia
I Senna **F** Séné **A** Kassie

Origen América tropical (Argentina).

Exigencias No exige suelos especiales; requiere temperaturas cálidas y exposiciones asoleadas. Acepta sombra ligera de otros árboles.

Crecimiento Rápido.

Características Forma ovoidal de follaje semitransparente y ramas pendientes. Ciertas especies de *Senna*; producen las «hojas de sen», conocidas en farmacia.

Hojas C, compuestas, 6 folíolos oblongo-lanceolados, enteros, de color verde medio oscuro.

Flores Amarillas, en racimos axilares de vértice aplanado.

Frutos Legumbre; sin interés.

Especies *Senna marylandica* (= *Cassia marylandica*), de Norteamérica; hierba erecta de hasta 2 m de alto, de fruto linear.
Senna sophera (= *Cassia sophera*), de los trópicos orientales, muy florífera.

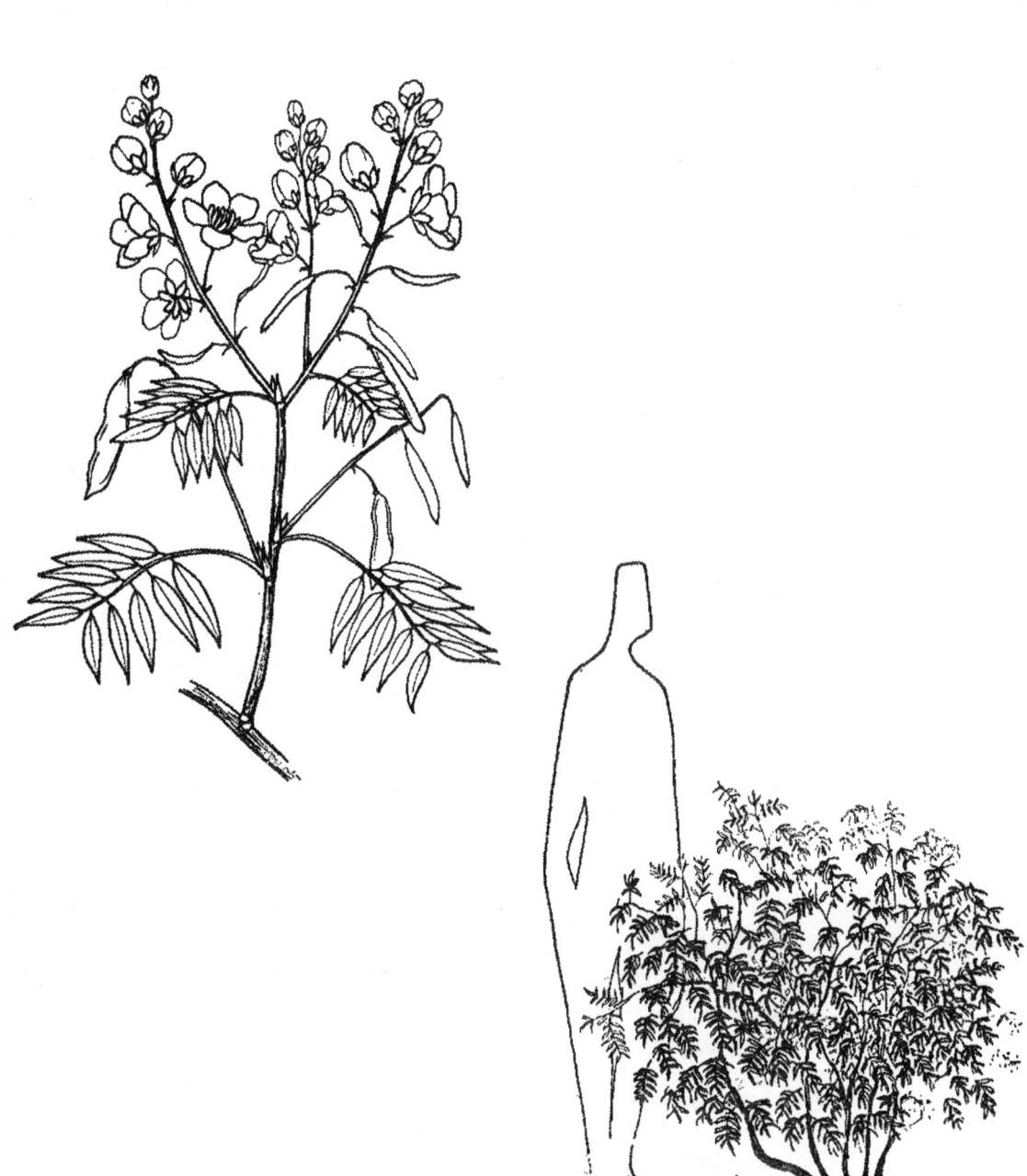

h: 1-3 m
d: 0,8-2 m

forma	color	densidad	ambiente	foliación	floración	fructificación
◯	6-7	▥	◯◑	m. primavera m. otoño	m. primavera	

453

SOLANUM especies   (Solanáceas)
SOLANUM

I Nightshade F Solanum

Origen	Regiones templadas y tropicales en ambos hemisferios.
Exigencias	No son exigentes en cuanto a la naturaleza del terreno pero prefieren los frescos, bien drenados. Resisten tanto el frío como el calor y requieren situaciones asoleadas.
Crecimiento	Rápido.
Características	Los *Solanum* son un gran grupo de hierbas, arbustos y árboles, dentro del que se incluyen la patata, el tomate y la berenjena, además de las especies ornamentales y medicinales. Muchos de ellos son trepadores de forma desordenada, en general de follaje semitransparente.
Hojas	P, generalmente alternas, enteras o dentadas, a veces con lóbulos en la base, simples o compuestas.
Flores	Blancas, purpúreas o amarillas; solitarias o en grupos.
Frutos	Baya.
Especies	*Solanum aviculare*, arbusto trepador de hasta 3 m de alto; hojas ovaladas o lanceoladas; flores azul claro. *Solanum dulcamara*, trepador hasta 2,5 m, hojas ovaladas 4-10 cm de largo, de 2 a 6 lóbulos en la base, verde claro; flores violáceas. *Solanum jasminoides*, trepador; hojas oval-lanceoladas; flores blancas. *Solanum pseudocapsicum*, de Madeira; de 0,8 a 1 m de altura; hojas lanceoladas u oblongas, enteras de margen algo ondulante, color verde claro brillante; flores blancas, de 6 a 8 mm, solitarias o en pequeños grupos; fruto globoso, color rojo escarlata, a veces amarillo, de 1 cm de diámetro. Muy cultivado por sus frutos. *Solanum pyracanthum*, de forma ovoidal, hasta 1 m de alto; tallos leñosos, espinosos; hojas oblongas muy lobuladas, espinosas en el nervio central, de 12 a 15 cm de largo; flores azules en racimos hasta de 15 cm de largo.
Género	*Lycianthes rantonnettii* (= *Solanum rantonnetti*), de Argentina y Paraguay, 1-1,5 m de alto, hojas enteras, lanceoladas, verde azulado; flores violáceas de centro amarillo, de 2 a 3 cm de ancho.

Solanum jasminoides

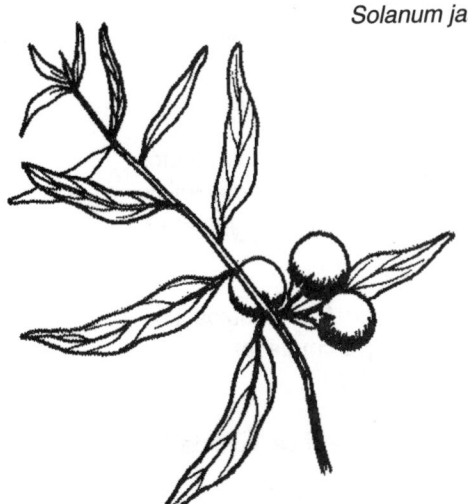

Solanum pseudocapsicum

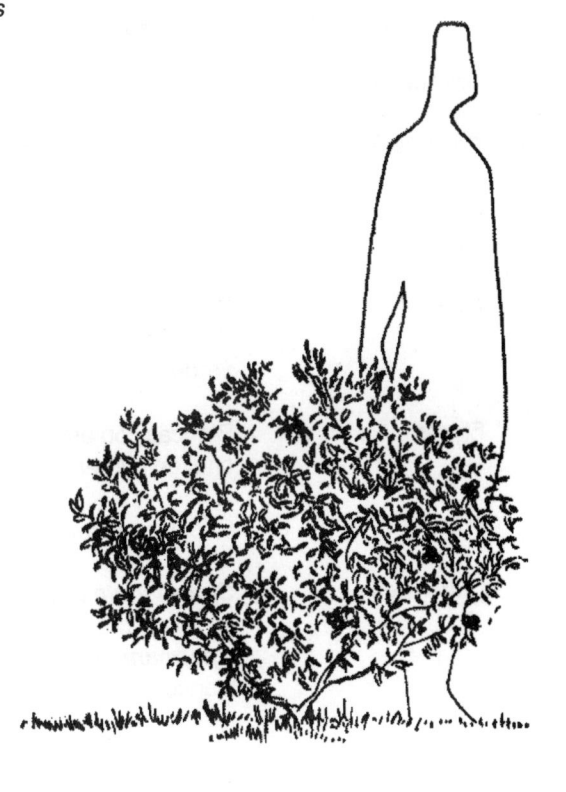

h: 0,5-1,5 m
d: 0,5-1,5 m

forma	color	densidad	ambiente	foliación	floración	fructificación
	5-6		○		m. primavera f. verano	f. verano m. otoño

455

SPARMANNIA AFRICANA (Tiliáceas)
TILO DE SALÓN

C Esparmània
I African hemp

Origen	Sur de África.
Exigencias	Vive bien en cualquier tierra rica de jardín, bien drenada. Sensible a las heladas, prefiere climas de temperaturas moderadas y exposiciones asoleadas o de media sombra.
Crecimiento	Rápido.
Características	Forma ovoidal desordenada, de follaje denso; tallos erectos cubiertos de vello sedoso. Se cultivan por su hermoso follaje aterciopelado y sus flores. Puede utilizarse, en algunas regiones, como planta de interior.
Hojas	P, alternas, acorazonadas en la base, con 5 a 7 lóbulos, bordes desigualmente aserrados, de 12 a 15 cm de largo; color verde claro; pubescentes por ambas caras.
Flores	Blancas con estambres amarillos largos; de unos 3 cm de ancho, en numerosos racimos terminales.
Frutos	Cápsula espinosa de 1 cm de ancho; sin interés.
Cultivares	*Sparmannia africana* «**Flore Pleno**», de flores dobles, pero de follaje menos hermoso. *Sparmannia africana* «**Variegata**», hojas matizadas de blanco.

h: 2,5-4 m
d: 2-3 m

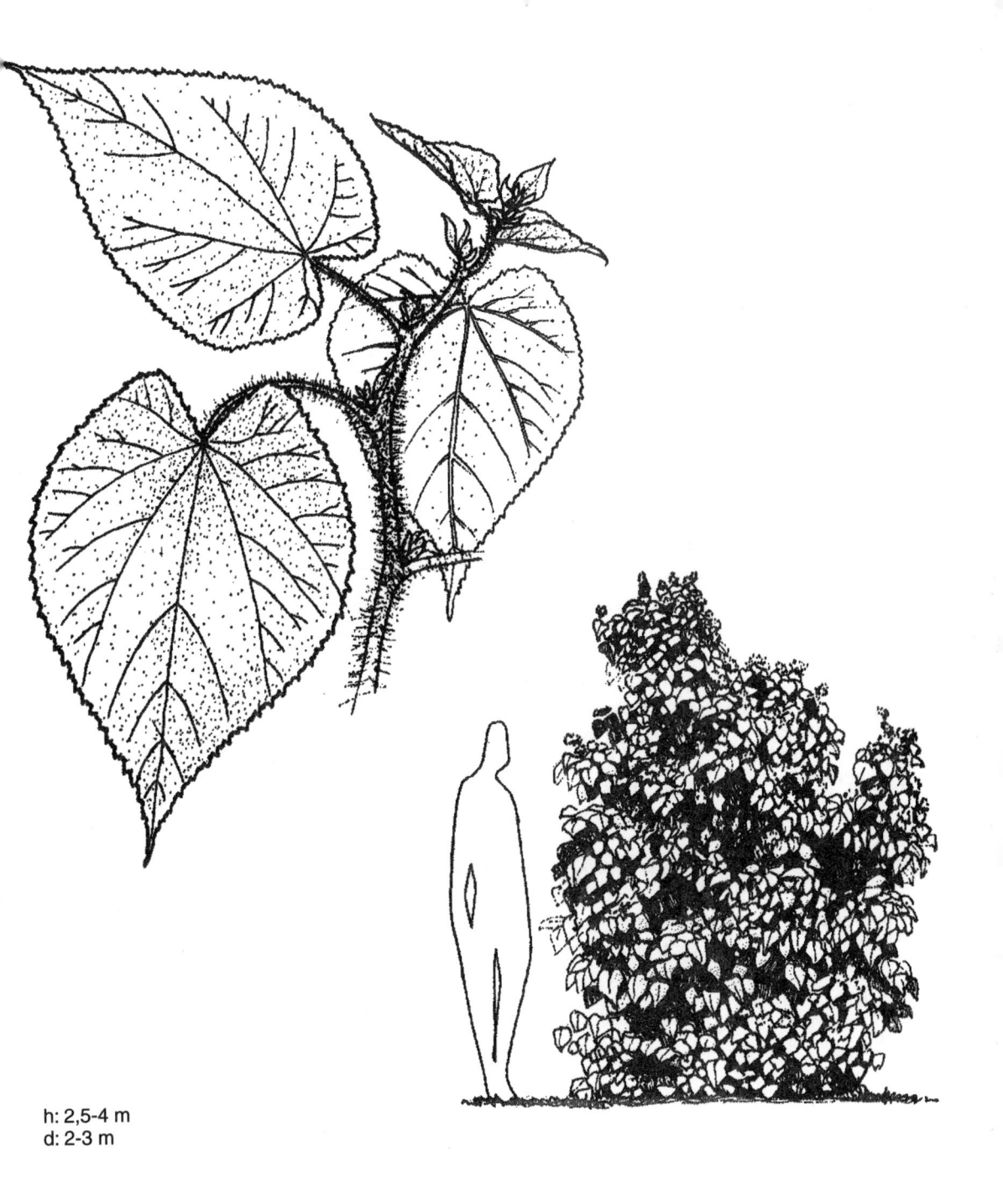

forma	color	densidad	ambiente	foliación	floración	fructificación
	4-5				m. primavera	

SPARTIUM JUNCEUM   (Fabáceas-Leguminosas)
RETAMA DE OLOR

C Ginesta **E** Isuski
I Spanish broom **A** Gewöhnlicher Gesenginster

Origen	Región mediterránea.
Exigencias	Rústico en cuanto a la calidad del suelo. Puede vivir en zonas cálidas y frías. Requiere situaciones asoleadas.
Crecimiento	Medio.
Características	Forma ovoidal desordenada, muy ramificado aunque de escaso número de hojas. En algunos países posee valor económico como productor de fibra para tejidos.
Hojas	C, simples, enteras, oblongo-lanceoladas o lineales de 1 a 2,5 cm de largo, color verde azulado.
Flores	Color amarillo brillante, de unos 2,5 cm de largo, fragantes. En algunas regiones aparecen casi todo el año.
Frutos	Legumbre lineal, pubescente, de 5 a 10 cm de largo.
Cultivares	*Spartium junceum* «**Ochroleucum**», de flor color amarillo más pálido. *Spartium junceum* «**Plenum**», de flor doble.

h: 2,5-3 m
d: 1-1,5 m

forma	color	densidad	ambiente	foliación	floración	fructificación
⚲	3	▦	○		f. primavera	p. otoño

459

SPIRAEA especies (Rosáceas)

ESPÍREA

C Espírea
I Spirea **F** Spirée **A** Spierstrauch

Origen Regiones templadas del hemisferio norte (América, Europa, Asia).

Exigencias Requieren tierra de jardín bien drenada, rica en abonos animales. Son resistentes a las temperaturas extremas, debiendo plantarse en situaciones asoleadas.

Crecimiento Medio.

Características Arbustos de forma esférica u ovoidal, de ramas generalmente arqueadas, tallos leñosos y follaje distribuido. Muy cultivados por sus hermosas flores en racimos.

Hojas C, alternas, simples, dentadas o lobuladas, de pecíolo corto.

Flores De color variado entre blanco y rojo; pequeñas, numerosas, en grupos axilares o terminales.

Frutos Cápsula seca, sin interés.

Especies *Spiraea cantoniensis*, de 1 a 1,5 m de alto; follaje compacto, muy ramificado; hojas semipersistentes, lanceoladas, de 2 a 8 cm de largo, verde oscuras; flores blancas en corimbos axilares (principios de la primavera).
Spiraea japonica, de 1 a 1,5 m; hojas ovaladas u oblongas, color verde medio; flores rosadas (mitad de la primavera a mitad del verano). Posee múltiples cultivares en diferente color de flor.
Spiraea japonica «**Bumalda**» (= *S.* × *bumalda*), de 0,5 a 0,75 m de alto; hojas oval-lanceoladas, doblemente aserradas, de 2 a 8 cm de largo, flores color blanco a rosado intenso (a principios del verano). Es una de las más cultivadas.
Spiraea japonica «**Anthony Waterer**» (= *S.* × *bumalda* «Anthony Waterer»), de follaje más compacto; hojas más delgadas; flores rojas. Muy cultivada.
Spiraea prunifolia, de 1 a 1,5 m de alto; hojas elípticas o elíptico-oblongas, finamente dentadas, de 2 a 10 cm de largo, color verde medio; flores blancas y dobles (final de invierno).
Spiraea salicifolia, de 1 a 1,5 m de alto, porte ovoidal erecto; hojas oblongas, agudas en los extremos; flores rosadas, en verano.
Spiraea × ***vanhouttei***, de 1 a 1,5 m de alto; follaje delicado, hojas ovaladas; flores blancas y numerosas.

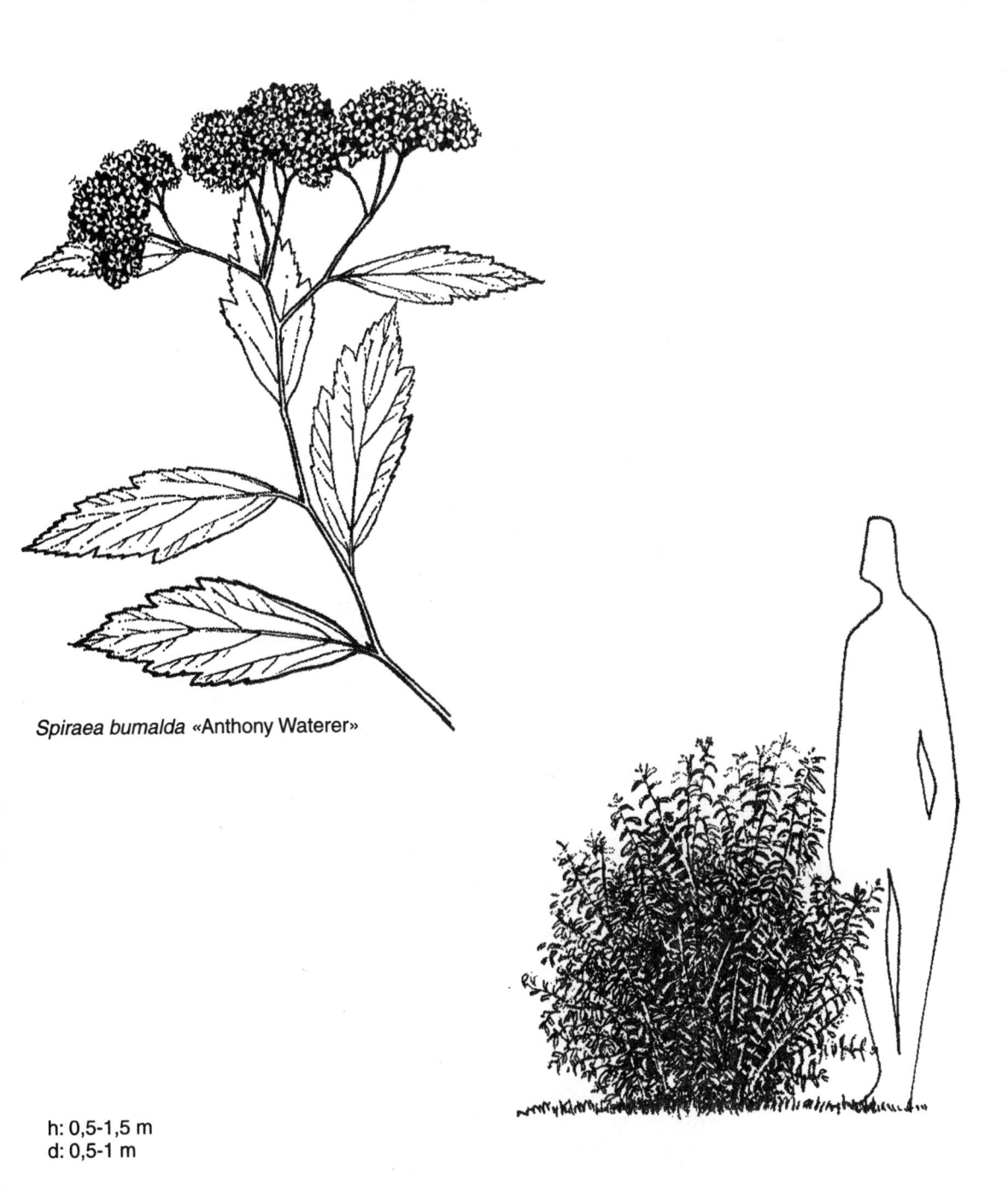

Spiraea bumalda «Anthony Waterer»

h: 0,5-1,5 m
d: 0,5-1 m

forma	color	densidad	ambiente	foliación	floración	fructificación
♀ ♀	4-6-7	|||||	○	p. primavera f. otoño	f. invierno m. verano	

SYMPHORICARPUS ALBUS (= *S. racemosus*) (Caprifoliáceas)
ÁRBOL DE LAS PERLAS

I Snowberry **F** Symphorine **A** Schneebeere

Origen	Norteamérica.
Exigencias	Requiere tierra rica, con abono mineral y buen drenaje. Resiste bien el frío y el calor, pero prefiere situaciones protegidas o semisombra.
Crecimiento	Rápido.
Características	Forma ovoidal o esférica de ramas erectas y delicadas, follaje semitransparente. Apreciado especialmente por sus frutos globosos, que reciben el nombre de «perlas».
Hojas	C, opuestas, enteras, ovaladas u oblongas, de 2 a 5 cm de largo, color verde medio opaco.
Flores	Rosadas, de unos 6 mm de ancho, en racimos o espigas terminales.
Frutos	Blancos, globosos u ovoidales, de 8 a 12 mm de largo, en grupos; persisten parte del invierno.
Formas y cultivares	*Symphoricarpos albus* «Constance Spry», fruto grande, blanco. *Symphoricarpos albus* f. *ovatus*, 2 m de alto, más vigoroso.
Especies	*Symphoricarpos microphyllus*, hojas oval-acuminadas, rojizas; flores rojas. Alcanza los 3 m de alto. *Symphoricarpos orbiculatus*, hasta 2 m; hojas elípticas u ovaladas; flores color rosa. *Symphoricarpos orbiculatus* «Albovariegatus», hojas bordeadas de blanco. *Symphoricarpos orbiculatus* «Aureovariegatus», hojas bordeadas de amarillo.

h: 0,3-1 m
d: 0,3-0,6 m

forma	color	densidad	ambiente	foliación	floración	fructificación
O	6	|||||	◐	p. primavera f. otoño	p. verano p. otoño	p. otoño m. otoño

463

SYRINGA VULGARIS   (Oleáceas)

LILA

C Lilà
I Lilac **F** Lilas commun **A** Flieder

Origen Sudeste de Europa.

Exigencias Vive en cualquier tierra de jardín, con algún porcentaje de arena. Resiste bien las temperaturas extremas, prefiriendo situaciones asoleadas. Le conviene la poda para mejorar la calidad de las flores.

Crecimiento Rápido.

Características Forma ovoidal de ramas erectas y follaje semidenso. Se le aprecia por sus flores, de intensa fragancia. Adquiere porte arbóreo.

Hojas C, opuestas, pecioladas, ovaladas, a veces acorazonadas en la base, de 5 a 15 cm de largo, acuminadas; de color verde medio a verde oscuro, más pálido por debajo.

Flores En general de color lila, muy perfumadas, de 1 cm de ancho, en racimos de 10 a 20 cm de largo.

Frutos Cápsula seca; sin interés.

Cultivares Existen muchas formas de jardín de flores simples y dobles, en colores blanco, rosado, rojo, púrpura, lila y azul.
Syringa vulgaris «**Alba**», flores blancas.
Syringa vulgaris «**Aurea**», hojas jóvenes verde-amarillentas.

Especies *Syringa × hyacinthiflora*, híbrida (*S. oblata × S. vulgaris*), hojas anchamente ovadas, de jóvenes de color bronce como en *S. oblata* y en otoño se vuelven púrpuras. Flores fragantes como *S. vulgaris*, sencillas o dobles.
Syringa × hyacinthiflora «**Mount Baker**», muy resistente, flores temprano, flores blancas.
Syringa × hyacinthiflora «**Pocahontas**», muy resistente y vigorosa, flores rojas manchadas de púrpura.
Syringa × persica, de 1,5 a 2 m, follaje compacto y ramas arqueadas; hojas lanceoladas, a veces lobuladas, de unos 6 a 7 cm de largo; flores color lila pálido.
Syringa × persica «**Alba**», flores blancas o rosadas.
Syringa pubescens, de unos 2 m de alto, forma esférica, de ramas delicadas; hojas ovaladas anchas, de unos 7 cm de largo, de nervios inferiores pubescentes; flores fragantes, color lila pálido.

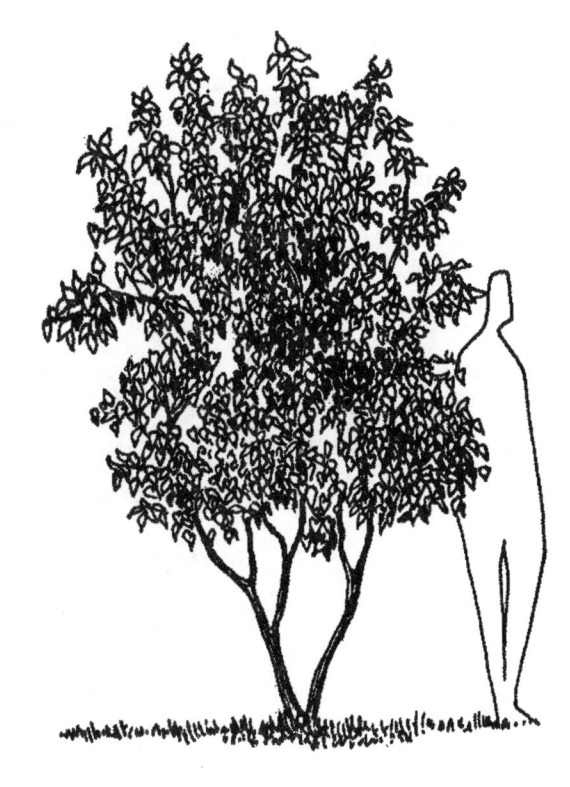

h: 3-5 m
d: 1,5-2,5 m

forma	color	densidad	ambiente	foliación	floración	fructificación
	6-7			p. primavera f. otoño	m. primavera	

TAMARIX GALLICA   (Tamaricáceas)

TARAY, tamarisco

C Tamariu
I Tamarisk **F** Tamaris **A** Tamariske

Origen	Región mediterránea, norte de África, islas Canarias.
Exigencias	Puede vivir en cualquier tipo de terreno, incluso semidesérticos o totalmente arenosos. Resiste bien la inmediata proximidad del mar. Requiere situaciones asoleadas y acepta temperaturas cálidas y frías extremas. Sensible a los vientos fuertes, que rompen sus ramas.
Crecimiento	Medio.
Características	Forma irregular; ovoidal desordenada cuando se cultiva como árbol (alcanzando hasta 10 m). Follaje de fina textura; ramas erectas o pendientes.
Hojas	C, alternas, muy pequeñas, en forma de escamas oval-lanceoladas, adheridas a la ramilla; color verde azulado.
Flores	Rosadas, en densos racimos cilíndricos de 3 a 5 cm de largo; brácteas ovaladas a triangulares (deltoides).
Frutos	Sin interés.
Especies	*Tamarix africana*, de 2 a 3 m de alto; racimos floríferos de unos 7 cm de largo (norte de África). *Tamarix hispida*, de 1 a 1,5 m de alto, de ramillas algo velludas; flores rosadas en racimos terminales; del mar Caspio. *Tamarix ramosissima*, de 1 a 2 m de alto, ramillas erectas; flores rosadas en delicados racimos de unos 3 a 4 cm de largo; de Rusia. *Tamarix ramosissima* «**Rubra**», flores rosa oscuro. *Tamarix ramosissima* «**Summer Glow**», muy resistente; 3 m de alto, hojas glaucas, flores rosa brillante.

h: 2-5 m
d: 2-3 m

forma	color	densidad	ambiente	foliación	floración	fructificación
	5-3		○	m. primavera f. otoño	m. primavera	

TEUCRIUM FRUTICANS   (Lamiáceas-Labiadas)
OLIVILLA BLANCA

I Shrubby germander **F** Germandrée arbustive

Origen	Región mediterránea.
Exigencias	Rústico en cuanto a la naturaleza del terreno, prefiere situaciones asoleadas. Resiste bien las temperaturas extremas, las heladas y la sequía. Acepta la poda.
Crecimiento	Rápido.
Características	Forma esférica muy ramificada y compacta. Se le aprecia por su follaje gris plateado y su adaptabilidad para formar borduras y setos bajos.
Hojas	**P**, opuestas, de pecíolo corto, oval-lanceoladas, la mayoría enteras, de 2 a 3 cm de largo, de márgenes enroscados, aromáticas al romperse; de color verde claro brillante por encima (tomentoso en las nuevas), blanco-tomentoso por debajo.
Flores	Azules, de unos 2 cm de largo, en racimos; poco aparentes.
Frutos	Sin interés.
Cultivares	*Teucrium fruticans* «**Album**», flores blancas. *Teucrium fruticans* «**Azureum**», flores azul oscuro.
Especies	*Teucrium chamaedrys*, de forma horizontal, rastrero, follaje de agradable aroma; flores moradas. Útil para borduras muy compactas. *Teucrium chamaedrys* «**Nanum**», porte enano. *Teucrium chamaedrys* «**Variegatum**», hojas variegadas de color crema.

h: 1-1,5 m
d: 1,2-1,8 m

forma	color	densidad	ambiente	foliación	floración	fructificación
○	5 y 2	■	○		m. primavera p. otoño	

VIBURNUM especies   (Caprifoliáceas)

VIBURNO

I Viburnum F Viorne

Origen	China, Corea, región mediterránea, Norteamérica.
Exigencias	Requieren tierra rica, arenosa. Prefieren situaciones en semisombra.
Crecimiento	Rápido.
Características	El género *Viburnum* comprende unas 150 especies, muchas se cultivan en jardines. Poseen formas esféricas y ovoidales, de follaje muy compacto. Poseen flores y frutos llamativos.
Hojas	**P y C** (más cultivadas las especies de hoja persistente), opuestas, enteras, dentadas o lobuladas, a veces con estípulas.
Flores	Pequeñas, blancas o rosadas, en grupos.
Frutos	Drupa de una semilla, a menudo de color atractivo.
Especies	De hoja persistente: *Viburnum davidii*, de 0,8 a 1 m de alto y de diámetro; hojas elípticas, de 7 a 15 cm de largo, a veces muy dentadas; flores blancas en corimbos de 5 a 8 cm; frutos azul, de unos 6 mm de diámetro. *Viburnum odoratissimum*, de 2 a 3 m de alto y 1 a 1,5 m de diámetro; hojas ovaladas, de 10 a 15 cm de largo, verde brillante; flores fragantes en grupos de 10 cm; fruto rojo, tornándose negro. *Viburnum sieboldii*, de 2,5 a 3 m de alto; hojas ovaladas hacia la punta, de 10 a 15 cm de largo, muy dentadas, vellosas por debajo, de olor desagradable al romperlas; flores blanco-rosadas; fruto rosado, tornándose negro azulado. *Viburnum tinus*, 2-3 m de alto y 1-1,5 m de diámetro; hojas oblongas, enteras, de 5 a 7,5 cm de largo, verde oscuro; flores blanco rosadas, pequeñas, en grupos de 7 cm de ancho; fruto negro. *Viburnum tinus* «**Compactum**», erecto, hojas pequeñas, verde oscuro. *Viburnum tinus* «**Variegatum**», hojas variegadas de color crema. *Viburnum plicatum* f. *tomentosum*, de 2 a 3 m de alto; hojas ovaladas y dentadas; flores blancas, fruto rojo. *Viburnum plicatum* «**Sterile**», flores blancas, inflorescencias globosas. De hoja caduca: *Viburnum carlesii*, de 1 a 1,5 m de alto y de diámetro; hojas ovaladas, de 5 a 8,5 cm de largo, velludas por ambos lados; flores fragantes, blancas o rosadas, en grupos densos; frutos negro azulados. *Viburnum lantana*, de 3 a 4,5 m de alto, forma de árbol; hojas ovaladas de 5 a 12 cm de largo; racimo floral de 10 cm de ancho; su fruto se torna negro. *Viburnum opulus*, 2,5-3,5 m de alto; hojas semejantes a las del arce, 3-5 lóbulos y 8 cm de ancho; racimo floral de unos 10 cm; fruto rojo. *Viburnum opulus* «**Nanum**», de porte enano. *Viburnum opulus* «**Roseum**», de grandes flores blancas.

Viburnum tinus

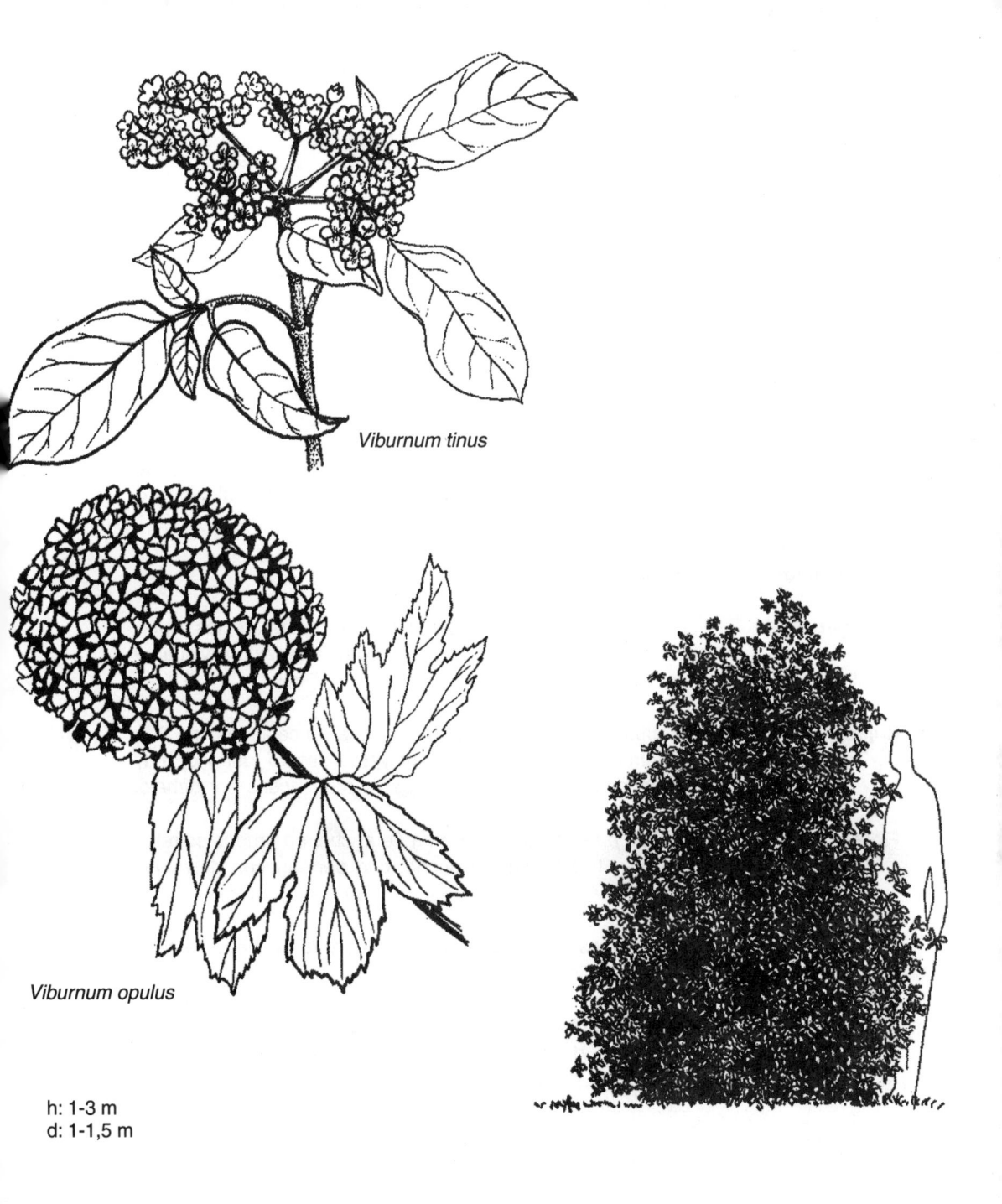

Viburnum opulus

h: 1-3 m
d: 1-1,5 m

forma	color	densidad	ambiente	foliación	floración	fructificación
○ ♀	5-6-7-8	■	◐		f. invierno m. primavera	

471

VIBURNUM RHYTIDOPHYLLUM   (Caprifoliáceas)
VIBURNO

I Leather leaved viburnum **F** Viorne à feuilles ridées

Origen	Región mediterránea.
Exigencias	Es rústico en cuanto a la naturaleza del suelo, siempre que sea rico y bien drenado. Sensible a las heladas y al calor excesivo, prefiere situaciones protegidas.
Crecimiento	Rápido.
Características	Forma ovoidal de follaje compacto, en ramas erectas. Apreciado por sus grandes hojas de agradable textura visual, y por sus flores.
Hojas	P, opuestas, ovaladas u oblongas a lanceoladas, de 7 a 18 cm de largo, enteras, color verde oscuro lustroso, muy arrugadas por encima, grisáceas y tomentosas por debajo.
Flores	Blanco amarillentas, de 6 mm de ancho, en grupos estrellados de 10 a 20 cm de ancho, que permanecen desnudos todo el invierno.
Frutos	Elipsoidales, de 8 mm de largo; primero rojos, luego de color negro lustroso.
Cultivares	*Viburnum rhytidophyllum* «**Roseum**», vigoroso, flores rosa-rojo fuerte, después blanco-rosadas. *Viburnum rhytidophyllum* «**Variegatum**», hojas manchadas de amarillo.

h: 2-3 m
d: 1-1,5 m

forma	color	densidad	ambiente	foliación	floración	fructificación
	9				m. primavera	

VITEX AGNUS-CASTUS   (Verbenáceas)

SAUZGATILLO, agnocasto

C Aloc **E** Salitzuki
I Chaste tree, monks' pepper-tree **F** Gattilier **A** Mönchspfeffer

Origen	Región mediterránea, Asia central.
Exigencias	Vive en cualquier tierra de jardín, con algo de abono animal y arena. Acepta temperaturas extremas, prefiriendo situaciones asoleadas.
Crecimiento	Medio.
Características	Forma ovoidal, de follaje semitransparente. Apreciado por su gran floración.
Hojas	C, opuestas, de pecíolo largo, compuestas, de 5 a 7 folíolos lanceolados, alcanzando el folíolo central unos 10 cm de largo; cubiertas por vellos grises por encima, de olor agradable cuando se rompen; color verde grisáceo a verde medio.
Flores	Color azul-liláceo pálido, fragantes, de unos 8 mm de ancho, en densas espigas de 10 a 18 cm de largo.
Frutos	Globosos, de 3 a 4 mm de ancho, de sabor picante; sin interés.
Formas	*Vitex agnus-castus* f. *alba*, de flores blanco-rosadas. *Vitex agnus-castus* f. *latifolia*, de hoja más grande y flores de color intenso.

h: 2-3 m
d: 1-1,5 m

forma	color	densidad	ambiente	foliación	floración	fructificación
	3-6		○	p. primavera f. otoño	m. verano f. verano	

WEIGELA FLORIDA (= *Diervilla florida*) (Caprifoliáceas)
VEIGELIA

I Weigela F Weigelie

Origen	Japón.
Exigencias	Prefiere tierras ricas, frescas, bien drenadas y situaciones asoleadas. Resiste temperaturas extremas y acepta una sombra ligera.
Crecimiento	Rápido.
Características	Forma irregular de follaje semidenso, ramas erectas que se curvan con el peso de las flores. El género *Weigela* está muy relacionado con el género *Diervilla*, considerándose como sinónimos algunos autores; difiere de éste por sus flores más grandes y llamativas. *Weigela florida* es la más cultivada.
Hojas	C, simples aserradas, generalmente elípticas, estrechas en la punta, de 5 a 10 cm de largo, vellosas en los nervios de la cara inferior; color verde amarillento a verde medio.
Flores	Rosadas en el tipo, blancas o rosado oscuro en las formas hortícolas; en forma de embudo, de unos 3 cm de largo, en racimos de 1 a 3.
Frutos	Cápsula; sin interés.
Cultivares	*Weigela florida* «**Alba**», de flores blancas que se tornan rosado pálido. *Weigela florida* «**Eva Rathke**», de flores rojas. *Weigela florida* «**Mont-Blanc**», flores grandes blancas, después un poco rosadas. *Weigela florida* «**Pink Delight**», 1,3 m, flores rosa fuerte. *Weigela florida* «**Variegata**», porte compacto, hojas con el borde de color crema; flores rosa fuerte. *Weigela florida* var. *venusta*, de hojas más pequeñas y flores más grandes.
Especies	*Weigela floribunda*, de 2 a 3 m de alto; hojas elípticas u oblongas, de 7 a 12 cm de largo, dentadas, vellosas por ambos lados; flores color rojo carmín oscuro.

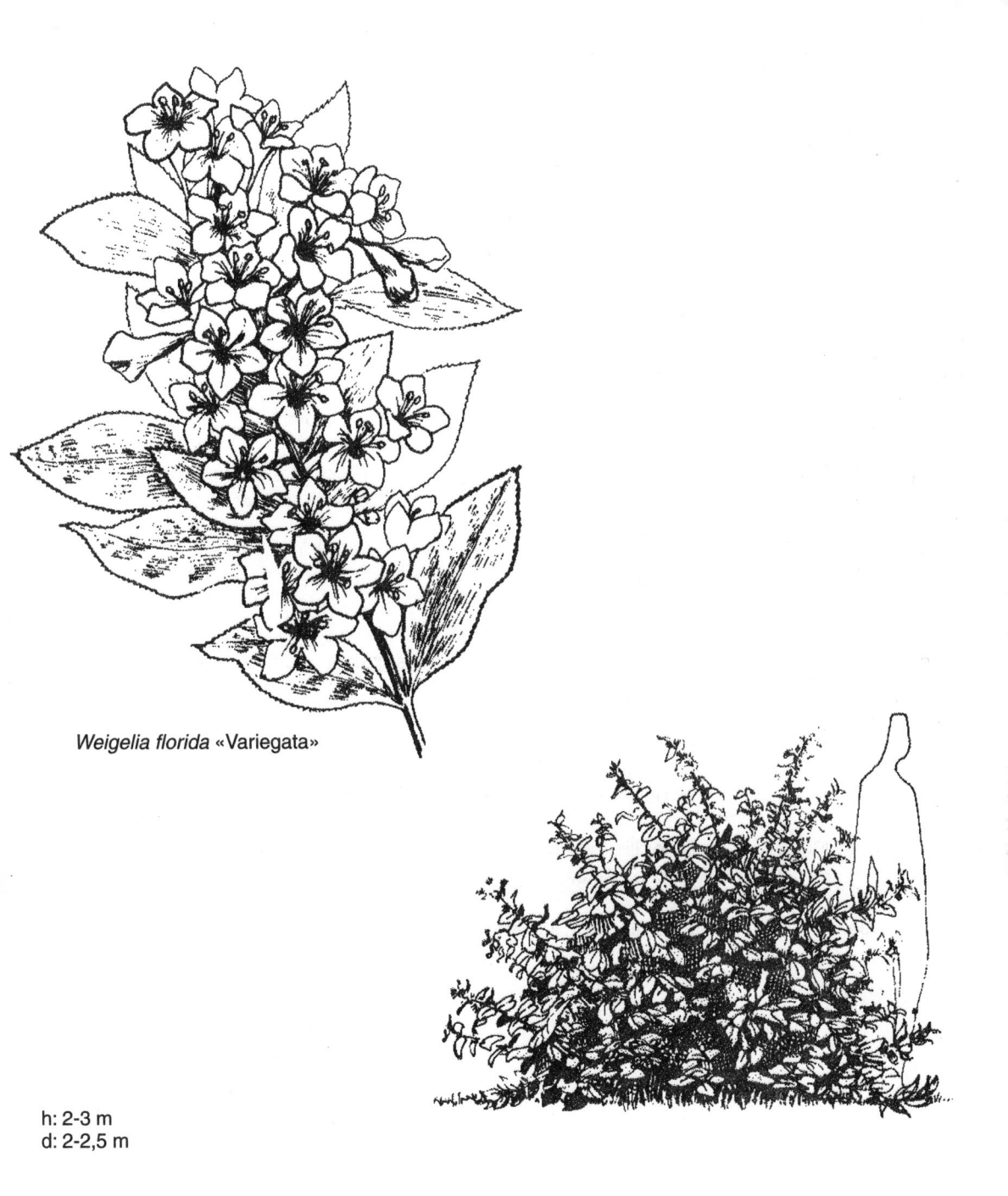

Weigelia florida «Variegata»

h: 2-3 m
d: 2-2,5 m

forma	color	densidad	ambiente	foliación	floración	fructificación
	4-6		◯◐	p. primavera f. otoño	f. primavera	

WIGANDIA CARACASANA (Hidrofiláceas)
WIGANDIA

C Vigàndia
I Wigandia

Origen	Venezuela (Caracas), sur de México, Colombia.
Exigencias	Prefiere tierras ricas en materias orgánicas y situaciones asoleadas. Vive mejor en regiones cálidas de temperaturas moderadas.
Crecimiento	Rápido.
Características	Forma ovoidal, desordenada, de follaje denso, muy atracti-vo. Se cultiva precisamente por sus grandes hojas siempre verdes.
Hojas	**P**, alternas, simples, ovaladas, basta y doblemente aserradas, de 10 a 45 cm de largo; de pecíolo largo, cubiertas por pelos brillantes; de color verde oscuro.
Flores	Color lila, de unos 2 cm de ancho, en grupos terminales; sin mucho interés.
Frutos	Cápsula seca; sin interés.

h: 2-3 m
d: 1-1,5 m

forma	color	densidad	ambiente	foliación	floración	fructificación
⬭	7	■	○		p. primavera	

YUCCA especies   (Agaváceas)

YUCA

C luca **E** luka
I Spanish bayonet **F** Yucca **A** Yuca

Origen	Norte y centro de América.
Exigencias	Son plantas de regiones semidesérticas: viven bien en suelos ligeros y arenosos. Requieren situaciones asoleadas y temen al exceso de humedad. (Condiciones parecidas a los cactus.)
Crecimiento	Medio.
Características	Plantas en su mayoría sin tronco, de forma cónica invertida con un grupo de hojas desde la base, o con un tronco corto (*Yucca glauca* y *Yucca aloifolia*).
Hojas	P, en grupos terminales, lanceoladas, tiesas, coriáceas.
Flores	Blancas, a veces teñidas de violeta, en forma de copa pendientes.
Frutos	Ovoides o subglobosos, secos o carnosos, negros.
Especies	*Yucca aloifolia*, de 3 a 7 m de alto, con un tronco simple o ramificado; hojas tiesas, de unos 75 cm de largo y 5 cm de ancho, punta muy afilada; flores blancas o teñidas de púrpura de 5 cm de ancho en racimos de unos 60 cm de largo, aparecen tardíamente. *Yucca aloifolia* «**Marginata**», hojas bordeadas de amarillo. *Yucca aloifolia* «**Quadricolor**», hojas rayadas de amarillo y blanco. *Yucca elephantipes*, tallos de hasta 10 m de alto, muy ramificada. Hojas de 1 m de largo, rígidas. Centroamérica. *Yucca filamentosa*, una de las más cultivadas; no posee tallo, pero el tallo del racimo florífero puede alcanzar de 2 a 3,5 m de alto; hojas de 30 a 75 cm de largo y unos 2 a 3 cm de ancho, de margen filamentoso; flores blancas o blanco-cremosas, de unos 5 cm de largo. *Yucca filamentosa* «**Variegata**», hojas bordeadas de blanco al principio y después de rosa. *Yucca glauca*, de tronco corto y a menudo rastrero; hojas de 80 a 90 cm de largo y apenas 1,5 cm de ancho, de margen blanco y débilmente filamentoso; flores blanco-verdosas, de unos 5 cm de largo. *Yucca glauca* «**Rosea**», flores teñidas de rosa. *Yucca gloriosa*, sin tallo o con tronco muy corto; hojas hasta de 75 cm de largo y 5 cm de ancho, de punta afilada, margen sin filamentos; flores blanco-verdosas o rojas, de 10 cm de ancho. *Yucca gloriosa* «**Nobilis**», hojas azuladas, flores teñidas de rojo. *Yucca gloriosa* «**Variegata**», hojas rayadas de color crema.

Yucca gloriosa

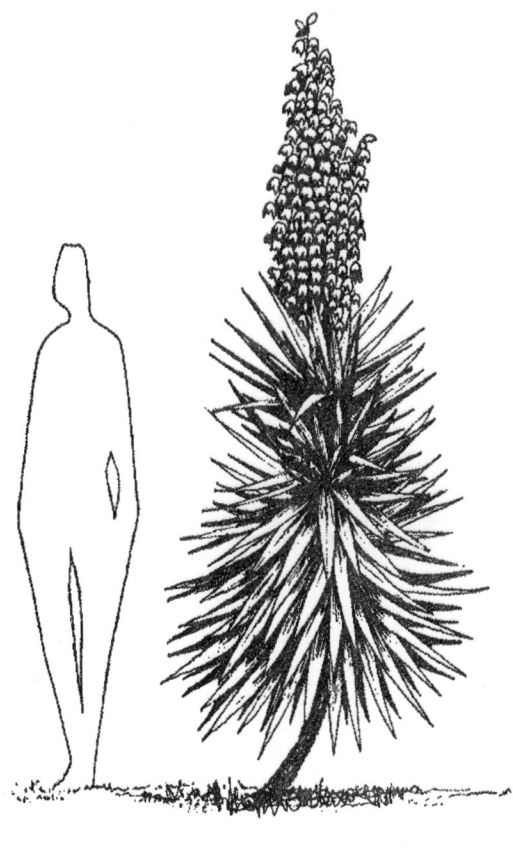

h: 2-5 m
d: 0,5-2,5 m

forma	color	densidad	ambiente	foliación	floración	fructificación
♀ ♂	9-10	■	○		f. primavera p. otoño	

TERCERA PARTE
Listas de características semejantes

ÁRBOLES DE HOJA CADUCA

(agrupados según su altura máxima media)

3-4 m
Acer palmatum
Prunus mahaleb

4-6 m
Bauhinia forticata
Laburnum anagyroides
Parkinsonia aculeata
Prunus persica
Prunus serrulata

6-10 m
Acer negundo
Albizia julibrissin
Broussonetia papyrifera
Cercis siliquastrum
Diospyros kaki
Elaeagnus angustifolia
Erythrina crista-galli
Ficus carica
Fraxinus ornus
Koelreuteria paniculata
Malus pumila
Prunus armeniaca
Prunus cerasifera

Prunus dulcis
Salix babylonica

10-12 m
Acer campestre
Catalpa bignonioides
Pyrus communis
Tipuana tipu

12-15 m
Celtis australis
Firmiana simplex
Maclura pomifera
Melia azederach
Morus alba
Paulownia tomentosa
Salix alba
Sorbus domestica

Más de 15 m
Acer platanoides
Acer pseudoplatanus
Aesculus hippocastanum
Ailanthus altissima

Alnus glutinosa
Betula pendula
Carpinus betulus
Castanea sativa
Fagus sylvatica
Fraxinus excelsior
Gingko biloba
Gleditsia triacanthos
Juglans regia
Larix decidua
Liquidambar styraciflua
Liriodendron tulipifera
Platanus × acerifolia
Platanus occidentalis
Populus alba
Populus nigra «Italica»
Populus tremula
Prunus avium
Quercus robur
Quercus rubra
Robinia pseudoacacia
Sophora japonica
Taxodium distichum
Tilia platyphyllos
Ulmus carpinifolia

ÁRBOLES DE HOJA PERSISTENTE

(agrupados según su altura máxima media)

4-6 m
Acacia retinoides
Citrus aurantium
Eriobotrya japonica
Prunus laurocerasus
Trachycarpus fortunei

6-10 m
Ceratonia siliqua
Ficus elastica
Jacaranda mimosifolia
Juniperus communis
Schinus molle

10-12 m
Acacia dealbata
Cinnamomum camphora
Quercus ilex
Quercus suber
Thuja occidentalis

12-15 m
Acacia melanoxylon
Brachychiton populneus
Chamaecyparis
 lawsoniana
Cryptomeria japonica
Cupressus arizonica
 var. glabra
Cupressus sempervirens
Olea europaea
Phoenix canariensis
Phytolacca dioica
Picea pungens
Pinus pinaster
Taxus baccata

Más de 15 m
Abies alba
Abies cephalonica
Abies pinsapo
Araucaria araucana

Araucaria bidwilli
Araucaria angustifolia
Araucaria heterophylla
Calocedrus decurrens
Casuarina cunning
Cedrus libani ssp.
 atlantica
Cedrus deodara
Eucalyptus globulus
Grevillea robusta
Livistona australis
Magnolia grandiflora
Picea abies
Pinus halepensis
Pinus radiata
Pinus nigra
Pinus pinea
Pinus sylvestris
Pinus wallichiana
Podocarpus neriifolius
Sequoia sempervirens
Washingtonia robusta

ÁRBOLES AGRUPADOS SEGÚN SU FORMA

(alturas entre paréntesis)

1. ESFÉRICA ♀

Acacia dealbata	(10-12 m)
Acer campestre	(8-12 m)
Acer negundo	(8-10 m)
Acer platanoides	(20-25 m)
Acer pseudoplatanus	(20-25 m)
Ailanthus altissima	(15-20 m)
Albizia julibrissin	(6-8 m)
Bauhinia forficata	(4-6 m)
Catalpa bignonioides	(9-12 m)
Celtis australis	(10-15 m)
Ceratonia siliqua	(5-10 m)
Cinnamomum camphora	(8-12 m)
Citrus aurantium	(3-5 m)
Elaeagnus angustifolia	(6-8 m)
Eriobotrya japonica	(5-6 m)
Ficus carica	(6-8 m)
Ficus elastica	(6-10 m)
Fraxinus ornus	(8-10 m)
Gleditsia triacanthos	(15-25 m)
Juglans regia	(20-25 m)
Maclura pomifera	(10-15 m)
Malus pumila	(6-10 m)
Morus alba	(8-15 m)
Pinus halepensis	(15-20 m)
Pinus pinaster	(10-20 m)
Platanus occidentalis	(30-40 m)
Prunus cerasifera	(6-8 m)
Prunus laurocerasus	(4-6 m)
Prunus mahaleb	(3-5 m)
Prunus serrulata	(4-8 m)
Quercus robur	(20-25 m)
Trachycarpus fortunei	(3-5 m)

2. OVOIDAL ♀

Acacia melanoxylon	(10-15 m)
Acer palmatum	(3-4 m)
Aesculus hippocastanum	(20-25 m)
Araucaria angustifolia	(20-30 m)
Diospyros kaki	(6-8 m)
Fagus sylvatica	(15-20 m)
Firmiana simplex	(10-15 m)
Fraxinus excelsior	(20-30 m)
Grevillea robusta	(20-35 m)
Liquidambar styraciflua	(15-20 m)
Liriodendron tulipifera	(20-35 m)
Platanus × acerifolia	(25-35 m)
Populus alba	(15-20 m)
Populus tremula	(20-25 m)
Prunus dulcis	(6-8 m)
Quercus ilex	(8-12 m)
Quercus rubra	(20-25 m)
Sorbus domestica	(10-20 m)
Taxodium distichum	(25-35 m)
Tilia platyphyllos	(25-30 m)
Ulmus carpinifolia	(25-30 m)

3. COLUMNAR

Calocedrus decurrens	(20-30 m)
Cryptomeria japonica	(10-15 m)
Cupressus sempervirens	(10-20 m)
Juniperus communis	(5-8 m)
Podocarpus neriifolius	(15-20 m)
Populus nigra «Italica»	(25-30 m)
Thuja occidentalis	(8-12 m)

4. CÓNICA

Abies alba	(20-30 m)
Abies cephalonica	(20-25 m)
Abies pinsapo	(15-25 m)
Alnus glutinosa	(15-30 m)
Araucaria araucana	(15-20 m)
Araucaria bidwilli	(15-20 m)
Araucaria heterophylla	(20-25 m)
Brachychiton populneus	(10-15 m)
Cedrus deodara	(20-25 m)
Cedrus libani ssp. atlantica	(12-30 m)
Chamaecyparis lawsoniana	(10-20 m)
Cupressus arizonica	(12-15 m)
Larix decidua	(25-30 m)

Magnolia grandiflora	(15-20 m)
Picea abies	(30-40 m)
Picea pungens	(10-20 m)
Pinus radiata	(15-20 m)
Pinus nigra	(20-30 m)
Pinus wallichiana	(20-35 m)
Prunus avium	(15-20 m)
Pyrus communis	(10-15 m)
Sequoia sempervirens	(30-40 m)
Taxus baccata	(10-15 m)

5. EXTENDIDA

Castanea sativa	(20-35 m)
Erythrina crista-galli	(5-8 m)
Jacaranda mimosifolia	(6-10 m)
Melia azederach	(8-15 m)
Parkinsonia aculeata	(4-6 m)
Phytolacca dioica	(10-15 m)
Prunus armeniaca	(6-8 m)
Prunus persica	(4-6 m)
Tipuana tipu	(10-15 m)

6. PENDULAR

Betula pendula	(15-25 m)
Salix babylonica	(8-10 m)
Schinus molle	(6-10 m)

7. IRREGULAR

Acacia retinodes	(4-6 m)
Broussonetia papyrifera	(8-10 m)
Carpinus betulus	(15-20 m)
Casuarina cunning	(20-35 m)
Cercis siliquastrum	(6-8 m)
Eucalyptus globulus	(30-40 m)
Gingko biloba	(20-30 m)
Koelreuteria paniculata	(7-9 m)
Laburnum anagyroides	(5-6 m)
Olea europaea	(8-15 m)
Paulownia tomentosa	(10-15 m)
Pinus sylvestris	(25-30 m)
Quercus suber	(8-12 m)
Robinia pseudoacacia	(15-20 m)
Salix alba	(10-20 m)
Sophora japonica	(15-20 m)

8. DE PARASOL

Livistona australis	(15-20 m)
Phoenix canariensis	(10-15 m)
Pinus pinea	(15-20 m)
Washingtonia robusta	(20-30 m)

ÁRBOLES AGRUPADOS SEGÚN EL COLOR DE SU FOLLAJE

Colores según cuadro

3
Cedrus libani ssp.
  atlantica
Pinus wallichiana

4
Catalpa bignonioides
Paulownia tomentosa
Sorbus domestica

5
Melia azederach
Schinus molle

6
Acacia retinoides
Acer platanoides
Bauhinia forficata
Brachychiton populneus
Cedrus libani ssp.
  atlantica
Citrus aurantium
Firmiana simplex
Gleditsia triacanthos
Phytolacca dioica
Prunus armeniaca
Prunus dulcis
Prunus mahaleb
Salix alba

7
Acer pseudoplatanus
Ailanthus altissima
Alnus glutinosa
Calocedrus decurrens
Diospyros kaki
Ficus carica
Ficus elastica
Juglans regia
Livistona australis
Maclura pomifera

Magnolia grandiflora
Phoenix canariensis
Pinus nigra
Pinus radiata
Prunus cerasifera
Prunus persica
Prunus serrulata
Pyrus communis
Trachycarpus fortunei

8
Abies cephalonica
Abies pinsapo
Casuarina cunning
Celtis australis
Cupressus arizonica
Juniperus communis
Picea pungens

9
Washingtonia robusta

10
Abies alba
Cupressus sempervirens

11
Araucaria angustifolia
Sequoia sempervirens
Taxus baccata

Colores intermedios

2-3
Elaeagnus angustifolia

3-4
Acer negundo

3-5
Chamaecyparis
  lawsoniana
Pinus halepensis

3-6
Acacia dealbata
Pinus radiata

4-5
Erythrina crista-galli
Morus alba
Parkinsonia aculeata
Platanus × acerifolia
Tipuana tipu

4-6
Cedrus deodara

5-6
Acer campestre
Acer palmatum
Albrizia julibrissin
Carpinus betulus
Cinnamomum
  camphora
Pinus pinea

6-7
Araucaria
  heterophylla
Pinus pinaster

6-8
Jacaranda mimosifolia

9-10
Acacia melanoxylon
Ceratonia siliqua

10-11
Araucaria bidwilli

Dos colores (hojas con otro color por debajo)

3 y 9
Eucalyptus globulus

5 y 2
Salix babylonica

5 y 7
Liriodendron tulipifera

5 y 9
Laburnum anagyroides

6 y 4
Thuja occidentalis

6 y 7
Platanus occidentalis

6 y 9
Ulmus carpinifolia

7 y 2
Eryobotrya japonica
Grevillea robusta
Olea europaea

7 y 3
Sophora japonica

7 y 5
Tilia platyphyllos

7 y 6
Castanea sativa
Podocarpus neriifolius
Prunus avium
Prunus
   laurocerasus

9 y 2
Populus alba

9 y 3
Quercus robur

10 y 2
Quercus ilex

10 y 3
Quercus suber

ÁRBOLES AGRUPADOS SEGÚN SU EXPOSICIÓN SOLAR

(Ambiente)

◐ SOPORTAN SOMBRA LIGERA DE OTROS ÁRBOLES O SOMBRA
DE EDIFICIOS DURANTE MEDIO DÍA
(* exposición más favorable)

Abies alba
Abies cephalonica
Acacia retinoides
Acer campestre
Acer negundo
* Acer palmatum
Acer pseudoplatanus
Alnus glutinosa
Araucaria araucana
Araucaria bidwilli
Araucaria heterophylla
Betula pendula
Brachychiton populneus
Carpinus betulus
Catalpa bignonioides
Cercis siliquastrum
Cinnamomum camphora

Citrus aurantium
Cryptomeria japonica
   var. glabra
Cupressus arizonica
Cupressus sempervirens
Elaeagnus angustifolia
Eriobotrya japonica
Fagus sylvatica
* Ficus elastica
Firmiana simplex
Fraxinus excelsior
Fraxinus ornus
Gingko biloba
* Gleditsia triacanthos
Jacaranda mimosifolia
Juniperus communis
Liriodendron tulipifera

Livistona australis
Magnolia grandiflora
Picea abies
Picea pungens
Pinus radiata
Podocarpus neriifolius
Prunus avium
Prunus laurocerasus
Quercus ilex
Quercus rubra
Quercus suber
Schinus molle
Taxodium distichum
Taxus baccata
Thuya occidentalis
Tipuana tipu
Trachycarpus fortunei

● SOPORTAN SOMBRA DENSA DE OTROS ÁRBOLES O SOMBRA
CONSTANTE DE EDIFICIOS

Abies alba
Alnus glutinosa
Cryptomeria japonica

Cupressus arizonica
   var. glabra
Cupressus sempervirens

Fraxinus excelsior
Quercus ilex
Thuja occidentalis

ÁRBOLES AGRUPADOS SEGÚN EL TIPO DE SOMBRA QUE PRODUCEN

SOMBRA LIGERA
Acer palmatum
Albizia julibrissin
Betula pendula
Elaeagnus angustifolia
Jacaranda mimosifolia
Larix decidua
Olea europaea
Parkinsonia aculeata
Pinus wallichiana
Schinus molle

SOMBRA MEDIA
Acacia dealbata
Acacia retinoides
Acer negundo
Acer pseudoplatanus
Ailanthus altissima
Alnus glutinosa
Araucaria araucana
Araucaria bidwilli
Araucaria heterophylla
Araucaria angustifolia
Bauhinia forficata
Brachychiton populneus
Casuarina cunning
Catalpa bignonioides
Cedrus libani ssp. atlantica
Cercis siliquastrum
Dyospiros kaki
Eucalyptus globulus
Erythrina crista-galli
Fraxinus excelsior
Gingko biloba
Gleditsia triacanthos
Grevillea robusta
Koelreuteria paniculata
Laburnum anagyroides
Liquidambar styraciflua
Livistona australis
Melia azederach
Paulownia tomentosa
Phoenix canariensis
Pinus pinaster
Pinus sylvestris
Podocarpus neriifolius
Populus alba
Populus tremula
Prunus avium
Prunus dulcis
Prunus mahaleb
Prunus persica
Prunus serrulata
Quercus robur
Quercus suber
Robinia pseudoacacia
Salix alba
Salix babylonica
Sophora japonica
Taxodium distichum
Tipuana tipu

SOMBRA DENSA
Abies alba
Abies cephalonica
Abies pinsapo
Acacia melanoxylon
Acer campestre
Acer platanoides
Aesculus hippocastanum
Broussonetia papyrifera
Calocedrus decurrens
Carpinus betulus
Castanea sativa
Cedrus deodara
Celtis australis
Ceratonia siliqua
Chamaecyparis lawsoniana
Cinnamomum camphora
Citrus aurantium
Cryptomeria japonica
Cupressus arizonica
Cupressus sempervirens
Eriobotrya japonica
Erythrina crista-galli
Fagus sylvatica
Ficus carica
Ficus elastica
Firmiana simplex
Fraxinus ornus
Juglans regia
Juniperus communis
Liriodendron tulipifera
Maclura pomifera
Magnolia grandiflora
Malus pumilla
Morus alba
Phytolacca dioica
Picea abies
Picea pungens
Pinus halepensis
Pinus nigra
Pinus pinea
Pinus radiata
Platanus × acerifolia
Platanus occidentalis
Populus nigra «Italica»
Prunus armeniaca
Prunus cerasifera
Prunus laurocerasus
Pyrus communis
Quercus ilex
Quercus rubra
Sequoia sempervirens
Sorbus domestica
Taxus baccata
Thuja occidentalis
Tilia platyphyllos
Trachycarpus fortunei
Ulmus carpinifolia
Washingtonia robusta

ÁRBOLES DE HOJA CADUCA. PERÍODOS DE FOLIACIÓN

1. INVIERNO

Mediados invierno / mediados otoño
Acer palmatum

Final invierno / principio otoño
Gleditsia triacanthos

Final invierno / mediados otoño
Fagus sylvatica
Morus alba

Final invierno / final otoño
Acer negundo
Salix babylonica

2. PRIMAVERA

Principio primavera / principio otoño
Cercis siliquastrum

Principio primavera / mediados otoño
Acer platanoides
Aesculus hippocastanum
Betula pendula
Carpinus betulus
Catalpa bignonioides
Celtis australis
Diospyros kaki
Erythrina crista-galli
Fraxinus excelsior
Liriodendron tulipifera
Paulownia tomentosa
Ulmus carpinifolia

Principio primavera / final otoño
Acer pseudoplatanus
Alnus glutinosa
Broussonetia papyrifera
Elaeagnus angustifolia
Ficus carica
Fraxinus ornus
Juglans regia
Laburnum anagyroides
Larix decidua
Liquidambar styraciflua
Maclura pomifera
Platanus occidentalis
Populus alba
Populus tremula
Prunus mahaleb
Prunus persica
Prunus serrulata
Pyrus communis
Robinia pseudoacacia
Sophora japonica
Sorbus domestica
Taxodium distichum
Tilia platyphyllos

Principio primavera / principio invierno
Populus nigra «Italica»

Mediados primavera / mediados otoño
Acer campestre
Ailanthus altissima
Albizia julibrissin
Bauhinia fortificata
Castanea sativa
Firmiana simplex
Koelreuteria paniculata
Melia azederach
Parkinsonia aculeata
Quercus robur
Quercus rubra
Tipuana tipu

Mediados primavera / final otoño
Gingko biloba
Malus pumila
Platanus × acerifolia
Prunus armeniaca
Prunus avium
Prunus cerasifera
Prunus dulcis
Salix alba

ÁRBOLES DE FLOR. PERÍODOS DE FLORACIÓN

(sin interés en algunas especies)

Abreviaturas de los colores (indicados entre paréntesis)

b	= blanco		p	= púrpura
b-a	= blanco amarillento		a	= amarillo
b-v	= blanco verdoso		a-v	= amarillo verdoso
b-r	= blanco rosado		a-n	= amarillo naranja
r	= rosado		ro	= rojo
l-r	= lila rosado		ro-m	= rojo marrón
l	= lila		az	= azul

1. INVIERNO

Mediados invierno
Alnus glutinosa (ro-m)

Mediados invierno / final invierno
Acacia dealbata (a)

Final invierno
Acer negundo (b-a)
Eriobotrya japonica (b)
Prunus cerasifera (b)
Prunus serrulata (b o r)

Final invierno / principio primavera
Ulmus carpinifolia (ro-m)

Final invierno / mediados primavera
Betula pendula (b-a)

2. PRIMAVERA

Principio primavera
Acacia melanoxylon (b-a)
Acer platanoides (a-v)
Acer pseudoplatanus (a-v)
Carpinus betulus (b-v)
Fraxinus excelsior (b-a)
Grevillea robusta (a-n)
Jacaranda mimosifolia (az)
Prunus dulcis (b o r)
Prunus armeniaca (b o r)
Prunus avium (b)
Pyrus communis (b)

Principio primavera / mediados primavera
Cercis siliquastrum (l-r)
Larix decidua (p y a-n)
Prunus mahaleb (b)

Principio primavera / final primavera
Paulownia tomentosa (l)

Principio primavera / final otoño
Fraxinus ornus (b-v)

Mediados primavera
Acer campestris (b-v)
Aesculus hippocastanum (b-r)
Ailanthus altissima (a-v)
Citrus aurantium (b)
Elaeagnus angustifolia (b-a)

Laburnum anagyroides	(a)
Malus pumila	(b-r)
Phoenix canariensis	(a)
Salix alba	(b-a)
Sorbus domestica	(b)

**Mediados primavera /
principio otoño**

Erythrina crista-galli	(ro)

**Mediados primavera /
mediados verano**

Magnolia grandiflora	(b)

Final primavera

Broussonetia papyrifera	(b-a)
Castanea sativa	(b-a)
Firmiana simplex	(a-v)
Olea europaea	(b)
Phytolacca dioica	(b)
Robinia pseudoacacia	(b)

**Final primavera /
principio verano**

Catalpa bignonioides	(b-a)
Liriodendron tulipifera	(a-v)
Tilia platyphyllos	(b-a)

3. VERANO

Principio verano

Melia azederach	(l)
Prunus persica	(r)
Tipuana tipu	(a-n)

**Principio verano /
mediados verano**

Bauhinia fortificata	(b)
Koelreuteria paniculata	(a)

**Principio verano /
final verano**

Parkinsonia aculeata	(a)

**Principio verano /
principio otoño**

Albizia julibrissin	(r)

Mediados verano

Sophora japonica	(b-a)

Final verano

Ceratonia siliqua	(ro-m)

4. OTOÑO

Final otoño

Prunus laurocerasus	(b)

5. TODO EL AÑO

Acacia retinoides	(a)

ÁRBOLES DE FLOR AGRUPADOS SEGÚN EL COLOR DE LA FLOR

Blanco
Bauhinia fortificata
Catalpa bignonioides
Citrus aurantium
Eriobotrya japonica
Magnolia grandiflora
Olea europaea
Phytolacca dioica
Prunus armeniaca
Prunus avium
Prunus cerasifera
Prunus dulcis
Prunus laurocerasus
Prunus mahaleb
Prunus serrulata
Pyrus communis
Robinia pseudoacacia
Sorbus domestica

Blanco amarillento
Acacia melanoxylon
Acer negundo
Betula pendula
Broussonetia papyrifera
Elaeagnus angustifolia
Fraxinus excelsior
Salix alba
Sophora japonica
Tilia platyphyllos
Blanco verdoso
Acer camoestris
Carpinus betulus
Castanea sativa
Fraxinus ornus

Blanco rosado
Aesculus hippocastanum
Malus pumila

Rosado
Albizia julibrissin
Prunus dulcis
Prunus armeniaca
Prunus persica
Prunus serrulata

Lila rosado
Cercis siliquastrum

Lila
Melia azederach
Paulownia tomentosa

Púrpura
Larix decidua

Amarillo
Acacia dealbata
Acacia retinoides
Koelreuteria paniculata
Laburnum anagyroides
Parkinsonia aculeata
Phoenix canariensis

Amarillo verdoso
Acer platanoides
Acer pseudoplatanus
Ailanthus altissima
Firmiana simplex
Liriodendron tulipifera

Amarillo anaranjado
Grevillea robusta
Larix decidua
Tipuana tipu

Rojo
Erythrina crista-galli

Rojo marrón
Alnus glutinosa
Ceratonia siliqua
Ulmus carpinifolia

Azul
Jacaranda mimosifolia

ÁRBOLES DE FRUTO. PERÍODOS DE FRUCTIFICACIÓN

1. PRIMAVERA

Mediados primavera
Aesculus hippocastanum
Eriobotrya japonica
Prunus armeniaca
Prunus avium

Final primavera
Morus alba

**Final primavera /
final otoño**
Pyrus communis

2. VERANO

Principio verano
Catalpa bignonioides
Malus pumila
Paulownia tomentosa
Prunus cerasifera
Prunus mahaleb
Prunus persica

Mediados verano
Ailanthus altissima
Ceratonia siliqua
Phoenix canariensis
Prunus dulcis
Taxus baccata

**Mediados verano /
final verano**
Ficus carica

**Mediados verano /
principios otoño**
Celtis australis

**Final verano /
principios otoño**
Maclura pomifera

3. OTOÑO

Principios otoño
Alnus glutinosa
Cercis siliquastrum
Koelreuteria
   paniculata
Melia azederach
Platanus
   occidentalis
Sorbus
   domestica

**Principio otoño /
final otoño**
Olea europaea

Mediados otoño
Carpinus betulus
Castanea sativa
Dyospiros kaki
Elaeagnus angustifolia
Magnolia grandiflora
Platanus × acerifolia
Schinus molle

**Mediados otoño /
final otoño**
Gleditsia triacanthos

4. TODO EL AÑO

Citrus aurantium

ÁRBOLES AGRUPADOS SEGÚN EL TIEMPO DE CRECIMIENTO

RÁPIDO (alcanzan su máximo desarrollo entre los 5 y los 15 años)
Acacia dealbata
Acacia melanoxylon
Acacia retinoides
Acer negundo
Acer platanoides
Acer pseudoplatanus
Ailanthus altissima
Alnus glutinosa
Araucaria heterophylla
Betula pendula
Brossonetia papyrifera
Catalpa bignonioides
Cedrus deodara
Cupressus arizonica var. glabra
Cupressus sempervirens
Elaeagnus angustifolia
Erythrina crista-galli
Eucalyptus globulus
Ficus carica
Fraxinus excelsior
Gleditsia triacanthos
Grevillea robusta
Juglans regia
Laburnum anagyroides
Larix decidua
Maclura pomifera
Malus pumila
Melia azederach
Morus alba
Parkinsonia aculeata
Paulownia tomentosa
Phytolacca dioica
Pinus halepensis
Pinus nigra
Pinus pinaster
Pinus radiata
Pinus sylvestris
Pinus wallichiana
Platanus × acerifolia
Platanus occidentalis
Populus alba
Populus nigra «Italica»
Populus tremula
Prunus armeniaca
Prunus cerasifera
Prunus dulcis
Prunus persica
Prunus serrulata
Pyrus communis
Robinia pseudoacacia
Salix alba
Salix babylonica
Schinus molle
Sophora japonica
Tilia platyphyllos
Tipuana tipu

MEDIO (logran su máximo desarrollo entre los 15 y los 25 años)
Acer palmatum
Asculus hippocastanum
Albizia julibrissin
Brachychiton populneus
Calocedrus decurrens
Casuarina cunning
Celtis australis
Cercis siliquastrum
Chamaecyparis lawsoniana
Citrus aurantium
Eriobotrya japonica
Fagus sylvatica
Ficus elastica
Firmiana simplex
Fraxinus ornus
Liquidambar styraciflua
Liriodendron tulipifera
Phoenix canariensis
Prunus avium
Prunus laurocerasus
Quercus rubra
Taxodium distichum
Thuja occidentalis
Ulmus carpinofolia

LENTO (sólo llegan a su desarrollo máximo más allá de los 25 años)
Abies alba
Abies cephalonica
Abies pinsapo
Acer campestre
Araucaria angustifolia
Araucaria araucana
Araucaria bidwilli
Bauhinia fortificata
Carpinus betulus
Castanea sativa
Cedrus libani ssp. atlantica
Ceratonia siliqua
Cinnamomum camphora
Cryptomeria japonica
Diospyros kaki
Gingko biloba
Jacaranda mimosifolia
Juniperus communis
Koelreuteria paniculata
Livistona australis
Magnolia grandiflora
Olea europaea
Picea abies
Picea pungens
Pinus pinea
Podocarpus neriifolius
Prunus mahaleb
Quercus ilex
Quercus robur
Quercurs suber
Sequoia sempervirens
Sorbus domestica
Taxus baccata
Trachycarpus fortunei
Washingtonia robusta

ÁRBOLES AGRUPADOS SEGÚN USOS ESPECÍFICOS

1. **Frutales de hoja persistente**

Citrus, especies (naranjo, limonero, pomelo, lima)
Eriobotrya japonica (níspero)

2. **Árboles que no permiten el buen crecimiento de otras plantas debajo**

Aesculus hippocastanum
Cinnamomum camphora
Ficus carica

3. **Árboles que se pueden cultivar en maceta**

Betula pendula
Fiscus elastica
Grevillea robusta
Podocarpus neriifolius

4. **Árboles útiles para retención de tierras**

Ailanthus altissima
Broussonetia papyrifera
Fraxinus excelsior
Robinia pseudoacacia
Populus alba
Populus tremula
Quercus cocifera (coscoja)

5. **Árboles útiles para cortinas cortavientos**

Alnus glutinosa
Carpinus betulus
Celtis australis
Eucaliptus globulus
Grevillea robusta
Maclura pomifera
Picea abies
Populus nigra «Italica»
Populus tremula

6. **Árboles resistentes a la sequía**

Abies cephalonica
Abies pinsapo
Calocedrus decurrens
Carpinus betulus
Celtis australis
Elaeagnus angustifolia
Juniperus communis
Melia azederach
Pinus nigra
Populus tremula

7. **Árboles resistentes a suelos calcáreos**

Abies cephalonica
Abies pinsapo
Acer campestris
Chamaecyparis lawsoniana
Cupressus arizonica
Ficus carica
Gingko biloba
Pinus nigra
Prunus armeniaca
Sorbus domestica
Taxus baccata

8. **Árboles resistentes al frío (-10 °C)**

Acer campestris
Acer negundo
Aesculus hippocastanum
Betula pendula
Carpinus betulus
Cedrus libani spp. atlantica
Celtis australis
Cercis siliquastrum
Cupressus arizonica
Elaeagnus angustifolia
Eriobotrya japonica
Eucaliptus globulus
Fraxinus ornus
Gleditsia triacanthos
Juglans regia
Liquidambar styraciflua
Liriodendron tulipifera
Magnolia grandiflora
Phoenix canariensis
Pinus nigra
Pinus sylvestris
Prunus avium
Prunus laurocerasus
Prunus mahaleb
Prunus persica
Quercus ilex
Taxus baccata
Tilia plathyphyllos
Trachycarpus fortunei
Ulmus carpinifolia

9. **Árboles resistentes a terrenos salobres, junto al mar**

Cupressus arizonica
Cupressus sempervirens
Elaeagnus angustifolia
Eucaliptus globulus
Pinus halepensis
Pinus pinaster
Pinus pinea
Pinus radiata
Platanus × acerifolia
Prunus armeniaca
Quercus robur

ARBUSTOS DE HOJA CADUCA

(agrupados según su altura máxima media)

0,20-1 m
Chaenomeles japonica
Cotoneaster horizontalis
Cytisus, especies
Genista, especies
Robinia hispida
Rhododendron, especies
    de Azalea
Rosa, especies
Spirea bumalda
Symphoricarpus albus

1-2 m
Berberis thunbergii
Buddleia davidii
Caesalpinia gilliesii
Calycanthus floridus
Cotoneaster pannosus
Cytisus, especies
Deutzia gracilis

Genista, especies
Hydrangea macrophylla
Jasminum, especies
Kerria japonica
Rhododendron, especies
    de Azalea
Rosa, especies
Senna corymbosa
Spiraea, especies

2-3 m
Caesalpinia gilliesii
Cornus sanguinea
Corylus avellana
Crataegus laevigata
Cytisus, especies
Forsythia suspensa
Hibiscus syriacus
Jasminum, especies
Lagerstroemia indica

Philadelphus coronarius
Rosa, especies
Spartium junceum
Tamarix gallica
Viburnum opulus
Vitex agnus-castus
Weigela florida

3-4 m
Cotinus coggyria
Jasminum, especies
Magnolia × soulangiana
Magnolia stellata
Punica granatum
Syringa vulgaris

Más de 4 m
Cydonia oblonga
Jasminum, especies
Sambucus nigra

ARBUSTOS DE HOJA PERSISTENTE

(agrupados según su altura máxima media)

0,20-1 m
Artemisia arborescens
Capparis spinosa
Coprosma repens
Daphne odora
Fuchsia, especies
Hebe, especies
Lavandula angustifolia
Senecio cineraria
Solanum, especies

1-2 m
Abelia × grandiflora
Abutilon megapotamicum
Atriplex halimus
Bupleurum fruticosum
Buxus sempervirens
Callistemon speciosus
Capparis spinosa
Ceanothus × delilianus
Cestrum, especies
Choisya ternata
Cistus, especies
Coronilla glauca
Cycas revoluta
Daphne odora
Echium candicans
Escallonia, especies
Gardenia augusta
Hebe, especies
Heliotropium arborescens
Jasminum, especies
Lantana camara

Lonicera japonica
Myoporum, especies
Nandina domestica
Paeonia suffruticosa
Pinus mugo
Rhaphiolepis indica
Rhododendron, especies
Roldana petasites
Rosmarinus officinalis
Teucrium fruticans
Viburnum, especies

2-3 m
Acacia cultriformis
Arbutus unedo
Aucuba japonica
Brugmansia arborea
Camellia japonica
Cotoneaster salicifolius
Dracaena, especies
Elaeagnus pungens
Escallonia, especies
Euonymus japonicus
Euphorbia pulcherrima
Fatsia japonica
Heliotropium arborescens
Hipophae rhamnoides
Mahonia japonica
Myoporum, especies
Myrtus communis
Nerium oleander
Photinia serratifolia
Phyllostachys aurea

Pinus mugo
Pittosporum tobira
Plumbago auriculata
Pyracantha coccinea
Rhododendron, especies
Spartium junceum
Viburnum, especies
Viburnum rithydophyllum
Wigandia caracasana
Yucca, especies

3-4 m
Arbutus unedo
Ensete ventricosum
Erica arborea
Escallonia, especies
Ilex aquifolium
Laurus nobilis
Ligustrum japonicum
Myoporum, especies
Nerium oleander
Pittosporum tobira
Rhamnus alaternus
Rhododendron, especies
Ricinus communis
Sparmannia africana
Yucca, especies

Más de 4 m
Ensete ventricosum
Escallonia, especies
Rhododendron, especies
Yucca, especies

ARBUSTOS AGRUPADOS SEGÚN SU FORMA

(alturas entre paréntesis)

1. ESFÉRICA ♀

Arbutus unedo	(2-4 m)
Artemisia arborescens	(0,8-1 m)
Berberis thunbergii	(1,5-2 m)
Caesalpinia gilliesii	(1,5-3 m)
Calycanthus floridus	(1-2 m)
Cistus, especies	(1-1,5 m)
Cornus sanguinea	(2-3 m)
Cotinus coggygria	(3-4 m)
Daphne odora	(1-2 m)
Deutzia gracilis	(1-1,5 m)
Echium candicans	(1-1,5 m)
Escallonia, especies	(1-5 m)
Genista, especies	(0,3-2 m)
Hebe, especies	(0,8-3 m)
Hydrangea macrophylla	(1-2,5 m)
Kerria japonica	(1-2 m)
Lavandula angustifolia	(0,8-1 m)
Myoporum, especies	(1-4,5 m)
Nandina domestica	(1-1,5 m)
Pinus mugo	(1-3 m)
Pittosporum tobira	(2-4 m)
Rhaphiolepis indica	(1-1,5 m)
Rhododendron, especies	(1-8 m)
Rhododendron, especies de Azalea	(0,3-1,5 m)
Robinia hispida	(0,8-1 m)
Rosa, especies	(0,3-2,5 m)
Senecio cineraria	(0,5-0,8 m)
Spiraea, especies	(0,5-1,5 m)
Teucrium fructicans	(1-1,5 m)
Viburnum, especies	(1-3 m)

2. OVOIDAL ◯

Abelia × grandiflora	(1,5-2 m)
Aucuba japonica	(2-2,5 m)
Brugmansia arborea	(2-3 m)
Bupleurum fruticosum	(1,5-2 m)
Buxus sempervirens	(1-2,5 m)
Camellia japonica	(2-3 m)
Choisya ternata	(1,5-2,5 m)
Coronilla glauca	(1-1,5 m)
Corylus avellana	(2-4 m)
Cytisus, especies	(0,5-3 m)
Elaeagnus pungens	(2-4 m)
Erica arborea	(3-5 m)
Euonymus japonicus	(2-4 m)
Euphorbia pulcherrima	(2-3 m)
Gardenia augusta	(1,5-2 m)
Hebe, especies	(0,8-3 m)
Hippophae rhamnoides	(1-3,5 m)
Mahonia japonica	(2-3 m)
Myoporum, especies	(1-4,5 m)
Myrtus communis	(2-3 m)
Nerium oleander	(2-4 m)
Philadelphus coronarius	(2-3 m)
Photinia serratifolia	(2-3 m)
Phyllostachys aurea	(2-4 m)
Rhamnus alaterna	(3-4,5 m)
Roldana petasites	(1-2,5 m)
Rosmarinus officinalis	(1-1,5 m)
Sambucus nigra	(4-5 m)
Senna corymbosa	(1-3 m)
Sparmannia africana	(2,5-4 m)
Spartium junceum	(2,5-3 m)
Spiraea, especies	(0,5-1,5 m)
Syringa vulgaris	(3-5 m)
Viburnum, especies	(1-3 m)
Viburnum rithydophyllum	(2-3 m)
Vitex agnus-castus	(2-3 m)
Wigandia caracasana	(2-3 m)

3. CÓNICA △

Crataegus laevigata	(2-3 m)
Hibiscus syriacus	(2,5-3 m)
Ilex aquifolium	(3-6 m)
Laurus nobilis	(3-5 m)
Ligustrum japonicum	(3-4 m)
Magnolia × soulangeana	(2,5-4 m)

4. **EXTENDIDA**

Cotoneaster pannosus	(0,8-2 m)
Magnolia stellata	(2,5-4 m)
Paeonia suffruticosa	(1-2 m)
Plumbago auriculata	(2-2,5 m)

5. **PENDULAR**

Abutilon megapotamicum	(0,8-1 m)
Cytisus, especies	(0,5-3 m)
Genista, especies	(0,3-2 m)

6. **IRREGULAR**

Acacia cultriformis	(2,5-3 m)
Atriplex halimus	(1,5-2 m)
Buddleja davidii	(1-3 m)
Callistemon speciosus	(1,5-2 m)
Ceanothus × delilianus	(1-1,5 m)
Cestrum, especies	(1,5-2,5 m)
Chaenomeles japonica	(0,8-1 m)
Cotoneaster salicifolius	(2-3 m)
Cydonia oblonga	(5-8 m)
Escallonia, especies	(1-5 m)
Fatsia japonica	(2-2,5 m)
Forsythia suspensa	(2-3 m)
Fuchsia, especies	(1-1,5 m)
Heliotropium arborescens	(1-3 m)
Jasminum, especies	(1-5 m)
Lantana camara	(1-1,5 m)
Lonicera japonica	(1-2 m)
Punica granatum	(3-5 m)
Pyracantha coccinea	(2-3 m)
Ricinus communis	(3-4,5 m)
Rosa, especies	(0,3-2,5 m)
Solanum, especies	(0,5-1,5 m)
Tamarix gallica	(2-5 m)
Weigela florida	(2-3 m)

7. **DE PARASOL**

Cycas revoluta	(1-2 m)
Dracaena, especies	(2,5-3,5 m)
Yucca, especies	(2-5 m)

8. **DE ABANICO**

Ensete ventricosum	(3-6 m)
Lagerstroemia indica	(2-3,5 m)
Yucca, especies	(2-5 m)

9. **HORIZONTAL**

Capparis spinosa	(1-2 m)
Coprosma repens	(0,3-0,8 m)
Cotoneaster horizontalis	(0,3-0,8 m)
Cytisus, especies	(0,5-3 m)
Myoporum, especies	(1-4,5 m)
Pinus mugo	(1-3 m)

ARBUSTOS AGRUPADOS SEGÚN EL COLOR DE SU FOLLAJE

Colores según cuadro

2
Acacia cultriformis
Artemisia arborescens
Cystus, especies
Echium candicans
Senecio cineraria

3
Atriplex halimus
Coronilla glauca
Rhododendron, especies
Spartium junceum

4
Cycas revoluta
Forsythia suspensa
Philadelphus coronarius
Spiraea, especies

5
Deutzia gracilis
Dracaena, especies
Fuchsia, especies
Myoporum, especies
Pinus mugo
Rhododendron (Azalea)
Rhododendron, especies
Rosa, especies
Solanum, especies
Viburnum, especies

6
Abutilon megapotamicum
Cornus sanguinea
Corylus avellana
Dracaena, especies
Euphorbia pulcherrima
Fatsia japonica
Fuchsia, especies
Genista, especies
Hydrangea macrophylla
Jasminum, especies
Myoporum, especies
Plumbago auriculata
Rhododendron (Azalea)
Rhododendron, especies
Robinia hispida
Rosa, especies
Solanum, especies
Spiraea, especies
Symphoricarpus albus
Viburnum, especies

7
Arbutus unedo
Callistemon speciosus
Ceanothus × delilianus
Choisya ternata
Coprosma repens
Cotinus coggygria
Cystus, especies
Dracaena, especies
Erica arborea
Escallonia, especies
Euonymus japonicus
Gardenia augusta
Heliotropium arborescens
Jasminum, especies
Myoporum, especies
Pittosporum tobira
Rhododendron (Azalea)
Rhododendron, especies
Rosa, especies
Spiraea, especies
Viburnum, especies
Wigandia caracasana

8
Bupleurum fruticosum
Cotoneaster pannosus
Cytisus, especies
Nandina domestica
Paeonia suffruticosa
Viburnum, especies

9
Calycanthus floridus
Elaeagnus pungens
Rosa, especies
Viburnum
  rithydophyllum
Yucca, especies

10
Berberis thunbergii
Crataegus laevigata
Magnolia × soulangiana
Magnolia stellata
Yucca, especies

11
Chaenomeles japonica
Cotoneaster horizontalis
Ilex aquifolium
Lantana camara
Laurus nobilis

Colores intermedios

2-3
Lavandula angustifolia

3-6
Vitex agnus-castus

4-5
Brugmansia arborea
Kerria japonica
Mahonia japonica
Sparmannia africana

4-6
Cestrum, especies
Lonicera japonica
Weigela florida

5-3
Tamarix gallica

5-6
Aucuba japonica
Caesalpinia gilliesi
Capparis spinosa
Ensete ventricosum
Fuchsia, especies
Myrtus communis
Roldana petasites

6-7
Cydonia oblonga
Hebe, especies
Senna corymbosa
Syringa vulgaris

7-8
Phylostachys aurea

7-9
Buddleja davidii
Cotoneaster salicifolius
Pyracantha coccinea
Rhaphiolepis indica

8-9
Lagerstroemia indica

Dos colores (hojas con otro color por debajo)

5 y 2
Teucrium fruticans

7 y 2
Rosmarinus officinalis

7 y 4
Buxus sempervirens
Ligustrum japonicum
Rhamnus alaternus

7 y 6
Abelia × grandiflora
Sambucus nigra

7 y 11
Camellia japonica

8 y 2
Cotoneaster pannosus

8 y 6
Paeonia suffruticosa

Colorido otoñal (o cambio de color al envejecer)

2 → 3
Hippophae rhamnoides

4 → 13
Punica granatum

6 → 14
Cornus sanguinea

8 → 14
Nandina domestica

10 → 14
Berberis thunbergii

14 → 7 y 4
Photinia serratifolia

ARBUSTOS AGRUPADOS SEGÚN SU EXPOSICIÓN SOLAR

(Ambiente)

◑ SOPORTAN SOMBRA LIGERA DE ÁRBOLES O SOMBRA DE EDIFICIOS DURANTE MEDIO DÍA
(* exposición más favorable)

Abelia × grandiflora
Abutilon megapotamicum
Acacia cultriformis
Arbutus unedo
* Aucuba japonica
Berberis thunbergii
Buxus sempervirens
Camellia japonica
Capparis spinosa
Cestrum, especies
Chaenomeles japonica
Choisya ternata
Coprosma repens
* Cornus sanguinea
* Coronilla glauca
Cotoneaster horizontalis
Cotoneaster pannosus
Crataegus laevigata
Cycas revoluta
Daphne odora

Deutzia gracilis
Dracaena, especies
Ensete ventricosum
Escallonia, especies
Euonymus japonicus
Fatsia japonica
Forsythia suspensa
* Fuchsia, especies
* Hydrangea macrophylla
Ilex aquifolium
Kerria japonica
Lagerstroemia indica
Lantana camara
Ligustrum japonicum
* Lonicera japonica
Magnolia × soulangiana
Magnolia stellata
Mahonia japonica
Myoporum, especies
Myrtus communis

Nandina domestica
Nerium oleander
Paeonia suffruticosa
Philadelphus coronarius
Phyllostachys aurea
Pittosporum tobira
Pyracantha coccinea
Rhamnus alaternus
* Rhododendron, especies
Rhododendron, especies de Azalea
Sambucus nigra
Senna corymbosa
Sparmannia africana
* Symphoricarpus albus
* Viburnum, especies
Viburnum rithydophyllum
Weigela florida

● SOPORTAN SOMBRA DENSA DE OTROS ÁRBOLES O SOMBRA CONSTANTE DE EDIFICIOS
(* exposición más favorable)

* Aucuba japonica
Buxus sempervirens
Euonymus japonicus

Fatsia japonica
Ligustrum japonicum
Lonicera japonica

Nerium oleander
Pittosporum tobira
Sambucus nigra

ARBUSTOS AGRUPADOS SEGÚN LA DENSIDAD DE SU FOLLAJE

DENSIDAD DÉBIL

Acacia cultriformis
Caesalpinia gilliesii
Cytisus, especies
Genista, especies
Jasminum, especies
Nandina domestica
Plumbago auriculata

DENSIDAD MEDIA

Abelia × grandiflora
Abutilon megapotamicum
Atriplex halimus
Berberis thunbergii
Bupleurum fruticosum
Callistemon speciosus
Capparis spinosa
Ceanothus × delilianus
Cestrum, especies
Cistus, especies
Cornus sanguinea
Coronilla glauca
Corylus avellana
Cotoneaster pannosus
Cotoneaster salicifolius
Cycas revoluta
Daphne odora
Deutzia gracilis
Escallonia, especies
Euphorbia pulcherrima
Fatsia japonica
Forsythia suspensa
Fuchsia, especies
Genista, especies
Heliotropium arborescens
Jasminum, especies
Kerria japonica
Lagerstroemia indica
Lantana camara
Lonicera japonica
Magnolia × soulangiana
Magnolia stellata
Mahonia japonica
Myoporum, especies
Philadelphus coronarius
Ricinus communis
Rosa, especies
Senna corymbosa
Solanum, especies
Spartium junceum
Spiraea, especies
Symphoricarpus albus
Syringa vulgaris
Tamarix gallica
Vitex agnus-castus
Weigela florida

DENSIDAD FUERTE

Arbutus unedo
Artemisia arborescens
Aucuba japonica
Brugmansia arborea
Buddleja davidii
Buxus sempervirens
Calycanthus floridus
Camellia japonica
Chaenomeles japonica
Choisya ternata
Cistus, especies
Coprosma repens
Cotinus coggygria
Cotoneaster horizontalis
Crataegus laevigata
Cydonia oblonga
Dracaena, especies
Echium fastuosum
Elaeagnus pungens
Ensete ventricosum
Erica arborea
Escallonia, especies
Euonymus japonicus
Gardenia augusta
Genista, especies
Hebe, especies
Hibiscus syriacus
Hippophae rhamnoides
Hydrangea macrophylla
Ilex aquifolium
Laurus nobilis
Lavandula angustifolia
Ligustrum japonicum
Myoporum, especies
Myrtus communis
Nerium oleander
Paeonia suffruticosa
Photinia serrulata
Phyllostachys aurea
Pinus mugo
Pittosporum tobira
Punica granatum
Pyracantha coccinea
Rhaphiolepis indica
Rhamnus alaternus
Rhododendron (Azalea)
Rhododendron, especies
Robinia hispida
Roldana petasites
Rosa, especies
Rosmarinus officinalis
Sambucus nigra
Senecio cineraria
Sparmannia africana
Teucrium fruticans
Viburnum, especies
Viburnum rithydophyllum
Wigandia caracasana
Yucca, especies

ARBUSTOS DE HOJA CADUCA. PERÍODOS DE FOLIACIÓN

**Final invierno /
final otoño**
Cotoneaster horizontalis
Cotoneaster pannosus

**Principio primavera /
mediados otoño**
Berberis thunbergii
Caesalpinia gilliesii
Cydonia oblonga
Cytisus, especies
Magnolia × soulangiana
Magnolia stellata

**Principio primavera /
final otoño**
Cotinus coggygria
Crataegus laevigata

Cydonia japonica
Deutzia gracilis
Forsythia suspensa
Genista, especies
Hibiscus syriacus
Hydrangea
　macrophylla
Kerria japonica
Philadelphus
　coronarius
Punica granatum
Robinia hispida
Sambucus nigra
Spiraea, especies
Symphoricarpus albus
Syringa vulgaris
Vitex agnus-castus
Weigela florida

**Mediados primavera /
mediados otoño**
Calycanthus floridus
Corylus avellana
Rhododendron,
　especies de Azalea
Rosa, especies
Senna corymbosa

**Mediados primavera /
final otoño**
Buddleja davidii
Jasminum, especies
Tamarix gallica

**Final primavera /
final otoño**
Lagerstroemia indica

ARBUSTOS DE FLOR. PERÍODOS DE FLORACIÓN

(sin interés ornamental en algunas especies)

Abreviaturas de los colores (indicados entre paréntesis)

b	=	blanco	a	= amarillo
b-a	=	blanco amarillento	a-v	= amarillo verdoso
b-v	=	blanco verdoso	a-n	= amarillo naranja
b-r	=	blanco rosado	n	= naranja
r	=	rosado	ro	= rojo
r-p	=	rosado púrpura	ro-m	= rojo marrón
p	=	púrpura	az	= azul
l	=	lila		

1. INVIERNO

Principio invierno / mediados primavera
Camellia japonica (ro)

Mediados invierno / principio primavera
Roldana petasites (a)

Mediados invierno / final primavera
Acacia cultriformis (a)

Final invierno
Chaenomeles japonica (ro)
Forsythia suspensa (a)

Final invierno / principio primavera
Mahonia japonica (a)

Final invierno / mediados primavera
Escallonia, especies (b, ro, r)
Viburnum, especies (b-r)

Final invierno / mediados verano
Spiraea, especies (b, ro, r)

2. PRIMAVERA

Principio primavera
Berberis thunbergii (a-ro)
Cistus, especies (b, r, p)
Erica arborea (b)
Hippophae rhamnoides (a)
Magnolia × soulangiana (b, p, r)
Magnolia stellata (b)
Wigandia caracasana (l)

Principio primavera / mediados primavera
Rhamnus alaternus (a-v)

Principio primavera / final primavera
Daphne odora (r-p)
Nandina domestica (b)

Mediados primavera
Buxus sempervirens (b)

Capparis spinosa	(b)
Crataegus laevigata	(b)
Genista, especies	(a, b)
Kerria japonica	(a)
Laurus nobilis	(b-v)
Paeonia suffruticosa	(r, ro, b)
Photinia serratifolia	(b)
Pyracantha coccinea	(b)
Senna corymbosa	(a)
Sparmannia africana	(b)
Syringa vulgaris	(l)
Tamarix gallica	(r)
Viburnum rithydophyllum	(b-a)

Mediados primavera / final primavera

Echium candicans	(p, az)
Myoporum, especies	(b)
Pittosporum tobira	(b-a)
Rhaphiolepis indica	(b)
Rhododendron, especies	(b, a, r, ro, az, p)

Mediados primavera / principio otoño

Teucrium fructicans	(az)

Mediados primavera / mediados otoño

Hebe, especies	(b, l, p)

Mediados primavera / final otoño

Heliotropium arborescens	(p, l)

Mediados primavera / principio verano

Choisya ternata	(b)
Cytisus, especies	(b, a, ro)

Mediados primavera / final verano

Abelia × grandiflora	(r)
Abutilon megapotamicum	(a, ro)
Coronilla glauca	(a)
Robinia hispida	(r)
Rosa, especie	(a, b, r, n, ro)
Solanum, especies	(b)

Final primavera

Artemisia arborescens	(a)
Callistemom speciosus	(ro)
Cornus sanguinea	(b, b-r)
Cotoneaster horizontalis	(r)
Cotoneaster salicifolius	(r)
Cycas revoluta	(b-v)
Deutzia gracilis	(b)
Euonymus japonicus	(b-v)
Ilex aquifolium	(b)
Myrtus communis	(b)
Philadelphus coronarius	(b-a)
Sambucus nigra	(b-a)
Spartium junceum	(a)

Final primavera / principio verano

Rhododendron, especies de Azalea	(b, r, a, a-n, n, ro, p)
Hibiscus syriacus	(b, ro, p, l)
Lonicera japonica	(ro y b)

Final primavera / mediados verano

Brugmansia arborea	(b)
Dracaena, especies	(b-a)
Ligustrum japonicum	(b-a)
Punica granatum	(ro)

Final primavera / final verano

Hydrangea macrophylla	(az, r)

Final primavera / principio otoño

Ceanothus × delilianus	(az)
Yucca, especies	(b)

Final primavera / final otoño

Fuchsia, especies	(ro, l)
Jasminum, especies	(a, b)
Weigela florida	(r)

3. VERANO

Principio verano

Calycanthus floridus	(ro-m)

Cotinus coggygria	(a-v)
Cotoneaster pannosus	(b)
Ricinus communis	(b-a, ro)

**Principio verano /
mediados verano**
Caesalpinia gilliesii	(a)
Senecio cineraria	(a)

**Principio verano /
final verano**
Cestrum, especies	(b, a, b-v, n, ro)
Nerium oleander	(b, ro, a-n)

**Principio verano /
principio otoño**
Lagerstroemia indica	(r)
Lantana camara	(a)
Plumbago auriculata	(az)
Symphoricarpus albus	(r)

**Principio verano /
final otoño**
Gardenia augusta	(b)

Mediados verano
Bupleurum fruticosum	(a)
Lavandula angustifolia	(az)

**Mediados verano /
mediados otoño**
Buddleja davidii	(l)

4. OTOÑO

**Principio otoño /
principio invierno**
Euphorbia pulcherrima	(ro)

Mediados otoño
Elaeagnus pungens	(b)
Fatsia japonica	(b-a)

**Mediados otoño /
final otoño**
Arbutus unedo	(b, r)

TODO EL AÑO
Rosmarinus officinalis	(az)

ARBUSTOS DE FLOR AGRUPADOS SEGÚN EL COLOR DE LA FLOR

Blanco
Arbutus unedo
Brugmansia arborea
Buxus sempervirens
Capparis spinosa
Choisya ternata
Cistus, especies
Cotoneaster pannosus
Crataegus laevigata
Cydonia oblonga
Cytisus, especies
Deutzia gracilis
Elaeagnus pungens
Erica arborea
Escallonia, especies
Gardenia augusta
Genista monosperma
Hebe, especies
Hibiscus syriacus
Ilex aquifolium
Jasminum, especies
Laurus nobilis
Lonicera japonica
Magnolia × soulangiana
Magnolia stellata
Myoporum, especies
Myrtus communis
Nandina domestica
Nerium oleander
Paeonia suffruticosa
Photinia serratifolia
Pyracantha coccinea
Rhaphiolepis indica
Rhododendron (Azalea)
Rhododendron, especies
Rosa, especies
Solanum, especies
Sparmannia africana
Spiraea, especies
Yucca, especies

Blanco amarillento
Cestrum, especies
Dracaena, especies

Fatsia japonica
Ligustrum japonicum
Philadelphus coronarius
Pittosporum tobira
Sambucus nigra
Viburnum rithydophyllum

Blanco verdoso
Cestrum, especies
Cycas revoluta
Euonymus japonicus
Laurus nobilis

Blanco rosado
Cornus sanguinea
Rhododendron (Azalea)
Rosa, especies
Viburnum, especies

Rosado
Abelia × grandiflora
Arbutus unedo
Cotoneaster horizontalis
Cotoneaster salicifolius
Escallonia, especies
Hydrangea macrophylla
Lagerstroemia indica
Magnolia × soulangiana
Nerium oleander
Paeonia suffruticosa
Rhododendron (Azalea)
Rhododendron, especies
Robina hispida
Rosa, especies
Spiraea, especies
Symphoricarpus albus
Weigela florida

Rosado-púrpura
Daphne odora

Púrpura
Cistus, especies
Echium fastuosum

Hebe, especies
Heliotropium arborescens
Hibiscus syriacus
Magnolia × soulangiana

Lila
Buddleja davidii
Hebe, especies
Heliotropium arborescens
Rhododendron, especies
Syringa vulgaris
Wigandia caracasana

Amarillo
Abutilon
   megapotamicum
Acacia cultriformis
Artemisia arborescens
Berberis thunbergii
Bupleurum fructicosum
Caesalpinia gilliesii
Cestrum, especies
Coronilla glauca
Cytisus, especies
Forsythia suspensa
Genista, especies
Hippophae rhamnoides
Jasminum, especies
Kerria japonica
Lantana camara
Mahonia japonica
Rhododendron, especies
   de Azalea
Rhododendron,
   especies
Roldana petasites
Rosa, especies
Senecio cineraria
Senna corymbosa
Spartium junceum

Amarillo verdoso
Cotinus coggygria
Rhamnus alaternus

Amarillo naranja
Nerium oleander
Rhododendron (Azalea)

Naranja
Rhododendron (Azalea)
Rhododendron, especies
Rosa, especies

Rojo
Abutilon megapotamicum
Camellia japonica
Callistemon speciosus
Cestrum, especies
Chaenomeles japonica
Cytisus, especies
Escallonia, especies
Euphorbia pulcherrima
Fuchsia, especies
Hibiscus syriacus
Nerium oleander
Paeonia suffructicosa
Punica granatum
Rhododendron (Azalea)
Rhododendron, especies
Ricinus communis
Rosa, especies
Spiraea, especies

ARBUSTOS DE FRUTO ORNAMENTAL. PERÍODOS DE FRUCTIFICACIÓN

1. PRIMAVERA

Mediados primavera
Elaeagnus pungens

Final primavera
Berberis thunbergii

2. VERANO

**Principio verano /
mediados verano**
Corylus avellana
Nandina domestica

**Mediados verano /
principio otoño**
Rosa, especies

**Mediados verano /
mediados otoño**
Rhamnus alaternus

**Final verano /
principio otoño**
Cotinus coggygria

**Final verano /
mediados otoño**
Solanum, especies

3. OTOÑO

Principio otoño
Crataegus laevigata
Cydonia oblonga
Euonymus japonicus
Magnolia stellata
Photinia serratifolia
Punica granatum
Ricinus communis
Sambucus nigra
Spartium junceum

**Principio otoño /
mediados otoño**
Pyracantha coccinea
Symphoricarpus albus

Mediados otoño
Cornus sanguinea
Cotoneaster pannosus
Cotoneaster salicifolius
Ligustrum japonicum
Mahonia japonica
Paeonia suffruticosa

**Mediados otoño /
principios invierno**
Arbutus unedo

Final otoño
Rhaphiolepis indica

**Final otoño /
final invierno**
Hippophae rhamnoides
Ilex aquifolium

**Final otoño /
principio verano**
Cotoneaster horizontalis

ARBUSTOS AGRUPADOS SEGÚN EL TIEMPO DE CRECIMIENTO

RÁPIDO (alcanzan su máximo desarrollo antes de los 5 años)

Abutilon megapotamicum
Acacia cultriformis
Artemisia arborescens
Buddleja davidii
Brugmansia arborea
Cestrum, especies
Chaenomeles japonica
Choisya ternata
Cotoneaster horizontalis
Cotoneaster pannosus
Cotoneaster salicifolius
Crataegus laevigata
Cydonia oblonga
Deutzia gracilis
Ensete ventricosum
Erica arborea
Escallonia, especies
Euphorbia pulcherrima
Forsythia suspensa
Hebe, especies
Heliotropium arborescens
Kerria japonica
Lagerstroemia indica
Lantana camara
Lavandula angustifolia
Ligustrum japonicum
Lonicera japonica
Myoporum, especies
Nerium oleander
Philadelphus coronarius
Photinia serratifolia
Pittosporum tobira
Plumbago auriculata
Pyracantha coccinea
Rhamnus alaternus
Ricinus communis
Roldana petasites
Sambucus nigra
Senecio cineraria
Senna corymbosa
Solanum, especies
Sparmannia africana
Symphoricarpus albus
Syringa vulgaris
Teucrium fruticans
Viburnum, especies
Viburnum rithydophyllum
Weigela florida
Wigandia caracasana

MEDIO (se desarrollan plenamente entre los 5 y los 10 años)

Abelia × grandiflora
Arbutus unedo
Atriplex halimus
Aucuba japonica
Berberis thunbergii
Bupleurum fruticosum
Caesalpinia gilliesii
Callistemon speciosus
Capparis spinosa
Ceanothus × delilianus
Cistus, especies
Coprosma repens
Cornus sanguinea
Coronilla glauca
Corylus avellana
Cotinus coggygria
Cytisus, especies
Dracaena, especies
Echium candicans
Euonymus japonicus
Fatsia japonica
Fuchsia, especies
Gardenia augusta
Genista, especies
Hibiscus syriacus
Hippophae rhamnoides
Hydrangea macrophylla
Jasminum, especies
Laurus nobilis
Magnolia × soulangiana
Magnolia stellata
Nandina domestica
Phyllostachys aurea
Punica granatum
Rhaphiolepis indica
Rhododendron (Azalea)
Rhododendron, especies
Robinia hispida
Rosa, especies
Rosmarinus officinalis
Spartium junceum
Spiraea, especies
Tamarix gallica
Vitex agnus-castus
Yucca, especies

LENTO (no logran su desarrollo máximo hasta después de los 10 años)

Buxus sempervirens
Calycanthus floridus
Camellia japonica
Cycas revoluta
Daphne odora
Elaeagnus pungens
Ilex aquifolium
Mahonia japonica
Myrtus communis
Paeonia suffruticosa
Pinus mugo

ARBUSTOS AGRUPADOS SEGÚN USOS ESPECÍFICOS

1. Arbustos que soportan la poda
(* Útiles para setos)

Abutilon megapotamicum
* Acacia cultriformis
Buddleja davidii
* Buxus sempervirens
* Chaenomeles japonica
* Euonymus japonicus
Fatsia japonica
Forsythia suspensa
Hibiscus syriacus
Hydrangea macrophylla
Ligustrum japonicum
Myrtus communis
Nerium oleander
* Pittosporum tobira
* Rhamnus alaternus

2. Arbustos aptos para el cultivo en macetas

Gardenia augusta
Heliotropium arborescens
Laurus nobilis
Pittosporum tobira

3. Arbustos resistentes a la sequía

Bupleurum fruticosum
Buxus sempervirens
Caesalpinia gilliesii
Callistemon speciosus
Cistus, especies
Echium candicans
Elaeagnus pungens
Genista, especies
Laurus nobilis

4. Arbustos resistentes a terrenos salobres, junto al mar

Atriplex halimus
Bupleurum fruticosum
Buxus sempervirens
Capparis spinosa
Coprosma repens
Hippophae rhamnoides
Myoporum, especies
Nerium oleander
Pinus mugo
Tamarix gallica

5. Arbustos resistentes al frío (-10 °C)

Buddleja davidii
Buxus sempervirens
Choisya ternata
Cotoneaster pannosus
Cotoneaster salicifolius
Daphne odora
Deutzia gracilis
Ligustrum japonicum
Philadelphus coronarius
Pyracantha coccinea
Rhaphiolepis indica
Rosmarinus officinalis
Senecio cineraria
Solanum, especies
Tamarix gallica
Weigela florida

6. Arbustos especialmente resistentes a suelos calcáreos

Coronilla glauca
Crataegus laevigata
Lavandula angustifolia

7. Arbustos que requieren tierra ácida

Camellia japonica
Rhododendron, especies de Azalea
Rhododendron, especies

CUARTA PARTE
Apéndice

GLOSARIO DE ALGUNOS TÉRMINOS BOTÁNICOS

Acuminado. Terminado en punta.

Aguijón. Pelo o ramificación corta, rígida y puntiaguda, superficial (como en los rosales). No ha de confundirse con la **espina**, que está lignificada y posee tejido de tipo vascular.

Amento. Racimo en forma de espiga, generalmente péndulo, de florecillas sin interés, casi siempre unisexuales (como en el avellano, el castaño, el sauce y el chopo).

Apiculado. Provisto de una pequeña punta generalmente al extremo de una hoja.

Aquenio. Fruto que no se abre solo, seco, con semillas independientes de la envoltura (como la avellana o la bellota).

Árbol. Vegetal leñoso de tallo simple (denominado tronco) que no se ramifica hasta cierta altura.

Arbusto. Vegetal leñoso ramificado desde la base, en general de menos de 5 m de altura.

Baya. Fruto carnoso y jugoso; generalmente esférico y de color llamativo.

Bráctea. Pequeñas «hojas» situadas cerca de las flores y distintas por su tamaño, forma, color o consistencia, de las hojas normales; a menudo constituyen el cáliz y la corola de las flores.

Caduca, -co. Dícese de los órganos poco durables, como las hojas de los árboles caducifolios.

Cápsula. Fruto que se abre solo, seco, generalmente compuesto. Es el tipo más frecuente en la naturaleza.

Carpelo. Cada una de las hojas transformadas que conforman determinados frutos.

Conífera. Planta que produce conos o piñas.

Cono. Antiguo nombre latino a la piña de los pinos, por su forma cónica.

Corimbo. Inflorescencia simple de tipo de racimo en que las flores, naciendo a distancias diferentes, están igualadas en la cima.

Decumbente. Inclinado; se aplica a los tallos con tendencia a echarse sobre el suelo.

Drupa. Fruto carnoso con hueso en su interior.

Envés. Reverso de una hoja.

Estípula. Apéndices generalmente laminares, que se forman en la base de las hojas (casi siempre en número de dos).

Fastigiado. Dícese de las plantas o inflorescencias cuyas ramas se aproximan al eje, terminando en punta.

Filodio. Pecíolo dilatado y laminar que sustituye a la hoja.

Folíolo. Parte de una hoja compuesta.

Glauco. Color verde claro ligeramente azulado (como las hojas del clavel).

Haz. Anverso de una hoja.

Hojuela. Folíolo; hoja pequeña que forma parte de las denominadas «compuestas».

Imbricada. Dícese de las hojas que estando muy próximas llegan a cubrirse por los bordes (como las tejas en un tejado o las escamas de un pez).

Imparipinada. Hoja compuesta terminada en un solo folíolo.

Legumbre. Fruto seco, en forma de vaina que se abre solo; en general es alargado y comprimido, pero que posee formas diversas.

Oblonga. Hoja más larga que ancha o excesivamente larga.

Obovada. Hoja de forma ovada (ovalada) pero que posee la parte ancha en la punta.

Orbicular. Circular, redondo.
Paripinada. Hoja compuesta terminada en dos hojuelas (folíolos).
Pecíolo. Elemento que une la lámina de la hoja al tallo.
Pedúnculo. Elemento que sostiene la flor, ya sea solitaria o en racimos.
Persistente. Órgano que persiste después de cumplir con su misión fisiológica; especialmente dícese de las hojas de los árboles y arbustos verdes todo el año.
Piriforme. De forma parecida a la de una pera.
Pubescente. Dícese de cualquier órgano vegetal que está cubierto de pelo fino y suave.
Rústico (o **rusticano**). Dícese de toda planta agreste o silvestre que no tiene exigencias de cultivo.

Sámara. Aquenio provisto de una membrana en forma de ala, que facilita su dispersión.
Sépalo. Elemento componente del cáliz de una flor.
Sésil. Dícese de la hoja sin pecíolo, o de la flor sin pedúnculo.
Ternado. Hojas o frutos dispuestos de a tres.
Tomentoso. Dícese de la planta o el órgano que está cubierto de pelos, generalmente ramificados, cortos y dispuestos muy densamente.
Trasovado (o **transovado** u **obovado**). Órgano plano en forma de huevo con su parte más ancha cerca de la punta.
Turba. Tierra formada por descomposición de restos vegetales como musgos en el seno de las aguas.

SIGNIFICADO Y ORIGEN DE LOS NOMBRES BOTÁNICOS

El nombre botánico de una planta está definido por dos palabras en latín. La primera designa el **género** (clasificación amplia) y la segunda la **especie** (clasificación más particular).

El primer nombre es generalmente un sustantivo compuesto, que puede tener orígenes muy diversos.

El segundo, que define la especie, no es sino un adjetivo que describe algún aspecto relacionado con la planta; ya sea una característica, una condición geográfica o ha sido creado en honor de alguna personalidad. Su calidad de adjetivo explica su terminación femenina, masculina o neutra (por ejemplo, *alba*, *albus*, *albidus*). La terminación **-ensis** se relaciona siempre con la geografía (*brasiliensis*, *canariensis*), mientras que cuando proviene de un nombre propio toma la forma del posesivo (*davidii*, es decir, «de David»). Sobre la notación y ortografía de estos posesivos existen varias reglas, pero no nos parece de interés insistir en ellas.

Cuando en las plantas aparece un tercer nombre, éste viene a indicar la **variedad** o **cultivar**, definiendo diferencias específicas (tales como el hábito o el color de la flor o el follaje), de individuos de la misma especie. Así, por ejemplo, dentro de la especie *Robinia pseudoacacia* tenemos el cultivar ***Robinia pseudoacacia*** «**Semperflorens**», adjetivo que hace referencia a su floración prolongada.

En este capítulo agrupamos toda la información que hemos recogido al respecto, explicando el origen de casi todos los géneros y especies tratados en las fichas.

GÉNEROS

Abelia. De Clark Abel, un físico del siglo XIX.
Abies. De origen incierto.
Abutilon. Nombre de origen árabe para una planta malvácea.
Acacia. De una palabra griega que significa «agudo» o «espina».
Acer. Nombre latino del árbol.
Aesculus. Antigua denominación de algunas encinas de fruto comestible (impropiamente utilizada para este árbol).
Ailanthus. De su nombre nativo, «árbol del Paraíso».
Albizia. De Albizi, naturalista italiano.
Alnus. Antiguo nombre latino.
Araucaria. Nombre chileno del árbol.
Arbutus. Antiguo nombre latino, de origen desconocido.
Artemisia. De la diosa Artemis, por creerse que esta planta facilitaba los partos.
Atriplex. Nombre griego para un tipo de planta de jardín (*armuelle*).
Aucuba. Latinización de su nombre japonés (*aokiba*).
Bauhinia. De los hermanos naturalistas Bauhin, del siglo XVI; debido a la hoja partida que sugiere la imagen de dos hermanos.
Berberis. Nombre árabe.
Betula. Antiguo nombre latino.
Brachychiton. «Cortas escamas y pelos imbricados».

Broussonetia. De Broussonet, naturalista francés.

Brugmansia. De Sebald J. Brugmans, profesor de Historia Natural en Leiden (s. XVIII-XIX).

Buddleia. De Adam Buddle, botánico inglés.

Bupleurum. Del griego, «costilla de buey» por la forma de sus frutos.

Buxus. Antiguo nombre latino.

Caesalpinia. De Andreas Caesalpini, botánico italiano del siglo XVI.

Callistemon. Del griego, «hermosos estambres».

Calocedrus. Del griego *kalos*, «bello» y *kedros*, «cedro».

Calycanthus. Del griego, «flor en forma de copa».

Camellia. De José Kamel Camellus, jesuita del siglo XVII.

Capparis. Nombre griego, probablemente de origen árabe (alcaparra, en castellano).

Carpinus. Antiguo nombre latino.

Cassia. Antiguo nombre griego, también aplicado al *Cinnamomum*.

Castanea. Antiguo nombre latino.

Casuarina. Se cree derivado de un ave llamada «Casuarius» por la semejanza de su follaje con sus plumas.

Catalpa. Nombre indio del árbol.

Ceanothus. Antiguo nombre griego, aplicado anteriormente a un tipo de cardo.

Cedrus. Nombre griego que se relaciona con su carácter aromático.

Celtis. Antiguo nombre latino.

Ceratonia. Del griego, «cuerno» en relación a la forma de su fruto.

Cercis. Del griego, «cola» u «objeto en movimiento» refiriéndose a la movilidad de sus hojas (aplicado anteriormente también al *Populus tremula*).

Cestrum. Nombre griego que provendría de «agudo» en relación a la forma de sus flores.

Chaenomeles. Fruto partido.

Chamaecyparis. Del griego, «ciprés enano».

Cinnamomum. Del griego, «canela», nombre que vendría de Oriente.

Cistus. Antiguo nombre griego, de origen confuso.

Citrus. Antiguo nombre de una madera aromática africana.

Coprosma. Nombre griego que se relaciona con el olor desagradable de la planta.

Cornus. Antiguo nombre latino del *Cornus mas*.

Coronilla. Del latín, en referencia a sus flores reunidas en «coronillas».

Corylus. Antiguo nombre griego.

Cotinus. Antiguo nombre griego para un árbol de madera roja.

Cotoneaster. «Semejante al membrillo en flor», característica de algunas especies.

Crataegus. Antiguo nombre griego derivado de «fuerza» en relación con la dureza de su madera.

Cryptomeria. Del griego, «partes ocultas» (significación dudosa).

Cupressus. Antiguo nombre latino procedente del griego.

Cycas. Proviene de una palabra griega para designar los frutos de una palmera enana.

Cydonia. Del antiguo nombre de la ciudad de Canea en Creta; sus frutos eran conocidos como «manzanas de Cydon» por los romanos.

Cytisus. Nombre griego para una especie de trébol.

Daphne. Nombre griego del laurel de comer.

Datura. Nombre árabe.

Deutzia. Nombre dado por Thunberg en honor de su amigo Johan van der Deutz.

Diospyros. Del griego, «semilla de dioses», en relación a su fruto comestible.

Dracaena. Femenino de dragón, por su jugo que se suponía semejante a la sangre del dragón.

Echium. Del griego, «víbora».
Elaeagnus. Del griego, «oliva», antiguo nombre de una especie de sauce.
Ensete. Del nombre amhárico *anset* (Etiopía).
Erica. De origen dudoso; algunos creen que proviene del griego, «quebrar».
Eriobotrya. Proviene del griego, «frutos lanosos».
Erythrina. Del griego, «rojo».
Escallonia. Navegante español en Sudamérica.
Eucalyptus. Proviene del griego, significa «que cubre bien», en relación al cáliz que cubre la corola de las flores.
Euonymus. Antiguo nombre griego, que significa «bienvenido» y se aplicaba al *Euonymus europaeus*, de olor desagradable (tal vez en sentido peyorativo).
Euphorbia. Del griego, «bien alimentado», «gordo».
Fagus. Antiguo nombre latino que designaba una especie de encina.
Fatsia. De su nombre japonés.
Ficus. Antiguo nombre latino para la higuera.
Forsythia. De W. Forsyth, horticultor inglés del siglo XVIII.
Fraxinus. Antiguo nombre latino, de origen desconocido.
Fuchsia. De L. Fuchs, profesor de medicina del siglo XVI.
Gardenia. De Alexander Garden.
Genista. Antiguo nombre latino.
Ginkgo. Nombre chino.
Gleditsia. De Gleditsch, director del Jardín Botánico de Berlín durante el siglo XVIII.
Grevillea. De Charles F. Greville, botánico inglés.
Hebe. Diosa griega de la juventud.
Heliotropium. «Que se abre y se cierra con el sol».
Hibiscus. Antiguo nombre latino.
Hippophae. Antiguo nombre griego para una planta espinosa.
Hydrangea. Del griego, «vaso para contener agua», aludiendo a la forma de sus cápsulas.
Ilex. Antiguo nombre latino del *Quercus ilex*.
Jacaranda. Nombre brasileño.
Jasminum. De su nombre árabe.
Kerria. De William Kerr, jardinero del siglo XIX que introdujo muchas plantas chinas.
Koelreuteria. De Joseph G. Koelreuter, botánico alemán del siglo XIX.
Laburnum. Nombre latino de origen desconocido.
Lantana. Antiguo nombre de origen desconocido.
Larix. Antiguo nombre latino.
Laurus. Antiguo nombre griego y latino del árbol.
Lavandula. Del latín, «lavar» en relación a su uso para el baño.
Ligustrum. Antiguo nombre latino de origen desconocido.
Liquidambar. Del latín, «ámbar liquido» en relación al jugo aromático que exuda.
Liriodendron. En griego, «árbol de los lirios».
Livistona. De Leivingstone o Livistone.
Maclura. De Maclure, geólogo americano.
Magnolia. De Pierre Magnol, profesor de medicina del siglo XVII.
Mahonia. De Bernard M'Mahon, destacado horticultor americano del siglo XVIII.
Malus. Del latín, «manzana».
Melia. Nombre griego que se refiere a un tipo de madera fuerte para hacer lanzas.
Morus. Antiguo nombre latino.
Myoporum. Palabra griega que se refiere a las manchas translúcidas de sus hojas.
Myrtus. Del antiguo nombre griego «*myrtos*», que se relaciona con su aroma.
Nandina. Nombre japonés.

Nerium. Del griego, significa «húmedo» aluden a los lugares en que crece silvestre.

Olea. Nombre antiguo de la oliva, de origen griego.

Paeonia. Del físico mitológico Paeon.

Parkinsonia. De John Parkinson, del siglo XVI.

Paulownia. De Anna Paulowna, princesa de Holanda.

Philadelphus. Del faraón Ptolomeo Philadelphus del siglo III (a. C.).

Phoenix. Llamado así porque se le encontraba en Siria, país de los fenicios. Además, en griego significa «rojo oscuro», lo que hace pensar que sus frutos maduros y su tronco sugirieron el nombre.

Photinia. Del griego «reluciente», aludiendo a su follaje brillante.

Phyllostachys. De hoja y espiga, inflorescencias con hojas.

Phytolacca. Del griego *phytos* («planta») y del italiano *lacca* («pigmento rojo») en relación al color de sus frutos.

Picea. Antiguo nombre latino derivado de *pix* («pez», «bitumen»).

Pinus. Antiguo nombre latino.

Pittosporum. Del griego, «semillas pegajosas».

Platanus. Antiguo nombre griego relacionado con sus hojas grandes y planas, o con la forma en que se extienden sus ramas.

Plumbago. Del latín, «planta que cura el *plumbum*» («manchas del ojo»).

Podocarpus. Del griego «pie» y «fruto» en relación tal vez a los llamativos pedúnculos carnosos de la mayoría de sus especies.

Populus. Antiguo nombre latino de origen discutido.

Prunus. Antiguo nombre latino del ciruelo.

Punica. «Cartaginense»; del antiguo nombre del granado: «manzana de Cartago».

Pyracantha. Del griego «espina de fuego» en relación a sus frutos color rojo brillante.

Pyrus. Nombre latino del peral.

Quercus. Antiguo nombre latino para todas las encinas.

Rhaphiolepis. Del griego, «agujas» y «escamas», aunque de significación incierta.

Rhamnus. Antiguo nombre griego que significa «matorral».

Rhododendron. En griego, «árbol de las rosas».

Ricinus. Nombre latino aplicado a su semilla y a un insecto que se le parece bastante.

Robinia. De Jean y Vespasien Robin, horticultores de los siglos XVI y XVII.

Rosa. Antiguo nombre latino.

Rosmarinus. Del latín, «rocío del mar» por crecer en las proximidades de la costa.

Salix. Antiguo nombre latino.

Sambucus. Antiguo nombre latino para el saúco.

Schinus. Nombre griego de un árbol de jugo resinoso, y aplicado a éste por su cualidad semejante.

Senecio. Nombre latino que viene de *senex* («hombre viejo»), en relación a sus pelos blancos.

Senna. Del nombre árabe de estas plantas.

Sequoia. De Sequoyah, creador del alfabeto cherokee en el siglo XVIII al XIX.

Solanum. Del latín, «tranquilizante».

Sophora. Nombre árabe para un árbol de flores semejantes.

Sorbus. «De cara roja», antiguo nombre latino que se daba al *Sorbus domestica*.

Sparmannia. De Andreas Sparmann, del siglo XVIII.

Spartium. Del griego *spartos*, que viene de «cuerda» y de «trenzar».

Spiraea. Antiguo nombre griego de una planta usada para guirnaldas.

Symphoricarpus. Del griego, «frutos en racimos».

Syringa. De significado dudoso, posiblemente «jeringa» o «pipa» por la posibilidad de ahuecar sus tallos. Nombre aplicado también al *Philadelphus*.

Tamarix. Antiguo nombre latino.

Taxodium. Parecido al follaje del *Taxus*.

Taxus. Antiguo nombre latino originado en el carácter nocivo de la planta.

Teucrium. De Teucros, rey de Troya, cuyas heridas fueron curadas con esta planta.

Tilia. Antiguo nombre latino.

Tipuana. Nombre al parecer latinizado de su nombre brasileño.

Trachycarpus. Proveniente del griego, «fruto áspero».

Ulmus. Antiguo nombre latino.

Viburnum. Antiguo nombre latino.

Vitex. Antiguo nombre latino.

Washingtonia. A la memoria de Jorge Washington.

Weigelia. De Christian E. von Weigel, botánico alemán (s. XVIII-XIX).

Wigandia. De Johannes Wigand, obispo del siglo XVI.

Yucca. Nombre nativo que recibe la mandioca, erróneamente aplicado a esta planta.

ESPECIES

acerifolia. Hoja de acer.
aculeata. Espinoso, lleno de púas.
africana. De África.
agnus-castus. Del latín «puro» y «casto», aludiendo a su uso por los antiguos para observar la continencia.
alaternus. Alterno.
alba, albus. Blanco.
altissima. El más alto.
anagyroides. Parecido a un arbusto de olor desagradable.
angustifolia. Hoja estrecha.
aquifolium. Hoja picante.
araucana. De Arauco, región del sur de Chile.
arborea. En forma de árbol.
arborescens. Que se convierte luego en árbol.
arizonica. De Arizona, Norteamérica.
armeniaca. De Armenia.
atlantica. De las montañas del Atlas (norte de África).
aurantium. Rojo anaranjado.
aureus. Dorado.
australis. Meridional, austral.
avellana. Nombre del fruto.
babylonica. De Babilonia.
baccata. Que produce bayas.
betulus. Semejante al género *Betula*.
biloba. De dos lóbulos.
camara. Que puede causar la muerte.
camphora. Alcanfor.
canariensis. De las islas Canarias.
caracasana. De Caracas (Venezuela).
carica. Antiguo nombre del «higo de Esmirna», importado seco.
carpinifolia. Hoja similar a la del carpe.
cerasifera. Que produce cerezas o las porta.
cephalonica. Procedente de las islas de Cephalonia.
cineraria. Color de ceniza.
coccinea. Rojo escarlata.
coggygria. Del griego, «vegetal de primavera».
communis. Común.
coronarius. Usado para guirnaldas y coronas.
corymbosa. En forma de corimbos (racimos).
crista-galli. Cresta de gallo.
cultriformis. En forma de cuchillos.
cunninghamiana. De J. Cunningham, médico y recolector inglés.
davidii. Del abad Armand David, recolector de plantas en China (s. XIX-XX).
dealbata. Blanquecina.
decidua. De hojas caducas.
decurrens. Que se extiende hacia abajo.
delilianus. De A. R. Delile (s. XVIII-XIX).
domestica. Domesticado.
distichum. En dos filas; con hojas y flores opuestas en el tallo.
dulcis. Dulce.
elastica. Elástico, que posee goma.
europaea. De Europa.
florida, floridus. Florido, lleno de muchas flores.
fortificata. Con forma de tijeras.
fortunei. De Robert Fortune, recolector de plantas en China en el siglo XIX.
fruticans. Con frutos.
fruticossum. Fruticoso, denso.
gallica. De la Galia (Francia); también «perteneciente a un gallo».
gilliesii. De John Gillies (s. XVIII-XIX).
glabra. Lisa, sin pelos.
glauca. Glauco, verde grisáseo.
globulus. Globoso, semejante a una esfera.
glutinosa. Pegajoso.
gracilis. Grácil, delicado.
grandiflora. De flores grandes.
halepensis. De Alepo (Grecia).
halimus. Planta del mar.
heterophylla. Con hojas distintas.

hippocastanum. Castaña para caballos.
hispida. Cerdoso, hirsuto.
horizontalis. Horizontal.
ilex. Antiguo nombre del *Quercus ilex*.
indica. De la India.
italica. De Italia.
japonica, japonicum. De Japón.
junceum. Semejante al junco.
kaki. Nombre japonés del árbol.
laurocerasus. Laurel-cerezo.
libani. Del líbano.
macrophylla. De hoja grande.
megapotamicum. Del Amazonas.
melanoxylon. De madera negra.
mimosifolia. Hoja similar a la de la mimosa.
molle. Blando, tenue.
mugo. Nombre antiguo tirolés.
negundo. Nombre del árbol en México.
neriifolius. Hoja de *Nerium*.
nigra. Negro.
nobilis. Famoso, noble.
oblonga. Oblongo (que es más largo que ancho).
occidentalis. Occidental.
odora. Fragante.
officinalis. Medicinal.
oleander. Hojas semejantes al olivo.
ornus. En latín, «olmo».
palmatum. Palmado, dividido en lóbulos como una mano.
pannosus. Rasgado, en jirones.
paniculata. Paniculado, en ramos.
papyrifera. Que produce papel.
pendula. Colgante, pendular.
persica. De Persia.
petasites. Del griego, «hierba de los tiñosos».
pinaster. Pino marítimo.
pinea. Pino piñonero.
platanoides. Semejante al *Platanus*.
platyphyllos. Hoja ancha.
pomifera. Que produce manzanas.
populneus. Relacionado con los *Populus* (chopos).
pseudoacacia. Falsa *Acacia*.
pseudoplatanus. Falso *Platanus*.
pulcherrima. Muy hermoso.
pumilla. Enano.
pungens. Penetrante, agudo.
radiata. Radiado, líneas en las escamas de la piña.
regia. Real.
repens. Que crece rastrero.
revoluta. Márgenes enrollados (en las hojas).
rhamnoides. Semejante al *Rhamnus*.
robur. Rojo.
robusta. Fuerte, robusto.
rubra. Rojo.
salicifolia. Hoja de *Salix* (sauce).
sanguinea. Sangriento, de color rojo sangre.
sativa. Cultivado.
sempervirens. Siempre verde.
sepulcralis. De las tumbas.
serrulata. Algo aserrado.
siliqua, siliquastrum. Por sus frutos en legumbres.
speciosus. Llamativo, de hermosa apariencia.
spinosa. Lleno de espinas.
suber. Corcho.
suffruticosa. Algo leñoso en la base.
suspensa. Suspendido, colgado.
stellata. Estrellado.
styraciflua. Que produce goma.
sylvatica. Selvático.
sylvestris. Silvestre, del bosque.
syriacus. De Siria.
ternata. En grupos de a tres.
tipu. Tipo.
tomentosa. Pubescente, velloso.
tremula. Temblón, palpitante.
triacanthos. Con tres espinas.
tulipifera. Que produce tulipanes.
valentina. De Valencia.
ventricosum. Con barriga.
vulgaris. Vulgar, común.
wallichiana. De Nathaniel Wallich, botánico y médico danés (s. XVIII-XIX).

BIBLIOGRAFÍA

ANDRÉ, Jacques, *Lexique des termes de botaniques en latin*, París, 1956.
ASSOCIATION FOR PLANNING AND REGIONAL RECONSTRUCTION, *Trees for Town and Country*, Lund Humphries, Londres, 1949.
BAILEY, L. H., *Manual of cultivated plants*, The Mac Millan Company, Nueva York, 1960.
—, *The Standard Cyclopedia of Horticulture*, 3 vols., The Mac Millan Company, Nueva York, 1943.
BARTHOLOMEW, John, ed., *The Times Atlas of the World*, The Times Publishing Company Ltd., 1958.
CADEVALL, Joan y Angel Sallent, *Flora de Catalunya*, 6 vols., Institut de Ciències, Barcelona, 1915.
CARNOY, A., *Dictionnaire étymologique des noms grecs des plantes*, Publications universitaires, Louvain, 1959.
CHAUDUN, V., *Conifères d'ornement*, La Maison Rustique, París, 1959.
CLARASÓ, Noel, *Las rosas*, Editorial Fama, Barcelona, 1953.
—, *El libro de los jardines*.
—, *Los árboles en los jardines*.
COUTANCEAU, Maurice, *Encyclopèdie des jardins*, Larousse, 1957.
DEN OUDEN, P. y B. K. Boom, *Manual of cultivated conifers*, Martinus Nijhoff, 1965.
ENARI, Leon, *Ornamental Shrubs of California*, The Ward Ritchie Press, 1962.
FONT QUER, Dr. P., *Diccionario de Botánica*, Editorial Labor, 1953.
GRAF, Alfred Byrd, *Exotica 2*, Roehrs Company, Rutherford, Nueva Jersey, 1959.
GRIFFITHS, Mark, *Index of Garden Plants*, Royal Horticultural Society, Timber Press, 1994.
GRIMM, William Carey, *The book of Trees*, The Stackpole Company, Harrisburg, Pensilvania, 1962.
HARRISON, S. G., *Garden Shrubs and Trees*, The Kew Series, 1960.
HELLYER, A. G. L., *Shrubs in colour*, London W. H. & L. Collinbridge Limited, 1965-1966.
HERTRICH, William, *Palms and Cycads*, San Marino, California, 1960.
HOIKUSHA, *Trees and Shrubs of Japan*, Osaka, Japón.
KOSCH, A., *Quel est donc cet arbre?*, Fernand Nathan, Paris, 1956.
LÖWENMO, Runo, *Arbres et arbustes de parc et de jardins*, Fernand Nathan, París.
MASCLANS, Francesc, *Guia per a conèixer els arbres*, Centre Excursionista de Catalunya, 1956.
—, *Guia per a conèixer els arbusts i les lianes*, Centre Excursionista de Catalunya, 1963.
MOTTET, S., *Arbres et arbustes d'ornement de pleine terre*, Librairie J. B. Baillière et Fils, París, 1924.
Nouvel Atlas Mondial, Editions Stauffacher, S. A., Zúrich, 1962.
POLUNIN, Nicholas, *Introduction to Plant Geography and some related sciences*, Butler & Tanner Ltd., Gran Bretaña, 1960.
REHDER, Alfred, *Manual of cultivated Trees and Shrubs*, Mac Millan, Nueva York, 1958.
RIUDOR, Luis, Miguel Aldrufeu, Juan Pañella, *Catálogo de las plantas cultivadas en los jardines municipales*, Ayuntamiento de Barcelona, 1947.

Rol, R., *Flore des arbres, arbustes et arbrisseaux*, La Maison Rustique, París, 1962.
Rytz, Walter, *Arbres*, Librairie Payot, Laussane.
—, *Arbustes*, Libraire Payot, Laussane.
Simon, Jacques, *L'art de connaître les arbres*, Librairie Hachette, París, 1965.
Symonds, George W. D., *The Shrub identification book*, M. Barrows and Company, Nueva York, 1963.
Taylor, Norman, ed., *Taylor's Encyclopedia of Gardening*, Houghton Mifflin Company, Boston, 1961.
Vedel, Helge y Johan Lange, *Trees and bushes in wood and hedgerow* (trad. de 1960), Methnen & Co. Ltd., Londres.
VV. AA., *Encyclopedie du Monde végetal*, 3 vols., Librairie Aristide Quiette, París, 1964.
Wilson, Robert F., *Horticultural Colour Chart*, Wilson Colour Ltd. en colaboración con The Royal Horticultural Society, Henry Stone and Son Ltd., Bambury, 1938.
Zaugg & Goaz, *Les arbustes de Jardin*, Edition du message, Berna, 1955.